■2025年度中学受験用

文化学園大学杉並中学校

3年間スーパー過去問

●収録内容一覧

入試問題と解説・解答の収録内容

2024年度　1回	算数・国語 （解答のみ）
2024年度　2回	算数・社会・理科・国語
2024年度　適性検査型	適性検査Ⅰ・Ⅱ・Ⅲ （解答のみ）
2023年度　1回	算数・国語 （解答のみ）
2023年度　2回	算数・社会・理科・国語
2023年度　適性検査型	適性検査Ⅰ・Ⅱ・Ⅲ （解答のみ）
2022年度　1回	算数・国語 （解答のみ）
2022年度　2回	算数・社会・理科・国語
2022年度　適性検査型	適性検査Ⅰ・Ⅱ・Ⅲ （解答のみ）

～本書ご利用上の注意～　以下の点について，あらかじめご了承ください。

★別冊解答用紙は巻末にございます。本書に収録している試験の実物解答用紙は，弊社サイトの各校商品情報ページより，一部または全部をダウンロードできます。

★編集の都合上，学校実施のすべての試験を掲載していない場合がござい

★当問題集のバックナンバーは，弊社には在庫がございません（ネット書

★本書の内容を無断転載することを禁じます。また，本書のコピー，ス
断複製は著作権法上での例外を除き禁じられています。

合格を勝ち取るための
『スーパー過去問』の使い方

本書に掲載されている過去問をご覧になって，「難しそう」と感じたかもしれません。でも，多くの受験生が同じように感じているはずです。なぜなら，中学入試で出題される問題は，小学校で習う内容よりも高度なものが多く，たくさんの知識や解き方のコツを身につけることも必要だからです。ですから，初めて本書に取り組むさいには，点数を気にしすぎないようにしましょう。本番でしっかり点数を取れることが大事なのです。

過去問で重要なのは「まちがえること」です。自分の弱点を知るために，過去問に取り組むのです。当然，まちがえた問題をそのままにしておいては意味がありません。

本書には，長年にわたって中学入試にたずさわっているスタッフによるていねいな解説がついています。まちがえた問題はしっかりと解説を読み，できるようになるまで何度も解き直しをしてください。理解できていないと感じた分野については，参考書や資料集などを活用し，改めて整理しておきましょう。

このページも参考にしてみましょう！

◆どの年度から解こうかな　「入試問題と解説・解答の収録内容一覧」

本書のはじめには収録内容が掲載されていますので，収録年度や収録されている入試回などを確認できます。

※著作権上の都合によって掲載できない問題が収録されている場合は，最新年度の問題の前に，ピンク色の紙を差しこんでご案内しています。

◆学校の情報を知ろう!!「学校紹介ページ」

このページのあとに，各学校の基本情報などを掲載しています。問題を解くのに疲れたら息ぬきに読んで，志望校合格への気持ちを新たにし，再び過去問に挑戦してみるのもよいでしょう。なお，最新の情報につきましては，学校のホームページなどでご確認ください。

◆入試に向けてどんな対策をしよう？「出題傾向＆対策」

「学校紹介ページ」に続いて，「出題傾向＆対策」ページがあります。過去にどのような分野の問題が出題され，どのように対策すればよいかをアドバイスしていますので，参考にしてください。

◇別冊「入試問題解答用紙編」

本書の巻末には，ぬき取って使える別冊の解答用紙が収録してあります。解答用紙が非公表の場合などを除き，（注）が記載されたページの指定倍率にしたがって拡大コピーをとれば，実際の入試問題とほぼ同じ解答欄の大きさで，何度でも過去問に取り組むことができます。このように，入試本番に近い条件で練習できるのも，本書の強みです。また，データが公表されている学校は別冊の１ページ目に過去の「入試結果表」を掲載しています。合格に必要な得点の目安として活用してください。

本書がみなさんの志望校合格の助けとなることを，心より願っています。

株式会社　声の教育社　編集部

文化学園大学杉並中学校

所在地	〒166-0004 東京都杉並区阿佐谷南3-48-16
電　話	03-3392-6636
ホームページ	https://bunsugi.jp
交通案内	JR中央・総武線「阿佐ヶ谷駅」より徒歩10分 JR中央・総武線，東京メトロ丸ノ内線「荻窪駅」より徒歩10分

くわしい情報はホームページへ

トピックス

★2018年度より共学校となり，新たな学習プログラムがスタート。
★受験料は各回20000円，複数回同時出願の場合は25000円（参考：昨年度）

創立年 昭和61年　男女共学　高校募集あり

応募状況

年度	募集数		応募数		受験数	合格数	倍率
2024	①	50名	男	36名	21名	6名	3.5倍
			女	79名	56名	14名	4.0倍
	適		男	28名	28名	21名	1.3倍
			女	26名	25名	18名	1.4倍
	②		男	70名	57名	40名	1.4倍
			女	112名	89名	58名	1.5倍
	英①		男	41名	40名	23名	1.7倍
			女	30名	30名	23名	1.3倍
	③	40名	男	82名	41名	18名	2.3倍
			女	116名	46名	21名	2.2倍
	④		男	79名	38名	16名	2.4倍
			女	121名	58名	22名	2.6倍
	英②		男	5名	4名	1名	4.0倍
			女	13名	11名	4名	2.8倍
	⑤	10名	男	92名	33名	20名	1.7倍
			女	119名	42名	21名	2.0倍
	⑥	若干名	男	97名	34名	18名	1.9倍
			女	138名	31名	14名	2.2倍

入試情報（参考：昨年度）

○試験日
・第１回／適性検査型
　…2024年２月１日午前
・第２回／英語特別①
　…2024年２月１日午後
・第３回…2024年２月２日午前
・第４回／英語特別②
　…2024年２月２日午後
・第５回…2024年２月３日午前
・第６回…2024年２月４日午前
○試験科目
・第１回／第４回／第６回…２科
・適性検査型
　…適性検査Ⅰ・Ⅱまたは適性検査Ⅰ～Ⅲ
・第２回／第３回／第５回…２科または４科
・英語特別①／英語特別②
　…英語＋国語または算数または日本語面接
※「①または②」どちらか１度のみの出願となります。

2024年春の主な大学合格実績

＜国公立大学＞
東京学芸大，秋田大，宮崎大，都留文科大
＜私立大学＞
慶應義塾大，早稲田大，上智大，東京理科大，国際基督教大，明治大，青山学院大，立教大，中央大，法政大，学習院大，成蹊大，成城大，武蔵大，津田塾大，東京女子大，日本女子大

編集部注─本書の内容は2024年3月現在のものであり，変更されている場合があります。正式な情報は，学校のホームページ等で必ずご確認ください。

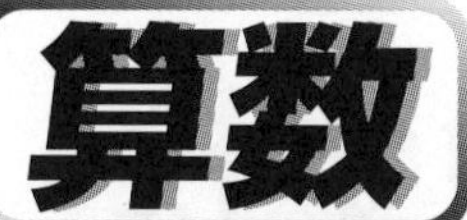

出題傾向＆対策

◆基本データ（2024年度２回）

試験時間／満点	50分／100点
問題構成	・大問数…５題 計算１題(10問)／応用小問３題(11問)／応用問題１題 ・小問数…24問
解答形式	解答のみを記入する問題が大半をしめ，残りは途中式や説明を書くものとなっている。必要な単位などはあらかじめ印刷されている。
実際の問題用紙	Ｂ５サイズ，小冊子形式
実際の解答用紙	Ｂ４サイズ

◆出題傾向と内容

▶過去３年の出題率トップ３
１位：四則計算・逆算40％　２位：角度・面積・長さ９％　３位：旅人算など４％
▶今年の出題率トップ３
１位：四則計算・逆算40％　２位：角度・面積・長さ６％　３位：数列など４％

計算問題には，単純な四則計算のほかに，計算のくふうをしなければならないもの，約束記号を使ったものもあります。

応用小問の集合題は，出題範囲がはば広く，図形，特殊算，割合と比などからひと通り取り上げられています。図形は，三角形や四角形などの基本的な性質の知識をもとに，角度を求めたり，面積や体積を求めたりするものが出題されています。和差算，つるかめ算などの特殊算も，基本的なものが出されています。

応用問題では，速さや水量などに関係したグラフの読み取りが見られます。

◆対策～合格点を取るには？～

全体的に見て，受験算数の基本をおさえることが大切です。まず，計算力(解く速さと正確さ)をつけましょう。ふだんから，計算式をていねいに書く習慣をつけておいてください。難しい計算や複雑な計算をする必要はありません。毎日少しずつ練習していきましょう。図形については，基本的な性質や公式を覚え，グラフについては，速さや水の深さの変化，点の移動と面積の変化などを読み取れるように練習しておくこと。特殊算については，教科書などの例題を中心に，かたよりなく習得しておきましょう。

分野＼年度		2024		2023		2022	
		1回	2回	1回	2回	1回	2回
計算	四則計算・逆算	●	●	●	●	●	●
	計算のくふう	○	○	○			◎
	単位の計算						
和と差	和差算・分配算					○	
	消去算	○					
	つるかめ算		○				○
	平均とのべ	○	○				
	過不足算・差集め算		○	○			
	集まり		○				
	年齢算		○				
割合と比	割合と比				○	○	○
	正比例と反比例				○		
	還元算・相当算		○	○		○	
	比の性質			○			
	倍数算						
	売買損益	○					○
	濃度	○		○	○		
	仕事算						
	ニュートン算						
速さ	速さ		○	○	○		
	旅人算		○	○		◎	○
	通過算						○
	流水算						
	時計算						○
	速さと比	○					
図形	角度・面積・長さ	○	◎	◎	●	◎	○
	辺の比と面積の比・相似						
	体積・表面積	○	○	○	○	○	
	水の深さと体積	○					
	展開図						○
	構成・分割	○					
	図形・点の移動	○					○
表とグラフ		○	○	○	○	○	○
数の性質	約数と倍数			○		○	
	Ｎ進数						
	約束記号・文字式	○	○	○	○	○	○
	整数・小数・分数の性質				○		
規則性	植木算						
	周期算						
	数列	○	○				
	方陣算						
	図形と規則						
場合の数		○			○	○	
調べ・推理・条件の整理				○			
その他							

※　○印はその分野の問題が１題，◎印は２題，●印は３題以上出題されたことをしめします。

出題傾向＆対策

◆基本データ（2024年度２回）

試験時間／満点	理科と合わせて60分／75点
問題構成	・大問数…２題 ・小問数…25問
解答形式	記号選択と用語を記入するもの（漢字指定あり）が大半をしめるが，記述問題もある。
実際の問題用紙	Ｂ５サイズ，小冊子形式
実際の解答用紙	Ｂ４サイズ

分野＼年度			2024	2023	2022
日本の地理		地図の見方			
		国土・自然・気候	○	○	○
		資源		○	
		農林水産業	○	○	○
		工業	○	○	○
		交通・通信・貿易			○
		人口・生活・文化	○		○
		各地方の特色	○	○	○
		地理総合			
世界の地理			○	○	○
日本の歴史	時代	原始～古代			
		中世～近世	○	○	○
		近代～現代	○	○	○
	テーマ	政治・法律史			
		産業・経済史			
		文化・宗教史			
		外交・戦争史			
		歴史総合		★	
世界の歴史					
政治		憲法		○	
		国会・内閣・裁判所	○		
		地方自治			
		経済	○		
		生活と福祉	○		
		国際関係・国際政治	○	○	○
		政治総合			
環境問題			○	○	○
時事問題			○	○	○
世界遺産			○	○	
複数分野総合			★	★	★

※　原始～古代…平安時代以前，中世～近世…鎌倉時代～江戸時代，近代～現代…明治時代以降
※　★印は大問の中心となる分野をしめします。

◆出題傾向と内容

●地理…都道府県の中からいくつかを取り上げて，自然や地形，気候，農林水産業，工業などのようすについて，さまざまな角度から問う傾向が見られます。また，国際政治や時事とからめた問題，特定の地方の統計を使った問題もしばしば出されています。

●歴史…ある特定の時代を取り上げて深く重点的に内容を問うというよりも，中世から現代までを中心とした広い範囲から，政治や経済，文化などのテーマを限定しない問題が出されています。また，歴史用語や人物についての説明，事件が起こった背景などを文章で答えさせる問題も見られます。

●政治…国内外の政治や国際情勢について，時事問題もからめて出題されています。日本国憲法や国際機関・国際政治のほか，身近な社会的事象について説明する記述問題も見られます。ただし，政治分野の問題は，地理分野や歴史分野と関連させた総合問題として出題されることが多いです。

◆対策～合格点を取るには？～

問題のレベルは標準的ですから，基礎を固めることを心がけてください。教科書のほかに，説明がていねいでやさしい標準的な参考書を選び，基本事項をしっかりと身につけましょう。

地理分野では，日本地図とグラフを参照し，白地図作業帳を利用して地形と気候などの国土のようすをまとめ，そこから産業（統計表も使います）へと学習を広げていきましょう。また，地図上で都道府県の位置や産業などを確かめておいてください。都道府県の中から一つの県などを取り上げて，さまざまな角度から出題しているので，各都道府県別に整理しておきましょう。

歴史分野では，教科書や参考書を読むだけでなく，自分で年表を作ると学習効果が上がります。できあがった年表は，各時代，各テーマのまとめに活用できます。本校では，古代から近代までの広い時代にわたって，さまざまな分野から出題されているので，この学習方法は威力を発揮します。

政治分野については，日本国憲法の基本的な内容や三権分立の役割について必ずおさえておきましょう。また，時事問題については，新聞やテレビ番組などのニュースで，国の政治や経済の動き，世界各国の情勢などを地理分野とからめてノートにまとめておくとよいでしょう。

理科 出題傾向＆対策

◆基本データ（2024年度２回）

試験時間／満点	社会と合わせて60分／75点
問題構成	・大問数…５題 ・小問数…14問
解答形式	記号選択や用語・数値の記入のほかに，短文記述やグラフの完成も出題されている。
実際の問題用紙	Ｂ５サイズ，小冊子形式
実際の解答用紙	Ｂ４サイズ

◆出題傾向と内容

各分野からバランスよく出題されています。時事問題，実験器具も小問でよく取り上げられます。また，小問集合形式の大問も見られ，いろいろな分野から出題されているのも本校の特ちょうです。

●生命…植物のつくりとはたらき，人間のからだのつくりやだ液のはたらき，遺伝子について，光合成などが出題されています。

●物質…水溶液の性質，気体の性質，金属の性質，燃焼，水の状態変化，実験器具の使い方や実験を行うさいの注意点などが取り上げられています。

●エネルギー…電磁石，磁石，ふりこの運動，ゴムの弾性，電気が流れる物質，電熱線の温まり方，光の性質，ものの浮きしずみなどが出題されています。

●地球…太陽・月・地球の動き方，かげのでき方，化石燃料，地震，岩石と化石，流れる水のはたらき，「はやぶさ２」などが取り上げられています。

分野 ＼ 年度		2024	2023	2022
生命	植物	★		
	動物			★
	人体	○	★	
	生物と環境			
	季節と生物			
	生命総合			
物質	物質のすがた	★		
	気体の性質		○	
	水溶液の性質		○	
	ものの溶け方			
	金属の性質			
	ものの燃え方		○	★
	物質総合		★	
エネルギー	てこ・滑車・輪軸			
	ばねののび方		○	
	ふりこ・物体の運動		○	
	浮力と密度・圧力			
	光の進み方		○	
	ものの温まり方			
	音の伝わり方			
	電気回路	★		
	磁石・電磁石			★
	エネルギー総合		★	
地球	地球・月・太陽系	★	○	★
	星と星座			
	風・雲と天候			
	気温・地温・湿度			
	流水のはたらき・地層と岩石			○
	火山・地震			
	地球総合		★	
実験器具				○
観察				
環境問題				○
時事問題		○		○
複数分野総合		★	★	★

※　★印は大問の中心となる分野をしめします。

◆対策～合格点を取るには？～

さまざまな分野から小問形式で数多く出題され，基本的な知識をはば広く身につけているかがためされています。そのため，まずは全範囲の基本的な知識をひと通りまとめたノートをつくることから始めてください。基礎知識がある程度身についたら，標準的な問題集に取り組み，たくわえた知識を活用する練習をしましょう。わからない問題があってもすぐに解説解答にたよらず，じっくりと自分で考える姿勢が大切です。この積み重ねが，知識や考える力をのばすコツなのです。

また，実験・観察で使用する実験器具の使い方について出題されているので，学校の授業などでは自ら積極的に実験に取り組んでおきましょう。器具の使い方や実験の手順には，そうしなければならない理由があります。その理由もいっしょに覚えてください。

さらに，身近な物質や現象を題材にした出題も多く，教科書の学習以外に必要とされる知識も少なくありません。科学のニュースや環境問題を，日ごろから新聞の記事やテレビの特集番組を通じてチェックしておくとよいでしょう。一般向けに書かれたやさしめの本などにチャレンジしてみるのもおすすめです。

国語 出題傾向＆対策

◆基本データ（2024年度２回）

試験時間／満点	50分／100点
問題構成	・大問数…３題 文章読解題２題／知識問題１題 ・小問数…21問
解答形式	記号選択や書きぬきに加え，記述問題も見られる。記述問題には，字数制限のあるものとないものがある。
実際の問題用紙	Ｂ５サイズ，小冊子形式
実際の解答用紙	Ｂ４サイズ

◆出題傾向と内容

▶近年の出典情報（著者名）
説明文：泉谷閑示　中野信子　石田光規
小　説：寺地はるな　原田マハ　伊吹有喜

●読解問題…大問は２題で，そのうち説明文・論説文が１題，小説・物語文が１題となっています。適語の補充，文脈理解，指示語の内容，内容理解などがあり，典型的な長文読解問題といえます。読解力を問うものとして，説明文・論説文では文章内容の理解，小説・物語文では登場人物の心情の読み取りが中心となっています。

●知識問題…漢字の読みと書き取りのほかに，慣用句・ことわざ，類義語，熟語などが出題されています。

◆対策～合格点を取るには？～

文章を一定時間内に読み，設問の答えを出す読解力は簡単には身につきません。まずは，読書で文章に慣れることです。そのさいの注意点は，①指示語の示す内容，②段落や場面の展開，③人物の性格や心情の変化をとらえること。また，読めない漢字や意味を知らないことばに出あったら，辞書で調べてください。本書のような問題集で入試のパターンに慣れるのもよいでしょう。

漢字や慣用句，ことばの知識などは，毎日少しずつでかまいませんから，コンパクトにまとまった問題集を１冊用意し，くり返し練習しておきましょう。また，記述問題に対応するためには，文章を読んだ後で，30～50字程度に字数を決めて要点をまとめると効果的です。

分野 ＼ 年度			2024		2023		2022	
			1回	2回	1回	2回	1回	2回
読解	文章の種類	説明文・論説文	★	★	★	★	★	★
		小説・物語・伝記	★	★	★	★	★	★
		随筆・紀行・日記						
		会話・戯曲						
		詩						
		短歌・俳句						
	内容の分類	主題・要旨	○	○				
		内容理解	○	○	○	○	○	○
		文脈・段落構成			○	○		
		指示語・接続語		○	○	○	○	○
		その他	○		○	○		
知識	漢字	漢字の読み	○	○	○	○	○	○
		漢字の書き取り	○	○	○	○	○	○
		部首・画数・筆順						
	語句	語句の意味	○		○			
		かなづかい						
		熟語					○	
		慣用句・ことわざ				○	○	
	文法	文の組み立て						
		品詞・用法						
		敬語						
	形式・技法							
	文学作品の知識							
	その他		○	○	○	○	○	○
	知識総合							
表現	作文		○	○	○	○	○	○
	短文記述							
	その他							
放送問題								

※　★印は大問の中心となる分野をしめします。

カコを追いかけ
ミライをつかめ

「今の説明、もう一回」を何度でも
web過去問
ストリーミング配信による入試問題の解説動画

もっと古いカコモンないの？
カコ過去問
「さらにカコの」過去問をHPに掲載(DL)

声の教育社
詳しくはこちらから

2024
年度

文化学園大学杉並中学校

【算　数】〈第１回試験〉（50分）〈満点：100点〉

注　意

1　計時機能以外の時計の使用は認めません。
2　定規，コンパス，分度器等を使ってはいけません。
3　問題の中の図の長さや角の大きさは，必ずしも正確ではありません。

1　次の計算をしなさい。

(1)　$173-4-16+77$

(2)　$(3+7)\div\frac{1}{4}-24\div3\times2$

(3)　$5\frac{1}{6}-3.5+2\frac{1}{3}$

(4)　$(1.23+2.34+3.45)\times5$

(5)　$310-\{(99-18)\div9+48-51\div3\}$

(6)　$\frac{5}{6}\div1\frac{4}{9}\times5\frac{1}{5}$

(7)　$1\frac{1}{3}-0.4\times2\frac{2}{3}\div1.2$

(8)　$2\times3.14+6.28\times6-4\times9.42$

(9)　$\left(\frac{1}{5}+\frac{1}{45}+\frac{1}{117}+\frac{1}{221}\right)\times17$

(10)　［Ａ＊Ｂ］はＡとＢの最大公約数を表し，［Ａ○Ｂ］はＡとＢの最小公倍数を表すものとします。例えば，［10＊6］=2，［6○9］=18 となります。このとき，

［［40＊32］○18］

2　次の各問いを文子さんが解きましたが，3問とも間違えてしまいました。
解答として，最初に間違えている行の番号①～④と，この問いの正しい答えを求めなさい。

(1)　$4+8\div\frac{4}{3}+\frac{2}{3}\times\frac{2}{3}\div\left(2-1\frac{5}{9}\right)$　を計算しなさい。

文子さんの解答

$4+8\div\frac{4}{3}+\frac{2}{3}\times\frac{2}{3}\div\left(2-1\frac{5}{9}\right)$

$=4+8\div\frac{4}{3}+\frac{2}{3}\times\frac{2}{3}\div\frac{4}{9}$　…①

$=12\div\frac{4}{3}+\frac{4}{9}\div\frac{4}{9}$　…②

$=12\times\frac{3}{4}+\frac{4}{9}\times\frac{9}{4}$　…③

$=9+1$　…④

$=10$

(2)　阿佐ヶ谷駅から文大杉並までＡ君は800歩，Ｂさんは950歩で歩きました。Ａ君とＢさんの一歩の歩幅の差は15 cmです。阿佐ヶ谷駅から文大杉並まで何ｍありますか。

文子さんの解答

Ａ君とＢさんの歩幅の比は800：950＝16：19　…①
この比の差19−16=3が15 cmにあたるので，比１は 5 cmに対応　…②
したがって，阿佐ヶ谷駅から文大杉並までの道のりは
5×16×800＝64000（cm）となります。　…③
よって，答えは640 mです。　…④

(3)　ある商品を 210 個仕入れ，仕入れ値の 20 %の利益を見込んで定価をつけて売ったところ，70 個 が売れ残りました。そこで残った商品を定価の 1 割引きの 162 円で売ったところすべて売れました。利益はいくらですか。

文子さんの解答

定価は　162÷(1－0.1)＝180 (円)　…①

仕入れ値は　180－180×0.2＝144 (円)　…②

定価で売れた分の利益は　(180－144)×(210－70)＝5040 (円)　…③

1割引きで売れた分の利益は　(162－144)×70＝1260 (円)　…④

よって，利益は　5040＋1260＝6300 (円)

3　次の各問いに答えなさい。

(1)　A，B，C，D，E の 5 人の算数の平均点は 64.2 点でした。また，A，B，C の 3 人の平均点は 70 点，C，D，E の 3 人の平均点は 60 点でした。C の得点は何点ですか。

(2)　$1, \frac{1}{2}, 1, \frac{2}{3}, \frac{1}{3}, 1, \frac{3}{4}, \frac{1}{2}, \frac{1}{4}, 1, \frac{4}{5}$, ……と，ある規則にしたがって，数が並んでいるとき，50 番目の数を求めなさい。

(3)　1 円玉，5 円玉，10 円玉，50 円玉，100 円玉がたくさんあります。これらの硬貨を使い188円にする方法は何通りありますか。ただし，どの硬貨も1枚は使うものとする。

(4)　15 %の食塩水 350 g があります。この食塩水を150 g すてて，新たに 50 g の水を入れると何%の食塩水になりますか。

(5)　えんぴつ 4 本と消しゴム 2 個の値段は 430 円で，えんぴつ 5 本と消しゴム 3 個の値段は 590 円です。えんぴつ 10 本と消しゴム 10 個，120 円のノート 4 冊買ったときの値段は何円ですか。

4 次の各問いに答えなさい。ただし，円周率は3.14とします。

(1) 下の図のように1組の三角定規を置きました。角アの大きさは何度ですか。

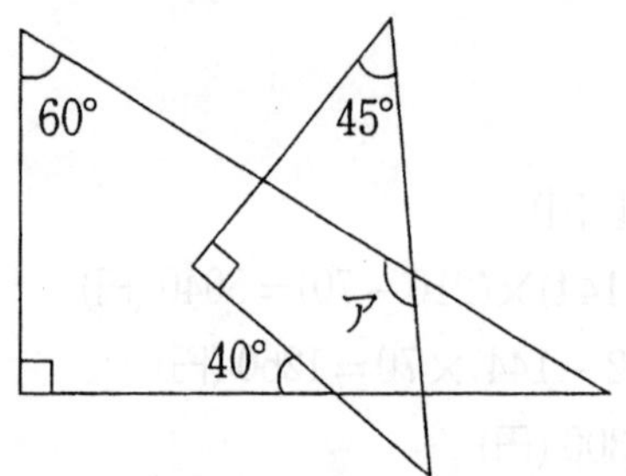

(2) 下の図のような二等辺三角形の外側を，辺にそって半径１cmの円が１周します。このとき，円が通過するかげの部分の面積は何 cm^2 ですか。

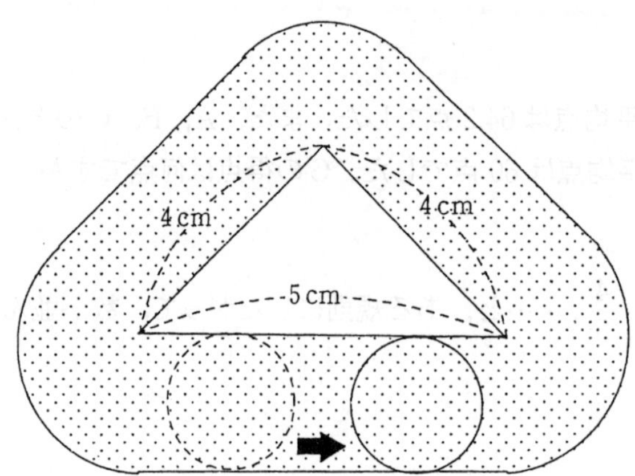

(3) 下の図は，ある立体を真正面から見たものと，真上から見たものです。この立体の体積は何 cm^3 ですか。

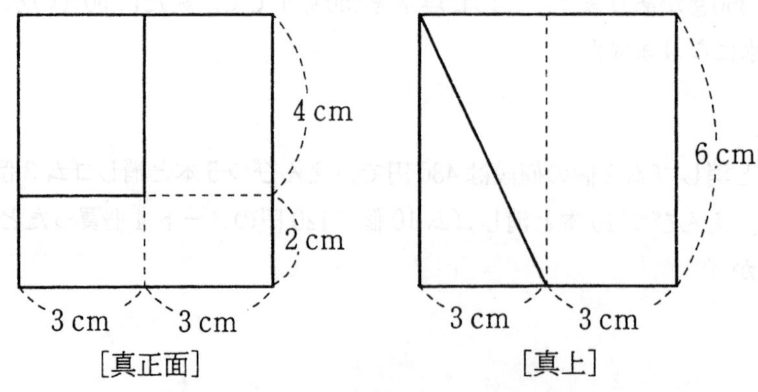

5 図１のような直方体の水そうに２枚の長方形の仕切り板ア，イを底面に垂直になるように設置し，A，B，C３つの区画に分けます。仕切り板アの高さは４㎝です。区画A，Cにはそれぞれ毎分 40 cm^3 の水が出る水道 a，水道 c が ついています。また，区画Bには毎分 50 cm^3 排水される排水口 b がついています。

図２は，水道 a のみで満水になるまで水を注いだときの，時間と水面の高さの関係を表したグラフです。ただし，水面が複数あるときは，高い方を水面の高さとします。

はじめ，排水口 b，水道 c を閉じ，水道 a のみ水を出し始めました。次の各問いに途中の式や説明をかいて答えなさい。

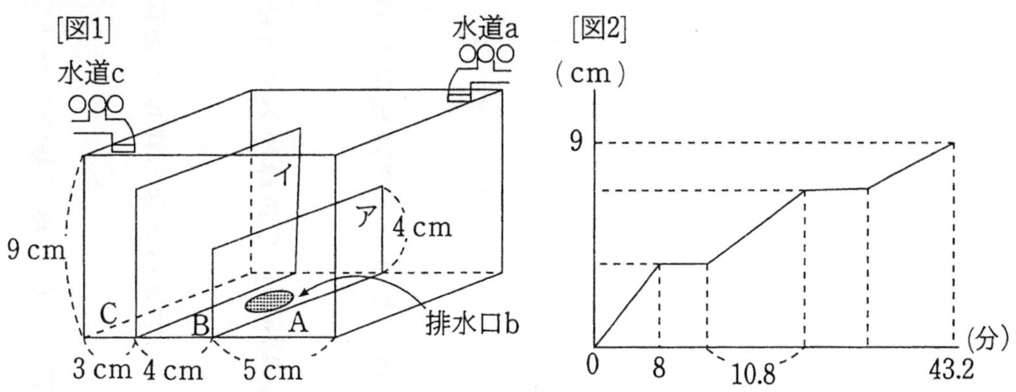

(1) この水そうの奥行は何 cm ですか。

(2) 仕切り板イの高さは何 cm ですか。

(3) 水が仕切り板イの高さになったとき，排水口 b を12分間だけ開き，同時に水道 c からも水を入れ始めました。水そうが満水になるのは，空の状態から水を入れ始めてから何分何秒後ですか。

問八　本文の内容に合致するものを次のア～エから一つ選び、記号で答えなさい。

ア　水青は「かわいい」ものを身に着けることに抵抗があるため、本当は結婚式を挙げたくないと考えている。

イ　水青と紺野さんは同じ会社に勤めており、たまたま落としたペンを拾ってもらったときに初めて出会った。

ウ　水青はシンプルなドレスを着たいと考えているが、弟の清澄にそのデザインをうまく伝えられずにいる。

エ　水青は昔から聞き分けが良かったため、どんなに自分勝手でも許される清澄に対して羨望（せんぼう）を抱いている。

問五　――線部⑤「目が滑る」、⑥「こともなげに」、⑦「眉を下げる」の意味として最も適切なものを次のア～エからそれぞれ選び、記号で答えなさい。

⑤「目が滑る」

ア　文章を読んでいる最中に、違うことが頭をよぎる様子

イ　文章を目にしても、意味がなかなか理解できない様子

ウ　文章の美しさに圧倒（あっとう）されて、何度も読みたくなる様子

エ　文章が簡素（かんそ）すぎて、内容も適当である様子

⑥「こともなげに」

ア　明るい様子　　イ　冷酷（れいこく）な様子　　ウ　用心深い様子　　エ　何とも思わない様子

⑦「眉を下げる」

ア　落胆（らくたん）する様子　　イ　安心する様子　　ウ　喜ぶ様子　　エ　気がかりな様子

問六　［Ａ］に当てはまる言葉を本文中から五字でぬき出しなさい。

問七　――線部⑧「自分の頭の上だけ、さっと明るくなったような気がした」とありますが、水青のどのような気持ちを表していますか。「かわいい」という言葉を必ず使って五十字以内で説明しなさい。

問三　――線部③「たいそう気色ばんでいる」とありますが、どういうことですか。最も適切なものを次のア～エから選び、記号で答えなさい。

ア　励まそうとしてウルトラマンのポーズをしたはずだったのに、光線という関係のない話題に反応されたことについて紺野さんが怒っているということ

イ　ふたりのためを思って真剣に状況整理をしようとしたにもかかわらず、うまくポーズが取れなかったことに紺野さんが腹を立てているということ

ウ　せっかく状況を打開するためのアドバイスをしようとしていたのに、思いが届かなかったことを紺野さんが残念に思っているということ

エ　わかりやすく現在の状況を伝えたつもりだったのに、意図せぬところを突っ込まれて紺野さんがいらだちを覚えているということ

問四　――線部④「そこに、ほんのりと濁った色が混じる」とありますが、どのような気持ちを表していますか。最も適切なものを次のア～エから選び、記号で答えなさい。

ア　周りと違う感性で生きている弟を恥ずかしく思うと同時に、空気を読んでほしいともどかしく思う気持ち。

イ　やりたいことを叶えていく弟を尊敬すると同時に、自分だけおいていかれるのではないかと焦る気持ち。

ウ　自分と違って自由に生きている弟を羨ましく思うと同時に、うとましく思い否定したい気持ち。

エ　浮ついたことばかりしている弟を憐れむと同時に、自分の道は堅実だと安心する気持ち。

「紺野さん」

大きな声で名を呼ぶと、紺野さんがようやくこっちを見る。まずわたしを見て、その後傘に気づいた。視線の動きでそれがわかった。清澄がさしかけた傘の下で、紺野さんの頬がゆっくりと持ち上がる。

（寺地　はるな『水を縫う』より）

★　**問題の中で指定する字数には、句読点、かっこ類をふくみます。**

問一　――線部①「コピー機のメンテナンスに来る人。紺野さんについては、それだけの認識しかなかった」とありますが、この後どのような認識に変わりますか。本文中から二十七字でぬき出し、最初と最後の五字を答えなさい。

問二　――線部②「もどかしそうに頭を掻きながら紺野さんが立ち止まった」とありますが、このときの紺野さんの気持ちとして最も適切なものを次のア～エから選び、記号で答えなさい。

ア　立ち止まってはいけないはずの地下街で突然立ち止まった水青に対して、今はそこで考えても仕方ないだろうともどかしく思っている。

イ　きちんと自分の思いや考えを相手に伝えようとするべきであるはずなのに、水青がそうしないことについてもどかしく思っている。

ウ　前々からアドバイスをしてきたはずなのにここぞというタイミングを逃（のが）して話し合いをしようとしない水青に対してもどかしく思っている。

エ　自分の意見を言いだそうともしない水青の姿勢に対して、過去の自分がそうであったことを思い出してしまい、もどかしく思っている。

「ひらひらしとるなあ」と言われた時、わたしは怒るべきだった。怒ってよかった。

原因はお前にあったのだと、他人にそう言われることを避けるために「かわいい」を避け続けた。わたしは悪くないと主張するためだけに。

かわいい、のせいじゃない。他人の服を切るような人間、それをわたしの服のせいだと言う人間に、怒り続ければよかった。自分の服装や行動を制限するのではなく。

今からでも、遅くないだろうか。

これから先も、わたしが「かわいい」服を選ぶことはないかもしれない。だけど、いろんなことを「かわいい」のせいにするのはやめよう。流してしまおう。この雨と一緒に。それからまた、新しく選び直そう。わたしを「　A　」も の」を。

橋を渡ってすぐ、すいかを抱えて歩いてくる紺野さんを見つけた。ひとりではなかった。ななめ後ろを、清澄が歩いていた。

学校から帰ってくる途中で偶然会ったのだろうか。清澄は紺野さんに傘をさしかけている。それまで傘なしで歩いてきたのか、紺野さんの前髪は濡れてぺったりと額にはりついていた。すいかを落とさないように、真剣な表情でゆっくりと慎重に歩いている。

かわいい。

その言葉が勝手に唇からこぼれ出た。紺野さんは、かわいい。コピー機の点検をする時や、わたしになにかを伝える時、紺野さんがよくする、あの顔。

一生懸命な紺野さんは、とてもかわいい。

雨はまだ降り続けているのに、⑧自分の頭の上だけ、さっと明るくなったような気がした。ああ、そうか。風を受けるように、日の光を浴びるように、はればれと理解した。ああ、そうか。わたしの「かわいい」は、好きっていうことなんや。

が同じ『かわいい』を目指す必要はないからね」

けど、という祖母の話の続きが聞けなかった。ぶーん、と音を立てて、畳の上に置いたスマートフォンが震(ふる)えている。紺野さんからの電話だった。

「すいか」

電話に出るなり、紺野さんが唐突(とうとつ)にくだものの名を口にする。なにかの暗号だろうか。

「いきなりなに」

「すいか、一玉いらん？」

なんか、知らんけど、さっき、会社でもらってん。言葉を区切るたびにフウフウと苦しそうに息を吐く。

「お母さんと食べたら？」

「うちのおかん、すいかは嫌いで……あのさ、じつはもう……家のすぐ近くまで来てて」

「えっ」

じゃ、持っていくから……待ってて。その言葉を最後に、やや唐突に電話が切れる。

「すいか、持ってきてくれるって」

「あら」

祖母が窓の外に目をやる。すこし心配そうに、頬に手を当てた。

「でも、雨降(ふ)ってるね」

「ちょっと、見てくる」

玄関(げんかん)で一度ビニール傘(かさ)を手に取ってから、水色の傘を選んだ。紺野さんがくれた傘。

絹の糸のように細くやわらかい雨が降り注ぐ。川の水は、いつもより濁っているようだ。

ほんとうはわかっている。かわいい服が悪いのではない。スカートを切られたのは、デザインのせいではない。

祖母が指さすＡラインのドレスにはいっさい装飾がない。でもこれを着るのはわたしではない。

「かわいいから嫌なんや」

祖母は清澄のように、なんで、とは、問わない。そうか、と⑦眉を下げるだけだ。

「なあ、見てこれ！」

祖母が突然ブラウスの裾をがばっとめくりあげた。

「え、なに、いきなり」

「ほら、かわいいやろ」

ブラウスの下に着た薄いＴシャツの裾に、薔薇の刺繍がしてあった。

「キヨにやってもらってん、これ」

棘は鋭く、花弁は赤く、ただの刺繍のくせに、植物の生命力を感じさせる。弟が施した刺繍をまじまじと見るのははじめてかもしれない。わたしの目には「力強い」と感じられる薔薇だが、祖母にとってはこれが「かわいい」なのだ。

「シンプル」の意味あいが違うように、「かわいい」もまた、違っている。

祖母が持ち上げていたブラウスをおろした。

「Ｔシャツ一枚で着ることないから、このかわいい薔薇は誰にも見えへんの」

「そしたら、刺繍の意味なくない？」

「あるよ。見えない部分に薔薇を隠し持つのは、最高に贅沢な『かわいい』の楽しみかたやろ」

祖母の指が、ブラウスの上から愛おしげに隠し持った薔薇をなぞる。

「かわいいって、おばあちゃんにとってはどういうこと？」

そうやねえ。祖母は頬に手を当てて、しばらく考えていた。

「自分を元気にするもの。元気にしてくれるもの。……水青がかわいいのは嫌って思うことは、べつに悪くない。誰も

「そう」

「こんな時代だからこそ、『堅実』なんてあてにならんと思うけどねえ」

祖母が浮かべている薄い笑みの意味するところがわからない。呆れ。憐憫。あるいはもっとべつのなにか。気まずく逸らした視線の先に、おびただしい量のふせんがはられた本がある。『カスタマイズできるウェディング＆カラードレス』。

「見ていい？　あれ」

「もちろん」

Ａラインのドレスや胸元で切り替えのあるエンパイアラインのドレスなど、たしかにパターンそのものはそう複雑ではないが、「縫いかたの順序」の頁は何度読んでも⑤目が滑る。内容がちっとも頭に入ってこない。

清澄の手による書きこみがいくつもしてあった。知らない単語には蛍光ペンで印がつけられ、余白の部分に意味が書きこまれている。

「勉強もこれぐらい熱心にしたらええのに」

「まあ、そこはキヨやからね」

「……おばあちゃんはこの本に載ってるドレス、どれがいちばんシンプルやと思う？」

開いた頁に視線を落として、祖母は「ぜんぶ」⑥とこともなげに答える。

「ぜんぶシンプルや」

シンプル。同じ言葉を使っていても、それぞれに思い描くものが違っている。そこにこめた意味あいも。

「そんな嫌？　ドレス着るの」

祖母が問う。口調はあくまでもやわらかい。

「これとか、かわいいと思うけどなあ」

「キヨとさつ子が帰ってくる前に、済ませてしまおか」

「うん」

「採寸済んだら、ケーキ食べに行こか。ふたりには内緒(ないしょ)で」

ケーキ。とっておきの提案をするように、祖母がいたずらっぽく目を輝(かがや)かせる。ほんの一瞬(いっしゅん)、子どもの頃(ころ)に戻(もど)ったような錯覚(さっかく)を起こした。昔から「内緒やで」と、こっそりお菓子(かし)を食べさせてくれるような人だった。お姉ちゃんていうのは、なにかとがまんさせられがちやからね、と言う祖母自身、五人きょうだいの長女だ。

（中略）

メジャーが胴(どう)にぐるりと巻かれる。肩に、腕に、つぎつぎと当てられる。祖母は手元のノートに数字を書きつけて、細いなあ、とため息をついた。

「おじいちゃんも見送ったし。水青も結婚(けっこん)するし、心配でおちおち死ねません、なんてこともないから、幸せなことやで」

さつ子は、と自分の娘(むすめ)の名を口にして、なにがおかしいのかくすっと笑った。

「あの子はまあ、なにがあっても自分でなんとかするやろうし」

「キヨは？」

「だいじょうぶや、あの子なら」

キヨは、自分のなりたいものになっていく。そんなふうに太鼓判(たいこばん)を押(お)される弟への羨望(せんぼう)。④そこに、ほんのりと濁(にご)った色が混じる。あんたはええなあ、と憎々(にくにく)しげにため息をつきたいような、そんな汚くて暗い気持ち。

「好きなことだけして生きていきたい、なんて甘いんとちゃうかな。わたしはとにかく、堅実(けんじつ)な人生がいい。今、そんなふわふわした夢見られる時代やないと思う」

鉛筆(えんぴつ)を走らせていた祖母が老眼鏡をずらして、すくい上げるようにわたしの顔を見た。

「時代？」

こうして、こう。腕をクロスさせている。

「わかる?」

「なに?　光線出してんの?」

「違う、今そんな話してへんやろ」

③たいそう気色ばんでいるが、そう問いたくなるほど紺野さんのポーズはウルトラマンのそれに酷似していた。

「ふたりの意見が重なるこの、この地点まで、話し合え、っていう話や」

肩を動かして、クロスした部分を強調している。

「……うん」

「伝える努力をしてないくせに『わかってくれない』なんて文句言うのは、違うと思うで」

幾人もの人がわたしたちを追い越していく。そうやね、と答えた声が掠れて、地下街のざわめきに飲まれた。

(中略)

水青はどうしたいの。紺野さんは、よくそう問う。「伝える努力をしてない」とは、もしかしたら清澄とのことだけでなく、わたしの常態に対する苦言だったのかもしれない。

足元にひざまずいてメジャーをたぐりよせている祖母が、ふいに顔を上げる。

「そしたら、採寸するよ」

仕事が休みの今日は、一日家でゆっくりするつもりだった。洗濯物を干していると祖母がやってきて、採寸の話をされた。

「でも、まだデザイン決まってないから」

「どんなデザインにするにせよ、とにかく採寸は必要やからね」

それで、何年かぶりに祖母の部屋に入った。

「うん。ごめんな」

伝票を掴んで立ち上がる瞬間、ふわりと肩に手を置かれた。この人なら、この手になら、触れられてもきっと嫌じゃない、という直感は正しかった。紺野さんはわたしを脅かさない。

ハンバーグ、カレー、うどんの出汁。飲食店が立ち並ぶ地下街の匂いは混沌としている。

水青はかわいいね。以前の紺野さんは、よくそう言った。やめて、と拒んだら、ほんとうにふしぎそうに首を傾げた。

「なんで？」

「なんでも」

表情をかたくしたら「わかった、ようわからんけどわかった。もう言いません」と両手を上げた。降参、と言うように。

約束を守る人だ。それ以来二度と「かわいい」を口にしていない。

「清澄くんとしっかり話し合ったほうがええで。ドレスのことは」

「どうかなあ。あの子、なんでも自分のしたいようにしたい子やからね」

「そしたら、もうドレスは弟にまかせる？」

「それは嫌やけど……」

あー、もう！②もどかしそうに頭を掻きながら紺野さんが立ち止まった。後ろから歩いてきた人が、追い越しざまに「邪魔」と言いたげな視線を投げかけていく。

「どうしてほしいのか、しっかり言葉で伝えなあかんで」

水青が考える「シンプル」とな。そう言いながら、紺野さんが片手を上げる。

「清澄くんの考える『シンプル』は今」

もう片方の手も持ち上がる。両手を広げたまま「こんぐらいかけ離れてるよな」と続けた。

「それを、こう」

三 次の文章を読み、後の問いに答えなさい。

（これまでのあらすじ）
塾の事務で働く水青は、職場で出会った紺野さんとの結婚式を控えている。「かわいいもの」が苦手な水青には着たいと思えるウェディングドレスがなかなか見つからなかった。それを聞いた弟の清澄が、水青のためにドレスを作ると申し出た。清澄は幼い頃から祖母の影響で手芸好きであり、最近はドレスを作ることにも強い興味を持っていた。水青は清澄にドレスを作ってもらうことにしたのだが、清澄の提案するデザインにもいまいち納得できないでいる。仕事の昼休憩中に紺野さんと食事をしながら、結婚式について相談をしていた。

①コピー機のメンテナンスに来る人。紺野さんについては、それだけの認識しかなかった。顔もろくに見ていなかった。落としたペンを拾ってもらうまでは。

わたしが取り落としたペンはころころと、コピー機の前でしゃがんでいる紺野さんの足元まで転がっていった。紺野さんは、拾い上げたペンの埃を指先でさっと払い、立ち上がろうとするわたしを片手で制して歩いてきた。

「このペン、書きやすいですよね。僕も愛用してます」

すこしも音を立てずに、ペンをわたしの机の上に置いた。コンビニで百円ちょっとで買えるペンを、まるで希少な宝石みたいにあつかうその手と、やさしそうな笑顔と、コピー機をあつかっている時に滲んだらしい額の汗が、いっぺんにわたしの目に飛びこんできた。

それらを「どんなふうだった」と表現する語彙が自分の中にないことがもどかしい。

腕時計を見た紺野さんが、ふー、と息を吐く。

「もう時間？」

問六　Y に当てはまる言葉を本文中から十三字でぬき出しなさい。

問七　――線部⑥「元来、日本人は苦手であった」とありますが、この説明として最も適切なものを次のア～エから選び、記号で答えなさい。

ア　日本は自然災害が多いため、力を合わせて生きていく必要があり、昔から他国よりも集団に所属している意識が強いということ。

イ　日本では所属集団では他者と同じであることが求められ、特異な存在を安易に受け入れられないという傾向は昔から変わらないということ。

ウ　日本は単一民族、単一言語で構成されている国なので集団をつくりやすく、異なる言語を話している人との接触をさける傾向にあるということ。

エ　日本は昔からムラ社会・大家族制を基本としていたので、必ず集団の長に従う性質が染み付いており、自己主張できなかったということ。

問八　――線部⑦「マリア様がイエスを育てたようなつもりで育てること」とありますが、筆者はなぜこれを答えとするのか、「～を子育ての基本とすることで～」という形を用いて六十字以内で説明しなさい。

問九　この文章で筆者は、「自他の区別」をすることの必要性について述べていますが、学校生活において「自他の区別」の必要があるとすればどのような場面だと思いますか。その場面において自分がどうすべきかを含め、できるだけ具体的に書きなさい。

問三　――線部④「今に彼らの企てる何事も不可能なことはなくなるであろう」とありますが、ここではどのようなことを言っていると考えられますか。最も適切なものを次のア～エから選び、記号で答えなさい。

ア　いずれ人類は、経済的な豊かさを手に入れることで、爆発的に人口を増やし繁栄の一途をたどることになるだろう。

イ　いずれ人類は、自分たちがどのような存在であるかを知り、全ての哲学的問題について答えを手に入れることになるだろう。

ウ　いずれ人類は、言語によるコミュニケーションを超え、考えていることを直接的に相手に伝えることができるようになるだろう。

エ　いずれ人類は、自分たちの能力の限界を必要以上に超え、それぞれの分野において様々なことを成し遂げられるようになるだろう。

問四　――線部⑤「神（ヤハウェ）の呪い」とありますが、なぜ「呪い」という言葉を使っているのですか。その理由として最も適切なものを次のア～エから選び、記号で答えなさい。

ア　コミュニケーションにおいて、他者とどうしても通じあえないことがあるから。

イ　人間が違う言語を使うようになったことで、不便なことが増えたから。

ウ　同じ言語を使う人間同士でも、他者の気持ちまでは読み取ることはできないから。

エ　人類が違う言語を使うようになったこと自体が、「神の呪い」であるから。

問五　［Ｘ］に当てはまる言葉を次のア～エから選び、記号で答えなさい。

ア　利便性　　イ　道徳性　　ウ　公共性　　エ　創造性

★　問題の中で指定する字数には、句読点、かっこ類をふくみます。

問一　――線部①「公的な側面」、――線部②「私的な側面」とありますが、このどちらにも当てはまらないものを次のア～エから一つ選び、記号で答えなさい。

ア　生まれも育ちも東京だが、大阪出身の友人と一緒（いっしょ）に過ごすうちにつられて関西弁を使うようになった。

イ　先週は毎晩、友人と口喧嘩（くちげんか）をしてしまった経緯（けいい）やこれからの付き合い方について内省していた。

ウ　修学旅行の移動中の新幹線内で「先生」と呼んだら、隣に座っていた医者の方が振り返った。

エ　他校に通う友達に「宿題が多くて大変だ」という話をしたら、「宿題がない自分は楽だという意味か」と怒（おこ）らせてしまった。

問二　――線部③「問題意識を持つ機会は少なかった」とありますが、ここでいう「問題意識」とはどういうことですか。最も適切なものを次のア～エから選び、記号で答えなさい。

ア　自分たちがどのような歴史をたどってきたかについて考えること

イ　自分たちがどのような民族であるかについて考えること

ウ　自分たちの使っている言葉がどのようなものであるかについて考えること

エ　自分たちの思考がいかに人によって違うかについて考えること

受精したところから、もはや別の生命として子どもは存在するものです。

よく、講義などで女子学生から「よい子育てのポイントは何ですか？」と質問されることがあります。私は別に※クリスチャンではありませんが、⑦「マリア様がイエスを育てたようなつもりで育てること」と答えます。聖母マリアは、イエスを神の授かりものとして身ごもり、育てたのであって、決して自分の子どもとは思わなかっただろうと想像するからです。

子育てにおいて、このようにわが子を他者として認識することは、何よりも大切な基本です。これが分かっていれば、「子どもに良かれと思って」という一方的な押し付けは行われないでしょうし、「一体この子はどんな人間だろうか？」という自然な関心が湧いて、丁寧に観察をすることでしょう。親子の会話でも、自分はこう感じるがこの子はどうだろうかと、丁寧な擦り合わせが行われていくはずです。そして子育て全体が、親の欲望によってではなく、その子どもにとっての幸せのために方向付けられていくのではないでしょうか。

また、細胞分裂直前の細胞のように、境界なしに自他がつながっているような人間関係は、「自他の区別」の出来ていない人が強く憧れるものです。しかし、そのような関係は、共に依存しあっている関係であり、永続的なものではありません。自分のすべてを分かってくれて、自分のすべてを受け入れてくれるような人間関係というものは、厳密に言えば現実には存在しません。

そのような「無いものねだり」を他者に求めることになってしまっている根本原因は、「自分が自分を愛していないこと」にあります。つまり、自分の内界が寒く寂しいものになっているために、他者にその代わりの温かさを求めざるを得なくなっているのです。

（泉谷　閑示『「普通がいい」という病』より）

※　ディスコミュニケーション ―― コミュニケーションが機能していない状態のこと

クリスチャン ―― キリスト教の信者

必要がない。すると、いつの間にかその人の中で一人歩きして、独特の意味合いや偏りを持つようになっていくこともあります。特に、ひきこもったりして生身の人間とのコミュニケーションから遠ざかっている状態が続くと、その傾向は促進されます。この内的言語が、言葉のプライベートな側面を形成するのです。

それでも、従来、人はこの言葉の二つの側面をそれなりに使い分けることが出来ていました。しかし、近年はそれが出来ない人たちが増えてきている印象があります。プライベートな言葉を、そのままパブリックな場に持ち込んできたり、逆に、パブリックな場で投げかけられた言葉を自分のプライベートなフィルターを通して受け取り、「傷付いた」とか「ひどいことを言われた」と反応したりする人たちが実に多いのです。

こういう事態は、「自他の区別」が出来ていない場合に起こると考えられます。

自分と他者が違う内界を持ち、違う価値観で、言葉一つにも自分とは違う意味合いを載せているかもしれない、ということが想像できない。つまりは、［　Ｙ　］という当たり前のことが理解できていないということなのです（ここで言う他者とは、当然のことながら、自分以外の人間すべてを指します）。ベストセラーとなった養老孟司氏の『バカの壁』も、まさにこのような※ディスコミュニケーションが蔓延している現状に問題意識を向けたものでした。

「自他の区別」ということについては、⑥元来、日本人は苦手であったと言えるかもしれません。「個の確立」の問題や、「他者を別の主体としてその独立性・特異性を認める」という点においては、ムラ社会的な共同体意識や大家族制の頃とあまり変わっていないのではないでしょうか。みんなと同じでなければならないと思い悩んだり、他人が自分と同じはずだと思い込んでいたりすることは珍しくありませんし、集団では構成員が同質であることが強要され、異質である場合にはいじめが加えられたり、排除されたりする。これらの傾向は、私たちの身のまわりにいくらでも見つかります。

さて、自分と他者が違う存在であるという認識は、まずは親子関係のところから始まるべきものですが、依然として、親は子を「自分の分身」であるかのように捉えていることが多いようです。いくら血がつながっているとはいえ、

二　次の文章を読み、後の問いに答えなさい。

さて、言葉には①公的(パブリック)な側面と、②私的(プライベート)な側面とがあります。

日本のようにだいたい単一民族・単一言語で来た国では、③問題意識を持つ機会は少なかったかもしれませんが、たとえ同じ日本語を使っていたとしても、一つ一つの言葉に込(こ)められているものは、個人個人によってずいぶんと違(ちが)いがあるものなのです。

旧約聖書の創世記第一一章に、「バベルの塔(とう)」として有名な話があります。

さて全地は同じ言語を持ち、同じ言葉を話していた。（中略）彼(かれ)らは言った、「さあ、われわれは一つの町を建て、その頂きが天に達する一つの塔を造り、それによってわれわれの名を有名にしよう。全地の面を散らされるといけないから」。ヤハウェは天から降りて来られ、人の子らが建てていた町と塔とを御覧(ごらん)になった。ヤハウェが言われるのに、「御覧、彼らはみな同じ言語をもった一つの民である。そしてその始めた最初の仕事がこの有様だ。④今に彼らの企(くわだ)てる何事も不可能なことはなくなるであろう。よし、われわれは降りていって、あそこで彼らの言葉を混乱させ、彼らの言葉がたがいに通じないようにしよう」。……

『旧約聖書　創世記』より　関根正雄訳　岩波文庫

この話は、人類が世界各地に散り、様々な言語を持つようになった由来として解釈(かいしゃく)されているものですが、私は、同じ言語を使っている人間同士においても、この⑤「神（ヤハウェ）の呪(のろ)い」がかかっているのではないかと思うのです。同じ日本語を使っていても、言葉が通じない、届かないということはみなさんもよく経験することでしょう。

言葉は、単にコミュニケーションに用いられるだけでなく、物事を考えたり自分の内面を把握(はあく)したりする時にも使われています。これを「内的言語」といいますが、これは自分だけが内的に使うものですから、そもそも［Ｘ］を持つ

《文Ｂ》
ある事柄に対し明確な感情を抱いているとすれば、それは「アンビバレント」の状態とは言えない。

ア　正しい　　イ　正しくない

（３）次の文章を図に表したものとして、適切なのはア・イのどちらですか。記号で答えなさい。

筆は、毛の束（たば）を軸の先端に付けた、字や絵を書くための道具である。化粧の道具としても用いられ、毛筆（もうひつ）とも呼ばれる。主な産地は、東京都、京都市、広島県の熊野町、広島県の呉（くれ）市川尻町、奈良県、愛知県の豊橋（とよはし）市、宮城県の仙台市であり、その中でも、豊橋筆、奈良筆、熊野筆、川尻筆は、経済産業大臣指定伝統的工芸品（伝統工芸品）として認定されている。

ア

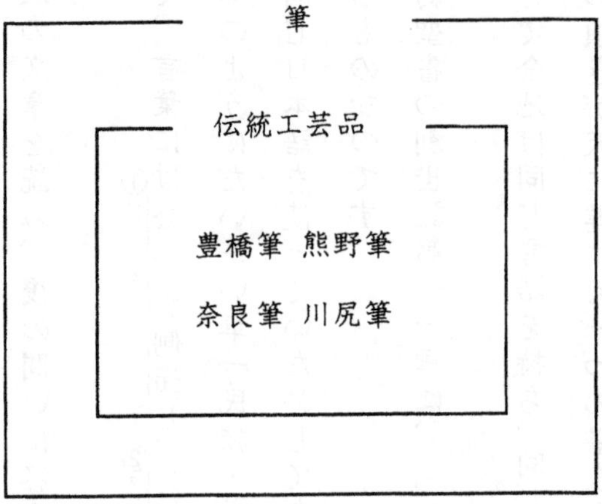

筆
　伝統工芸品
　　豊橋筆　熊野筆
　　奈良筆　川尻筆

イ

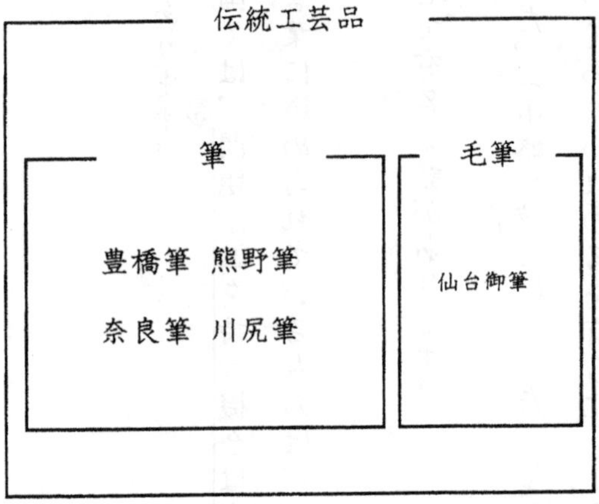

伝統工芸品
　筆
　　豊橋筆　熊野筆
　　奈良筆　川尻筆
　毛筆
　　仙台御筆

ア　吹奏楽団を「ブラスバンド」と呼ぶことができる
イ　吹奏楽団は「ブラスバンド」と呼ぶことは本来誤りである

②　ＳＮＳは、スマートフォンの普及(ふきゅう)によって、とても身近なコミュニケーションツールの一つになりました。電話やメールとは異なり、特定の相手だけではなく、不特定多数の人間に対して気軽に発信できます。そのため、相手の気持ちをよく考えずに傷つけるような言葉を使ったり、言葉が足りず自分が伝えたかったこととは違う意味で伝わったりすることもあります。ＳＮＳは手軽な連絡手段として活用できる一方で、（　　　　）もあります。

ア　使い方を学ばないと、大切な個人情報を流出させてしまう危険性
イ　使い方を誤ると、円滑なコミュニケーションの妨(さまた)げになる危険性

（２）次のＡの文章を読み、Ｂの文が正しいか正しくないかを選びなさい。

《文章Ａ》

「アンビバレント」は、相反(あいはん)する感情や意見、またははっきりしない状態を指す言葉です。この言葉は、一つの事柄に対して正反対な感情や評価が同時に存在し、はっきりとした判断が難しいときに使用されます。人々が複雑で矛盾(むじゅん)した感情を抱く状況や、ある事柄が肯定(こうてい)的な要素と否定的な要素を同時に含んでいる場合に、この言葉が適していま す。

2024年度

文化学園大学杉並中学校

【国　語】〈第一回試験〉（五〇分）〈満点：一〇〇点〉

注意　計時機能以外の時計の使用は認めません。

一　次の各問いに答えなさい。

問一　①～⑤の――線部の読みをひらがなで答えなさい。また、⑥～⑩の――線部を漢字に直しなさい。

①　具合の悪い人を看病する。
②　傷つかないように保護をする。
③　被災地のために寄付をする。
④　長編の物語が完結した。
⑤　作品の根底に流れる思想を読み解く。
⑥　芸術鑑賞教室でエンゲキを観に行く。
⑦　今日は雲一つないカイセイだ。
⑧　旅先でみたゼッケイに感動した。
⑨　物事にセッキョク的に取り組む。
⑩　ひたすらモクヒョウに向かって突き進む。

問二　（1）～（3）の問いに答えなさい。

（1）次の①、②の文章の（　　　　）に入る表現として正しいものを後のア・イから選び、記号で答えなさい。

①　吹奏楽団は、主に金管楽器（きんかん）・木管楽器（もっかん）・打楽器で編成される音楽団であり、日本では「ブラスバンド」と呼ぶこともあるが、「ブラスバンド」の本来の意味は「金管バンド」である。つまり、（　　　　）。

2024年度

文化学園大学杉並中学校 ▶解　答

※　編集上の都合により，第１回試験の解説は省略させていただきました。

算　数　＜第１回試験＞（50分）＜満点：100点＞

解　答

[1] (1)　230　(2)　24　(3)　4　(4)　35.1　(5)　270　(6)　3　(7)　$\frac{4}{9}$　(8)　6.28　(9)　4　(10)　72　[2] (1)　**最初に間違えている行の番号**…②，**正しい答え**…11　(2)　**最初に間違えている行の番号**…①，**正しい答え**…760m　(3)　**最初に間違えている行の番号**…②，**正しい答え**…5040円　[3] (1)　69点　(2)　$\frac{1}{2}$　(3)　９通り　(4)　12％　(5)　2080円　[4] (1)　125度　(2)　38.56cm^2　(3)　180cm^3　[5] (1)　16cm　(2)　７cm　(3)　41分42秒後

国　語　＜第１回試験＞（50分）＜満点：100点＞

解　答

[一] **問１**　①　かんびょう　②　ほご　③　きふ　④　かんけつ　⑤　こんてい　⑥～⑩　下記を参照のこと。　**問２**　(1)　①　イ　②　イ　(2)　ア　(3)　ア　[二] **問１**　ア　**問２**　ウ　**問３**　エ　**問４**　ア　**問５**　ウ　**問６**　自分と他者が違う存在である　**問７**　イ　**問８**　(例)　我が子を他者としてとらえることを子育ての基本とすることで，子育て全体が子どもにとっての幸せに向かっていくから。　**問９**　(例)　自分をふくむクラスの有志がボランティア活動に参加することになったとき，かたくなに参加しようとしない人がいても，参加する自分たちとは異なるその人なりの考えがあることを認め，参加しないことを悪く言ったり，参加を強要したりしないよう心がける。　[三] **問１**　この人なら～嫌じゃない　**問２**　イ　**問３**　エ　**問４**　ウ　**問５**　⑤　イ　⑥　エ　⑦　ア　**問６**　元気にする　**問７**　(例)　「かわいい」という言葉は自分にとって「好き」という意味であることがわかり，はればれとした気持ち。　**問８**　ウ

●漢字の書き取り

[一] **問１**　⑥　演劇　⑦　快晴　⑧　絶景　⑨　積極　⑩　目標

2024年度 文化学園大学杉並中学校

【算　数】〈第２回試験〉（50分）〈満点：100点〉

注　意

1　計時機能以外の時計の使用は認めません。
2　定規，コンパス，分度器等を使ってはいけません。
3　問題の中の図の長さや角の大きさは，必ずしも正確ではありません。

1　次の計算をしなさい。

(1)　$17-8+25-32$

(2)　$(9+6)\times5-10-15\div\frac{5}{3}$

(3)　$2.6-\frac{2}{5}-1\frac{1}{2}$

(4)　$1.3+3.6\div(0.7-0.3)\times0.4-0.2$

(5)　$1.8\div\frac{9}{10}-1\frac{1}{2}\times0.5+\frac{7}{4}$

(6)　$\left\{\left(\frac{4}{3}-\frac{3}{4}\right)\times1\frac{1}{5}-\frac{5}{8}\right\}\div0.3$

(7)　$46+47+48+49+50+51+52+53+54$

(8)　$31.2\times1.95+3.12\times3.2-0.312\times27$

(9)　$\frac{1}{12}+\frac{1}{20}+\frac{1}{30}+\frac{1}{42}+\frac{1}{56}$

(10) $\begin{pmatrix} 2 & 3 \\ 1 & 4 \end{pmatrix} = 2\times4-3\times1$ とするとき，

$$\begin{pmatrix} 11 & 2 \\ 9 & 8 \end{pmatrix} - \begin{pmatrix} 5 & 7 \\ 3 & 6 \end{pmatrix} - \begin{pmatrix} 14 & 4 \\ 6 & 2 \end{pmatrix}$$

2 次の各問いを文子さんが解きましたが，３問とも間違えてしまいました。解答として，最初に間違えている行の番号 ①～④ と，この問いの正しい答えを求めなさい。

(1) 杉男さんは午前９時41分に家を出て，時速4.5 kmで6000 m先のイベント会場に歩いて行きました。杉男さんが会場に着いた時刻を求めなさい。

文子さんの解答

6000 mは６kmなので，　…①
4.5 ÷6＝0.75　より0.75時間かかった。　…②
0.75時間 は45分　…③
よって，杉男さんが着いた時刻は
午前10時26分　…④

(2) $3\times\{28\div(\square+5)\}+4\times5=32$ の $\square$ に入る数字を求めなさい。

文子さんの解答

$3\times\{28\div(\square+5)\}+4\times5=32$

$3\times\{28\div(\square+5)\}=32-20$　…①

$28\div(\square+5)=12\div3$　…②

$\square+5=4\times28$　…③

$\square=112-5$　…④

$\square=107$

(3)　子どもに折り紙を配ります。14 枚ずつ配ろうとしたところ，６枚しかもらえない人が１人と，１枚ももらえない人が１人できてしまいました。そこで，配る枚数を 10 枚にしたところ，全員に配ることができ，38 枚余りました。折り紙の枚数を求めなさい。

> 文子さんの解答
>
> すべての子どもに 14 枚ずつ配るとしたら，足りない折り紙の枚数は
>
> (14－6)＋14＝22 (枚)　　…①
>
> 14 枚ずつ配ると 22 枚足りなくて，10 枚ずつ配ると 38 枚余るので，枚数の差は
>
> 38－22＝16 (枚)　　…②
>
> 子どもの人数は　16÷(14－10)＝4 (人)　　…③
>
> 折り紙の枚数は　4×10＋38＝78 (枚)　　…④

3　次の各問いに答えなさい。

(1)　ある中学校の今年の生徒数は昨年より 12 ％増えて 140 人でした。この中学校の昨年の生徒数は何人ですか。

(2)　６人の身長の平均を調べると 150 cm でした。そのうち４人の平均を調べると 147.5 cm でした。残りの２人の平均は何 cm ですか。

(3)　中学生 30 人にアンケートをしたところ，ねこが好きな人は 16 人，犬が好きな人は 11 人，どちらも好きではない人は７人でした。ねこと犬，両方好きな人は何人ですか。

(4)　文子さんは現在６さいで，文子さんのお父さんの年れいは文子さんの６倍です。文子さんのお父さんの年れいが，文子さんの年れいの３倍になるのは何年後ですか。

(5)　１本 80 円のえんぴつと１本 110 円のボールペンを合わせて 10 本買います。所持金は 1000 円で，できるだけおつりが少なくなるように買います。このとき，ボールペンは何本買えばいいですか。

4 次の各問いに答えなさい。ただし，円周率は3.14とします。

(1) 下の図の２つの直線 l，m は平行です。このとき，アの角度を求めなさい。

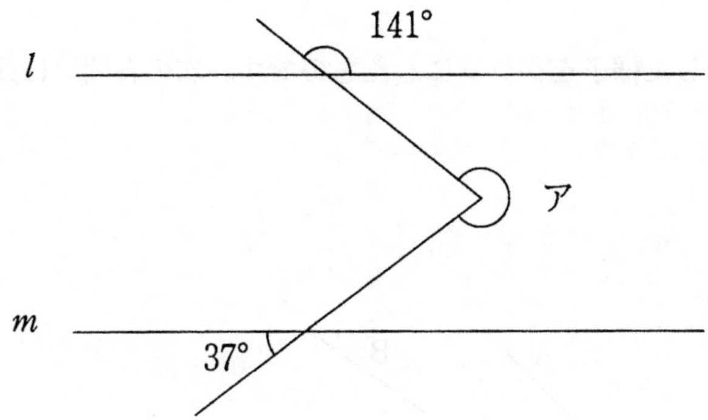

(2) 下の図は，正六角形の２つの頂点を中心とする半径３cm のおうぎ形をかいたものです。かげをつけた部分の面積を求めなさい。

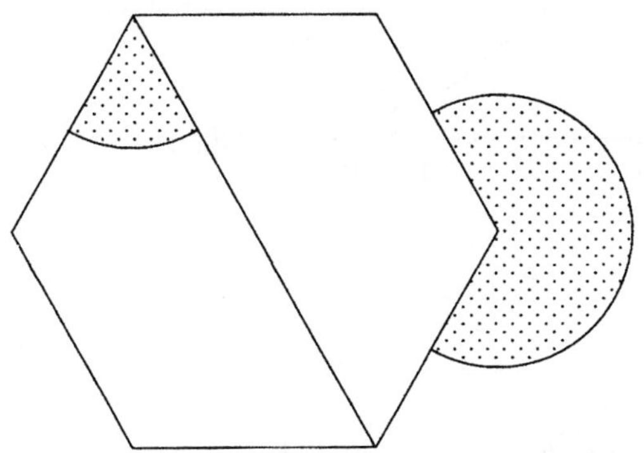

(3) 下の図は，底面が直角二等辺三角形である三角柱から，底面が正方形である直方体を切りぬいた立体です。この立体の体積は207 cm^3 でした。切りぬいた立体の底面の１辺の長さを求めなさい。

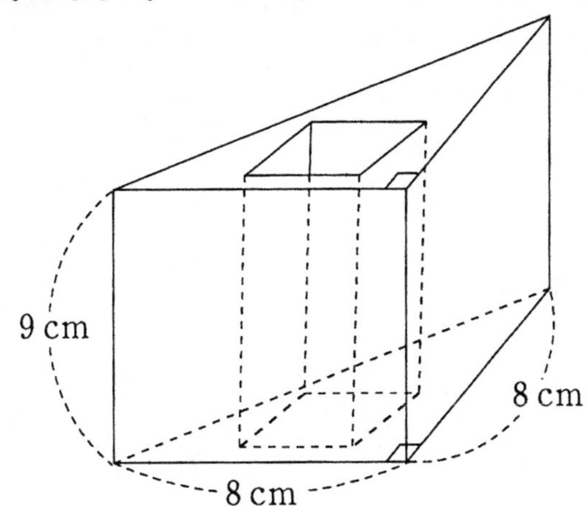

5 ＡとＢは学校から駅へ，Ｃは駅から学校へ，３人同時に出発しました。学校と駅は2520ｍはなれています。Ａは分速100ｍで歩き，ＢはＡよりもおそいスピードで歩きました。Ｃは出発して31分30秒後に学校へ着きました。途中，ＣはＡと出会い，その４分後にＢと出会いました。

下の図は，Ａ，Ｂ，Ｃが移動した様子をグラフにしたものです。次の各問いに途中の式や説明をかいて答えなさい。

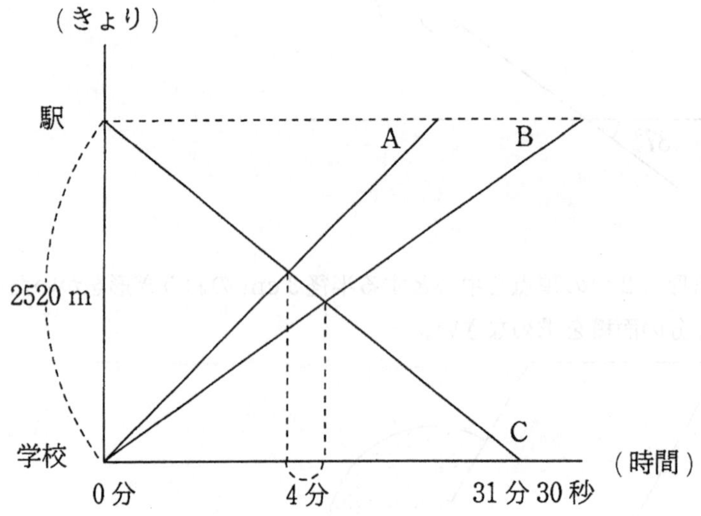

(1) Ｃの速さは分速何ｍですか。

(2) ＡとＣが出会うのは，学校から何ｍはなれた場所ですか。

(3) Ｂが駅に着くのは，Ａが駅に着いた何分何秒後ですか。

【社　会】〈第２回試験〉（理科と合わせて60分）〈満点：75点〉

注　意

計時機能以外の時計の使用は認めません。

Ⅰ　社会の授業で、歴史上の人物に関するプレゼンテーションをおこなった。次にしめす文子さんと杉男さん、並江さんの３人の発表を読んで、設問に答えなさい。

文子：私は［あ］について調べました。この人物は父から将軍職をひきつぎ、①祖父をまつる日光東照宮を大規模に建て直し、②父がだした法令に新たな内容を加えました。また、祖父が築いた江戸城を大幅（はば）に直し、全国を支配する拠（きょ）点として整えました。［あ］が将軍になるまでに、③法令違（い）反を理由に、全国の多くの大名が取りつぶされ、将軍の力はますます強くなりました。④江戸幕府のしくみも確立し、安定した世の中をむかえることになりました。

杉男：私は［い］について調べました。この人物は日本で最初の女性による女性のための文芸誌をつくったことで知られています。この文芸誌は「元始、女性は太陽であった。今、女性は月である」という書き出しが有名です。［い］と親交の深かった⑤森鷗（おう）外は［い］を高く評価しています。私生活では、1912 年に出会った５歳年下の画家と事実婚（こん）をし、２人の子どもを授かりました。彼女は⑥従来の結婚制度や「家」制度をよく思っていなかったようです。1919 年には新婦人協会を創設し、⑦女性の政治的・社会的自由を確立させるために活動をしました。戦後にはベトナム戦争に対する反戦運動をおこないました。

並江：私は［う］について調べました。この人物は、現在の和歌山県に生まれました。幕末には坂本龍馬や桂小五郎、伊藤博文と交流を持ちました。特に⑧坂本龍馬とは、海援（えん）隊に加わるなど、お互いに信頼（らい）しあう関係を結んだようです。1883 年には伊藤博文のすすめからヨーロッパに留学し、すすんだ政治制度を学びました。外務大臣に就任すると、⑨日本が江戸時代に結んだ不平等条約改正のために交渉をおこないました。1894 年にこの条約の一部を改正して⑩領事裁判権をなくすことに成功しました。また、⑪日清戦争後には伊藤博文とともに全権大使として講和条約を調印し、戦争を日本に有利な条件で終わらせました。しかし、肺結核（かく）を患（わずら）い、1897 年に亡くなりました。

問1 下線部①について、次のＡ・Ｂの文に対する判断として正しいものを、下のア～エから１つ選び、記号で答えなさい。

Ａ：日光東照宮はユネスコの世界遺産に登録されている。
Ｂ：日光東照宮は栃木県の観光地として有名で、建物には多様な動物の木彫(ぼ)りの像がみられる。

ア：Ａ・Ｂどちらも正しい　　イ：Ａのみ正しい
ウ：Ｂのみ正しい　　エ：Ａ・Ｂどちらもまちがっている

問2 下線部②について、［ あ ］の人物がこのとき法令に追加した、大名が江戸と領地を往復し、妻や子どもは江戸で暮らさなければならない制度を何というか。漢字４字で答えなさい。

問3 下線部③に関連して、次の【グラフ】は江戸幕府の初代から４代までの将軍の命令によって取りつぶされた大名の数を表している。【グラフ】を参考に、大名の取りつぶしに関する説明としてまちがっているものを、下のア～エから１つ選び、記号で答えなさい。

【グラフ】

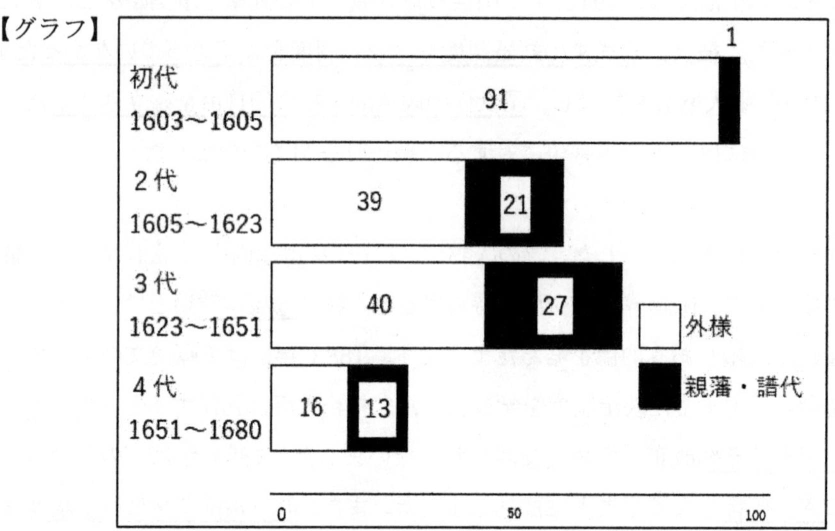

ア：３代から４代にかけて、取りつぶされる大名が大幅に減った。
イ：幕府の許可なく城の修理をおこなったために、取りつぶされた大名もいた。
ウ：４代のころに取りつぶされた外様大名は、初代のころの４分の１以下である。
エ：取りつぶされる大名の数は初代から減り続けており、江戸幕府の安定を物語っている。

問4 下線部④について、次の【図】は幕府の組織をしめしたものである。空らん［ X ］には、臨時におかれた最高の役職があてはまる。この役職は、日米修好通商条約を天皇の許可なく結んだ井伊直弼がついていたことで有名である。この役職の名称を漢字２字で答えなさい。

【図】

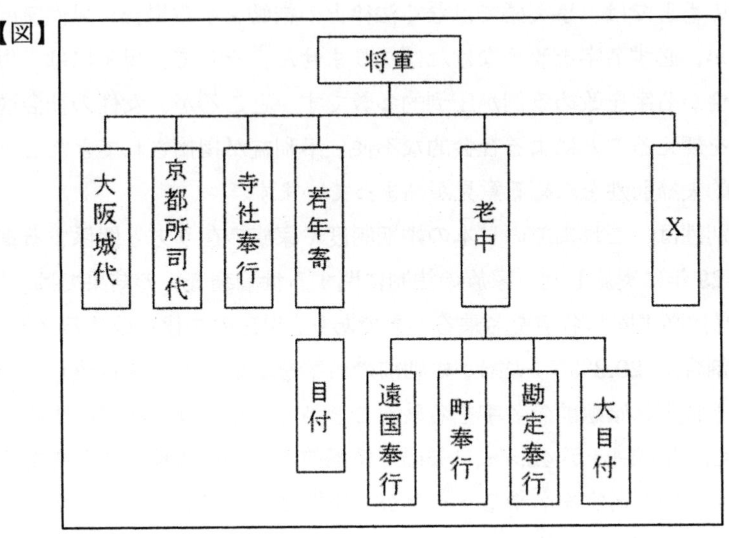

問5 下線部⑤について、森鷗外は［ い ］の人物のことを次の文章のように評価した。この文章を読んだだけでは正しいと判断できない文を、下のア～エから１つ選び、記号で答えなさい。

> 樋口一葉さんが亡くなってから、女流のすぐれた人を推(お)すとなると、どうしてもこの人でしょう。また、与謝野晶子さんと並べ称することが出来るかと思うのもこの人です。詩の作品は無いらしいが、［ い ］の名で『青鞜(とう)』に書いている批評を見るに、男の批評家にはあのくらい明快な筆で哲(てつ)学上の事を書く人が一人もいない。立脚(きゃく)点※1のいかんは別として、書いている事は八面玲瓏(はちめんれいろう)※2である。男の批評家は哲学上の問題となると、誰(だれ)も誰も猫に小判だ。

※１：立脚点…よりどころとするところ

※２：八面玲瓏…どこから見ても透きとおっていて曇りのないさま

ア：森鷗外は、樋口一葉と［ い ］の二人とも高く評価していた。

イ：森鷗外は、［ い ］が男の批評家よりも哲学について優れた文章を書くと言っていた。

ウ：森鷗外は、与謝野晶子よりも［ い ］の方が優れていると考えていた。

エ：森鷗外は、［ い ］の文章について、根拠は別として非常にわかりやすいと評価した。

問6 下線部⑥について、このような考え方から出された意見の一つに「選択的夫婦別姓」というものがある。次の文章はこれに関する説明である。この文章を読んだだけでは正しいと判断できない文を、下のア～エから１つ選び、記号で答えなさい。

> 現在の民法のもとでは、事実婚ではなく法律上の結婚をする場合、男性又は女性のいずれか一方が、必ず名字を改めなければなりません。そして、現実には、男性の名字を選び、女性が名字を改める例が圧倒的多数です。ところが、女性の社会進出にともない、名前を変えることによる社会的な不便・不利益が指摘されてきたことなどを背景に、選択的夫婦別姓を求める意見が高まっています。
>
> 選択的夫婦別姓は、これまでの日本の婚姻(いん)制度や家族の在り方と関係する重要な問題です。平成29年に実施した「家族の法制に関する世論調査」の結果では、「婚姻をする以上、夫婦は必ず同じ名字を名乗るべきであり、現在の法律を改める必要はない」と答えた方の割合が 29.3%、「夫婦が婚姻前の名字を名乗ることを希望している場合には、夫婦がそれぞれ婚姻前の名字を名乗ることができるように法律を改めてもかまわない」と答えた方の割合が42.5%、「夫婦が婚姻前の名字を名乗ることを希望していても、夫婦は必ず同じ名字を名乗るべきだが、婚姻によって名字を改めた人が婚姻前の名字を通称としてどこでも使えるように法律を改めることについては、かまわない」と答えた方の割合が24.4%となっています。

ア：現在の日本では、夫婦が別姓を名乗るためには事実婚をするしかない。
イ：結婚によって名字が変更されることで、社会的な不便を感じる女性がいる。
ウ：平成29年の調査では、過半数が、夫婦別姓を認めるように法律を変えてよいと答えている。
エ：平成29年時点では、婚姻前の名字を通称として使うことができる制度が整っていなかった。

問7 下線部⑦に関連して、日本で女性に選挙権が認められたのはいつだと考えられるか。次の【表】を参考に、下のア～オから１つ選び、記号で答えなさい。

【表】

選挙法改正年	人口に対する選挙権を持つ人の割合
1889	1.1%
1900	2.2%
1919	5.5%
1925	20.0%
1945	48.7%
2016	83.3%

ア：1900年　　イ：1919年　　ウ：1925年　　エ：1945年　　オ：2016年

問8 下線部⑧について、坂本龍馬は薩長同盟の成立に深く関わっている。この同盟を薩摩藩の代表として結んだ人物で、のちに西南戦争をおこして亡くなったのはだれか。フルネームを漢字で答えなさい。

問9 下線部⑨について、日本が江戸時代にアメリカと結んだ不平等条約のうち、日米修好通商条約が結ばれる４年前の1854年に結ばれた条約の名を漢字で答えなさい。

問10 下線部⑩について、次の文章は、ある条約の中に含まれていた領事裁判権に関する部分である。この文章を参考に、領事裁判権について説明した文として正しいものを、下のア～エから１つ選び、記号で答えなさい。

第六条	日本人に対して罪を犯したアメリカ人は、アメリカ領事裁判所で取り調べを受けた後で、アメリカの法律によって処罰(ばつ)する。アメリカ人に対して罪を犯した日本人は、日本の役人による取り調べを受けた後で日本の法律によって処罰する。

ア：日本人を殺害したアメリカ人を日本人が取り調べをして裁くことが出来た。
イ：アメリカ人を殺害した日本人をアメリカの法律で裁くことが出来た。
ウ：日本人を殺害したアメリカ人をアメリカ人が取り調べをして裁くことが出来た。
エ：アメリカ人を殺害した日本人をアメリカ人が取り調べをして裁くことが出来た。

問11 下線部⑪について、日清戦争の講和条約の名称を漢字４字で答えなさい。

問12 空らん［あ］～［う］にあてはまる人物の名をそれぞれ答えなさい。

問13 二重下線部について、この言葉によって［い］の人物がどのようなことを言いたかったのか、太陽と月のちがいを明らかにして説明しなさい。

II　次の文章を読んで、設問に答えなさい。

日本で使われている紙幣(へい)は、2024年から新たなデザインになります。新しい一万円札の肖(しょう)像は、①埼玉県出身の渋沢栄一になる予定ですが、一万円札の肖像が変わるのはおよそ40年ぶりになります。また、新五千円札には女子教育の普及(ふきゅう)に力をそそいだ②津田梅子が、新千円札には「細菌(きん)学の父」として知られる（　A　）が描かれることになりましたが、これらのお札は、③１つ前の紙幣との間に共通点がみられるようです。

ところで、そもそも「紙幣」はどのように生み出されたのでしょうか。世界で初めて紙幣が発行されたのは④中国です。いまから約1200年前の中国では、モノの売買がさかんになったことで、当時使われていた銅銭の持ち運びが困難になったため、「この量の銅銭といつでも交換(かん)する」と約束した「手形」が発行されました。その「手形」が、今私たちが使っている紙幣の元祖となったのです。

⑤現在の日本の紙幣は、［　あ　］が発行しています。［　あ　］は東京都中央区に本店があり、「唯(ゆい)一の発券銀行」として、全国で使われる紙幣のすべてを発行しています。日本国外でも同じように、その国の中央銀行が紙幣を発行していることが多いですが、中にはフランスやイタリアなど、⑥ヨーロッパの一部の国のように、複数の国で同じ紙幣を共有していることもあります。

日本の紙幣の原料は、「みつまた」と呼ばれる植物です。和紙の原料として有名なこの植物は、かつては⑦中国・四国地方でさかんに生産され、すべて国産のものが使われていたようですが、近年では⑧海外から輸入したものが使われているようです。なお、使われて汚れたりいたんだりした紙幣の一部は、⑨トイレットペーパーなどに再利用されているようです。

さて、私たちにとってはまだ「紙幣」や「硬(こう)貨（コイン）」は日常でよく使われ、なじみ深いものだと思います。しかし⑩近い将来、これらのお金は日常的に使われなくなるかもしれません。その理由の一つが（　B　）の広がりです。（　B　）は、クレジットカードを登録したり、事前に銀行口座からチャージしたりしておくことで、専用のカードやスマートフォンを提示するだけで支払いが完了するシステムです。このシステムは大変便利なものですが、詐欺(さぎ)などに悪用されるなどのトラブルを心配する声も上がっています。

問1　空らん（　A　）・（　B　）にあてはまる用語の組合せとして正しいものを、ア～エから１つ選び、記号で答えなさい。

ア：A－北里柴三郎　　B－電子マネー　　イ：A－北里柴三郎　　B－ＳＮＳ

ウ：A－夏目漱石　　B－電子マネー　　エ：A－夏目漱石　　B－ＳＮＳ

問2 空らん［　あ　］にあてはまる用語を、漢字で答えなさい。

問3 下線部①について、埼玉県よりも西にある都道府県を、次のア～ウから１つ選び記号で答え、さらにその都道府県の都道府県庁所在地名を漢字で答えなさい。なお、縮尺は同じではない。

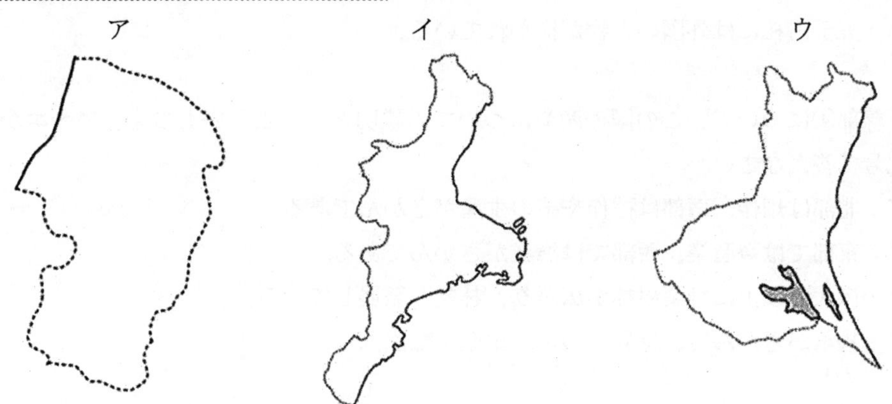

問4 下線部②について、この人物は「女子英学塾」を創設した。「英」とは日本ではイギリスを略した呼び方であるが、これに関連して、イギリスの位置として正しいものを、次の地図中ア～エから１つ選び、記号で答えなさい。

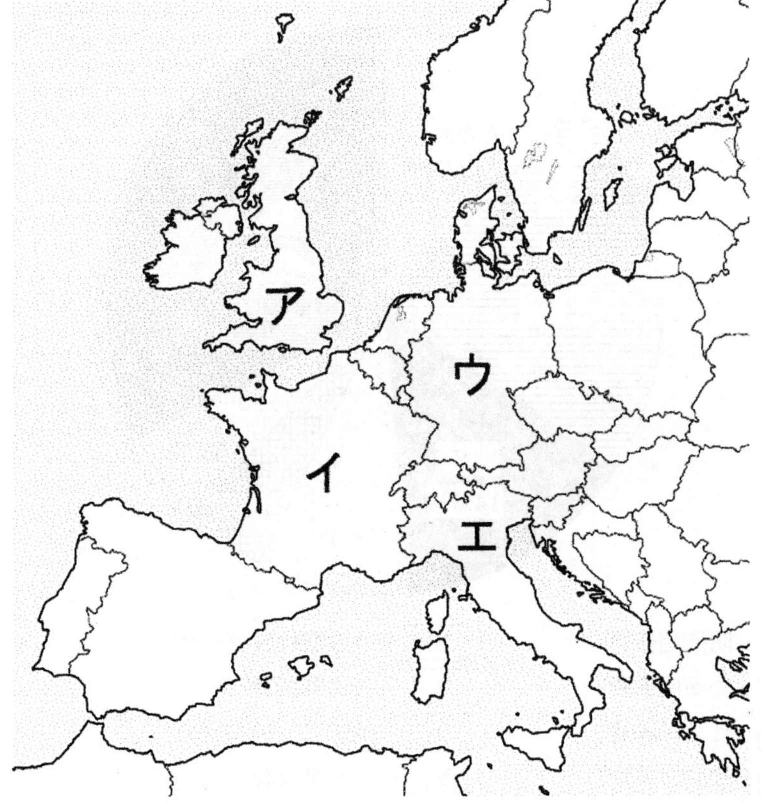

問5 下線部③について、この説明として正しいものを、ア～エから1つ選び、記号で答えなさい。

ア：千円札には文学者が描かれている。

イ：千円札と五千円札はともに同じ大きさでつくられている。

ウ：五千円札には女性が描かれている。

エ：五千円札には外国の人物が描かれている。

問6 下線部④について、この国の産業についての説明として正しいものを、ア～エから1つ選び、記号で答えなさい。

ア：北部は畑作、南部は稲作や茶の生産がさかんである。

イ：東部では畜産業、西部では漁業がさかんである。

ウ：広大な国土に針葉樹林が広がり、林業が発展している。

エ：牧羊がさかんで、世界一の羊毛生産・輸出国である。

問7 下線部⑤について、次のグラフは2023年度の日本の歳(さい)出額の予算をしめしている。［X］は日本で近年、金額が増えて問題となっている支出である。また、［Y］は各都道府県に向けての補助に使われる支出である。［X］・［Y］にあてはまる項(こう)目の組合せとして正しいものを、下のア～エから1つ選び、記号で答えなさい。

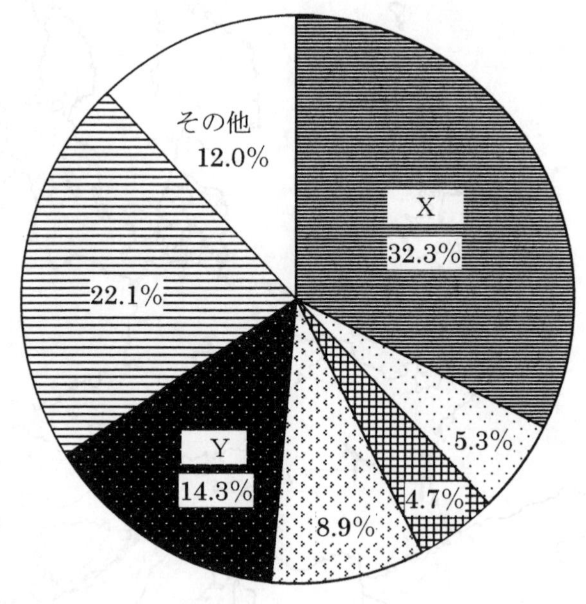

ア：［X］－防衛関係費　［Y］－地方交付税交付金

イ：［X］－防衛関係費　［Y］－公共事業費

ウ：［X］－社会保障費　［Y］－地方交付税交付金

エ：［X］－社会保障費　［Y］－公共事業費

問8　下線部⑥について、1999 年から、一部の国を除くＥＵ加盟国で使用されている共通通貨を何というか、カタカナで答えなさい。

問9　下線部⑦について、次の表は、中国・四国地方の各県の各種統計についてしめしている。表のア～エは□の中にある項目のいずれかをしめし、Ａ～Ｅは右下の地図中①～⑨のうちいずれか５つの県をしめしている。また、表中の1～9は、地域内での順位をしめしている。この表と右下の地図を見て、下の（１）～（３）に答えなさい。

人口（万人・2021 年）	かつおの水あげ量（百ｔ・2021 年）
ぶどうの生産量（千ｔ・2021 年）	輸送用機械の出荷額（十億円・2019 年）

	ア	イ	ウ	エ	面積 (km²・2021 年)
A	32,663 1	278 1	・・・	2.9 2	8,479 1
B	10,063 3	188 2	・・・	15.1 1	7,114 2
C	3,055 5	94 5	・・・	1.3 4	1,877 9
D	388 7	68 7	189 1	・・・	7,104 3
E	290 8	55 9	・・・	0.5 6	3,507 8

※表中の「・・・」は値が不明、もしくは０であることをしめしている。

（１）「ぶどうの生産量」を表しているものを表中のア～エの中から１つ選び、記号で答えなさい。

（２）表中Ｂの県を地図の①～⑨の中から１つ選び、番号で答えなさい。

（３）地図の⑦の県は表中のＡ～Ｅの中にあるか。ある場合はその記号を答え、ない場合は「Ｆ」と答えなさい。

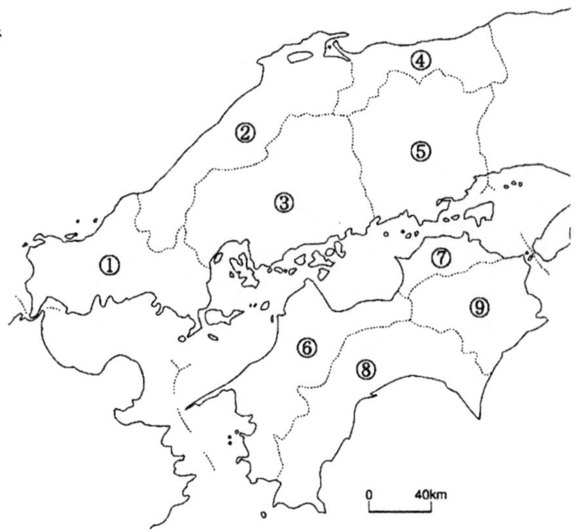

問10　下線部⑧に関連して、現在の日本はたくさんの食料を海外から輸入している。これに対して、国内で必要な食料のうち、どれくらいの量が国内で生産されているかを表す指標のことを何というか。漢字５字で答えなさい。

問11　下線部⑨について、これは「３Ｒ」のうちでは何にあてはまるか、正しい用語をカタカナで答えなさい。

問12　下線部⑩に関連して、「紙幣(へい)は必要ない」という意見に対してあなたはどう考えるか。賛成・反対いずれかの立場に立ち、その理由を具体的に説明しなさい。

【理　科】〈第２回試験〉（社会と合わせて60分）〈満点：75点〉

注　意

1　計時機能以外の時計の使用は認めません。
2　定規，コンパス，分度器等を使ってはいけません。
3　問題の中の図の長さや角の大きさは，必ずしも正確ではありません。

1　以下の問に答えなさい。

問１．以下の問についてあてはまるものを“ア～エ”から１つ選び、記号で答えなさい。

（１）ヒトのからだの中で曲げることができる、ほねとほねのつなぎめの名前はどれですか。
　ア．関節　　イ．筋肉　　ウ．腱（けん）　　エ．節

（２）電気をためることができる装置はどれですか。
　ア．LED　　イ．コンデンサー　　ウ．導線　　エ．豆電球

（３）コロナウイルスの「コロナ」の語源はどれですか。
　ア．王冠（おうかん）　　イ．太陽　　ウ．強い　　エ．見えにくい

（４）2023年８月より福島原子力発電所から出た処理水の海洋放出が開始されました。処理水に含（ふく）まれ、除去するのが困難な放射性物質はどれですか。
　ア．ストロンチウム　　イ．セシウム　　ウ．トリチウム　　エ．ヨウ素

問２．次の会話文を読み、以下の問に答えなさい。

博士：私たちの身のまわりには、様々な物質がありますね。
助手：例えばどんな物質がありますか？
博士：私たちの身のまわりにある代表的な物質は金属、ゴム、プラスチック、ガラスなどです。
助手：どれも聞いたことがあります。
博士：私たちはそれらの物質のもつ性質を利用して、様々な道具を作り生活しています。
助手：では博士、私は中身の量に合わせて大きさが変わる水筒（すいとう）が欲しいのですが、どの物質で作るのが良いのでしょうか？
博士：（　①　）は（　②　）という性質をもつので、(①) で水筒を作ると良いでしょう。

（１）上の会話文中の空らん（　①　）、（　②　）にあてはまる言葉をそれぞれ答えなさい。

（２）あなたが便利な特長をもった新しい水筒を作るなら、どのような物質を使い、どのような特長をもった水筒を作りますか。物質のもつ性質をふまえたうえで論述しなさい。なお、以下の観点で評価します。

<評価項目（こうもく）と評価基準>

	２点	１点	０点
論理性	「根拠（こんきょ）とした知識」からの論理展開が適切で、科学的に説得力がある	「根拠とした知識」からの論理展開が適切である	「根拠とした知識」からの論理展開が適切でない
知識		「根拠とした知識」が正しい	「根拠とした知識」が不完全・過剰（かじょう）である
結論		「結論・意見」が示されている	「結論・意見」が示されていない

※ここでの「知識」とは文中の内容、あるいはこれまであなた自身が学習等によって得たものとします。

2 植物の葉を使った実験に関する次の文章を読み、以下の問に答えなさい。

アジサイの葉 ア、イ、ウ を日光が直接当たらないようにアルミニウムはくでおおって放置しました。翌朝、アを切りとり、でんぷんがあるかどうかを調べるために葉の緑色をぬいてから（　①　）にひたしたところ、図のようにほとんど変化がありませんでした。イはおおいをはずし、ウはおおいをしたままでそれぞれ午後まで放置したあと、アと同様に（①）にひたすと、図のように、イは葉全体が青むらさき色に変化し、ウはほとんど変化がありませんでした。

ア

変化しなかった

イ

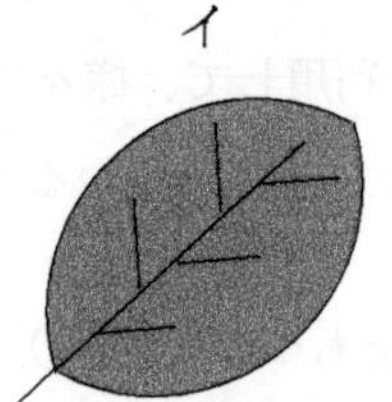

青むらさき色になった

ウ

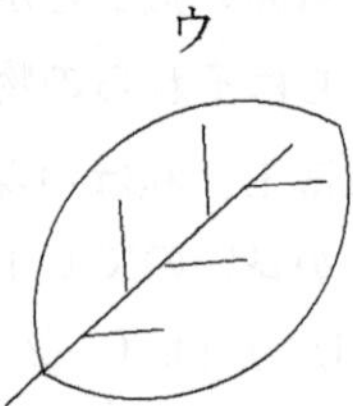

変化しなかった

問１．空らん（　①　）にあてはまるのは、でんぷんがあるかどうかを調べるときに用いる溶液（ようえき）です。名前を答えなさい。

問２．でんぷんは植物や動物が生きるうえで重要な栄養ですが、動物はでんぷんをつくることができないため、食べ物から得ています。私たちヒトは主に何の食べ物からでんぷんを得ているか、１つ答えなさい。

問３．次の文は、この実験についてまとめたレポートの一部です。［②］［③］には、「ア・ウ」と「イ」の実験条件のちがいを示す説明が、［④］には、この実験からわかることを示す説明があてはまります。それぞれ答えなさい。

実験レポート

～略～

図のように、［　②　］アとウは変化がなく、［　③　］イのみ青むらさき色に変化した。これらのことから、植物の葉がでんぷんをつくるには［　④　］なことがわかった。

問４．植物が生きていくためには水が必要です。水が植物のからだを通る道筋を調べるためにはどのような実験を行えばよいでしょうか。実験方法と予想される結果を説明しなさい。

3　太陽の動きに関する以下の問に答えなさい。

問１．日時計の説明について正しいものを“ア～エ”から１つ選び、記号で答えなさい。

（１）季節に関係なく、東京で日時計の影(かげ)が一番のびる時間帯はどれですか。
ア．１４時前後　　イ．正午　　ウ．日の出と日の入り　　エ．真夜中

（２）日時計の影の性質として正しいものはどれですか。
ア．北半球と南半球で逆に回る　　イ．世界中どこでも時計回り
ウ．世界中どこでも反時計回り　　エ．特に法則性はない

（３）東京において、日時計の影が「真北」にのびる時刻はどれですか。
ア．特に法則性はない　　イ．年間を通じて正午
ウ．年間を通じて正午すぎ　　エ．年間を通じて正午まえ

問２．以下のように校舎が配置されている東京都内の学校があります。校舎はすべて３階建てになっていて、体育館もほぼ同じ高さです。地図は上が真北になっています。学校の敷地(しきち)の周りは畑になっていて、日射しをさえぎるような物はありません。

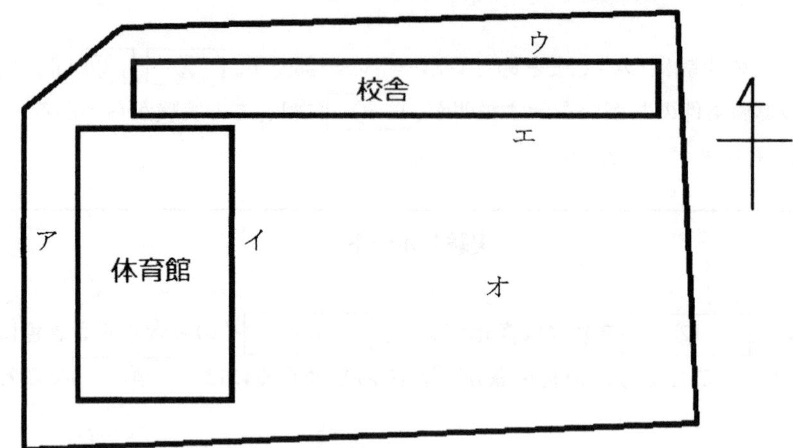

（１）校庭のうち、最も湿(しめ)っぽくなっているのはどこですか。図の“ア～オ”から１つ選び、記号で答えなさい。

（２）校庭のうち、午前中は日が当たっているが、午後にはほとんど日が当たらなくなるのはどこですか。図の“ア～オ”から１つ選び、記号で答えなさい。

4 以下の問に答えなさい。

問１．文子さんは－40℃の氷をビーカーに入れ、ある火力で40分間加熱し、ビーカーの中のようすを観察しました。何か変化が起きたときのようすと加熱開始からの時間を記録し、その結果をまとめました。

起きたこと	加熱開始からの時間
加熱し始めた	0分
氷がとけ始めた	5分
氷がなかなかとけ終わらないため、火力をあげた	6分
氷がとけ終わりそうになったため、火力を元に戻(もど)した	9分
氷がとけ終わった	10分
水の中からあわが出始めた	35分
あわが出続けていた	40分

（1）表を参考に、加熱開始から40分後までの間の、ビーカーの中の温度変化のグラフを予想してかきなさい。定規は使わなくてかまいません。

（2）加熱開始5分後から10分後までの間の、ビーカーの中のようすを絵でかきなさい。

（3）加熱開始35分後から40分後までの間に起きている現象の名前を答えなさい。

問2．栓(せん)をした注射器に水蒸気を入れ注射器を押(お)しこむと、注射器内の体積が小さくなります。また、押しこむ力を大きくすると、ある時点で液体になります。このように、水は温度だけでなく、押しこむ力によっても状態が変わります。下の図は、水が温度と押しこむ力によって固体、液体、気体のどの状態になるかを表したものです。

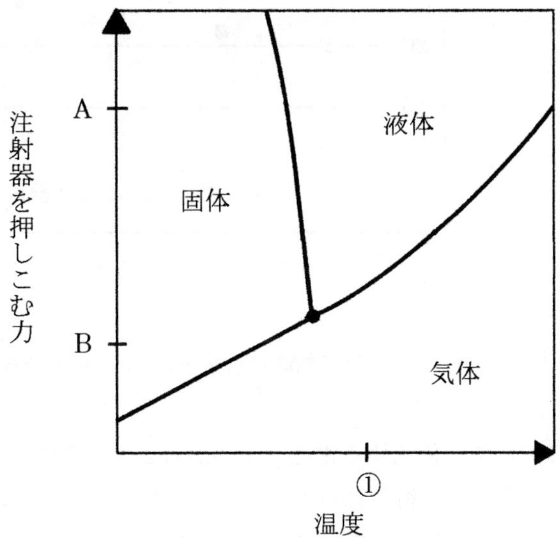

（1）注射器を押しこむ力がA、温度が①のとき、注射器の中に入れた水蒸気はどの状態になっていますか。“ア～ウ”から1つ選び、記号で答えなさい。

ア．液体　　イ．気体　　ウ．固体

（2）（1）のあと、温度は①のまま、押しこむ力をBにしました。そのときの注射器の中の状態を“ア～ウ”から1つ選び、記号で答えなさい。

ア．液体　　イ．気体　　ウ．固体

5 電気と熱に関する次の文章を読み、以下の問に答えなさい。

水を温めるために、太さの異なる２本の電熱線を用意しました。太い電熱線を電熱線 A、細い電熱線を電熱線Ｂとします。図１のように、電池と電熱線を導線でつなぎ、電熱線に電気を流すことで水を温める装置を作製しました。この装置を用いて、温めた時間と水の温度の関係をグラフにまとめたところ、図２のような結果が得られました。

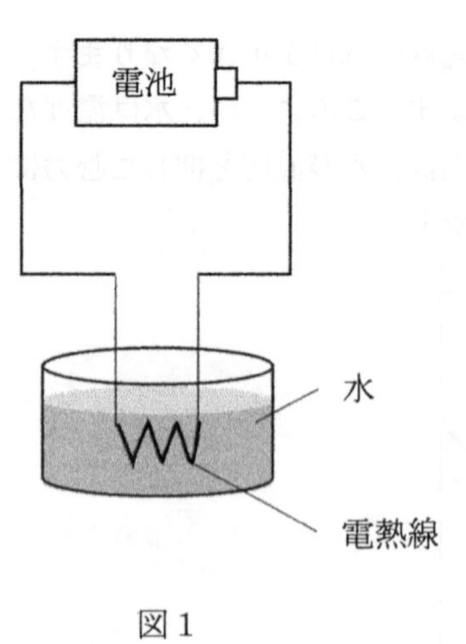

図１

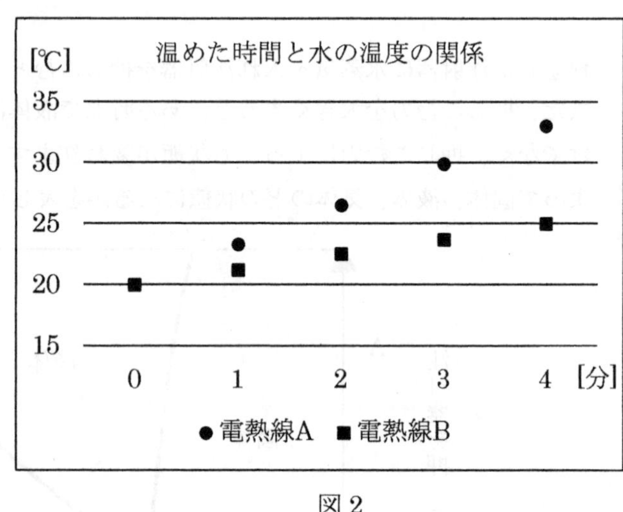

図２

問１． 電熱線Ａと電熱線Ｂのどちらが、より短い時間で水を温めることができるか答えなさい。

問２． 図１の電熱線Ａの装置において、使用する電池を１つから２つに変え、２つの電池を直列につないで同じ実験を行いました。得られるグラフとして最も適当なものを“ア～ウ”から選び、記号で答えなさい。ただし、点線は電池１つのデータを、実線は電池２つのデータを表しています。また“ウ”は点線と実線が重なっています。

ア

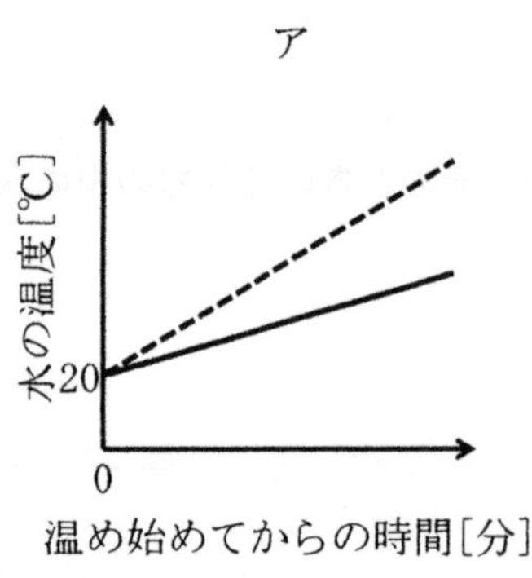

イ

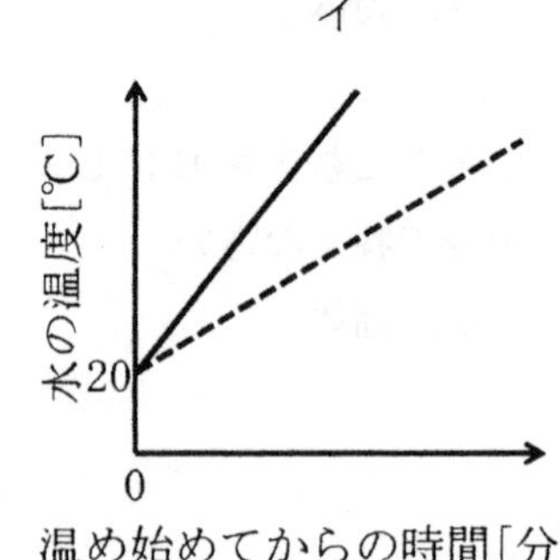

ウ

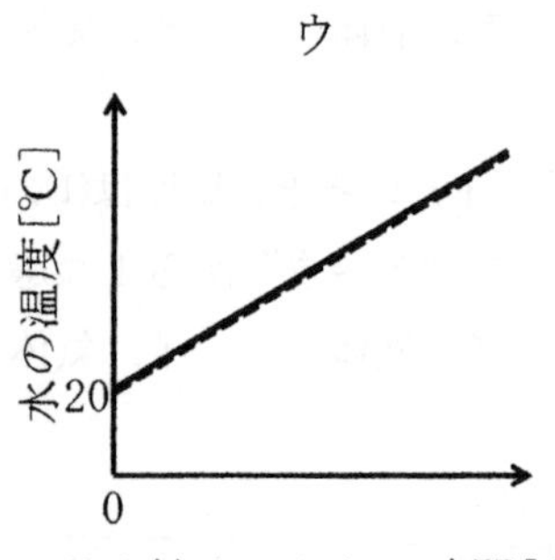

問３．問２の実験についての２人の会話を読み、空らん（　①　）、（　②　）にあてはまる言葉を答えなさい。

文子：電池を直列に２つつなぐと、いったい何が変わっているのかな？
杉男：電熱線に加わる電圧が増えるから、電熱線に流れる（　①　）が増えているんじゃないかな。
文子：そうか。(①) が増えているから、１秒間あたりに発熱する量も増えているんだね。
杉男：今回は直列に電池をつないだけど、並列につなぐと発熱する量はどうなるのだろう。
文子：電池が１つのときと、１秒間あたりに発熱する量は等しくなるよ。ただ、(①) が流れる（　②　）が長くなるから、発熱する総量は電池が１つのときより２つのときの方が多くなるね。

問４．再び電池を１つにもどして実験を続けました。電熱線Ａと同じ太さの電熱線Ｃを用い、同様の実験方法で水を温めました。その結果、図３の結果が得られました。電熱線Ａと電熱線Ｃの結果が異なった理由として考えられることは何か、説明しなさい。

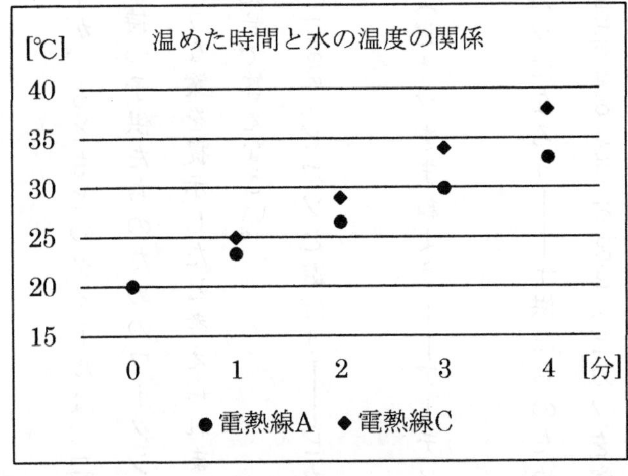

図３

ウ　美青とパメラがピカソの作品を見ている時に偶然にも夕陽が沈み、あたりが群青に変わった様子を表現している。
エ　美青がパメラとの出会いを通して、幼少期の純粋な気持ちを思い出し、改めてアートと向き合っていることを表現している。

問十　━━線部「タイトルの変更」とありますが、もともとのタイトルは、「Let's learn with Picasso:Workshop for disabled kids（ピカソと学ぼう――障害を持つ子供たちのためのワークショップ）」で、美青はこれに反対し、変更案を提示しました。どのような案を提示したと考えられますか。本文の内容を踏まえ、最も適切なものを次のア～エから選び、記号で答えなさい。
ア　Let's enjoy Picasso:Workshop for Picasso lovers（ピカソと遊ぼう――ピカソ好きのためのワークショップ）
イ　Let's be like Picasso:Workshop for artists（ピカソをまねよう――アーティストのためのワークショップ）
ウ　Let's be Picasso:Workshop for kids（ピカソになろう――子供たちのためのワークショップ）
エ　Let's learn about Picasso:Workshop for people who want to paint（ピカソを学ぼう――絵を描きたい人のためのワークショップ）

問七　――線部⑥「美青は、知らず知らず、深くうなずいていた」とありますが、このときの「美青」の様子として最も適切なものを次のア～エから選び、記号で答えなさい。

ア　子供とアーノルドの問答を通じて、ピカソの作品から感じ取っていたものへの確信が強まり、改めて作品の素晴らしさに感動している。

イ　芸術家が芸術作品に込めた思いについて、アーノルドがきちんと子供たちに解説できていることに対してきちんと仕事ができるようになったと感心している。

ウ　子供の話すピカソの気持ちがどれも的確で、このように絵を描いていけばよいのだとアドバイスをもらったような気持ちになり、満足している。

エ　アーノルドの解説を聞きながら、自分がこれまでに気づくことのできなかった芸術作品の魅力(みりょく)をようやく理解できて安心している。

問八　[B]に当てはまる言葉として最も適切なものを次のア～エから選び、記号で答えなさい。

ア　遠ざけたくて　　イ　励(はげ)ましたくて　　ウ　守りたくて　　エ　描きたくて

問九　――線部⑦「ふたりの少女は、青のさなかで、同じリズムで呼吸していた」とありますが、この文が表現していることとして最も適切なものを次のア～エから選び、記号で答えなさい。

ア　美青とパメラが実は幼少期に出会っていたことを思い出し、二人で絵を見ることができた感動を表現している。

イ　美青がパメラと出会う前に経験してきた様々な教訓をパメラに教えてあげようとしている様子を表現している。

問五　――線部④「アーノルドの返答は見事だった」とありますが、どう「見事だった」のですか。最も適切なものを次のア～エから選び、記号で答えなさい。

ア　相手の意見を否定しないだけでなく、提示された課題を利用して誰もが納得できる観点を示してくれた。

イ　相手の意見に賛同したように見せた後、誰も傷つかないような言い方でその意見を一瞬でなかったことにした。

ウ　相手の意見に十分耳を傾けた上で、それとは正反対な自分の見解を子どもたちにもわかる言葉で説明してくれた。

エ　相手の意見を完全に否定しているにもかかわらず、その場にいる全ての者が思わず笑顔になる方法で観点を示してくれた。

問六　――線部⑤「美青は思わず頬をゆるめた」とありますが、この理由として最も適切なものを次のア～エから選び、記号で答えなさい。

ア　アーノルドが真剣な空気を和らげようとしてツアーコンダクターだと自己紹介をしたが、かえって子供たちが混乱してしまった様子を見て面白く思ったため。

イ　アーノルドの「右手にえんぴつ」というセリフに対して左利きだと主張した男の子の真剣さから、子供たちがワークショップに熱中していると分かり安心したため。

ウ　今回のワークショップを旅に見立てたアーノルドの自己紹介から、アートへの深い愛情と子供たちへの思いやりを感じ取って、微笑ましい気持ちになったため。

エ　子供たちに世界中を旅した気持ちを味わってもらおうというアーノルドの熱意を感じ取り、自分と同じように熱心に仕事をしている人がいることが嬉しかったため。

★ **問題の中で指定する字数には、句読点、かっこ類をふくみます。**

問一 ――線部①「だんだんと欠けていく、この世界を恨んだ」とありますが、これについて述べたものとして最も適切なものを次のア〜エから選び、記号で答えなさい。

ア 美青は、病院で出会った少女が視力を失っていくことに心を痛め、思うようにいかないこの世界に憤(いきどお)りを感じている。

イ 美青は、自分自身の視力が衰え、徐々(じょじょ)に見られなくなっていくこの世界に取り残されていくような感覚を覚えている。

ウ 美青は、自分の目で美術作品をしっかり見てこなかったことをくやみ、自分の信じていた世界が失われていくように感じている。

エ 美青は、視力と同時に職も失ってしまうことを思い、自分が完全だと思っていた世界が壊れていくことに不安を感じている。

問二 ――線部②「――それなのに」とありますが、この続きの言葉を自分で考えて書きなさい。

問三 [A] に当てはまる言葉として最も適切なものを次のア〜エから選び、記号で答えなさい。

ア 自分自身を見つめ直す　　イ 絵について学び直す

ウ アートを好きになる　　エ 心で見つめていく

問四 ――線部③「もう気持ちは固まっている」とありますが、これは誰がどうしたということですか。三十字以内で説明しなさい。

切り引き寄せた。そうしないと見えないのだろう。急接近して、パメラと美青の分厚い眼鏡がこつんとぶつかった。

「だめよ、パメラ。そんなことしたら……」

母親が止めようとするのを、「いいんですよ」と美青は制した。

「青の時代（ブルーピカソ）、見る？」

小さな頭が、こくん、とうなずいた。美青はパメラを抱き（だ）上げて、ギャラリーの中央へ歩んでいった。

子供たちは、思い思いに、床（ゆか）に広げたノートにスケッチを始めている。少女を抱いて、足音を忍（しの）ばせながら、美青はピカソの作品に近づいていった。

アーノルドは、美青に何か声をかけようとして、やめたようだった。そして、ふたりにそっと背（せ）を向けた。

美青はパメラを抱いたまま、その絵のすぐ前に立った。作品からほんの六十センチ。まるで、絵の中の人物の呼吸（こきゅう）が伝わってくるような距離（きょり）に。

パメラは分厚い眼鏡の奥（おく）の小さな目を何度も何度も瞬（またた）かせて、夢を見るようなまなざしを一心に絵に向けている。

美青は、生まれて初めてこの絵を見たように、絵に向かい合った。

少女の美青が、いま、パメラと並んで、まっすぐに絵を見つめている。そして、願っている。あの水差しに、ワインが入っていますように。ミルクでも、オレンジジュースでもいい。彼のいちばん好きなものが入っていますように。

⑦<u>ふたりの少女は、青のさなかで、同じリズムで呼吸していた。</u>

満ちあふれる命の息吹（いぶ）き、かすかな光。

深く静かな、群青のさなかで。

（原田　マハ『常設展示室』より）

※　メト ―― 米国ニューヨーク市にある同国最大のメトロポリタン美術館の通称。

タイトルの変更 ―― 美術館が企画したイベントの元のタイトルから、美青が提案した新しいタイトルに変更されたことを指す。

前に座っていた女の子が言った。
「そうだね。じゃあ、君は彼に、どうしてほしい?」
「元気になってほしい」
「お腹いっぱい食べてほしい」
「友だちと、楽しくおしゃべりしたり、遊んだらいいと思う」
子供たちは、口々に叫んだ。アーノルドは、「そう、その通りだ」と嬉しそうに言った。
「その気持ちだ。それが画家の、ピカソの気持ちなんだよ」
⑥美青は、知らず知らず、深くうなずいていた。
描く対象に深く寄り添った画家の心が見えるようだった。ピカソは、恵まれない人をそっくりそのままキャンパスに写し取りたかったわけじゃない。[B]、この絵を描いたのだ。
子供の私は、ちゃんとそのメッセージを受け取っていた。だから、この絵の前からいつまでも動けなかったんだ。
ふと、ギャラリーの入口に親子らしき姿がぼんやりと見えた。遠慮せずに入るよう誘おうと、美青は音を立てないように入口へと近づいていった。すぐ近くまでやってきて、ようやく、このまえ眼科の待合室で会った母娘だと気がついた。
「来てくださったんですね」
美青は声を弾ませた。母親は、少し気まずそうな笑顔を作った。
「この子が、どうしても美術館に行ってみたいと言って」
そして、あなたに会いたいと言って。
母親は、そう打ち明けてくれた。
「こんにちは、パメラ。来てくれて嬉しいわ」
美青は、思い切り顔を近づけて、パメラに挨拶をした。ふっと小さな手が伸びて、ぐいっと美青の髪をつかみ、思い

青く沈む、静寂の画面。

美青は、子供の頃にこの作品を見たときのことを、急に思い出した。

あの水差しには、何が入っているんだろう。

そう思った。そして、願ったのだ。

ワインが入っていますように。そうしたら、きっとこの男の人は嬉しいはずだ。それか、ミルク。オレンジジュース。

そうだ、コーラかも？

とにかく、彼の大好きな飲み物が、あの中に入っていますように。

そして彼が元気を出してくれますように。

そんなふうに、願ったのだ。

「こんにちは。メトロポリタン美術館へようこそ。僕はアーノルド。君たちが絵の世界を旅するための、ツアーコンダクターです」

アーノルドは、そう自己紹介した。そんなことを言うキュレーターを初めて見た。⑤美青は思わず頬をゆるめた。

「まず初めに、君たちにお願いがある。最初に旅をする絵の世界は、このピカソの絵。君たちには、それぞれ、自分がピカソになったって想像してほしいんだ。さあ、君は右手にえんぴつ、左手にスケッチブックを持って……」

「僕、左利きです」と、ひとりの男の子が左手を上げた。笑い声が上がって、空気がなごむ。アーノルドは、「よし。じゃあ君は左手にえんぴつだ」と、笑いながら返した。

「そして、君はいま、この男の人と同じテーブルに座っている」

美青もえんぴつとスケッチブックを持ち、男と同じテーブルに座っていると想像する。

「さあ、何が見える？　君は彼のことをどう思ってる？　彼のどんなところを描いてあげようと思う？」

「彼は、かわいそう。目が見えないから」

こんでときおり声を張り上げている子も。健常者も障害者も一緒になって、輪になっている。

「そろそろ時間です」

美青は、ギャラリーの袖に立って新聞社の取材を受けていたアーノルドに声をかけた。アーノルドはうなずいて、子供たちの前へと歩み出た。

子供たちは、ギャラリーの真白い壁にかかっている、ピカソの「青の時代」の作品の前に集まっていた。

〈盲人の食事〉、一九〇三年。ピカソ二十二歳、パリで画家修業を始めて三年。世間がこの天才を発見する以前の作品である。

どの作品を解説するかを決めたのはアーノルドだった。教育部門との最終確認で、この作品がリストに挙がっているのを見て、アネットは反対した。障害(ディスアビリティ)のある子供たちも来ているのに、この作品を解説するのは難しすぎる、と。

④<u>アーノルドの返答は見事だった。</u>

「あなたのおっしゃっていることはごもっともです」

と前置きした上で、彼はきっぱりと言った。

「けれど、ピカソが描きたかったのは、目の不自由な男の肖像じゃない。どんな障害があろうと、かすかな光を求めて生きようとする、人間の力(アビリティ)、なんです」

ほんとうに、その通りだった。

いま、ここでこうして眺める、青の時代(ブルーピカソ)。

急速に視力が落ちてしまった美青の眼には、それは不思議な色彩の広がりに見えた。真っ白なギャラリーの雪景色の中、みずみずしく湧き出ずる泉のような、青。

そこに描かれているのは、目の不自由なひとりの貧しい男の横顔(プロフィール)。粗末なテーブルの上にはナプキンと皿。左手にわずかばかりのパンを握り、右手は水差しを、たったいま、探り当てたところだ。

「メトにいられて、そのことだけに満足して、ほんとうにアートを見る目を失っていたんですね。もう、視力を失っていたも同然です」

だから、このさきは［　Ａ　］努力をする。

そのために退職して、手術をする。そう決心していた。

「そうだったの」

ひと通り聴き終わると、アネットは、独り言のように言った。

「じゃあ、③もう気持ちは固まっているのね」

「ええ」と、美青は少し鼻声になって答えた。

「アネット。あなたには色々教えていただきました。感謝しています」

「そんな……感謝だなんて」

アネットは首を振って、そのまま顔をそむけた。天井をにらみつけていたが、目尻を指先で拭うと、

「――キャロラインも、最後に言ったのよね。ありがとう、って。私、彼女にとってもあなたにとっても、いいボスじゃなかったでしょうに」

そして、潤んだ目を美青に向けて、言った。

※「タイトルの変更に関わる調整は、責任を持ってできるわよね？」

美青は流れる涙をそのままに、明るい声で答えた。

「はい、もちろんです」

ギャラリーに、子供たちが集っている。

にぎやかに話をする子、少し緊張して前を向いている子。車椅子の上で笑っている子もいる。母親の膝の上に座り

三 次の文章を読み、後の問いに答えなさい。

①だんだんと欠けていく、この世界を恨んだ。
やがて、永遠の闇が訪れる。それは死を意味することなのではないか？
「そのとき、急に思い出したんです。初めて眼科のドクターの診察に行ったとき、出会った女の子のことを」
弱視の女の子、パメラ。
生まれたときから弱視だったと聞いた。どんどん進行している、とも。それなのに彼女は、あんなにもピカソの絵にのめりこんでいた。
まるで、まだ見えていることを確かめでもするように。
「あんなに熱中して作品に向かい合ったことが私にあったかな。そう思ったんです。子供の頃からアートが好きで、※メトが大好きで。美術館で働くために一生懸命勉強したし、ライバルに負けまいと競争もした。年を取りつつある父と母を、ふたりきり、日本に残したままで」
美青は、父を、母を思った。子供の頃から、娘の好きなように、自由にさせてくれた両親を。
ひと言も、言わなかった。日本に帰って来いとも、会いたいとも。そう言ってしまったら、娘が心苦しく思うことを、わかっているのだ。
そんな父と母に甘えて、勝手気ままに生きてきた。それもこれも、美術館で働くために。大好きなアートの、より近くで生きていくために。
②それなのに。
あの女の子の、「見る」ことへの情熱。切実な、ひたむきな。
自分には、そのかけらもないじゃないか。

問五　D に当てはまる内容として最も適切なものを次のア～エから選び、記号で答えなさい。

ア　自分がよく知らない地域や国の人たちについては、ほとんど意識にのぼらない
イ　自分と似た人や興味のある人については、ほとんど区別しない
ウ　自分と違う集団や共同体の人間については、ほとんど同じに見えてしまう
エ　自分に何かしら関わりのある人の集まりについては、ほとんど見分けがつかない

問六　X ・ Y に当てはまる言葉の組み合わせとして最も適切なものを次のア～エから選び、記号で答えなさい。

ア　X　正確に判断する　Y　偏った答えを出す　　イ　X　じっくり考える　Y　素早く決める
ウ　X　ざっくり判断する　Y　迅速に決定する　　エ　X　よりよい方を選ぶ　Y　深く考察する

問七　――線部④「自分たちこそニュートラルだと思い込んでいます」とありますが、これによってどのようなことが起こると考えられますか。答えになる箇所（かしょ）を本文中から四十字でぬき出し、最初と最後の三字を答えなさい。

問八　――線部⑤「落とし穴」とはどのようなことですか。本文中の言葉を使って、五十字程度でわかりやすく説明しなさい。

問九　――線部⑥「結局、この世の中に常に正しいと言えるものは一つもない、と言ってしまってもいいかもしれません」とありますが、このような世界で、あなたは他者とどのように関わっていきたいと考えていますか。具体的な状況（じょうきょう）を例に挙げながら、説明しなさい。

問三　――線部②「人間が生き延びるためには、むしろバイアスが必要だったのではないか」とありますが、それはなぜですか。その理由として最も適切なものを次のア～エから選び、記号で答えなさい。

ア　人間の脳の性能には限界があって、今のままの脳の大きさでは対応できないことを対応できるようにするための工夫の一つとしてバイアスが求められたから。

イ　人間の長い進化の過程で、正確な判断を妨げる役割を果たすバイアスがあったことは高速で正確な計算ができるようになるために必要不可欠だったから。

ウ　ある国の全人口データを基にして平均値や中央値、標準偏差を一瞬で出すためには脳の性能を上げる工夫をすることが効率がよいことだと考えられたから。

エ　人間の脳の性能にある一定の限界を乗り越えるためには、バイアスを活用して脳の体積を大きくすることが効率的だったから。

問四　――線部③「人間も、この鳥の習性と似ているところがあります」とありますが、人間のどのようなことが鳥の習性に似ているというのですか。最も適切なものを次のア～エから選び、記号で答えなさい。

ア　コンピュータによって再現されたボイドモデルのように自分の周辺を認知せず群れ全体を認知してしまうこと

イ　自分の身の周りで起きているごく一部の事柄(ことがら)だけを見て、判断してしまうこと

ウ　あえて母集団の全体数は考えず、ある事柄とある事柄を都合よく関連付けてしまうこと

エ　「東京の人間は冷たい」と決めつけ、さらにそれが本当なのかを自分で確かめようともしないこと

⑥結局、この世の中に常に正しいと言えるものは一つもない、と言ってしまってもいいかもしれません。

（中野　信子『「バイアス社会」を生き延びる』より）

※　中央値、標準偏差　――　どちらも、データの分析（ぶんせき）に用いる値のこと。
糾弾　――　その人の社会的な罪をしめして、良くないと言うこと。
アカデミックの世界　――　学問や芸術の世界のこと。
反証可能性　――　実験や観察の結果によって、批判あるいは否定することができるということ。

★　問題の中で指定する字数には、句読点、かっこ類をふくみます。

問一　――線部①「そこ」が指す内容を、「～こと」につながる形で四十字以内で答えなさい。

問二　[A]～[C]に入る言葉として適切なものを次のア～オからそれぞれ選び、記号で答えなさい。

ア　つまり　　イ　ところで　　ウ　でも　　エ　たとえば　　オ　あるいは

素早く、大まかに物事を判断しようとした結果、偏りやエラーを起こしてしまうのです。

こんなことを書くと、「そんなに人間は愚かな生き物だと言いたいのか」と思われるかもしれませんが、そうではなく、私たちの脳は常に正しい判断ができるわけではないということを日頃から知っておいた方がいい、ということを伝えたいのです。

そうでなければ、実際には間違った選択をしているのに、一つも疑うことなく自信満々に突き進んでしまうことがあるからです。それは年齢を重ねた人やどんなに地位の高い人でも同じです。

あなたが他の誰かの言動を見て「この人の言っていることはおかしい。バイアスがかかっている」と思ったとしても、あなた自身がバイアスにとらわれていない保証はどこにもないということです。

よく他人の偏見を※糾弾する人たちは、④自分たちこそニュートラルだと思い込んでいます。特に※アカデミックの世界ではその傾向が顕著です。

学術界の現状を見てみればわかると思いますが、自分たちより知能の劣る人をまるで人間扱いしないような人もいますし、「自分たちは特別だ」と排他的に振る舞う人や、上にいる自分たちが何か施しをしてあげなければいけないと言わんばかりに尊大に振る舞う人もいます。

学歴が高く、人をジャッジする側にいる自分たちは中立であるはずだと思い込むのは、学者たちがもっとも陥りやすい⑤落とし穴かもしれません。

（中略）

本来は※反証可能性があって、誰がどう批判してもよく、性別も人種も年齢も学歴も関係なく、科学は誰にでも開かれたものであるはずなのに、実際には学歴や性別で左右されてしまうことが多いのです。

そもそも、これまで誰でも反証可能であるべきという考え方で築かれてきた科学は、ときには誤った情報や思い込みなども含みながら、新しい発見によって常に書き換えられてきたものです。

です。

特に、　D　ことを「外集団バイアス」といいます。

もちろん東京にも親切な人もいますし、大阪にものんびり屋さんはいるでしょう。それなのに、科学的な根拠も検討しないまま、よく知らない人たちに関してすべてひとくくりにしてしまう。

なぜなら、私たち人間には、時間をかけて物事が正しいかどうかを検討する能力はそれほど強く求められていないからです。それよりも、短時間でざっくり物事を判断する能力や、その場で一番声の大きい人に合わせる能力などの方が必要とされることが多く、時間をかけて正しい解を出すことよりも、限られたリソースや時間の中で、よりよい判断をすることの方が求められているのです。

人間の長い歴史を考えれば、そうしないと日々の食糧にありつけずに死んでしまうこともあったはずです。その影響なのか、私たち人間には、　X　性質以上に、　Y　性質の方が強くなっています。

もちろん人間にはゆっくり考える性質もありますから、周囲の環境が落ち着いているときには時間をかけて深く洞察することもありますが、一般的にはパッと判断して迅速に行動できる人の方が生きやすいのではないでしょうか。正解ではないかもしれないけれども、よりよい方を素早く選ぶ能力が求められているのです。

「認知の歪み」などと言うと、何だかよくないことのように思う人もいるかもしれません。でも、限られたリソースの中でスピーディーに概要をつかむ力があるということは、生物の生態としては、かなり工夫されていると言えるのではないでしょうか。

そして人間である限り、私たちが自分のバイアスから自由になるのは難しいことです。誰でも何らかのバイアスを持っていて、その影響なしに生きるのはほぼ不可能と言えるでしょう。

先ほども言いましたが、残念ながら人間は自分たちで思っているほど頭がよくありませんし、論理的でもありません。

分けるとか、論理的な思考はスキップして脳にかかる負担を減らし、エネルギーを節約するなどです。

私たちの脳は、正確さよりも速度とエネルギー効率を重視した結果、バイアスというものが必要になったと考えられるのです。

ところで、鳥には群れて飛ぶものが多いですよね。空を見ていると、数羽、ときには数十羽、数百羽が群れをつくり、同じ速度で同じ方向に飛んでいることがあります。

不思議なことに、彼(かれ)らは方向を変えるときも一斉(いっせい)にターンしているように見えます。いったいどうやって意思を伝え合っているのでしょうか？

コンピューターによって、鳥の生態から群れの形態を再現したものを「ボイドモデル（Boid model　Boid は鳥っぽいという「bird-oid」から作られた造語）」といいますが、その解析(かいせき)によると、鳥の群れには全体を把握(はあく)して統帥(とうすい)をとっているリーダーのような存在はいません。鳥は、自分の周辺の数羽を認知しているだけで、群れ全体は認知していないと言われています。

③人間も、この鳥の習性と似ているところがあります。

自分の周りに同じような人が３人もいれば、それがすべてだと思い込みやすい性質を持っているということです。

たとえば、クラスの中によく赤い服を着ている人が３人いて、その３人がたまたま数学を得意としていたら、「数学が好きな人は皆(みな)、赤い服を着ている」と思い込んでしまう、といった性質です。

実際には３人では母集団の数が少なすぎて、赤い服と数学の成績の間に何らかの関連性があると考えるには無理があります。

その他にも、よく「東京の人間は冷たい」とか「大阪人(おおさかじん)はせっかち」などといった言い方をする人がいますよね。

このように、一部の人のある側面だけに当てはまることを、広く全体にも当てはまると決めつけてしまうことがありますが、私たちは身近に同じような人が３人ほどいれば、それが真実だと思い込んでしまうような性質を持っているの

二　次の文章を読み、後の問いに答えなさい。

一般的にバイアスというのは、偏りや思い込み、思い違い、特定の概念への固執など、人間の認知の歪みを幅広く指す言葉です。私たちが情報に接するとき、自分では正しい判断をしていると思っていても、認知の歪みが働き、実際には正確ではないことがあります。

でも、人類の長い進化の過程で、なぜ正確な判断を妨げるような仕組みがなくならずに残ってきたのでしょうか。

私は、①そこにこそバイアスの存在理由があるように思います。

Ａ、②人間が生き延びるためには、むしろバイアスが必要だったのではないかということです。

バイアスの存在理由を簡単に言ってしまえば、「人間の脳の限界」です。

私たち人間の脳というのは、高速で正確な計算ができるわけではありません。Ｂ、約１億２千万人の日本の全人口の考え方を計算して、一瞬で平均値や中央値、※標準偏差を出せるのであれば、それこそ今の日本人の普通や常識と言われるものがわかるかもしれません。

Ｃ、それは不可能ですよね。残念ながら、今の人間の脳の性能には限界があって、正確に「普通」を抽出することはできません。

ですから、もしも今より脳の性能を上げたいなら、もっと脳の体積を大きくするしかありませんが、そうなると骨盤の大きさに限界がありますから胎児を宿したお母さんの体は壊れてしまいます。

これ以上、脳を大きくできないならどうすればいいのかというと、現状の脳の大きさのままで、よりよい答えを出すための工夫をしなければならないのです。

その工夫の一つが、バイアスなのかもしれません。粗い計算でいいから、瞬時に大まかな答えを出すという工夫です。

円周率であれば１００桁まで暗記しなくても、「およそ３」でいいから余った計算のためのリソースを他のことにふり

《文Ｂ》
ユニバーサルデザインは、誰でも使いやすいようにつくられたデザインで、公平性、自由度などは大切な要素の一つである。

ア　正しい　　イ　正しくない

（３）次の文章を図に表したものとして、適切なのはア・イのどちらですか。記号で答えなさい。

能は、能面を用いて行われる、日本の伝統芸能である能楽の一分野である。江戸(えど)時代までは猿楽(さるがく)と呼ばれ、狂言(きょうげん)とともに能楽と総称(そうしょう)されるようになったのは明治維新(いしん)後のことである。猿楽は室町時代に成立したとされる伝統芸能で、散楽や申楽とも書く。狂言は、猿楽から発展した日本の伝統芸能で、猿楽の滑稽(こっけい)味を洗練させた笑劇である。

ア

能楽
狂言
散楽　申楽
猿楽

イ

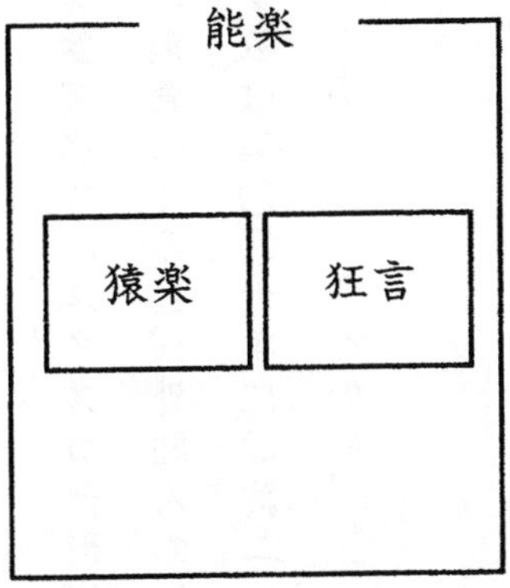

能楽
猿楽　狂言

ア　七草粥を一月七日に食べる風習は、もともと中国で生まれたものである

イ　七草粥を一月七日に食べるようになったのは、複数の風習が合わさった結果である

②

平成二十五年十二月に「和食　日本人の伝統的な食文化」がユネスコ無形文化遺産に登録されました。また、二〇一四年に実施された日本貿易振興機構の調査によると、外国人の好きな料理の第一位が日本料理となっています。海外における日本食レストラン数は二〇〇六年には約二・四万店でしたが、二〇一七年には約十一・八万店と十年間で四倍ほど増えています。このことから、（　　　　）が分かります。

ア　世界中で「和食」に対する関心が高まってきていること

イ　昔から変わらず、「和食」が世界中で人気なこと

（２）次のＡの文章を読み、Ｂの文が正しいか正しくないかを選びなさい。

《文章Ａ》

ユニバーサルデザインとは、身体能力の違いや年齢、性別、国籍に関わらず、すべての人が利用しやすいようにつくられたデザインのことです。利用しやすいデザインかどうかは、作る側ではなく使う側が判断するものですから、ユニバーサルデザインは「利用者の視点を重視したデザイン」と考えることができます。ユニバーサルデザインの7原則には、誰にでも公平に利用できること、使う上で自由度が高いこと、使い方が簡単ですぐわかること、必要な情報がすぐに理解できること、うっかりミスや危険につながらないデザインであること、無理な姿勢をとることなく、少ない力でも楽に使用できること、アクセスしやすいスペースと大きさを確保することが含まれます。

2024年度

文化学園大学杉並中学校

【国語】〈第二回試験〉（五〇分）〈満点：一〇〇点〉

注意 計時機能以外の時計の使用は認めません。

一 次の各問いに答えなさい。

問一 ①〜⑤の――線部の読みをひらがなで答えなさい。また、⑥〜⑩の――線部を漢字に直しなさい。

① 農業によって町が栄えた。
② 均一な力でハンドルを回し続ける。
③ 真面目な彼女（かのじょ）に「適当で良いよ」は禁句だ。
④ 天然ガスは可燃性がある燃料だ。
⑤ 胸中に秘めていた思いを打ち明ける。
⑥ 彼（かれ）のソセンは人気がある歌舞伎（かぶき）役者だったそうだ。
⑦ より詳（くわ）しく調べるため、センモン家の意見を聞く。
⑧ 兄が車にガソリンをキュウユしている。
⑨ 源氏と平氏は平安時代に活躍（かつやく）したブシの一族だ。
⑩ ドウトクを守って行動することが大切だ。

問二 （１）〜（３）の問いに答えなさい。

（１）次の①、②の文章の（　　）に入る表現として正しいものを後のア・イから選び、記号で答えなさい。

① 一月七日に七草粥（がゆ）を食べる風習は、もともと日本にあった「七種類の野草を入れて作ったおかゆを食べ、その年の無病息災を祈（いの）る風習」と、「お正月に若菜を摘（つ）む風習」が、中国由来の「人日（じんじつ）」という一月七日に行われる風習と入り混じり、民間伝承として根付いたものである。つまり、（　　）。

2024年度

文化学園大学杉並中学校 ▶解説と解答

算 数 ＜第２回試験＞（50分）＜満点：100点＞

解 答

1 (1) 2 (2) 56 (3) 0.7 (4) 4.7 (5) 3 (6) $\frac{1}{4}$ (7) 450 (8) 62.4 (9) $\frac{5}{24}$ (10) 57 2 (1) **最初に間違えている行の番号**…②，**正しい答え**…午前11時１分 (2) **最初に間違えている行の番号**…③，**正しい答え**…２ (3) **最初に間違えている行の番号**…②，**正しい答え**…188枚 3 (1) 125人 (2) 155cm (3) ４人 (4) ９年後 (5) ６本 4 (1) 284度 (2) 23.55cm^2 (3) ３cm 5 (1) 分速80m (2) 1400m (3) 16分48秒後

解 説

1 四則計算，数列，計算のくふう，約束記号

(1) 17－８＋25－32＝９＋25－32＝34－32＝２

(2) （９＋６）×５－10－15÷$\frac{5}{3}$＝15×５－10－15×$\frac{3}{5}$＝75－10－９＝65－９＝56

(3) 2.6－$\frac{2}{5}$－$1\frac{1}{2}$＝2.6－0.4－1.5＝2.2－1.5＝0.7

(4) 1.3＋3.6÷(0.7－0.3)×0.4－0.2＝1.3＋3.6÷0.4×0.4－0.2＝1.3＋９×0.4－0.2＝1.3＋3.6－0.2＝4.9－0.2＝4.7

(5) 1.8÷$\frac{9}{10}$－$1\frac{1}{2}$×0.5＋$\frac{7}{4}$＝$\frac{9}{5}$×$\frac{10}{9}$－$\frac{3}{2}$×$\frac{1}{2}$＋$\frac{7}{4}$＝２－$\frac{3}{4}$＋$\frac{7}{4}$＝$\frac{8}{4}$－$\frac{3}{4}$＋$\frac{7}{4}$＝$\frac{12}{4}$＝３

(6) $\left\{\left(\frac{4}{3}-\frac{3}{4}\right)\times 1\frac{1}{5}-\frac{5}{8}\right\}\div 0.3=\left\{\left(\frac{16}{12}-\frac{9}{12}\right)\times\frac{6}{5}-\frac{5}{8}\right\}\div\frac{3}{10}=\left(\frac{7}{12}\times\frac{6}{5}-\frac{5}{8}\right)\div\frac{3}{10}=\left(\frac{7}{10}-\frac{5}{8}\right)\div\frac{3}{10}=\left(\frac{28}{40}-\frac{25}{40}\right)\div\frac{3}{10}=\frac{3}{40}\times\frac{10}{3}=\frac{1}{4}$

(7) 一定の数ずつ増える数の和は，{(はじめの数)＋(終わりの数)}×(個数)÷２で求めることができるから，46＋47＋48＋49＋50＋51＋52＋53＋54＝(46＋54)×９÷２＝100×９÷２＝450となる。

(8) $A\times B+A\times C=A\times(B+C)$となることを利用すると，31.2×1.95＋3.12×3.2－0.312×27＝3.12×10×1.95＋3.12×3.2－3.12×0.1×27＝3.12×19.5＋3.12×3.2－3.12×2.7＝3.12×(19.5＋3.2－2.7)＝3.12×20＝62.4

(9) $\frac{1}{N\times(N+1)}=\frac{1}{N}-\frac{1}{N+1}$となることを利用すると，$\frac{1}{12}+\frac{1}{20}+\frac{1}{30}+\frac{1}{42}+\frac{1}{56}=\frac{1}{3\times4}+\frac{1}{4\times5}+\frac{1}{5\times6}+\frac{1}{6\times7}+\frac{1}{7\times8}=\frac{1}{3}-\frac{1}{4}+\frac{1}{4}-\frac{1}{5}+\frac{1}{5}-\frac{1}{6}+\frac{1}{6}-\frac{1}{7}+\frac{1}{7}-\frac{1}{8}=\frac{1}{3}-\frac{1}{8}=\frac{8}{24}-\frac{3}{24}=\frac{5}{24}$

(10) 約束にしたがって計算すると，$\begin{pmatrix}11 & 2\\ 9 & 8\end{pmatrix}$＝11×８－２×９＝70，$\begin{pmatrix}5 & 7\\ 3 & 6\end{pmatrix}$＝５×６－７×３＝９，$\begin{pmatrix}14 & 4\\ 6 & 2\end{pmatrix}$＝14×２－４×６＝４となるから，70－９－４＝57と求められる。

2 速さ，逆算，差集め算

(1) 最初に間違(まちが)えている行は②である。正しく考えると，１kmは1000mだから，６kmは6000mで，また，(時間)＝(道のり)÷(速さ)より，かかった時間は，６÷4.5＝$\frac{4}{3}$＝$1\frac{1}{3}$(時間)とわかる。さらに，

１時間は60分なので，$\frac{1}{3}$時間は，$60\times\frac{1}{3}$＝20(分)となる。よって，かかった時間は１時間20分だから，会場に着いた時刻は，午前９時41分＋１時間20分＝午前10時61分＝午前11時１分と求められる。

(2)　最初に間違えている行は③である。正しく計算すると右のようになるので，正しい答えは２である。

3×{28÷(□＋5)}＋4×5＝32
3×{28÷(□＋5)}＋20＝32
3×{28÷(□＋5)}＝32－20＝12
28÷(□＋5)＝12÷3＝4
□＋5＝28÷4＝7
□＝7－5＝2

(3)　最初に間違えている行は②である。正しく考えると，次のようになる。すべての子どもに14枚ずつ配るためには折り紙が，(14－６)＋14＝22(枚)不足する。また，すべての子どもに10枚ずつ配ると38枚余る。一方は不足し，もう一方は余るので，14枚ずつ配るのに必要な枚数と10枚ずつ配るのに必要な枚数の差は，22＋38＝60(枚)となる。これは，１人あたりに配る枚数の差である，14－10＝４(枚)が子どもの数だけ集まったものだから，子どもの数は，60÷４＝15(人)である。よって，折り紙の枚数は，14×15－22＝188(枚)，または，10×15＋38＝188(枚)と求められる。

３　相当算，平均とのべ，集まり，年れい算，つるかめ算

(1)　今年の生徒数は昨年の生徒数の，１×(１＋0.12)＝1.12(倍)である。これが140人だから，(昨年の生徒数)×1.12＝140(人)と表すことができ，昨年の生徒数は，140÷1.12＝125(人)と求められる。

(2)　(平均)＝(合計)÷(人数)より，(合計)＝(平均)×(人数)となるので，６人全員の身長の合計は，150×６＝900(cm)とわかる。このうち４人の身長の合計は，147.5×４＝590(cm)だから，残りの２人の身長の合計は，900－590＝310(cm)となる。よって，残りの２人の身長の平均は，310÷２＝155(cm)である。

(3)　右の図１のように表すことができる。図１で，ねこと犬の少なくとも一方が好きな人の人数(太線部分の人数)は，30－７＝23(人)である。よって，ねこと犬，両方好きな人の人数は，16＋11－23＝４(人)と求められる。

図１
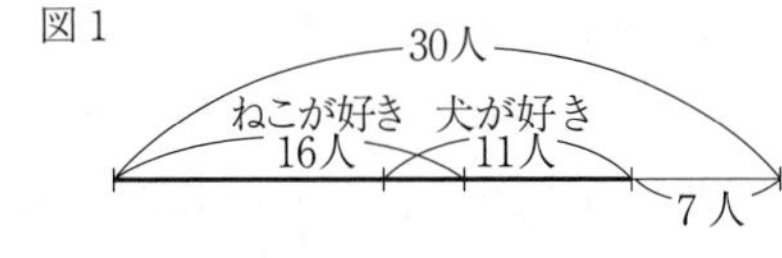

図２
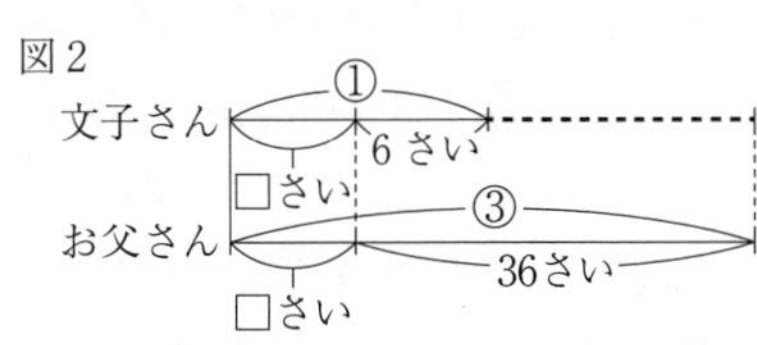

(4)　現在のお父さんの年れいは，６×６＝36(さい)なので，右の図２のようになるときを求めればよい。図２で，文子さんとお父さんの年れいの差(点線部分)に注目すると，③－①＝②にあたる年れいが，36－６＝30(さい)とわかる。よって，①にあたる年れいは，30÷２＝15(さい)だから，このようになるのは文子さんが15さいのときである。したがって，今から，15－６＝９(年後)と求められる。

(5)　80円のえんぴつだけを10本買うと代金は，80×10＝800(円)になるので，1000－800＝200(円)残る。80円のえんぴつと110円のボールペンを１本ずつ交換(こうかん)すると，残るお金は，110－80＝30(円)ずつ少なくなるから，200÷30＝６余り20より，６本まで交換できることがわかる。よって，おつりが最も少なくなるのはボールペンを６本買うときである。

４　角度，面積，体積

(1)　下の図１のようにlとmに平行な直線を引くと，同じ印をつけた角の大きさはそれぞれ等しくなる。また，●印をつけた角の大きさは37度，○印をつけた角の大きさは，180－141＝39(度)だから，●印と○印をつけた角の大きさの和は，37＋39＝76(度)である。よって，アの角度は，360－76＝284(度)と求められる。

(2)　N角形の内角の和は，180×（N－２）で求められるので，六角形の内角の和は，180×（６－２）＝720（度）であり，正六角形の１つの内角は，720÷６＝120（度）とわかる。よって，下の図２の大きい方のおうぎ形の中心角は，360－120＝240（度），小さい方のおうぎ形の中心角は，120÷２＝60（度）とわかる。すると，２つのおうぎ形の中心角の和は，240＋60＝300（度）になるから，２つのおうぎ形の面積の和は，$3\times3\times3.14\times\frac{300}{360}=7.5\times3.14=23.55$（cm^2）と求められる。

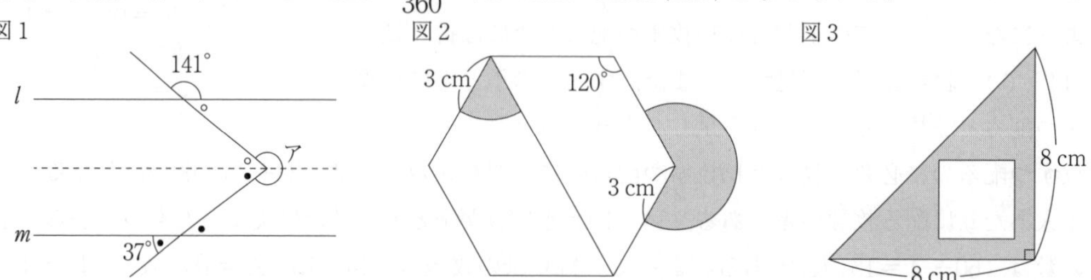

(3)　この立体は，上の図３のかげをつけた部分を底面とする立体と考えることができる。また，この立体は高さが９cmで，体積が207cm^{3}なので，かげをつけた部分の面積は，207÷９＝23（cm^2）となる。さらに，図３の三角形全体の面積は，８×８÷２＝32（cm^2）だから，切りぬいた正方形の面積は，32－23＝９（cm^2）と求められる。よって，９＝３×３より，この正方形の１辺の長さは３cmとわかる。

5　グラフ－旅人算

(1)　Ｃは31分30秒で2520ｍ進んだから，Ｃの速さは分速，$2520\div31\frac{30}{60}=80$（ｍ）である。

(2)　ＡとＣが出会うのは，２人合わせて2520ｍ進んだときである。また，Ａは１分間に100ｍ，Ｃは１分間に80ｍ進むので，２人合わせて１分間に，100＋80＝180（ｍ）進む。よって，ＡとＣが出会うのは出発してから，2520÷180＝14（分後）と求められる。その間にＡが進む道のりは，100×14＝1400（ｍ）だから，２人が出会うのは学校から1400ｍはなれた場所である。

(3)　ＢとＣが出会うのは出発してから，14＋４＝18（分後）なので，ＢとＣが１分間に進む道のりの和は，2520÷18＝140（ｍ）とわかる。よって，Ｂの速さは分速，140－80＝60（ｍ）だから，Ｂが駅に着くのは出発してから，2520÷60＝42（分後）と求められる。一方，Ａが駅に着くのは出発してから，2520÷100＝25.2（分後）だから，Ｂが駅に着くのは，Ａが駅に着いた，42－25.2＝16.8（分後）である。60×0.8＝48（秒）より，これは16分48秒後となる。

社　会　<第２回試験>（理科と合わせて60分）<満点：75点>

解　答

Ⅰ　**問１**　ア　**問２**　参勤交代　**問３**　エ　**問４**　大老　**問５**　ウ　**問６**　ウ　**問７**　エ　**問８**　西郷隆盛　**問９**　日米和親条約　**問10**　ウ　**問11**　下関条約　**問12**　**あ**　徳川家光　**い**　平塚らいてう　**う**　陸奥宗光　**問13**　（例）　太陽は自ら光ることができるが，月は自ら光ることができないことから，女性の権利がもとより少なくなってしまったことを表している。　**Ⅱ**　**問１**　ア　**問２**　日本銀行　**問３**　イ，津（市）　**問４**　ア　**問５**　ウ　**問６**　ア　**問７**　ウ　**問８**　ユーロ　**問９**　(1)　エ　(2)　⑤　(3)　Ｃ　**問10**　食料自給率　**問11**　リサイクル　**問12**　（例）　紙幣は多くの人の手に触れるもので，新型コロナウイルス感染症の感染リスクが高まってしまうため，紙幣をなくすことには賛成である。

解　説

Ⅰ　歴史上の人物に関するプレゼンテーションを題材とした問題

問１　日光東照宮は，「日光の社寺」の構成資産の一つとして，1999年にユネスコ(国連教育科学文化機関)の世界文化遺産に登録された(Ａ…正)。日光東照宮は栃木県日光市にある神社で，「見ざる・言わざる・聞かざる」で知られる三猿や眠り猫，想像上の象など多様な動物の木彫りの像が見られることで知られる(Ｂ…正)。

問２　江戸幕府の第２代将軍徳川秀忠が制定した武家諸法度を，第３代将軍の徳川家光が大きく改訂し，参勤交代を制度化した。参勤交代とは，大名に対して江戸と領地を１年おきに行き来するよう命じ，大名の妻や子どもは人質として江戸で暮らさせるという制度である。この制度によって大名に経済的な負担を課すことで，幕府への反乱を防ぐ目的があったと考えられている。

問３　グラフより，取りつぶされた大名の数は２代から３代にかけて60から67へと増加しており，初代から減り続けているわけではないことがわかる(エ…×)。なお，３代は67の大名を取りつぶしているが，４代は29の大名しか取りつぶしておらず，３代から４代にかけて取りつぶされた大名が大幅に減ったといえる(ア…○)。グラフからは読み取れないが，武家諸法度で幕府の許可なく城の修理をすることが禁じられていたので，それを理由に取りつぶされた大名もいた(イ…○)。４代の16に対し，初代には４倍以上の91の外様大名が取りつぶされている(ウ…○)。

問４　大老は，江戸幕府において非常時だけに臨時に置かれた幕府の最高職である。将軍の補佐役として老中の上に置かれ，幕末には彦根藩の藩主であった井伊直弼がその役職についた。井伊直弼が天皇の許可を得ないまま1858年にアメリカ領事のハリスと日米修好通商条約を結んだことで，日本とアメリカとの交易が始まった。

問５　文章より，森鷗外は［い］の人物について「与謝野晶子さんと並べ称することが出来るかと思う」と評価しており，与謝野晶子と同等に優れていると考えていることが読み取れる。しかし，与謝野晶子よりも［い］の方が優れていると考えているかは判断できない(ウ…×)。

問６　文章より，平成29年に実施した調査では，夫婦別姓を認めるように法律を変えてよいと答えている人の割合は42.5％であることがわかる。また，法律を改めることについてはかまわないと考える人も24.4％いるが，この24.4％の人々は，夫婦は必ず同じ名字を名乗るべきと考えているので，夫婦別姓を認めているわけではない。したがって，夫婦別姓を認めるように法改正をしてもよいと考えている人は，過半数に達していない(ウ…×)。

問７　表より，1945年に選挙権を持つ人の割合が急増し，人口の50％近くになっていることがわかる。したがって，日本で女性に選挙権が認められたのは，エの1945年と考えられる。GHQ(連合国軍最高司令官総司令部)の下で行われた民主化政策の一環として，1945年に衆議院議員選挙法が改正され，婦人参政権が実現するとともに，選挙権年齢も満25歳以上から満20歳以上に引き下げられた。なお，1889年の選挙法では直接国税15円以上納める満25歳以上の男子のみに選挙権が与えられたが，アの1900年には直接国税10円以上，イの1919年には３円以上に改められた。また，ウの1925年には普通選挙法が制定されて満25歳以上の全ての男子に選挙権が認められた。さらに，オの2016

年からは満18歳以上の男女に選挙権が与えられている。

問８　薩長同盟は土佐藩(現在の高知県)の坂本龍馬が仲介し，薩摩藩(現在の鹿児島県)の西郷隆盛と長州藩(現在の山口県)の木戸孝允らの間で結ばれた。薩長同盟による倒幕が実現し，明治時代になると，征韓論(武力を用いてでも朝鮮を開国させようという考え方)に敗れた西郷隆盛は下野して鹿児島に戻り，のちに西南戦争を起こして亡くなった。

問９　1854年に日本とアメリカの間で日米和親条約が結ばれた。この条約は，前年の1853年に開国を求めるアメリカ大統領の国書をもって来航したペリーが，再び来日したことで締結にいたり，その結果，下田と函館の２つの港が開かれることになった。

問10　第六条に，「日本人に対して罪を犯したアメリカ人は，アメリカ領事裁判所で取り調べを受けた後で，アメリカの法律によって処罰する」とあるので，日本人を殺害したアメリカ人をアメリカ人が取り調べて裁くことが出来たと考えられる(ウ…○，ア…×)。また同条に，「アメリカ人に対して罪を犯した日本人は，日本の役人による取り調べを受けた後で日本の法律によって処罰する」とあるので，アメリカ人を殺害した日本人は日本人が取り調べて日本の法律で裁くことが出来た(イ，エ…×)。なお，ある条約とは日米修好通商条約のことで，この条約はアメリカに領事裁判権(治外法権)を認め，日本に関税自主権がなかったという２点で，日本にとって不平等であった。

問11　下関条約は，日清戦争(1894～95年)の講和条約として1895年に結ばれた。日本に敗れた清(中国)は，朝鮮が独立国であることを認め，日本に対して２億両(約３億円)の賠償金を支払うこと，台湾・ポンフー諸島・遼東半島を日本に譲ることなどが決められた。

問12　**あ**　江戸幕府第３代将軍の徳川家光は，祖父であり初代将軍であった徳川家康をまつる日光東照宮を大規模に建て直した。　**い**　婦人運動家として活躍した平塚らいてうは，1911年に青鞜社を結成し，日本で最初の女性による女性のための文芸誌である『青鞜』を発行した。　**う**　イギリスと交渉し，1894年に領事裁判権の撤廃に成功した外務大臣は，陸奥宗光である。なお，関税自主権は，外務大臣の小村寿太郎がアメリカと交渉し，1911年に回復に成功した。

問13　平塚らいてうは，女性の政治的・社会的自由を確立させるために活動をしていた人物である。したがって，女性を自ら光ることができる太陽と自ら光ることができない月にたとえることで，女性の権利がもとより少なくなってしまった状態を表現していると考えられる。

Ⅱ　日本で使われている紙幣を題材とした問題

問１　Ａ　2024年から使用される新千円札には，北里柴三郎の肖像が描かれることになっている。なお，夏目漱石は1984年から2007年にかけて発行されていた千円札に描かれていた小説家・文学者である。　Ｂ　電子マネーとは，現金代わりに使用できる電子データ化されたお金のことである。クレジットカードを登録したり，事前に銀行口座からチャージしたりしておくことで，専用のカードやスマートフォンを提示するだけで支払いが完了する。なお，SNS はソーシャル・ネットワーキング・サービスの略称であり，Web 上における会員制の交流サービスを指す言葉である。

問２　日本で唯一の中央銀行である日本銀行は，日本の紙幣(日本銀行券)を発行できる唯一の発券銀行である。日本銀行の仕事には，銀行や政府の銀行としての役目もあり，市場に流通する紙幣の量を調整することで物価の安定や紙幣の信頼性の安定を図っている。

問３　イの地図は，南北に細長く，東側の志摩半島にリアス海岸が発達している三重県である。近畿地方に属する三重県は埼玉県よりも西に位置する。三重県の県庁所在地である津市は，石油化学工業がさかんな四日市市に次いで県内で２番目に人口が多い。なお，アの地図は東北地方の山形県，ウの地図は関東地方の茨城県の形を表している。

問４　アのイギリスはヨーロッパに位置する島国で，イのフランスとはドーバー海峡を挟んでユーロトンネルで結ばれている。なお，ウはドイツ，エはイタリアの位置を示している。

問５　2024年２月現在使用されている五千円札の肖像は樋口一葉，新たな五千円札の肖像は津田梅子である(ウ…○)。なお，千円札は野口英世から北里柴三郎に変更されるが，どちらも文学者ではなく細菌学者である(ア…×)。紙幣の大きさは，金額が大きいものほど横幅が長くなっているので，五千円札の方が千円札よりも大きい(イ…×)。新紙幣もふくめ，これまでに日本の紙幣に外国人が描かれたことはない(エ…×)。

問６　中国の北部では畑作がさかんで，とうもろこしや大豆，小麦などが栽培されている。南部では，稲作や茶の生産がさかんである(ア…○)。なお，中国の東部は栄養分をふくんだ平野が多いが，西部は山脈や高原が多く乾燥しているため，牧畜が行われる。また，西部よりも海に面する東部の方が，漁業がさかんである(イ…×)。中国は国土に針葉樹林が広がっているわけではなく，木材の輸入国でもあり，林業が発展しているとは言えない(ウ…×)。羊毛の生産量は中国が世界一だが，羊毛の輸出量はオーストラリアが世界一(2021年)である(エ…×)。

問７　少子高齢化が急速に進んでいく中で社会保障関係費は増大し，歳出に占める割合が最も大きくなっている。また，地方自治体間の経済的な格差を是正するために，使い道を定めず国が各都道府県などに交付する地方交付税交付金は，社会保障関係費，国債費に次いで大きな割合を占める(ウ…○)。

問８　EU(ヨーロッパ連合)では，加盟国27カ国中，デンマーク・ブルガリア・チェコ・ハンガリー・ポーランド・ルーマニア・スウェーデンを除く20カ国で共通通貨であるユーロが使用されている。なお，2020年にEUを離脱したイギリスは，加盟当時からユーロを使用していなかった。

問９　(1)　面積は，中国・四国地方で広島県が最も大きく，次いで岡山県が２番目に大きい。したがって，Aが広島県，Bが岡山県と判断できる。岡山県は，マスカットなどのぶどうの生産がさかんであるため，岡山県が１位になっているエがぶどうの生産量を表しているとわかる。　(2)　Bの岡山県の位置は，地図の⑤があてはまる。山陽地方に位置する岡山県は，③の広島県，④の鳥取県のほか，近畿地方の兵庫県と接している。　(3)　地図の⑦は香川県を示している。香川県は面積が全国一小さい都道府県であることから，中国・四国地方で面積が９番目になっているCが香川県と判断できる。なお，表のアは輸送用機械の出荷額，イは人口，ウはかつおの水あげ量を表しており，地図の①は山口県，②は島根県，⑥は愛媛県，⑧は高知県，⑨は徳島県の位置を示している。

問10　食料自給率とは，国内で必要な食料のうち，どれくらいの量が国内で生産されているかを表す指標である。日本のカロリーベースの食料自給率は約40％と非常に低く，日本は食料の多くを外国からの輸入に依存している。

問11　３Rとは資源を大切にするために取り組まれている３つの行動の総称で，減らすという意味のリデュース，繰り返し使うという意味のリユース，再生利用するという意味のリサイクルからなる。汚れたりいたんだりした紙幣の一部を，トイレットペーパーなどに資源化して再利用することは，リサイクルにあたる。

問12　「紙幣は必要ない」という意見に対する賛成の考え方としては，紙幣は多くの人の手に触れるものであることから新型コロナウイルス感染症の感染リスクが高まってしまうという意見や，紙幣を持ち歩くことで盗難や紛失のリスクが高くなるという意見などが挙げられる。一方，「紙幣は必要ない」という意見に対する反対の考え方としては，現金はお金の管理をしやすいという意見，クレジットカードなどでの不正利用への不安があるという意見，大規模災害時などにはキャッシュレス決済が使用できなくなる心配があるという意見などが挙げられる。

理　科　<第２回試験>（社会と合わせて60分）<満点：75点>

解　答

1 **問１** (1) ア　(2) イ　(3) ア　(4) ウ　**問２** (1) ① ゴム　② （例） のび縮みする　(2) （例） 市販されている保温機能をもった水筒は金属でできていて残っている飲み物の量を見ることができない。そのため，透明な硬質プラスチックを使い，かつ中空構造にすることで，中身の量が見え，かつ保温機能をもった水筒をつくる。　**2** **問１** ヨウ素液　**問２** （例） 米　**問３** ② （例） 葉をアルミニウムはくでおおった　③ （例） 葉をアルミニウムはくでおおわなかった　④ （例） 日光が必要　**問４** （例） 色をつけた水に植物を入れてしばらくおくと，植物が色のついた水を吸い，根やくき，葉の一部が色づく。

3 **問１** (1) ウ　(2) ア　(3) エ　**問２** (1) ウ　(2) イ　**4** **問１** (1) 右の図Ⅰ　(2) （例） 右の図Ⅱ　(3) 沸とう　**問２** (1) ア　(2) イ

5 **問１** A　**問２** イ　**問３** ① 電流　② 時間　**問４** （例） 電熱線の長さが異なるため。

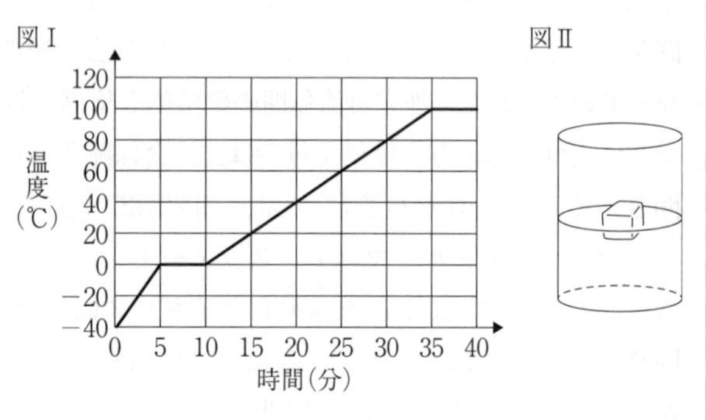

解　説

1 **小問集合，物質の性質についての問題**

問１ (1) ヒトのからだの中で曲げることのできる，ほねとほねのつなぎめの部分を関節という。なお，筋肉はのびたりゆるんだりしてからだを動かす部分，腱は筋肉とほねがつながっている部分，節は昆虫などのからだにある曲げることのできる部分である。　(2) 電気をためることができる装置をコンデンサーという。LEDや豆電球は電流を流すと光る装置，導線は回路でかん電池や豆電球などをつなぐ部分である。　(3) コロナウイルスを電子けんび鏡で見ると，表面に王冠のような突起が見られる。このことから，ギリシャ語で王冠を表す「コロナ」と名づけられた。

(4) トリチウムは自然界にも広く存在する水素のなかまで，トリチウムが酸素と結びついてできたトリチウム水は，水と同じような性質をもっており除去するのが非常に難しい。そのため，海水でうすめて安全基準を満たしたうえでALPS処理水として海洋に放出されている。

問２ (1) ゴムは力を加えると大きくのび縮みして大きさが変化するが，金属やプラスチック，ガラスは力を加えても大きさがほとんど変化しない。そのため，中身の量によって大きさが変わる水筒を作るには，ゴムを使用するとよい。　(2) 市販の水筒は主に金属やプラスチックからできているので，これらをほかの材質に変えるとどのような利点が生まれるかを考えればよい。解答の例のほかにも，金属の水筒では酸性の飲料を入れることができないが，ガラスで水筒を作ると酸性の飲料も入れることができるようになることなども考えられる。

2 光合成，植物と水についての問題

問1 でんぷんがあるかどうかを調べる薬品はヨウ素液である。ヨウ素液は，でんぷんと反応して茶かっ色から青紫色に変化する。このような反応を，ヨウ素でんぷん反応という。

問2 ふつう，光合成によってつくられたでんぷんは実や種，くき，根などにたくわえられる。そのため，ヒトは，米や小麦(種)，ジャガイモ(地下茎)などからでんぷんを得ている。

問3 問題文より，アやウはアルミニウムはくでおおったので日光が当たらず，アルミニウムはくでおおっていないイのみ日光が当たっている。よって，アとイの結果から，イにあるでんぷんは実験を行う前からあったわけでないことが，イとウの結果から，植物の葉がでんぷんをつくるには日光に当てる必要があることがわかる。

問4 水が植物のからだを通る道筋を調べるには，色をつけた水を植物に吸わせ，水が通った部分を目で見えるようにすればよい。根から吸収された水は，くきや葉にある道管を通ってからだのすみずみまで運ばれたあと，葉などの表面にあるすき間(気こう)から水蒸気として放出される。よって，色のついた水を吸わせると，根やくき，葉の一部に色がつく。

3 太陽の動きについての問題

問1 (1) 太陽の高度が低いほど，できる影は長くなる。そのため，1日のうち，太陽の高度が最も低い日の出や日の入りごろに影は最も長くなる。　(2) 太陽は，北半球では東からのぼり南の空を通って西にしずむが，南半球では東からのぼり北の空を通って西にしずむ。よって，影は，北半球では西から北を通って東へ時計回りに移動するが，南半球では西から南を通って東へと反時計回りに移動する。　(3) 地球が西から東に自転しているため，東にある場所ほど，1日のうち太陽が真南にくるのが早くなる。また，日本では，兵庫県明石市で太陽が真南にくる時刻が正午と決められている。よって，東京は明石市よりも東側にあるため，太陽が真南にくる時刻，すなわち影が真北にのびる時刻は，年間を通して正午よりも早くなる。

問2 (1) 一般に，日なたよりも日かげのほうが湿っているので，1日中，日かげとなっている地点を選べばよい。太陽は東からのぼって南の空を通り，西へとしずむので，校舎の北側にあるウは1日の多くの時間で，校舎の影の中に入っていて日が当たらないため，最も湿っぽくなっていると考えられる。　(2) 体育館の東側にあるイでは，午前中は日が当たっているが，午後になると体育館の影となり日が当たらなくなる。

4 水のすがたについての問題

問1 (1) 氷が水に変化しているとき温度は0℃のまま変化せず，水が水蒸気に変化しているときは温度が100℃のまま変化しない。そのため，加熱開始からの時間が5分から10分の間と35分から40分の間は温度が変化せず，横軸に平行なグラフとなることに注意してグラフを書くと解答の図Iのようになる。　(2) 表より，加熱開始5分から10分までの間は，氷がとけている途中である。したがって，水の中に氷があるようすをかけばよい。このとき，氷は水よりも同じ体積あたりの重さが軽いので，水に浮くことに注意する。　(3) 水が100℃近くになり，水の中からもさかんに水蒸気に変化する現象を沸とうという。なお，温度にかかわらず水面から水が水蒸気に変化する現象は蒸発とよばれる。

問２　右の図より，注射器を押(お)しこむ力がＡ，温度が①のとき，水は液体の状態にある。また，温度を変えずに，注射器を押しこむ力をＢにすると，液体の水から気体の水蒸気に状態変化することがわかる。

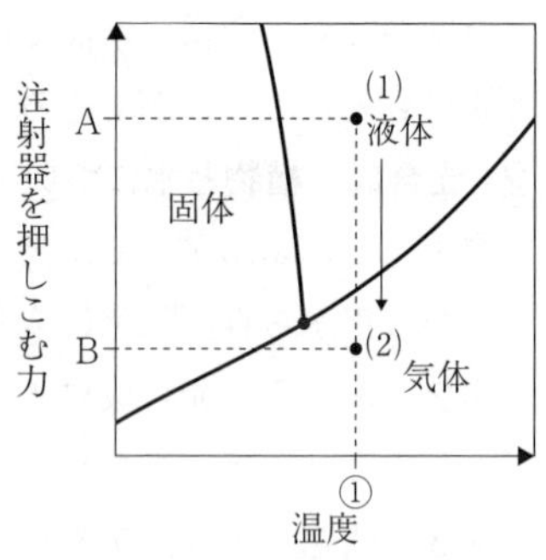

5　電熱線と温度の上がり方，回路についての問題

問１　図２より，温めた時間が同じときの水の温度を比べると，電熱線Ａのほうが高くなっている。よって，電熱線Ａのほうがより短い時間で水を温めることができるといえる。

問２，問３　電池を２個直列につなぐと，電池が１個のときよりも，電熱線Ａに流れる電流は大きくなり，１秒間あたりに発熱する量も増えるので，水の温度の上がり方も大きくなる。また，電池を２個並列につないでも，電池１個のときと電熱線Ａに流れる電流の大きさは変わらないので，１秒間に発熱する量は変化しない。しかし，電流を流すことができる時間が長くなるので，発熱する総量は電池が１個のときよりも多くなる。

問４　電熱線の電流の流れにくさは，電熱線が長くなるほど大きくなる。すなわち，電熱線の太さが同じでも，電熱線Ｃのほうが電熱線Ａより長さが短く，流れる電流が大きかったため，水の温度の上がり方も大きくなったと考えられる。

国　語　＜第２回試験＞（50分）＜満点：100点＞

解　答

一　**問１**　①　さか(えた)　②　きんいつ　③　きんく　④　かねん　⑤　きょうちゅう　⑥～⑩　下記を参照のこと。　**問２**　(1)　①　イ　②　ア　(2)　ア　(3)　イ　二　**問１**　(例)　人類の長い進化の過程で正確な判断を妨げるような仕組みがなくならずに残ってきた(こと)　**問２**　**Ａ**　ア　**Ｂ**　エ　**Ｃ**　ウ　**問３**　ア　**問４**　イ　**問５**　ウ　**問６**　イ　**問７**　実際に～しまう　**問８**　(例)　自らがバイアスにとらわれていない保証はどこにもないのに，自分たちは中立であるはずだと思い込むこと。　**問９**　(例)　お年寄りに席をゆずることは正しいと信じていても，ときには相手を傷つけてしまうこともあるので，相手の気持ちを確かめてからゆずるようにしたい。　三　**問１**　イ　**問２**　(例)　アートを見る目を失っていた　**問３**　エ　**問４**　(例)　美青が，メトを辞めて目の手術をする決意をしたということ。　**問５**　ア　**問６**　ウ　**問７**　ア　**問８**　イ　**問９**　エ　**問10**　ウ

●漢字の書き取り

一　**問１**　⑥　祖先　⑦　専門　⑧　給油　⑨　武士　⑩　道徳

解　説

一　漢字の読みと書き取り，短い文章の読み取り

問１　①　音読みは「エイ」で，「栄光」などの熟語がある。　②　ある物のどこを取っても，質・量などが一様であるさま。　③　言ってはいけない言葉。　④　燃えやすいこと。燃やす

ことができること。　⑤　心の中で思っていること。　⑥　家系の先代より前の人々。　⑦　限られた分野や特定の職業に，深く関わっていること。その分野や職業。　⑧　自動車・飛行機などを動かすために油を補給すること。　⑨　武芸を修め，軍事にかかわる身分の者。　⑩　人間が，善悪を理解して，正しく行動するために守るべきルール。

問２　⑴　①　一月七日に七草粥を食べる風習は，もともと日本にあった七種類の野草を入れてつくったおかゆを食べ，その年の無病息災を祈る風習と「お正月に若菜を摘む風習」が，中国の「人日」という風習と入り混じって生まれたものであると述べているので，イが選べる。　②「海外における日本食レストラン数は二〇〇六年には約二・四万店」だったが，「二〇一七年には約十一・八万店と十年間で四倍ほど増えて」いることから，近年，海外でも日本食への関心が高まっていることがわかる。　⑵　ユニバーサルデザインとは，「すべての人が利用しやすいようにつくられたデザインのこと」で，その原則には，「誰にでも公平に利用できること」や「使う上で自由度が高いこと」などがふくまれているとある。よって，《文Ｂ》は正しい。　⑶「猿楽は室町時代に成立したとされる伝統芸能」であり，「狂言は，猿楽から発展した日本の伝統芸能」である。明治維新後に，猿楽と狂言を合わせて，能楽と総称されるようになったと書かれているので，イが合う。

二　**出典：中野信子『「バイアス社会」を生き延びる』**。筆者は，バイアスが存在する理由を説明し，人間がバイアスから自由になることは難しいと述べている。

問１　直前に注目する。「私」は，「人類の長い進化の過程」で，「正確な判断を妨げるような仕組みがなくならずに残ってきた」ことに，「バイアスの存在理由があるように」思っているのである。

問２　**Ａ**「人類の長い進化の過程」で，「正確な判断を妨げるような仕組みがなくならずに残ってきた」ことに「バイアスの存在理由がある」ということは，すなわち，「人間が生き延びるためには，むしろバイアスが必要だった」ということである。よって，前に述べた内容を“要するに”とまとめて言いかえるときに用いる「つまり」が入る。　**Ｂ**「私たち人間の脳」が「高速で正確な計算ができる」ことの例として，「約１億２千万人の日本の全人口の考え方を計算して，一瞬で平均値や中央値，標準偏差を出せる」ことをあげているので，具体的な例をあげるときに用いる「たとえば」が選べる。　**Ｃ**「約１億２千万人の日本の全人口の考え方を計算して～日本人の普通や常識と言われるものがわかるかも」しれないが，「それは不可能」だと述べられているので，前のことがらに対し，後のことがらが対立する関係にあることを表す「でも」が合う。

問３　続く部分に注目する。「今の人間の脳の性能には限界」があるが，これ以上「脳の体積を大きくする」こともできない。「現状の脳の大きさのままで，よりよい答えを出すための工夫」の一つが，「粗い計算でいいから，瞬時に大まかな答えを出す」というバイアスなのである。

問４　直前にあるとおり，群れの中にいる「鳥は，自分の周辺の数羽を認知しているだけで，群れ全体は認知していないと言われて」いる。人間も，この鳥と同じように，自分の周りの「一部の人のある側面だけに当てはまることを，広く全体にも当てはまると決めつけてしまうこと」があると述べられているので，イがふさわしい。

問５　東京以外の場所で生まれ育った人から見た東京の人間，大阪以外の土地で生まれ育った人から見た大阪人のように，自分とは異なる集団に属する人，つまり「よく知らない人たち」を，全部同じようなものだとして，「すべてひとくくりにしてしまう」ことを「外集団バイアス」というのである。

問６　X，Y　「短時間でざっくり物事を判断」できるかどうかが生死を左右してきた「人間の長い歴史」が，我々の「性質」に影響を及ぼしていると筆者は述べている。つまり，「じっくり考える」よりも，「素早く決める」性質の方が強くなっているといえるので，イが選べる。続く部分で，時間をかけて深く洞察することもあるが，「一般的にはパッと判断して迅速に行動できる人の方が生きやすい(よりよい方を素早く選ぶ能力が求められている)」と筆者が補足しているのも参考になる。

問７　前の部分に注目する。「自分たちこそニュートラルだと思い込んで」いると，自分たちがバイアスにとらわれているのに，他人の言動にバイアスがかかっている，と判断してしまうことがある。その結果，「実際には間違った選択をしているのに，一つも疑うことなく自信満々に突き進んでしまう」ことになりかねないのである。

問８　同じ文をみると，「学歴が高く，人をジャッジする側にいる自分たちは中立であるはずだと思い込むのは，学者たちがもっとも陥りやすい落とし穴」だと述べられている。前の部分にあるとおり，「自分たちこそニュートラルだと思い込んで」いる人は，自分たちが「バイアスにとらわれていない保証はどこにもない」のに，自分たちは中立だと思い込むのである。

問９　「この世の中に常に正しいと言えるものは一つもない」のに，我々は自分の信条や行動が正しいと思い込みがちである。このことをふまえ，具体的な状況をあげつつ，自分が信じていることが正しいとは限らないということを頭に置いて行動するようにしたい，というようにまとめる。

三　**出典：原田マハ『常設展示室』**。視力を失いつつある美青は，弱視の少女パメラと出会ったことをきっかけに，アートに対する自分の姿勢を見直し，パメラとともにピカソの絵を見つめる。

問１　本文の半ばにあるとおり，美青は視力を失いつつあり，今まで見えていたものも急速に見えなくなっている。自分の世界が次第にせまくなっていくように感じて，美青は不安になったのである。

問２　続く部分で美青は，パメラの「『見る』ことへの情熱」や「切実な，ひたむきな」ようすを見て，「自分には，そのかけらもない」ことに気がついている。美青は，「大好きなアートの，より近くで生きていくため」，「勝手気ままに生きてきた」のに，「ほんとうにアートを見る目を失っていた」のである。

問３　問２でみたように，今までの美青は，目は見えていたが，「アートを見る目」を失っていた。そのことに気づいて，美青は，視力を失ってもアートを心で見る努力をしようと決意したのである。

問４　前の部分に注目する。美青は，メトを退職して，手術を受ける決心をしたのである。

問５　イベントで解説する作品を決めるとき，〈盲人の食事〉がリストにあがっているのを見て，アネットは，「障害のある子供たちも来ているのに，この作品を解説するのは難しすぎる」として反対した。アーノルドは，その意見はもっともであるとしながら，ピカソが描きたかったのは，「どんな障害があろうと，かすかな光を求めて生きようとする，人間の力」なのである，と主張した。アーノルドの主張は，ワークショップの理念にかなうものであり，十分な説得力があったという点で，「見事だった」のである。

問６　アーノルドは，自分のことを，「君たちが絵の世界を旅するための，ツアーコンダクター」だと言った。その自己紹介から，彼が絵の魅力を子供たちに伝えたいと願っていて，子供たちに寄り添おうとしていることを知って，美青はうれしくなったのである。

問７　続く部分に注目する。美青は，アーノルドの問いかけに対する子供たちの答えを聞いて，ピカソが，盲人に元気を出して，明るい気持ちになってほしくて〈盲人の食事〉を描いたのだ，という幼いころの自分の解釈が正しかったことを確信した。ピカソの気持ちについて説明するアーノルドの言葉に同意しつつ，この作品の魅力をあらためて感じて，美青は，深くうなずいたのである。

問８　問７でみたように，ピカソは，「恵まれない人をそっくりそのままキャンパスに写し取りたかったわけ」ではなく，描く対象に深く寄り添い，盲人を力づけてやりたくて，この絵を描いたのである。よって，イが合う。

問９　問７でみたように，美青は，子供のころに〈盲人の食事〉を見たとき，ピカソがこの絵を描いたときの気持ちがわかり，「この絵の前からいつまでも動け」ないでいる。「ふたりの少女」とは，パメラと，かつての美青のことであり，パメラと出会ったことで，美青は，少女だったころの気持ちを取り戻し，純粋な気持ちで作品を鑑賞しているのである。

問10　〈盲人の食事〉に見られるように，ピカソは，「描く対象に深く寄り添った画家」だった。アーノルドが実際に子供たちにお願いしたように，美青は，ピカソのように感じてみよう，と子供たちに呼びかけたかったので，「ピカソと学ぼう」というタイトルを，「ピカソになろう」というタイトルに変更したい，と提案したと考えられる。

2024年度 文化学園大学杉並中学校

＊【適性検査Ⅰ】は国語ですので最後に掲載してあります。

【適性検査Ⅱ】〈適性検査型試験〉（45分）〈満点：100点〉

注　意

計時機能以外の時計の使用は認めません。

〈編集部注：実物の試験問題では，3の【資料】はカラー印刷です。〉

1 以下の会話文を読み、あとの問いに答えなさい。

2月						
				1	2	3
4	5	6	7	8	9	10
11	12	13	14	15	16	17
18	19	20	21	22	23	24
25	26	27	28	29		

文子：先生、質問があります。2024年はうるう年ということで、1年が366日になりますが、どうして4年に一度だけこんなことが起きるのですか？

先生：いい質問です。それではまず、1年が365日なのはどうしてでしょう？

文子：えーと、地球が太陽のまわりを365日で1周するからだったと思います。

先生：その通りです。その1周する日数をもっと正確に計算すると、約365.2425日と言われています。つまり、私たちは1年を365日としているため、1年で0.2425日の「ずれ」が生まれてしまうわけです。

文子：そうか！それで4年経つと ㋐ 約1日分のずれ になるので、1年に一度だけこのずれを修正するためのうるう年が必要になるということですね。

〔問題1〕 下線部㋐について、「約1日分のずれ」とは何時間何分何秒のずれなのか求めなさい。答えだけでなく、途中(とちゅう)の考え方や式も含(ふく)めて解答らんに記入しなさい。

文子：でも、ぴったり1日分のずれではないのに、うるう年に1日分を増やしてもいいのですか？この規則性だと、ずれがきちんと修正できていないと思います。

先生：そうですね。文子さんの言う通り、これではまだ少しずれが残っていて、400年経つと ㋑ ちょうど3日分のずれ ができてしまいます。そこで、「本来ならばうるう年として1日多くするはずだった年を、うるう年とせず365日のままにする」ということを400年の間に3回行います。

〔問題２〕下線部㋑について、「ちょうど３日分のずれ」というのは、何がどのようになっていることか、具体的に説明しなさい。

文子：400年に３回ということは、400を３で割ると133あまり１だから、133年と266年と399年の３回ということですか？

先生：単純に３等分と考えるとそのようになりますが、その次の400年間は532年、665年、798年となり、数字が複雑すぎて覚えるのが大変そうですね。それに、今あがった年はうるう年ではないものばかりですよ。

文子：確かにそうですね。もっとよく考えてみます。

〔問題３〕400年の間にうるう年としない年を３回つくるとき、文子さんは「120年、240年、360年のように、西暦（せいれき）が120年の倍数の年をうるう年にしない」という規則性を思いつきました。しかし先生は、この規則性には問題点があると言いました。この問題点とはどのようなものか説明しなさい。

文子：先生、どうしても良い規則性が思いつきません。どのようにして３回の年を決めているのか教えてください。

先生：わかりました。正解は100年、200年、300年をうるう年にしないというものです。

文子：え？その規則性だと400年もうるう年ではなくなってしまいませんか？

先生：いやいや、この決め方にはまだ続きがあって、100年、200年、300年はうるう年にしないけれども、400年はうるう年にするという規則性にしたのです。

文子：なるほど。なんだか面白い決め方ですね。でもわかりやすくて良いですね。

先生：さて、ここまでのことをまとめると、うるう年は次のような規則で決められています。

> 西暦が４の倍数になる年はうるう年とする。
> ただし、西暦が100の倍数かつ400の倍数でない年はうるう年としない。

先生：ちなみに、日本は明治時代の初めまで今とは違（ちが）う太陰太陽暦（たいいんたいようれき）というものを使っていて、現在私たちが一般的（いっぱんてき）に利用しているグレゴリオ暦は、1873年から使われ始めました。しかし、うるう年の設定を忘れていたため1898年になってようやく…。

文子：先生、よくわかりました。ありがとうございました。

〔問題4〕西暦 1898 年から西暦 2023 年までにあったうるう年の回数を求めなさい。答えだけでなく、途中の考え方や式も含めて解答らんに記入しなさい。

〔問題5〕地球に似た星Aは、太陽に似た星Bのまわりを 365.184 日で1周しています。星Aの住人も1年を 365 日として暮らしているとき、この星のうるう年はどのような規則でつくればよいか、考えて説明しなさい。

2 次の会話は、来年の 12 月に行われる修学旅行の行き先について、先生と生徒が話し合いをしている様子です。会話文と資料を参考にして、あとの問いに答えなさい。

先生：みなさんの修学旅行の行き先は、みなさんに決めてもらいます。どの場所に行くか話し合いましょう。

文子：一生に一回の修学旅行だから、せっかくなら海外に行きたいですね。

先生：そうですね。たとえばどのような国が考えられるでしょうか。

加奈：私のオススメはカナダです。カナダの学校って、日本とは違った面白いことをしているので、現地の中学生と交流してその違いを感じたいです。

杉男：私はオーストラリアに行ってみたいです。この前テレビで、オーストラリアの大自然を紹介（しょうかい）する番組を見て、自分の目でもその景色を見てみたいと思いました。

文子：私はインドに行ってみたいです。家の近くにカレー屋さんがあって、そこにいるインド人の人に色々と話を聞いて、インドの食べ物に興味を持ちました。

先生：どれも面白そうな場所ですね。でも、行き先を1つに決めるには、同じ基準で比べられることがないと難しいです。3つの国について、いくつかの視点で調べてまとめてみましょう。

〜 数日後 〜

先生：では、調べてきたことを発表してもらいましょう。

文子：私たちは、3つの国の食文化について調べ、表にまとめてみました。こちらを見てください。

【表１】各国の食文化

	カナダ	オーストラリア	インド
主食	ジャガイモ、パン、パスタ	パン、ジャガイモ	北部：ナン、チャパティなどのパン 南部：米
よく食べられているもの	牛肉、サーモン（さけ）、乳製品（牛乳、バター、チーズなど）	牛肉、羊肉、乳製品（牛乳、バター、チーズなど）	野菜、豆、乳製品（牛乳、バター、チーズ、ヨーグルトなど）、スパイス、羊肉（ベジタリアン※でない人）
好まれない食べ物	・動物のそのままの見た目が残っている料理 ・生の魚介類	動物のそのままの見た目が残っている料理	・生の魚介類 ・豚肉、牛肉（宗教上食べられない人がいる）

※ベジタリアン：宗教上の理由や健康上の理由から、肉類を食べない人たちのこと

文子：まず主食に注目すると、どの国でも小麦を主食としていますが、他にも地域によって異なる主食を食べている人もいるようです。

杉男：主食の違いを生んでいるのは、それぞれの地域の気候が異なるから、と言うことができると思います。

加奈：よく食べられているものの違いも、自然環境によって生まれていると思います。一方で、ある地域ではそれ以外に、宗教によって食べられるものに制限が加わっていることが、よく食べられるものの違いにも影響していると考えられます。

〔問題１〕次に示す【図１】は、カナダ東部のオタワ、オーストラリア南東部のキャンベラ、インド南部のチェンナイ、それぞれの月平均気温と月ごとの降水量を表した雨温図です。これと【表１】やそれに続く発表を参考にすると、気温や降水量と主食にはどのような関係が見られますか。関係すると考えられることを２つ見つけ、具体的な食べ物や数字とともに説明しなさい。

【図１】

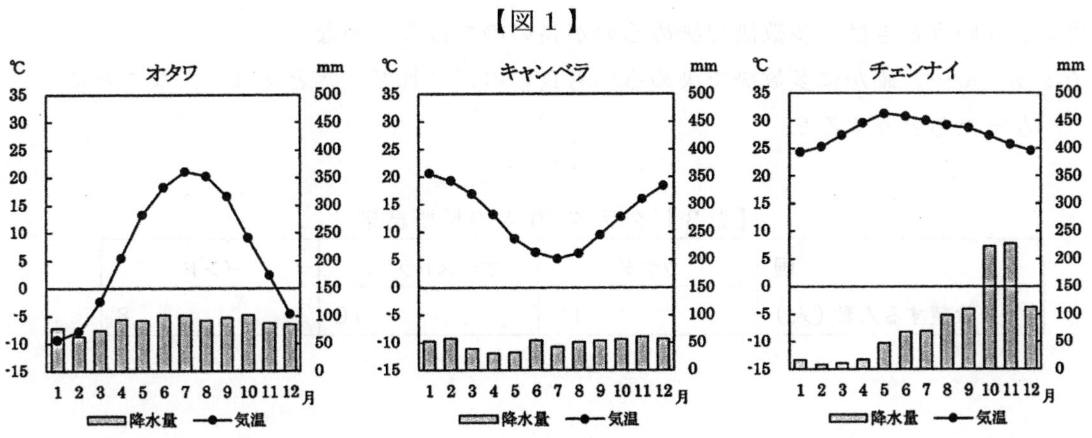

〔問題２〕 次の【表２】は、日本、カナダ、オーストラリア、インドの人々が、１人１日あたりどの栄養素をどのくらいとっているかをまとめたものです。
【表１】と【表２】を参考にすると、日本と他の３つの国では、栄養と食事の関係にどのような違いがあると考えられますか。３つの国から日本と比べる国を１つ選んで説明しなさい。なお、説明の際には熱量、脂質（ししつ）、たんぱく質のうち２つについて触（ふ）れなさい。また日本の食事については、あなたの日常生活で知っていることを例として取り上げなさい。

【表２】

国名	熱量※1(kcal)			脂質※1(g)		たんぱく質※2(g)	
		動物性の食べ物の割合(%)	植物性の食べ物の割合(%)		うち油脂の割合※3(%)		動物性の割合(%)
日本	2332	22	78	92.7	48	44.7	56
カナダ	3420	28	72	155.8	50	106.4	57
オーストラリア	3238	33	67	160.7	44	102.0	67
インド	2599	12	88	59.3	56	67.2	23

※１：熱量と脂質は、おもにエネルギーとなるもの
※２：たんぱく質は、おもに体を作るもとになるもの
※３：脂質のうち、植物油やバターなど、料理に直接使われた油の量の割合

～ 後日 ～

文子：修学旅行の行き先は、クラスの代表が意見を持ち寄って、その意見をもとに決めることにしたって、先生がおっしゃっていたよ。
加奈：そしたら、クラスの意見をまとめなきゃ。でも、どうやって１つの意見にしぼったらいいのだろう。
杉男：こういうときは、多数決で決めるのが良いのではないかな。
文子：うーん…。確かに多数決で決めるのも良いのだけれど、たとえばこんなことになったらどうする？

【表３】クラス 30 人の投票結果

国	カナダ	オーストラリア	インド
希望する人数(人)	12	10	8

杉男：この結果なら、一番多いカナダに決まりじゃん。

文子：でもこれだと、［ア］という点が気になるんだよね。

杉男：だったらさ、一番希望が多いカナダと、次に希望の多いオーストラリアで、もう一度投票すればいいのではないかな。

加奈：いわゆる「決選投票」だね。それだとどうなるかな。

【表4】クラス30人で再度投票を行った結果

国	カナダ	オーストラリア
希望する人数（人）	16	14

文子：これならば、確かにカナダをクラスの意見としても良さそうだね。

〔問題3〕［ア］に当てはまる文を、会話と【表3】を参考にしながら考えて答えなさい。

〔問題4〕加奈さんは、「決選投票」に対して疑問を持ち、次のようなやり方で投票をやり直した方が良いのではないかと考えました。あなたならば、「決選投票」のやり方と、次に示す【加奈さんのやり方】のどちらがより好ましいと考えますか。どちらか1つを選び、そのやり方が良いと考えた理由を、【表3】、【表4】、【表5】の数字を使いながら説明しなさい。

【加奈さんのやり方】

① 投票するとき、第1希望と第2希望の2つを投票用紙に書いてもらう。
② 第1希望は2点、第2希望は1点として、点数の合計が最も多かった国を選ぶ。

【表5】加奈さんのやり方で、クラス30人で投票を行った結果

国	カナダ	オーストラリア	インド
第1希望の人数（人）	12	10	8
第2希望の人数（人）	4	10	16
得点	28	30	32

3 生物部に所属している杉男さんと文子さんがお花見に行く日程を決めるために、インターネットで天気予報サイトを見ています。それぞれの会話文と資料を参考にして、あとの問いに答えなさい。

杉男：今年の桜の開花予想日が発表されているよ。

文子：桜の開花日って、日本各地で基準となる桜の木が決められていて、その木に5～6輪以上の花が開いた状態となる日のことだよね。今年はいつくらいだと予想されているの？

杉男：<u>札幌が4月15日、青森が4月7日、仙台が3月26日、金沢が3月23日、大阪が3月19日、高知が3月17日だって</u>。

〔問題1〕会話文中の下線部のように、日本国内でも地点によって開花予想日に差が生じます。差が生じる理由と、それによってどのような差が生じるか答えなさい。

文子：開花日って、どうやって予想しているのかな。

杉男：先生に聞いてみようか。

文子：先生、今度お花見に行くために桜の開花予想日を調べていたのですが、どうやって開花する日を予想しているのですか？

先生：いい質問ですね。野菜や果物に旬（しゅん）があるように、植物と季節は密接な関わりがあります。まず、桜が開花するための条件を考えてみましょう。桜はどんな条件で開花すると思いますか。

杉男：桜は春になったら花が咲（さ）くので、暖かい季節がやってきたら開花すると思います。

先生：そうですね。温度が大切な条件ですね。実は、私たちが過ごしている東京の桜の開花には「400℃の法則」というものがあります。これは、2月1日からの平均気温の合計値が400を超（こ）えた日に開花するというものです。これには誤差はありますが、2019年は合計値が400を超えた翌日、2020年と2021年は400を超える2日前に開花していて、比較的（ひかくてき）正確です。東京では400℃の法則で開花日を予想できますね。

〔問題２〕以下の【表】は東京における 2022 年の２月と３月の平均気温です。「400℃の法則」を用いて、桜の開花日として考えられる日を答えなさい。

【表】東京の平均気温（2022 年２～３月）

2/1	2/2	2/3	2/4	2/5	2/6	2/7	2/8	2/9	2/10
5.6℃	5.5℃	5.8℃	4.9℃	3.5℃	2.3℃	4.5℃	5.3℃	6.2℃	2.3℃
2/11	2/12	2/13	2/14	2/15	2/16	2/17	2/18	2/19	2/20
4.1℃	4.7℃	3.1℃	3.9℃	5.5℃	6.0℃	4.6℃	5.7℃	5.0℃	5.9℃
2/21	2/22	2/23	2/24	2/25	2/26	2/27	2/28	3/1	3/2
4.1℃	4.4℃	4.4℃	4.8℃	6.5℃	8.6℃	9.5℃	9.8℃	11.0℃	11.2℃
3/3	3/4	3/5	3/6	3/7	3/8	3/9	3/10	3/11	3/12
9.5℃	8.1℃	11.2℃	8.1℃	8.3℃	6.3℃	7.9℃	9.0℃	12.0℃	14.6℃
3/13	3/14	3/15	3/16	3/17	3/18	3/19	3/20	3/21	3/22
14.7℃	16.4℃	12.7℃	14.1℃	14.1℃	5.2℃	10.1℃	9.9℃	9.6℃	3.7℃
3/23	3/24	3/25	3/26	3/27	3/28	3/29	3/30	3/31	
5.2℃	8.2℃	12.2℃	16.1℃	16.2℃	13.5℃	10.2℃	14.5℃	15.1℃	

先生：植物の種類によっては、温度の他に太陽が地上を照らしていた時間、つまり「日照時間」が花芽(かが)形成の条件となるものがあります。花芽形成とは、植物が生長して花を咲かせるための芽である、花芽ができることです。

文子：植物は光合成といって、光を浴びると二酸化炭素と水から酸素とデンプンを作って成長していくって学校で習いました。だから、植物が生長して花芽形成するためには、光を浴びることが必要なんですよね。

先生：そうです。

杉男：つまり、日照時間が長ければ長いほど早く生長して、早く花芽形成するということですか。

先生：すべての植物がそうとは限りません。植物には長日植物とよばれるものや、短日植物とよばれるものがあります。【資料】を見てください。これは１日の中で光を浴びていた時間である明期と、光を浴びていなかった時間である暗期、これらの条件の違いによって花芽形成するかどうかをまとめた資料です。

【資料】明暗周期と花芽形成

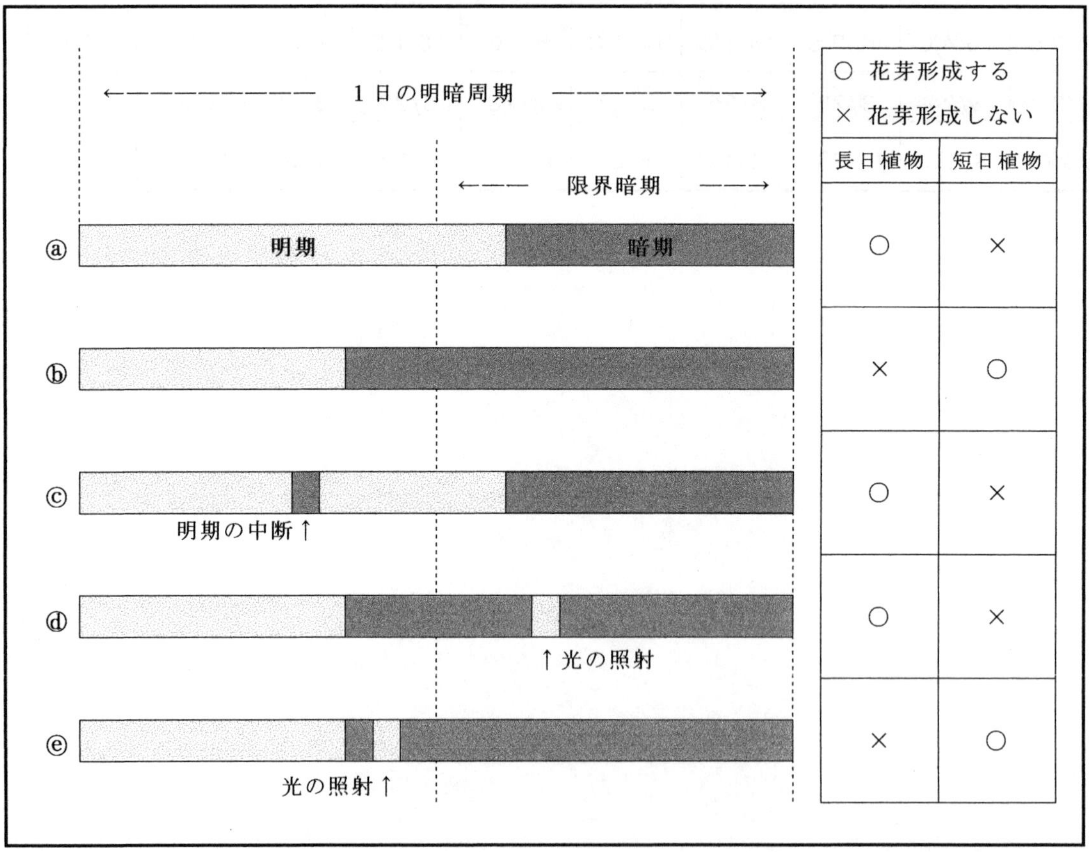

←――――――――― １日の明暗周期 ―――――――――→

←―― 限界暗期 ――→

ⓐ 明期　暗期

ⓑ

ⓒ 明期の中断↑

ⓓ ↑光の照射

ⓔ 光の照射↑

○ 花芽形成する
× 花芽形成しない

	長日植物	短日植物
ⓐ	○	×
ⓑ	×	○
ⓒ	○	×
ⓓ	○	×
ⓔ	×	○

杉男：ⓐとⓑを見て考えると、長日植物は明期が長いと花芽形成し、短いと花芽形成しないことがわかりますね。

文子：別の言い方をすれば、ⓐとⓑから短日植物は暗期が短いと花芽形成せず、長いと花芽形成するということがわかりますね。

先生：２人とも素晴らしいですね。では、ⓒ，ⓓ，ⓔからは長日植物や短日植物が花芽形成するための条件はわかりますか。「限界暗期」というものに注目して考えてみましょう。

〔問題３〕短日植物と長日植物が花芽形成するための日照時間に関する条件として考えられることを、「限界暗期」という言葉を用いてそれぞれ答えなさい。また、そのように考えた理由も答えなさい。

先生：２人とも、花芽形成するための条件として日照時間が大切なことはわかりましたね。長日植物や短日植物にとっては、日照時間が花芽形成のための「スイッチ」の役割を果たしています。

文子：植物の生長や花芽形成には、温度や日照時間などの条件が大切だということがわかりました。

先生：温度や日照時間の他にも、湿度（しつど）や栄養など、たくさんの条件がそろわないと、植物は生長したり、花芽形成したりできません。

杉男：スーパーやお花屋さんに様々な野菜や花が並んでいますが、多くの条件をクリアして、ようやく並ぶことができるんですね。

先生：ところで、２人はお花見に行くということでしたが、私や他の部員も一緒（いっしょ）に行ってもいいですか。

文子：他の部員は誘（さそ）おうと思っていましたが、先生はちょっと…。

〔問題４〕野菜や花をビニルハウス内で栽培（さいばい）することがあります。ここまでの話を踏（ふ）まえ、ビニルハウス栽培の利点は何か、「温度」と「日照時間」という言葉を用いて説明しなさい。

【適性検査Ⅲ】 〈適性検査型試験〉 (45分) 〈満点：100点〉

注 意

計時機能以外の時計の使用は認めません。

1 以下の会話文を読み、あとの問いに答えなさい。

先生：ここ数年で、オンライン授業やインターネット上で買い物をする機会が増えたと思いますが、そのときに使う個人情報などのデータが、どのように守られているか知っていますか？

文子：うーん、一部の人にしか分からないようにするのではないでしょうか。

先生：そうですね。実は「暗号」を使うことで、大切なデータを守っています。

杉男：あ！夏にテレビで観た映画では、個人情報を守るために暗号が使われていました。あのときは、何のことだかさっぱり分からなかったなあ。

先生：今日、暗号について学べば、映画をもっと楽しく観ることができるかもしれませんね！ではさっそく始めましょう。次の数を見てください。

02211419210709

これは、ある言葉を暗号にしたものです。何を表しているでしょうか。

文子：難しいですね…。全然分かりません。

先生：ヒントを出しましょう。まず2桁(けた)ずつに区切ってみてください。この2桁の数はある法則でアルファベットに直すことができます。例えば「05→E」です。

杉男：分かった！ 01→A，02→B，……，26→Zのように順番に対応しているのですね！

文子：ということは、答えは「 ア 」ですね！

先生：正解です！このように、伝えたい文字を数字に変換(へんかん)することによって暗号を作ることができます。インターネット上でのやり取りが増えた現代において、暗号を使うことは<u>大切な情報を守るために欠かせない技術の1つ</u>です。

〔問題1〕文章中の ア にあてはまる言葉を答えなさい。

〔問題2〕文章中の下線部について、情報を守るための方法として、暗号を使うことの他にどのような方法が考えられるか。あなたの言葉で説明しなさい。

文子：なるほど。暗号によって、個人情報は安全に管理されているのですね。

杉男：でも先生、さっきの数字をアルファベットに変える暗号だと、その法則を他の誰かに知られていたら、暗号が解かれて情報がもれてしまいますよね。

先生：いいところに気がつきましたね。現在よく使われているのはRSA暗号というもので、その問題が解決されているのですよ。

杉男：どのような暗号なのですか？

先生：その仕組みを考えるために、まずは「素数(そすう)」について勉強しましょう。「1とその数自身でしか割り切れない数」のことを素数といいます。ただし、1は素数ではありません。では、100以下の素数をすべて書き出してみましょう。

文子：2は素数、3も素数、4は2で割り切れるので素数ではない。5は素数、6は2や3で割り切れるので素数ではない。……先生、もしかして100までこれを続けるのですか？とても時間がかかりそうですよ…。

先生：そうですね。実は「エラトステネスのふるい」という効率の良い方法があります。調べたい数をすべて書き出し、素数ではないものを消していく方法です。これを利用して100以下の素数を調べる手順を以下に示します。

【1から100までの素数を調べる手順】

① 1から100までの数をすべて書き出す。

② 1は素数ではないので消す。

③ 2は素数なので残す。2以外の2の倍数は素数ではないので消す。(4, 6, 8, 10, …)

④ 3は素数なので残す。3以外の3の倍数は素数ではないので消す。(6, 9, 12, 15…)

⋮

このように、残っている数で小さいものから素数かどうかを調べて、素数なら残してその数の倍数は消す、という作業をくり返す。もう消す数がなくなったとき残った数が素数。

文子：そうか、何かの倍数になるものは必ずその数で割り切れるから、素数ではないと分かるのですね！やってみます。

〔問題3〕解答用紙に【手順】③まで終わった表があります。【手順】にしたがって、表に残っている数のうち、素数でないものをすべて塗(ぬ)りつぶしなさい。

先生：では、RSA 暗号がどのような仕組みか説明します。この暗号は、情報を「受け取る人」と「送る人」にそれぞれ決まった作業があります。

<RSA 暗号の仕組み>

情報を受け取る人の作業 → n, e, d を決める

① 異なる 2 つの素数 A, B を決める。

② A と B をかけたものを n とする。

③ (A−1)×(B−1)を求める。

④ (A−1)×(B−1)と公約数をもたない数 e を決める。

⑤ e×d を(A−1)×(B−1)で割ったときの余りが 1 になるように d を決める。

ここで A, B, d は自分だけの秘密にしておき、あとで暗号を解読するときに使います。n と e は情報を送る人に教えます。

情報を送る人の作業 → n, e を使ってメッセージを暗号にする

❶ 送りたいメッセージを数にする。ただし、その数は n より小さいものとする。

❷ メッセージの数を e 回かけて、それを n で割った余りを求める。

ここで求めた余りの数が「暗号」となります。これを受け取る人へ送ります。

受け取る人がメッセージを解読する → n, d を使って暗号を解読する

⑥ 送られてきた「暗号」を d 回かける。

⑦ これを n で割ったときの余りを求める。

求めた余りの数をアルファベットに対応させると、もとのメッセージになります。

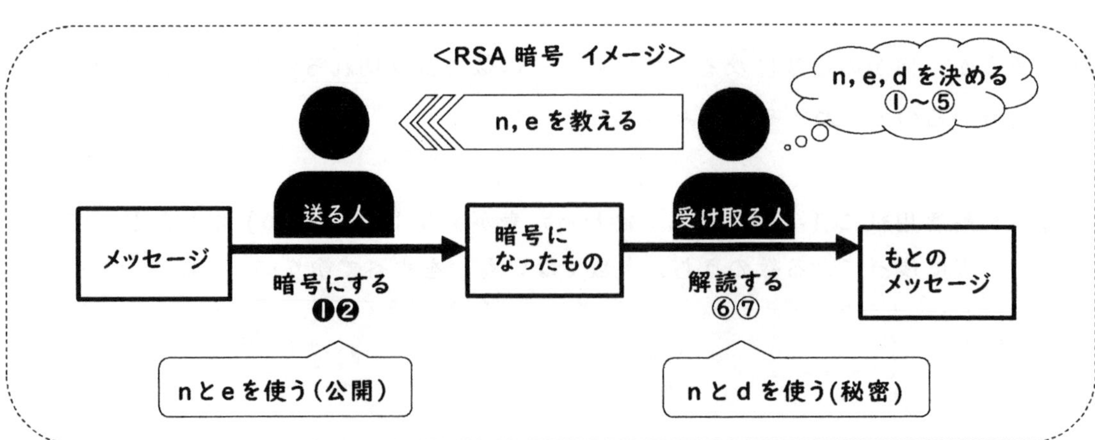

先生：では杉男さんが「受け取る人」、文子さんが「送る人」として、実際にやってみましょう！杉男さん、まずは2つの素数を決めてください。

杉男：5と7にします。②の通りに計算するとnは35になります。5−1=4、7−1=6になるから、③、④の通り進めると、24と公約数をもたない数はたくさんありますね。どれにしようかな。

先生：今回は電卓(でんたく)を使わないで計算したいので、eもdも一番小さい数にしましょう。

杉男：ではeは［イ］ですね。⑤によると5×dは24で割ると1あまる数になるのでdは［ウ］になります。

文子：私はnを35、eを［イ］として、メッセージを暗号にすればいいのですね。

～ 計算中 ～

文子：できました。暗号は「9」です。

杉男：よし、では解読します。

～ 計算中 ～

杉男：できました。この数をアルファベットに直すと、メッセージは「［エ］」ですね！

先生：2人ともお見事でしたね！しかしこれだけ大変な計算をしても、たった1文字しか送れないのです。文章を送るとなると、人の手で計算をするのは難しいですね。

〔問題4〕

(1) 文章中の［イ］と［ウ］にあてはまる数を答えなさい。

(2) 文章中の［エ］にあてはまるアルファベットを答えなさい。また、答えを求める過程も書きなさい。ただし、答えの数は2桁ずつ01→A，02→B，……，26→Zのようにアルファベットに対応させるものとします。

杉男：先生、このRSA暗号でも、公開しているnとeが他の誰かに知られてしまったら、その数を使ってメッセージが解読されてしまうのではないですか？

文子：dは自分だけの秘密にしているのだから、大丈夫(だいじょうぶ)じゃないかしら。

先生：いい発想ですね。この暗号を解読するには d が必要です。⑤にあるように、dを求めるには2つの素数AとBを求めないといけませんが…。

杉男：nはA×Bなのだから、nがどんな素数のかけ算でできているか分かればいいんじゃないですか？

先生：そうですね。それが分かればdは計算できてしまいます。例えばnが35だったら、2つの素数は5と7だと簡単に分かりますが、もしnが38021だったらどうでしょう？

杉男：えっと……。あれ？難しいな…。

先生：では100から200までの素数の一覧を参考に、38021がどの2つの素数をかけたらできるのか、探してみてください。

【100から200までの素数の一覧】

101	103	107	109	113	127	131
137	139	149	151	157	163	167
173	179	181	191	193	197	199

文子：あ！ オ と カ ですね。38021がだいたい40000くらいだったので何とか見当がつきましたが…。

先生：かなり大変な作業ですよね。現在RSA暗号に使われているnは600桁以上の数といわれています。ちなみに、1億は9桁、1兆は13桁の数です。

文子：nとeを公開しても、暗号が他の人に解読されないのは キ なのですね。

杉男：なるほど。情報は安全に守られているのですね。安心しました。

〔問題5〕文章中の オ と カ にあてはまる数を答えなさい。ただし、数の順番はどちらでもよいものとします。

〔問題6〕文章中の キ について、RSA暗号でnとeが公開されていても他の人に簡単に解読されない理由は何でしょうか。3人の会話をもとに、あなたの言葉で説明しなさい。

2 以下の会話文を読み、あとの問いに答えなさい。

杉男：今日、登校している最中の電車内で、つり革（かわ）が風もないのにゆらゆらゆれていることに気がつきました。どうしてつり革はゆれるのですか。

先生：どんなときにつり革はゆれていましたか。

杉男：電車が発車するときや、止まろうとするときに大きくゆれていたように思います。

先生：よく見ていますね。つり革が風もないのにゆれるのは慣性というものが関係しています。慣性というのは、動いているものは動いている速さと向きを保とうとし、止まっているものはそのまま止まり続けようとする性質のことです。

杉男：なるほど。電車が発車したときにつり革がゆれたのは、電車が動き始めてもつり革は止まり続けようとした結果、つり革が傾（かたむ）いたからですね。

先生：その通りです。

〔問題１〕

(1) 資料１は電車が発車してからの時間と電車の速度の関係を示したグラフです。資料１を参考にして、図１が電車の発車から０秒後、10秒後、30秒後、50秒後、70秒後の電車内のつり革のようすを表した図となるように、空らんＡからＤにあてはまる絵としてもっとも適当なものをア～ウから選び、それぞれ記号で答えなさい。ただし、同じ記号を何度選んでもかまいません。

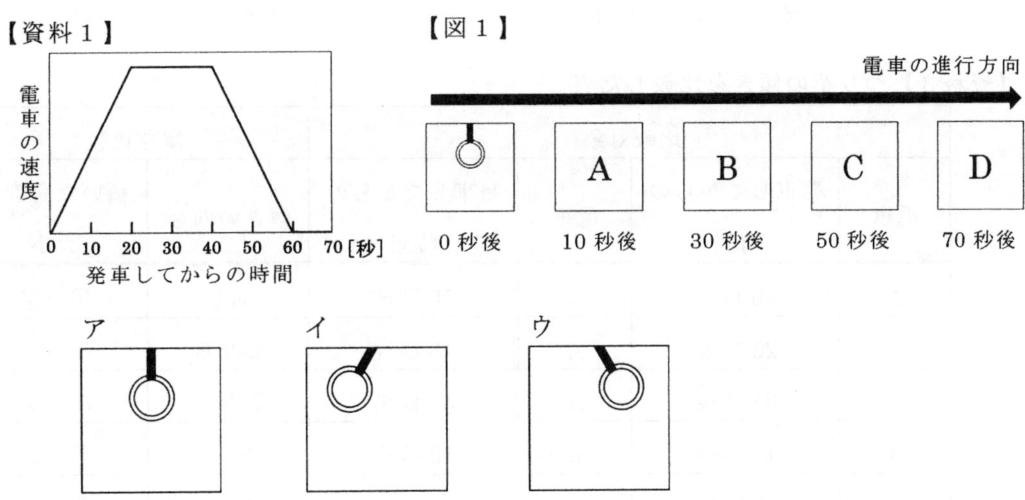

(2) 電車が発車してから50秒後のつり革のようすがなぜ(1)で選んだ絵のようになるのか、「電車」「つり革」という言葉を使って説明しなさい。

杉男：そういえば、つり革の傾く向きが同じでも、ゆれる大きさが違ったのですが、どうしてですか？

先生：よく観察していますね。そのゆれの大きさの違いは、つり革にはたらく慣性の大きさが状況によって変わることから生じています。

杉男：慣性には大きさがあるのですね。慣性の大きさの違いには、どんな要因が関わっているのでしょうか。

先生：慣性の大きさを決定する要因はいくつかあります。せっかくなので、来週から始まる研修旅行のついでに、慣性の大きさを決定する要因を探してみてはどうでしょうか。

杉男：わかりました！研修旅行がますます楽しみになりました！

〔問題２〕次の資料２，３は杉男さんが研修旅行で乗った電車で取得したデータをまとめたものです。慣性の大きさを決める要因として、資料から読み取れるものを１つあげ、なぜそう考えたのか説明しなさい。

【資料２】電車A，Bが発車してからの時間と速度の関係

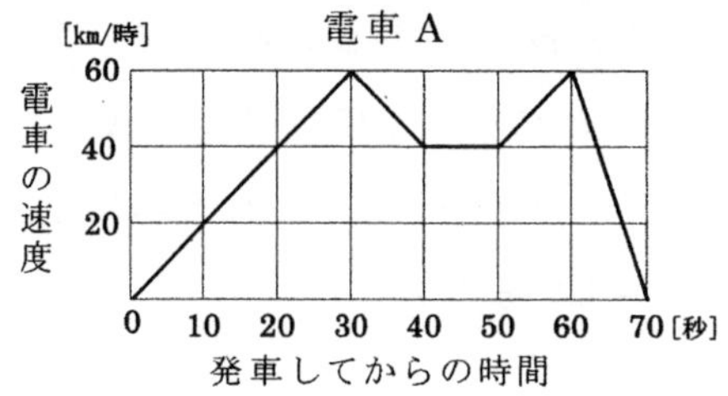

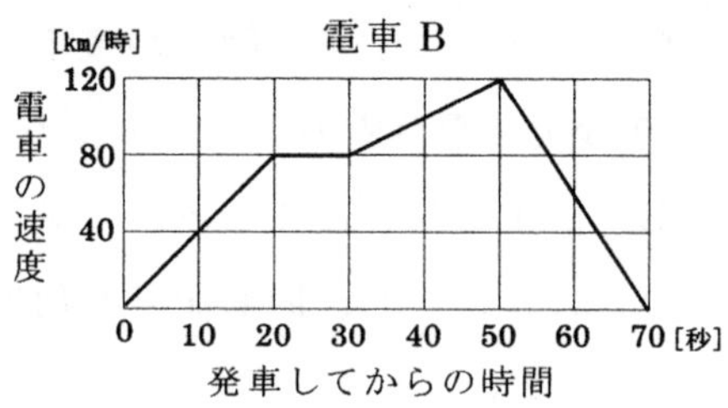

【資料３】つり革の傾きを比較した表

比較対象				傾き比較	
電車	発車してからの時間	電車	発車してからの時間	傾きの向き	傾いた角度の大小
A	10秒後	A	55秒後	同じ	①＝②
A	20秒後	A	45秒後	異なる	①＞②
A	35秒後	A	55秒後	異なる	①＝②
A	10秒後	B	10秒後	同じ	①＜②
A	45秒後	B	25秒後	同じ	①＝②
B	10秒後	B	40秒後	同じ	①＞②
B	10秒後	B	60秒後	異なる	①＜②

先生：よくこれだけのデータを集めましたね。

杉男：昔から、気になったらとことんやりたくなってしまうタイプで…。おかげで、慣性の大きさを決める要因を１つ見つけることができました。

そういえば先生、旅行中に新たな疑問が生まれたので教えてくれませんか。

先生：どんな疑問が生まれたのですか。

杉男：研修旅行中に乗った電車に、ひもで繋がれた風船を持った女の子がいました。その風船が、つり革とは異なるゆれ方をすることに気がついたのですが、なぜそのようになるのかわかりません。

先生：杉男さんは日常の疑問に気がつくのが上手ですね。その疑問もまた、慣性の大きさを決める、ある要因が関係しています。それでは、電車内の状況を再現した実験をしてみましょう。

<実験１>

台車の上に固定された風船と、透明な箱からつるした鉄球を用意した。

台車を左方向に勢いよく押し、鉄球と風船の傾きを観察した。

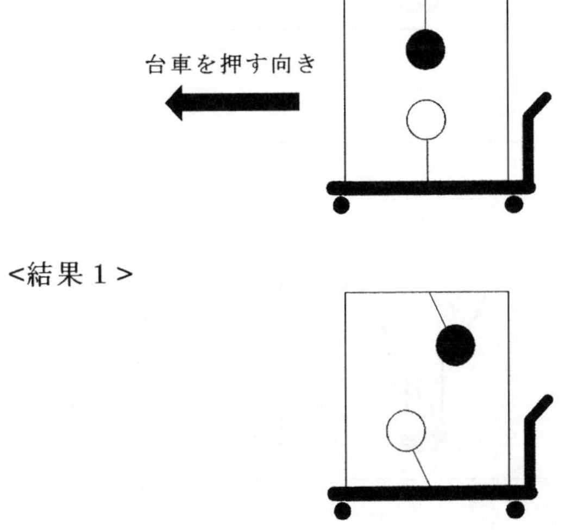

<結果１>

杉男：まさに、電車内で私が見た状況とそっくりです。

先生：同じ台車に乗っているのに、傾く方向が逆になるのは不思議ですよね。

このような結果になるのは、慣性の大きさが、物質の密度（物質 $1cm^3$ あたりの質量）と密接に関係していることに由来します。

杉男：私が研修旅行で取ったデータではわからなかったことですね。面白いです。

先生：物質の密度と慣性の大きさにどのような関係があるのか調べるために、追加で実験をしてみましょう。

<実験２>

フラスコX，Y，Zを用意し、フラスコXの中には鉄球を、フラスコY，Zの中には発泡スチロールを入れた。

フラスコX，Yの中を水、フラスコZの中を空気で満たした。

各フラスコを右向きに素早く引き、引いた直後のようすを記録した。

	X	Y	Z
フラスコの中に入れたもの	鉄球	発泡スチロール	発泡スチロール
フラスコの中を満たしているもの	水	水	空気
フラスコのようす			

<結果２>

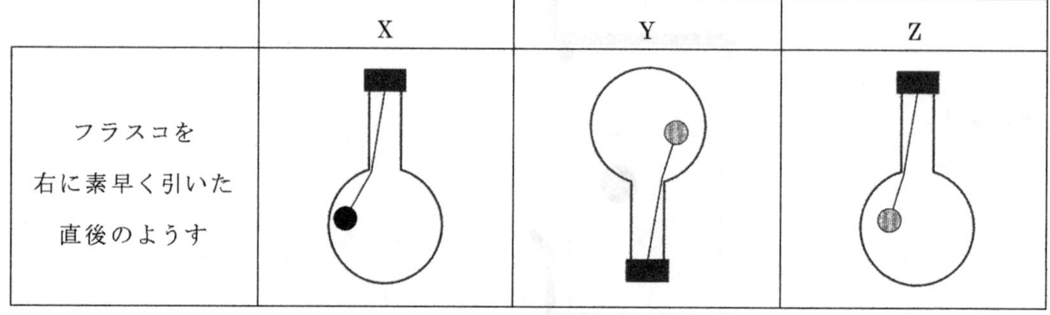

	X	Y	Z
フラスコを右に素早く引いた直後のようす			

杉男：わかりました。フラスコに入れたものと、フラスコを満たすものの密度の大小が関係しているのですね。

先生：その通りです。例えばフラスコＸでは、水に比べて鉄球の密度が大きいので、水よりも鉄球にはたらく慣性の方が大きく、このような結果になったわけです。

杉男：なるほど。もしかして、水は鉄球に比べて慣性が小さいので、鉄球に押し出されて右側に移動したとも考えられますか。

先生：たしかに、そのように考えることもできますね。

先生：では、次のような実験をしたら、どのようになるか想像できますか。

〔問題3〕図のように、気泡(きほう)の入ったペットボトルを用意し、ペットボトルを左方向に素早く動かします。このとき、気泡はどちらの方向に動きますか。また、そのように動く理由を「密度」「慣性」という言葉を使って説明しなさい。

【図2】

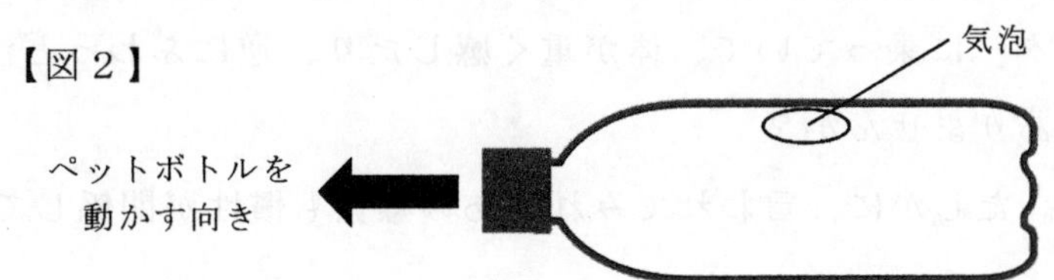

杉男：慣性ってすごく身近で面白いですね。慣性の大きさを決定する要因もわかったので、色々な現象がなぜ起こるのか、慣性を使って説明できそうです。

先生：学びを日常に活かそうとする姿勢が素晴らしいですね。では、先生の特技であるテーブルクロス引きについて考えてみましょうか。

杉男：そういえば、研修旅行中のレクリエーションで見せてくれましたよね。テーブルクロスの上に乗った食器が割れないか、とてもヒヤヒヤしました。

先生：実はテーブルクロス引きは慣性と密接に関係していて、うまく工夫すれば誰でも簡単にできるようになるんですよ。

〔問題4〕テーブルクロス引きとは、食器の下に敷(し)かれているテーブルクロスを、食器を倒(たお)したりテーブルから落としたりせずに引きぬく技です。杉男さんのレポートや、実験1、2をふまえて、テーブルクロス引きを成功させるための工夫を2つ答えなさい。

杉男：電車のつり革の傾きやテーブクロス引きなど、慣性はいろいろなところで感じることができるのですね。

先生：その通りです。ここまで学んだ慣性は横方向の移動だけでしたが、もちろん縦方向の移動でも生じます。

杉男：縦方向ですか？たとえばどんな場面でしょうか。

先生：エレベーターに乗っていて、体が重く感じたり、逆にふわっと浮くように感じたことはありませんか？

杉男：あります。たしかに、言われてみればあの感覚も慣性が関係していますね。

〔問題５〕エレベーターの床(ゆか)の上に台ばかりを置き、台ばかりにおもりをのせ、1階から10階まで上昇(じょうしょう)させた。図３がエレベーターが動き始めてから止まるまでの台ばかりの値の変化を示したグラフとして適切になるよう、空らんA, Bにあてはまるグラフの形をア～ウから選び、それぞれ記号で答えなさい。ただし、同じ記号を何度選んでもかまいません。

【図３】

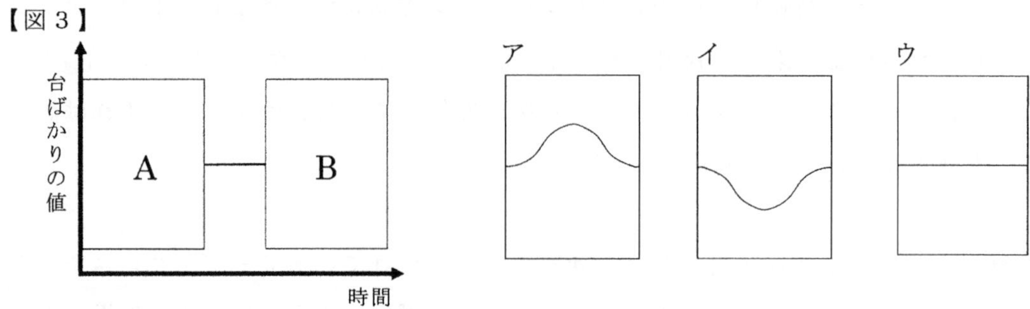

杉男：慣性について学んだことで、電車やエレベーターに乗るのが今までよりも楽しくなりそうです。

先生：同じ景色を見ていても、知識の有無で見え方がまったく異なってきます。ぜひたくさん勉強して、世界をいろいろな視点で見ることができるようになってください。

〔問題６〕慣性によって説明できるあなたの身の回りの現象を１つあげなさい。
また、その現象がなぜ生じたのか、説明しなさい。ただし、本試験問題中に登場した現象は使用できません。

例）　現象：電車が発車したときに、つり革がゆれた。

　　　説明：電車が動き始めても、つり革は止まり続けようとしたから。

えなかったらと考えると怖(こわ)い。それに、右耳で聞くから窓際(まどぎわ)の席がいい。なら、いまのままがいちばんいい。

「このままがいいです」

「ほんとうに、いいのか」

「はい」

「まあ、席替えはいつでもできるからな。困ったことがあったらいってくれ。なんでもいいからな。遠慮するなよ」

(森埜(もりの)こみち『蝶(ちょう)の羽ばたき、その先へ』より)

［問一］【文章A】の X に当てはまる文として適切なものを次のア～エから一つ選び、記号で答えなさい。

ア　Sくんが最下位にならないようにしなければいけない

イ　義足のSくんにはゴールすることはできない

ウ　Sくんが一番になってしまったらどうしよう

エ　おそらくSくんはそれでも最下位になるだろう

［問二］【文章B】の――線部①「教壇の前の席にするか？」とありますが、先生はなぜこのように提案したと考えられますか。四十字以内で書きなさい。

［問三］【文章B】の――線部②「わたしの気持ち」とはどのような気持ちですか。四十字以内で書きなさい。

［問四］【文章B】の‖線部「配慮しろ」とありますが、あなたがもし体育の授業中に片耳が聞こえない人と同じチームでバスケットボールをするとしたら、どのような配慮が必要だと思いますか。また、片耳が聞こえない人といっしょにバスケットボールのゲームをする時のゲームの勝敗のつけ方はどのようにするのが公平だと思いますか。【文章A】をふまえて、三百五十字以上四百字以内で書きなさい。

「わかった。わかったから。結の気持ちはわかったから。みんなに話すのはあとにしてもらおう。結の気持ちがいいって思えるときまで待ってもらおう。でも、石川先生にだけは伝えておかなきゃ。わかっておいてもらわなきゃ」

（中略）

職員室にいくと、石川先生はすぐに立ち上がり、ついてこいというように職員室をでた。いった先は相談室だった。先生に続いて中に入り、引き戸をしっかり閉めた。

「まあ、すわれや」

先生はどっかと腰(こし)をおろし、腕(うで)組みをした。

「お母さんがこられて、耳のことを話していかれた。たいへんだったな」

どう答えたらいいんだろう。わからなくて黙(だま)った。

「二学期になったら席替(が)えをしなけりゃならんと思っていた。前の席にするか？　お母さんは、山口はほとんど右の耳だけで聞いているはずだといっていた。①教壇(きょうだん)の前の席にするか？」

それはいやだ。わたしは背が高い。背が高いわたしがいちばん前の席になるのは、しかも真ん中だなんて、絶対いやだ。

「席はこのままでいいです」

「遠慮(えんりょ)しなくてもいいんだぞ。なにも山口だけが席替えをするわけじゃない。クラス全員席替えをするんだ。ただ、おまえの席だけは決めておくということだ」

先生、みんなには、そのことをなんて説明するんですか。

ママは先生に、ちゃんと②わたしの気持ちを伝えてくれたんだろうか。

「な、山口、そうしないか。そのほうがいいだろ」

たしかに前の席なら、先生の声は聞きやすいだろう。だけどいやだ。この気持ちをどういったらわかってもらえるだろう。

「後ろの席のほうが……、後ろの席なら、だれが手を上げて、だれが当てられたかわかります。だから、後ろの席のほうがいいです」

苦しまぎれにでたことばだったけれど、うそではなかった。見てわかるほうがいい。いちばん前の席にすわり、後ろがまったく見

なんで？

「わたし、こっち聞こえるから、だいじょうぶだよ」

日常生活はふつうに過ごすことができる。

「でも、困ることがあるでしょ。こういうことは早いほうがいい。早く知ってもらって、きちんと対応してもらうほうが、結だって楽になる」

きちんと対応？　いったい、どんな対応をしてもらえるんだろう。バスケのことを考えた。山口の左の耳は聞こえない。どこから声をかけられたかわからない。だから配慮(はいりょ)しろ。いいか、チームワークが大事だぞ。そう体育の先生がいったなら、みんなはどうするだろう。どうしていいかわからず困惑(こんわく)する顔が浮(う)かんだ。

山口が聞き返したなら、めんどくさがらず答えてやれ。右耳しか聞こえないんだ。石川先生がそういったなら、みんなはどう思うだろう。かわいそうだと思うかもしれない。かわいそうだけれど、何度も聞き返されるのは、やっぱりめんどくさいと感じるだろう。

そんな顔を見たくない。

「みんなに、なんていっていいかわからない。だから学校にいわないで」

でもママはうんといわなかった。

「なんで？　わたしのことはわたしが決めてもいいでしょ」

「結、これは別」

ママはゆずらなかった。

無性(むしょう)に腹が立った。

「きょういわれて、きょう認めなくちゃいけないの。治るって信じてきた。かならず治るって信じて、毎日病院に通ったんだよ。それなのに、もういわなくちゃいけないの。わたしの耳は聞こえなくなりましたって、みんなにいわなくちゃいけないの。なんで？　わけわかんない！」

ヒステリーを起こしたみたいに叫(さけ)んでいた。

できることをやっていきます。

（遠藤　謙『みんなの研究　だれよりも速く走る　義足の研究』より）

〈注〉ブレード…スポーツ用の義足板バネ
　　オスカー・ピストリウス選手、マルクス・レーム選手…ともに、義足のオリンピック選手

【文章B】中学二年生の山口結は、耳鳴りがすることで病院に行ったところ、突発性難聴のため左耳が聞こえず、治ることはないことがわかった。
　　次の場面は、診断を受けた日のことである。

　その日、ママがつくってくれたハンバーグはおいしかった。ポテトのマッシュも、ニンジンのグラッセも手を抜いてなかった。わたしは、ごはんをおかわりして、ママはすごく喜んだ。

「ごちそうさまでした」

「おそまつさまでした」

　ママが頭をさげた。さげたまま、あげなかった。

「結、ごめんね。気づいてあげられずに、ごめん。すぐに治療すれば、こんなことにならなかったのに。ほんとうにごめん」

　ママの声がふるえていて、どきりとした。泣くのを見たくない。

「ママのせいじゃない」

　わたしがわるい。いわなかったわたしがわるいのだ。だけどこんなことになるなんて、あのときはまったく考えていなかった。耳鳴りなんか大したことない、そのうち消えてなくなると思っていた。ある日突然聞こえなくなることがあるなんて、知りもしなかった。

　ママは顔をあげ、指で涙をぬぐった。

「月曜日、学校にいくね。石川先生に伝えておかなくちゃ」

順位を決めるのかを、参加する全員が納得したうえで走ることが必要だと思いました。

暖太くんがみんなとおなじルールで走ろうと思ったのは、自分がおなじ条件で勝負することを納得してのことでした。もし、暖太くんがSくんのようにビリでなく、だれかよりも早くゴールしていたらどうだったでしょう？　もし、トップになっていたら？　ゴールした順番どおりの順位として、みんなは納得したでしょうか？

２０１２年のロンドンオリンピックの４００メートルでは、オスカー・ピストリウス選手※はほかのアスリートとおなじ条件で走り、タイムもまったくおなじように扱われました。そしてこれに、おおくの人が納得していました。いっぽう、２０２１年の東京オリンピックでは、走り幅跳(はばと)びのマルクス・レーム選手※は、義足ではない選手とおなじ条件で競技することを認められませんでした。

競技の種類や障害の重さによって考えなければならないことはたくさんあります。答えの出ないむずかしい問題ですが、このようなできごとをとおして、公平について考えつづけることそのものが、とても重要なことだと思っています。

公平を考えるのがむずかしいのは、人間がそれほど多様だから、というふうにも考えられます。外見だけでなく、僕たちはひとりひとりまったくちがう人間です。そんなふうに多様な人たちが、おなじスポーツで競(きそ)ったり、いっしょに生活をしたりするためには、ルールが必要になってきます。

そもそも、これだけ多様な人たちがいるのに、ただひとつの正しいルール、だれにたいしても公平なルールをつくることそのものが無理なのかもしれません。でも、だからといって投げ出すのではなく、考えつづけること、変わりつづけることこそが大事なのだと思います。

なにか目標に向かって努力することはたいせつです。僕もバスケットボール部に入っていたときは、上達するためにたくさんの努力をしてきました。

障害のある人たちは、いまはまだできないことが健常者よりもたくさんあります。やりたいことがあっても、障害があるせいであきらめざるをえず、努力をするチャンスすらない、という状況(じょうきょう)があることも事実です。それを見て見ぬふりはしたくない。

僕はせめて、どんな人でも努力ができるような世界であってほしいと思います。そんな社会になるように、ひとつひとつ、自分に

ランニングクリニックにもよく来ている齋藤暖太くんは、小さいころから負けず嫌いで、なにか自分でできないことがあると、泣いてくやしがることもありました。あるイベントで義足アスリートといっしょに走ったときは、とちゅうで転んでしまい、そこでもくやし涙を流していました。学校のマラソン大会では、毎年ブレードをはいて走っていましたが、ハンデをもらわず、ほかの子たちとおなじ距離を自分からすすんで走りました。そして、毎年最下位でゴールし、そのたびにくやしくて泣いていたそうです。

このふたつの話で、どちらが正しい、どちらがまちがっているということをいいたいわけではありません。障害の重さや性格や、クラスの雰囲気などによって、考えなければならないことがたくさんあり、「これが正しい」というただひとつのルールはないと思います。

Sくんの学校の先生は、マラソン大会で200メートルのハンデをつけたとき、［　X　］と思っていたのではないでしょうか。そして、いざ最下位でなかったときに、その子よりも遅くゴールした子どもたちが、ハンデをもらった義足の子に対して「ずるい」と思ってしまうんじゃないかと心配になったのではと思います。

暖太くんはハンデをもらわず、おなじ距離を走ることを自分で決めました。彼はくやしがっていますが、義足だからくやしいのではなく、単純に競技にやぶれてくやしい、というふうに思っていたのでした。

では、どのようなルールであれば、「公平」だといえるのでしょうか？　公平ということばを辞書でひいてみると、こんなふうに書かれています。

公平（こうへい）
すべてのものを同じように扱うこと。
判断や処理などが、かたよっていないこと。　（広辞苑より）

僕は、ただひとつの公平なルールなんてないと考えています。スポーツは勝敗がつくものなので、あらかじめみんながルールに納得していないと、あとで「ずるい」と思う人はどうしても出てきてしまいます。ハンデがあってもなくても、あらかじめどのようにして

2024年度

文化学園大学杉並中学校

【適性検査Ⅰ】〈適性検査型試験〉(四五分)〈満点:一〇〇点〉

注意　計時機能以外の時計の使用は認めません。

次の文章A・Bを読み、あとの問いに答えなさい。なお、※の付いている言葉には、本文のあとに〈注〉があります。

走るのを手伝うことをとおして、公平さについて考えさせられることもおおくなりました。ここではふたつの例を紹介します。

【文章A】

ある義足ユーザーのSくんが、学校でマラソン大会に出場しました。ほかの子たちは800メートルを走り、彼はハンデとしてほかの子よりも200メートル短い、600メートルを走ることになりました。彼は毎年こんなふうにハンデをもらい、それでもいつも最下位でゴールしていました。

しかしある年、Sくんはクラスの36人中、33番目にゴールをしたのです。彼は一生懸命ブレード※を使って走る練習をしてきたので、その成果が出たことにお父さんとお母さんはほんとうによろこんでいました。ハンデをもらったとはいえ、彼が達成したことはほんとうにすばらしいことだと思いました。

しかし、ゴールしたSくんに先生が渡したのは、33番ではなく、40番と書かれた札でした。Sくんにはハンデがあったので、ほかの子たちとおなじように順位をつけてもらうことはできなかったのです。40番というまったく意味のない番号をもらって、Sくんの両親はがっかりしたそうです。

2024年度

文化学園大学杉並中学校 ▶解 答

※ 編集上の都合により，適性検査型試験の解説は省略させていただきました。

適性検査Ⅰ <適性検査型試験>（45分）<満点：100点>

解 答

問1 エ **問2** （例） 結は片耳しか聞こえないため，先生の声がよく聞こえる前の席がいいと考えたから。 **問3** （例） 耳が聞こえないことがまだ受け入れられず，友達に言い出すことを不安に思う気持ち。 **問4** （例） 下記を参照のこと。

問4 （例）

　文章Aでは、最下位を脱出したがハンデがあったため、他の子たちと同等の順位は認められずがっかりしたSくんと、健常者と同一条件で参加し、最下位でくやしがる暖太くんの例があげられている。オリンピックでも、義足の選手が他の選手と同じ条件で参加したり、参加が認められなかったりしている。

　非健常者とスポーツをする際は、肉体的な条件が違う以上、配慮は必要だろう。だが、暖太くんのように特別あつかいをきらう人もいる。スポーツはたがいの親交を深めることも大きな目的なので、気持ちよく参加してもらうため、ハンデの内容や勝敗のつけ方を説明したうえで、ハンデは必要かを事前に本人に確認し、参加者にも周知すべきだと思う。

　片耳が聞こえない人とバスケットボールをするなら、私は全員が片耳に耳せんをし、声を出さないという配慮を提案する。勝敗のつけ方は通常どおりでよいと思うが、声を出したら減点するきまりにしたらどうだろうか。

適性検査Ⅱ <適性検査型試験>（45分）<満点：100点>

解 答

1 **問題1** 23時間16分48秒／**考え方や式**…（例） ずれは4年で，0.2425×4＝0.97より0.97日。0.97日は，0.97×24＝23.28より23.28時間。0.28時間は，0.28×60＝16.8より16.8分。0.8分は，0.8×60＝48より48秒。 **問題2** （例） 日付が3日分進んでしまっている。 **問題3** （例） この規則性では，801年から1200年の400年の間で，840年，960年，1080年，1200年と，うるう年としない年が4回できてしまうところ。 **問題4** 30回／**考え方や式**…（例） 1898年から2023年は，2023－1898＋１＝126より126年間。126÷４＝31あまり２より西暦が４の倍数の年は31回ある。しかし1900年はうるう年としないため，31－１＝30より30回。 **問題５** (例) １年で0.184日ずつずれていくので，５年で0.92日のずれとなる。つまり５年に一度うるう年とすればよい。しかし，250年経つとちょうど４日分のずれが生まれてしまうので，50年，100年，150年，200年はうるう年とせず，250年はうるう年とすればよい。よって，「西暦が５の倍数の年はうるう年とする。ただし，西暦が50の倍数かつ250の倍数でない年はうるう年としない。」という規則でうるう年を設定すればよい。 **2** **問題１** (例) 年間を通じて気温の高いところでは，米を主食としている。／各月の降水量が150mmを超えていないところでは，小麦やじゃがいもを主食としている。 **問題２** (例) インド／日本の和食は料理に使う油の量は少ないが，インドでは使う油の量が多く，脂質に占める油の量が多い。また，インドは宗教上の理由から肉類を食べない人が多いので，たんぱく質の中で動物性の割合が，魚や肉を食べる日本より少なくなっている。(オーストラリア／日本に比べ，オーストラリアの熱量は約1.5倍と大きくなっており，エネルギーの高い食べ物を多く食べていることがわかる。また，たんぱく質も日本に比べて動物性の割合が高くなっていて，日本より野菜や穀物などを食べる量が少ないことがわかる。)(カナダ／日本に比べ，カナダの熱量は約1.5倍と大きくなっており，エネルギーの高い食べ物を多く食べていることがわかる。また，カナダでは生の魚介類は好まれず調理して食べるので，日本より脂質が多いことがわかる。) **問題３** (例) カナダを第１希望とする人数が，全体の半分以上を超えていない **問題４** (例) 決選投票／１回目の投票で第１希望の場所を答えてもらっているので，全体の中で多くの人が賛成しているものの中から選ぶことで，１回１回の投票にきちんと意味を持たせることができるし，加奈さんのやり方では結局最も第１希望の人が少なかったインドが選ばれてしまうので，結果に納得できない人が多くなってしまうと思ったから。(加奈さんのやり方／インドを第２希望とする人が16人と多いということは，カナダを第１希望にしなかった人の中にはカナダに行きたくないと考えている人が多いと考えられるし，第１希望と第２希望の人数を合計してもインドの人数が過半数を超えているので，より多くの人が納得できる行き先を選ぶことができると思うから。) **3** **問題１** (例) 日本では，北にある地域ほど寒く，南にある地域ほど暖かいので，気温が高い南の地域ほど桜が開花するのが早くなっている。 **問題２** ３月26日 **問題３** (例) 短日植物について，暗期の合計時間が限界暗期をこえているⓑ，ⓓ，ⓔのうち，暗期が中断されているⓓでは花芽が形成されていない。このことから，短日植物は連続した暗期が限界暗期を超えると花芽が形成されることがわかる。同様に考えると，長日植物は連続した暗期が限界暗期よりも短くなると花芽が形成されることがわかる。**問題４** (例) ビニルハウス内では温度や日照時間の調整ができるため，花芽形成の時期を操作し，必要なときに野菜や花を収穫できること。

適性検査Ⅲ <適性検査型試験>(45分)<満点：100点>

解 答

1 **問題１** BUNSUGI **問題２** (例) パスワードを設定する。 **問題３** 下の図 問

題4　(1)　**イ**…5，**ウ**…5　(2)　**アルファベット**…D　**過程**…(例)　9×9×9×9×9＝59049で，59049÷35＝1687あまり4より，04→Dとなるので，メッセージはDである。　**問題5**　193，197　**問題6**　(例)　大きい数を，2つの素数のかけ算の形にするのが困難だから。

1	2	3	4	5	6	7	8	9	10
11	12	13	14	15	16	17	18	19	20
21	22	23	24	25	26	27	28	29	30
31	32	33	34	35	36	37	38	39	40
41	42	43	44	45	46	47	48	49	50
51	52	53	54	55	56	57	58	59	60
61	62	63	64	65	66	67	68	69	70
71	72	73	74	75	76	77	78	79	80
81	82	83	84	85	86	87	88	89	90
91	92	93	94	95	96	97	98	99	100

2　**問題1**　(1)　**A**　イ　**B**　ア　**C**　ウ　**D**　ア　(2)　(例)　資料1から，電車が発車してから50秒後には電車の速さが遅くなっているとわかる。よって，このとき電車は止まろうとしているが，つり革は前に進もうとするから。　**問題2**　**要因**…(例)　電車の速さの変化　**説明**…(例)　資料2ではグラフの傾きが電車の速さの変化の度合いを表している。すると，資料3から，電車の速さの変化の度合いが同じであればつり革が傾いた角度が同じになっていて，電車の速さの変化の度合いが大きいと，つり革が傾いた角度が大きくなっていることがわかる。　**問題3**　**方向**…左方向　**説明**…(例)　水は気泡に比べて密度が大きいので，気泡より水にはたらく慣性の方が大きくなる。そのため，水が右方向へ移動しようとして，気泡は左方向へ押し出される。　**問題4**　(例)　密度が大きいほど慣性が大きくなるので，テーブルクロスの上に置くものを密度の大きいものにする。／速さの変化が大きいほど慣性が大きくなるので，テーブルクロスをすばやく引きぬく。　**問題5**　**A**　ア　**B**　イ　**問題6**　(例)　**現象**…車に乗っているとき，車が急発進するとからだが背もたれに押し付けられる。　**説明**…車が急発進したとき，車は前進しようとするが，からだはその場にとどまろうとするから。

2023年度 文化学園大学杉並中学校

【算　数】〈第１回試験〉（50分）〈満点：100点〉

注　意

1　計時機能以外の時計の使用は認めません。
2　定規，コンパス，分度器等を使ってはいけません。
3　問題の中の図の長さや角の大きさは，必ずしも正確ではありません。

1　次の計算をしなさい。

(1)　$26-8+19-23$

(2)　$20\times4+6\div\frac{1}{2}-3$

(3)　$6\times(5+9)\div(12-8)$

(4)　$0.4\times1.2+0.7\times2.3$

(5)　$2\frac{4}{5}-1\frac{2}{3}-0.5$

(6)　$\frac{9}{16}\times\frac{2}{5}\div\left(\frac{1}{10}+\frac{1}{5}\right)$

(7)　$\frac{8\div2+5}{15\div(2+3)+3\times4}$

(8)　$23.2\times2.5+232\times0.25+0.232\times250+2.32\times25$

(9)　$\left\{2\frac{1}{2}-\left(1\frac{1}{3}-\frac{3}{4}\right)\div\frac{7}{9}\right\}\div0.25$

(10)　$4*2=4\times3$，$7*3=7\times6\times5$ とするとき，
$(6*5)\div(5*4)$

2　次の各問いを文子さんが解きましたが，３問とも間違えてしまいました。解答として，最初に間違えている行の番号 ①～④ と，この問題の正しい答えを求めなさい。

(1)　$\left(1\frac{1}{4}\times15-3.25\right)\times2$ を計算しなさい。

文子さんの解答

$\left(1\frac{1}{4}\times15-3.25\right)\times2$

$=\left(1\frac{1}{4}\times15-3\frac{1}{4}\right)\times2$　…①

$=\left(15\frac{1}{4}-3\frac{1}{4}\right)\times2$　…②

$=12\times2$　…③

$=24$　…④

(2)　５個の数字０，１，２，３，４を１個ずつ使って３けたの数をつくるとき，８番目に大きい数を答えなさい。

文子さんの解答

１番大きい数は 432 です。　…①
２番目に大きい数は 431 です。　…②
このように数えていくと，
７番目に大きい数は 410 なので，　…③
８番目に大きい数は 403 です。　…④

(3)　杉男さんは９時 48 分に家を出て，時速４km の速さで 1600 m はなれた駅に一定の速さで歩いて行きました。杉男さんが駅に着いた時刻を求めなさい。

文子さんの解答

時速４km は分速 $\frac{20}{3}$ m になります。　…①
家から駅まで歩いた時間を求めると，
$1600\div\frac{20}{3}=240$（分）　…②
240 分は４時間なので，　…③
杉男さんが駅に着いた時刻は 13 時 48 分です。　…④

3 次の各問いに答えなさい。

(1) ９％の食塩水 200 g に食塩水を 100 g 入れると，８％の食塩水ができました。このとき，何％の食塩水を入れましたか。

(2) 大小２つの数があります。２つの数の和は 19 で，積は 78 です。２つの数のうち，大きい数を求めなさい。

(3) あるクラスの子どもに紙を１人３枚ずつ配ると 12 枚余り，１人４枚ずつ配ると 11 枚不足します。クラスの子どもは何人ですか。

(4) 文子さんはある本を１日目で全体の $\frac{1}{3}$ のページを読み，２日目で 76 ページ読みました。残りのページは全体の $\frac{2}{5}$ です。この本は全部で何ページありますか。

(5) たて 360 cm，横 594 cm の長方形のゆかを，同じ大きさの正方形のタイルですき間なく埋めるとします。タイルの数をできるだけ少なくするためには，タイルの１辺の長さを何 cm にすればよいですか。

4 次の各問いに答えなさい。ただし，円周率は3.14とします。

(1) 下の図の２つの直線 l，m は平行です。このとき，アの角度を求めなさい。

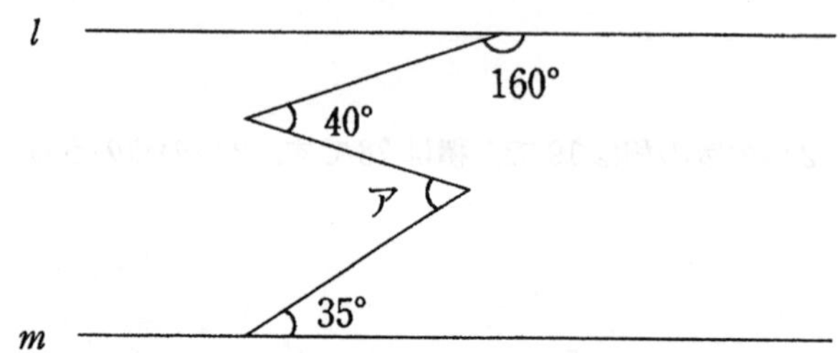

(2) 下の図は半径10 cm，中心角が90°のおうぎ形の中に，半径５cmの２つの半円をかいたものです。かげをつけた部分の面積を求めなさい。

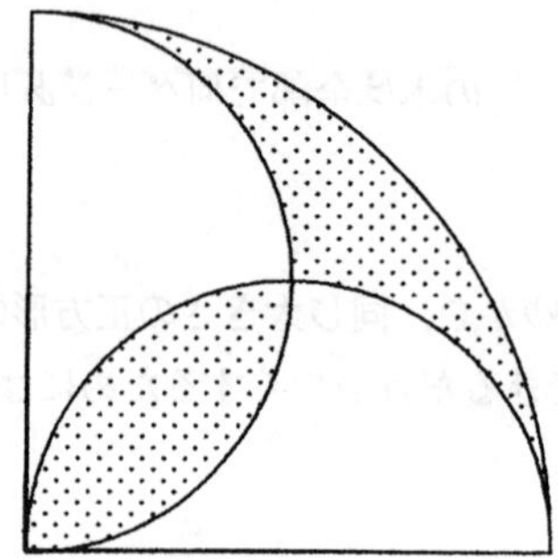

(3) 下の図は直径10 cmの円すいです。表面積を求めなさい。

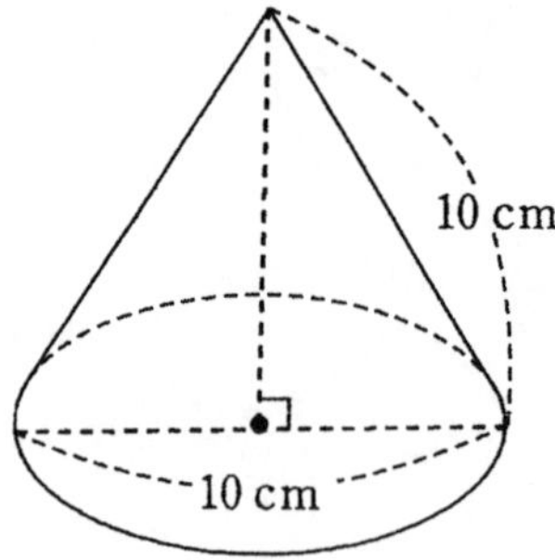

5 12 km はなれた A 駅と B 駅を往復するバスがあります。それぞれの駅で，バスは 10 分間停車するものとします。杉男さんはバスが A 駅を出発する 20 分前に自転車で A 駅を出発し，バスと同じ道を B 駅に向かい，30 分後にバスに追いぬかれました。下の図は，バスと杉男さんの自転車の時間と距離の関係を表したものです。このとき，次の各問いに答えなさい。

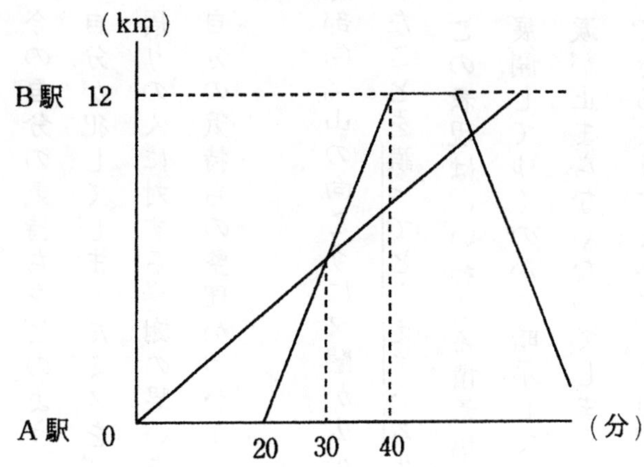

(1) バスの速さは時速何 km ですか。

(2) バスが B 駅に到着したとき，杉男さんは B 駅から何 km のところにいますか。

(3) 杉男さんとバスがすれ違うのは，バスが B 駅を出発してから何分何秒後ですか。

問九　――線部⑧「心の動きに付いていけない言葉がもどかしい」とありますが、このときの美緒の心情として最も適切なものを次のア～エから選び、記号で答えなさい。

ア　今の自分の気持ちをどのように表現したらよいのかわからず困惑する気持ち

イ　自分が犯してしまったミスをどのように謝ればよいのかわからず落胆する気持ち

ウ　周りの人に対する感謝の思いを伝える方法を思いつかない自分自身に失望する気持ち

エ　自分の気持ちの整理がつかないまま何でも言葉を発してしまう軽率さを反省する気持ち

問十　――線部⑨「山の向こうに夕闇が広がり始めていた」について、四人の生徒が意見を交わしています。本文に書かれたことを誤ってとらえている生徒を次のア～エから選び、記号で答えなさい。

ア　この表現は、いわゆる情景描写になっていて、「夕闇」という言葉から、この先の物語がどのように展開してゆくのかを暗示しているようなところがあるよね。

イ　涙が止まらなくなってしまう理由が、「山の向こう」で起きた事件と関係していることについても予想できるようになっているね。

ウ　もう一つ、美緒にとっては色々なことがあって長く感じられた一日だけど、実際にはまだ夜になっていないことから、そこまで時間が経っていないことを表しているようにも読めるよ。

エ　なるほど。はじめてのことを経験する登場人物の体感時間は長いけど、実際にはそこまで時間が経っていないということだね。確かに、冒頭にすでに夕方だと書かれている。

問六　――線部⑤「裕子が腕を組んだ」とありますが、このときの裕子の説明として最も適切なものを次のア～エから選び、記号で答えなさい。

ア　なかなか美緒が一人立ちせず、早く成長してもらわなければならないとあせり、美緒に厳しく接しようとしている。

イ　美緒が羊毛を無駄にしてしまったことに腹を立て、その怒りを美緒にぶつけて気を晴らそうとしている。

ウ　美緒が直面している問題について、本当の意味で理解ができていないと感じ、その姿勢を正そうとしている。

エ　作業の説明をしてもメモを取ろうとしない美緒から、仕事への真剣な姿勢が感じられないため、あきれて物も言えなくなっている。

問七　――線部⑥「自分のせい」とありますが、美緒は自分のどのような点がよくなかったと感じているのですか。最も適切なものを次のア～エから選び、記号で答えなさい。

ア　干していた羊毛を取り込み忘れていたこと

イ　職人としての覚悟や心構えが足りなかったこと

ウ　自分から太一に積極的に質問しなかったこと

エ　高価な羊毛を自分のものにしてしまったこと

問八　――線部⑦「そこ」とは何を指していますか。四十字以内で説明しなさい。

問四　――線部③「裕子が困った顔になった」とありますが、その理由として最も適切なものを次のア～エから選び、記号で答えなさい。

ア　貴重な商品を無駄にしてしまったにもかかわらず気楽な様子でいる美緒に腹を立て、どのように伝えるか考えていたから。

イ　美緒によって紡がれた糸が商品にならないことは明らかだが、美緒の問いかけにどう答えてよいかわからなかったから。

ウ　大切なことを美緒に伝えることができなかった自分を情けなく思い、どのように説明すればよいかを考えていたから。

エ　うまく糸を紡げず落ち込んでいる美緒に対し、どのようにアドバイスをすればいいのかわからなかったから。

問五　――線部④「手にした糸が、軽いのに重い」とありますが、これはどのようなことを表していると考えられますか。その説明として最も適切なものを次のア～エから選び、記号で答えなさい。

ア　無駄にした糸自体は決して重くないが、手間のかかった大切な糸を無駄にしてしまったことへの責任は重く感じられるということ

イ　失敗した糸の量はそれほどでもないが、夢中で取り組んだ結果大切な商品を無駄にしてしまったことへの申し訳ない気持ちは大きいということ

ウ　商品にできなくなった糸の重さに対し、懸命（けんめい）に取り組んだことをしかられたことへの反発と後悔の方が重く感じられるということ

エ　糸そのものに大きな価値があるとは思えないが、商品化を支える職人の技術や思いというのは決して軽くはないということ

自分のことがよくわからない。⑧心の動きに付いていけない言葉がもどかしい。それに、また逃げてしまった。
涙を拭き、肩で息をつく。⑨山の向こうに夕闇が広がり始めていた。

（伊吹　有喜『雲を紡ぐ』より）

★問題の中で指定する字数には、句読点、かっこ等をふくみます。

問一　――線部①「美緒は我に返った」とありますが、このときの美緒について述べたものとして最も適切なものを次のア～エから選び、記号で答えなさい。

ア　うまく糸を紡げないことに焦り、裕子に話しかけられても無視してしまった。
イ　この仕事を続けていけるかどうかを悩んでいるときに、裕子に声をかけられた。
ウ　糸を紡ぐことの楽しさに夢中になり、裕子に言われた仕事を忘れていた。
エ　羊毛から糸を紡ぐことに集中し、裕子が帰ってきたことに気づかなかった。

問二　[A]、[B]に当てはまる言葉を次のア～オからそれぞれ選び、記号で答えなさい。

ア　ほんのり　イ　ゆっくり　ウ　ずっしり　エ　すっかり　オ　はっきり

問三　――線部②「あれ、美緒ちゃん、ずいぶん紡いだね……」とありますが、このときの裕子の心情として最も適切なものを次のア～エから選び、記号で答えなさい。

ア　一日に使える羊毛の量を美緒に伝え忘れていたことを思い出し、後悔している。
イ　自分が外出している間に美緒が熱心に仕事をしていたと気づき、感心している。
ウ　美緒が最上級の羊毛を大量に使ってしまったことを知り、驚き困っている。
エ　美緒の紡いだ糸が使い物にならないと判断し、無駄なことをしたと残念がっている。

太一が首のうしろを軽く掻いた。

「親子げんかにビックリしたんじゃないの？　もしくは、また言ったんだろ、古臭いこと。見習いは言われなくても、上の人が来る三十分前に来いとか。前にも言ったじゃん、それなら最初っから三十分前の時間を言ってやりなよ」

「時間のことを言っているんじゃないの。職人としての心構えを言っているの」

「そんなことを突然言われてもびっくりするよ。それからね、仕事は身体で覚えろ、見て覚えろと言われても困る。前から言ってるけど、マニュアルみたいなものを作ろうよ」

マニュアル？　と裕子が大きな声を上げる。

「紙に書かれた手順通りやればできるってものじゃないのよ！」

「だけど新しい人が続かないってのは、結局、⑦そこのところがさ……」

「あの」

必死の思いで、美緒は太一の言葉をさえぎる。

裕子と太一の視線が集まった。

「先生のせいじゃないんです、あの」

どうして泣いているのか説明したい。でも自分でも理由がわからない。

「すみません……失礼します」

糸とバッグを抱え、美緒は裏口へ駆け出す。

「あっ、美緒ちゃん！」

裕子の声が聞こえたが、自転車を引き出し、駅に向かってやみくもに走った。

涙が止まらない。どんなにからかわれても、人前で泣いたことなどなかったのに。

開運橋のまんなかで自転車を止め、服の袖で顔をこする。

「疲れたでしょ、今日はお疲れ様。もう帰っていいよ。さて、もう一人、言ってきかせなきゃいけないコがいるぞ」

太一、と裕子が二階に声をかけた。

「降りてきなさい」

「その声、怒ってる？　何かあった？」

「あったから呼んでるの！」

のっそりと太一が階段を降りてきた。迎え撃つように、裕子が階段の下に歩いていく。

「あんたね、美緒ちゃんにちゃんと教えた？　羊毛を取り込むのも忘れて。ずっと上にひきこもっていたんでしょ」

やばい、と太一が頭を掻いた。

「忘れてたよ。ごめん、取り込んでくる」

太一が作業場に行こうとした。その手を裕子はつかむ。

「もう、やった。あんたね、美緒ちゃんをきちんと指導しなさいよ。妹だと思って、ちゃんと面倒を見て」

「いや、妹だと急に言われてもさ」

「責任をもって教えて。軽い気持ちで、うちの仕事をされては困るのよ」

⑥自分のせいで太一が叱られている。

手にした糸を見ると、わくわくしながら糸を紡いだ時間を思い出した。でもその結果、極上の羊毛を台無しにしてしまった。

ぽたり、と、糸に涙が落ちた。涙は止まらず、ぽたぽたと糸の上に落ち続ける。あわてて手でぬぐうと、裕子が振り返った。

「な、なんで泣いてるの？　美緒ちゃん。私、そんなにきついことを言った？」

「違います……違うんです、そうじゃなく」

裕子が糸車を座敷の奥にある物入れに片付けた。

「いいよ、気にしなくて。本物と真剣勝負で向き合ったほうが必死になるし、上達も早い。そういう方針だから、そんなの最初から織り込み済み。ただ、下働きってのは遊びではないから」

はい、と答えたら、⑤裕子が腕を組んだ。

「わかってる？　美緒ちゃんはもう一人で洗える？　汚毛？」

「えっ、無理。絶対無理です」

「一回聞いただけでは忘れちゃうでしょう。今日はメモやノートをまったく取ってなかったけど、覚えてる？」

たしかに何も書かずに作業をしていた。これがもし学校の授業で、テストに出る箇所だったら、真剣にノートを取っていたのに。

「すみません、うっかり」

「真剣に覚えてくれるなら、私もできるだけのことをするけど。言われたことって、記録につけないと忘れるものでしょ、違う？　学校の授業じゃないから何度も言わないよ。それから、うちに限らず新入りは十時と言われたら、十時に来るんじゃなく、三十分前には来るもの。掃除や準備があるからね」

「十時って聞いたから……」

わかってる、と裕子がうなずいた。

「九時半って言えば、ちゃんと来るコだというのはわかってる。今日も十分前にきちんと来ていたからね。でも学生ならそれでいいけど、職人は十分前じゃだめなの。上の人が時間を言ったら、何も言われなくても三十分前に来て、支度をしておく心構えがなければ。これは職人に限らず、どこの職場でも新人は同じこと」

「はい……」

（中略）

う―ん、と再び言い、③裕子が困った顔になった。

「紘治郎先生ならいいアイディアが浮かぶかも知れないけど、今回は記念にとっておくか、邪魔になるなら捨てるか」

手にした膨大な糸に美緒は目を落とす。

「えっ……捨てる？　ゴミ？　ゴミ扱い？」

「ごめん、ゴミっていうのには語弊があるけど、商品としての使い道はないの」

「ほぐして、また糸紡ぎの練習に使えるとか……」

「できない」

きっぱり言うと、裕子が羊毛が入った袋の口を閉めた。

「この仕事は紡ぎも染めも、すべて一発勝負。織りは少しならやり直しがきくけど」

ビニール袋に入った白い羊毛を美緒は眺める。夢中になって糸を紡いでしまったが、これも元はあの臭い毛だったのだ。

「この羊毛、裕子先生が洗ったものですよね。さっきみたいに少しずつ」

「そうだよ」

裕子が糸車を片付け始めた。

「何に使う予定のもの？　練習用とかじゃなく……」

「ここにある羊毛は全部、服地やショールに使う最上級の羊毛。練習用はない。すべてが本物」

そんな貴重な羊毛を全部、出来損ないの糸にしてしまったのか。

④手にした糸が、軽いのに重い。

「羊毛って、高い、ですよね。こんなに量あるし」

「値段はピンからキリまで」

「私が駄目にしてしまったこの羊毛、おいくらなんですか。ごめんなさい」

羊の毛は、なんてやさしいものなのだろうか。

晴々(はればれ)した気持ちで、三つのザルを座敷(ざしき)に運び、裕子に声をかけた。

「裕子先生、取り込みました」

「ありがとう。太一に頼(たの)んでおいたのに、何をしてたんだろうね」

裕子が乾(かわ)いた羊毛を手にした。

「まあ、いいか。ああ、これはいい毛だ」

羊毛をつまんだ裕子が満足そうに笑っている。

「あの、いい毛じゃないときもあるんですか？」

「思ったより固かったりすることはある。人と一緒(いっしょ)で、羊も体つきや気性がそれぞれ違(ちが)うから、毛にも個体差が出るのよ」

裕子が常居に行くと、羊毛が入っていたビニール袋(ぶくろ)を手にした。

②「あれ、美緒ちゃん、ずいぶん紡いだね……」

大きな袋には、もうひとつかみしか毛は残っていない。

戸惑(とまど)った顔で裕子は袋を見ている。

「すみません、そこからどんどん出して使ったんですけど。もしかして、そんなに出しては駄目(だめ)だった、とか？」

うーん、と裕子がつぶやいた。

「いいよ。私がちゃんと言わなかったから。……糸はどんな感じ？」

「うまく紡げなくて。太さがまちまち」

紡いだ糸が巻きとられた部品を、裕子は糸車からはずした。

「最初はみんなこんなもの。はい、どうぞ」

「これ、次はどうしたら、布になるんですか？」

三　次の文章を読み、後の問いに答えなさい。

（ここまでのあらすじ）
高校生の美緒は、祖父である紘治郎が営むホームスパン（羊毛を紡いだ糸で織る布）の工房へ、見習いに来ている。

ただいま、という裕子の声に、①美緒は我に返った。
常居の天窓から降り注いでいた光が朱色になっている。あたりは［　A　］夕方になっていた。
「美緒ちゃん、今朝洗った毛は取り込んだ？」
「あ、まだです」
「もう、いいよ。急いで取り込んで」
はい、と答えて、美緒は手を止め、作業場に走る。
干してあった羊毛のザルに駆け寄ると、思わず声が出た。
「うわ、ふわふわ、わあ、真っ白」
ザルのなかには、純白の羊毛がこんもりと入っていた。朝見たときは、濡れてぺったりとしていたのに、太陽の熱をたっぷりと含み、綿菓子のように盛りあがっている。
手にのせると、そのやわらかさに思わず右頬に当てていた。
ああ、と思わず声がもれた。真っ白なホイップクリームのような毛の感触に、頬がとろけそうになる。
世の中にこんなに柔らかく、温かいものがあるなんて。
「汚毛、好きかも。汚毛、いいかも。こんなに柔らかくなるなら、すっごくいい」
つぶやいた自分に笑い、今度は羊毛を両頬に当てる。［　B　］と洗剤の甘い香りがして、幸せな気持ちがわき上がってきた。

問　九　――線部⑨「『生きづらさ』という言葉が流行る」とありますが、それはなぜだと筆者は考えていますか。その理由の説明として最も適切なものを次のア～エから選び、記号で答えなさい。

ア　キャンセルをちらつかせて人を従わせる社会に生きていると、自分も他人に対して厳しく接してしまい、対人関係を築きにくくなるから。

イ　迷惑センサーがはたらきすぎると、人々は自分自身の言動を過度に気にしたり、失敗することにおびえたりするようになるから。

ウ　キャンセル・カルチャーの網の目が細かくなったせいで、知られたくない自分の過去が隠しきれなくなってしまうから。

エ　世間に迷惑をかけてしまうと表舞台から排除されてしまうため、なるべく世間と関わらないように生きることが勧(すす)められているから。

問　十　これから始まるあなたの中学校生活を「過ごしやすく」するためには、どうすればよいですか。本文の内容をふまえたうえで自分の考えを具体的に書きなさい。

問六　――線部⑥「迷惑センサーのはたらき」とありますが、「迷惑センサー」がはたらいている例としてふさわしくないものを次のア～エから一つ選び、記号で答えなさい。

ア　政府の度重なる自粛要請に協力しない人々を私的に取り締まった。
イ　公務員がお店で懇親会をするたびに大手の新聞に掲載された。
ウ　友人の起業に協力しようとしたが、ありがた迷惑だと思い手伝わなかった。
エ　不倫をした芸能人がわざわざ謝罪会見を行い、釈明した。

問七　――線部⑦「キャンセル・カルチャー」とはどのようなものですか。最も適切なものを次のア～エから選び、記号で答えなさい。

ア　社会に迷惑をかけたことを謝罪したとしても、許そうとしない文化
イ　個人的な迷惑行為であっても、おおやけのものとして公開する文化
ウ　社会に深刻な影響を与える迷惑を、見えないように隠そうとする文化
エ　世の中に迷惑をかけた人や団体を、徹底的に排除しようとする文化

問八　――線部⑧「時間をさかのぼって効果が発揮される」とはどういうことですか。最も適切なものを次のア～エから選び、記号で答えなさい。

ア　過去の表現を今の基準で問題視して、キャンセルが発動されることがあるということ
イ　すでに解決した問題を理由に、キャンセルが発動されることがあるということ
ウ　差別的な発言をしたとたんに、キャンセルが発動されることがあるということ
エ　一度失敗しただけなのに、キャンセルが発動されることがあるということ

問二　――線部②「ウチとソトでやや違った働き方をするようです」とありますが、人々はウチとソトそれぞれで起きる迷惑な行為にどのように反応しているのですか。違いがわかるように四十字以内で説明しなさい。

問三　――線部③「自主休業していた駄菓子やさんに店を閉めるよう求める張り紙が貼られました」とありますが、これはどのようなことを示すために用意された具体例ですか。最も適切なものを次のア～エから選び、記号で答えなさい。

ア　迷惑センサーが過剰に反応していることを示すため

イ　新型コロナウィルスの影響が大きくなっていることを示すため

ウ　ソトの社会に逆らうとどんな結果になるかを示すため

エ　「自粛警察」がいかに無意味なものであるかを示すため

問四　――線部④「お灸を据えられて」の意味として正しいものを次のア～エから選び、記号で答えなさい。

ア　惑わされて　　イ　こらしめられて　　ウ　痛めつけられて　　エ　油断させられて

問五　――線部⑤「そうはしません」とありますが、それはなぜですか。その理由を「から。」につながる形で本文中から二十五字以内でぬき出し、最初と最後の三字を答えなさい。

※　この章の第二の事例　―　「コーツ」、「バッハ」とはそれぞれ、とある二人のＳＮＳ上での仮名である。

新型コロナウィルス感染症が拡大する中、緊急事態宣言などが出ていないとはいえ、自粛ムードが漂っている時期に、コーツさんとバッハさんは、複数人で飲み会をした。その飲み会中に、バッハさんは乾杯の動画を撮り、ＳＮＳに投稿した。コーツさんは他人の反応が気になったためバッハさんに声をかけるが、バッハさんは「平気平気、お前らの顔は隠しておいたし、別に禁止されているわけじゃないから、人それぞれじゃね？」と発言した。数日後、その動画には批判の声が多数寄せられ、バッハさんは自宅の写真までさらされてしまい、騒動後にすっかり大人しくなった。

★　問題の中で指定する字数には、句読点、かっこ類をふくみます。

問一　――線部①「このような仕組み」とは、どのような仕組みですか。最も適切なものを次のア～エから選び、記号で答えなさい。

ア　手に入れた一定の資産を元に身近な者と協力して暮らし、それができない人は社会保障を受ける仕組み

イ　働くなどして得た金で生きるために必要なものを確保し、それができないならば公的な支援を受ける仕組み

ウ　経済的な豊かさを背景に得られる商品やサービスに囲まれて生活し、それができなくなったら社会に依存する仕組み

エ　血縁・地縁を大切に自分たちだけで生計を立てられるようにし、それができなくなったら行政のサービスに身をゆだねる仕組み

れは、組織のなかで処理すればよいことではないでしょうか。少なくとも私はそう思います。

それをわざわざ、読売や朝日などの大手の新聞で取り上げて、なおかつ、当事者を処罰すべきだと周囲が騒ぎ立てる姿に、私は怖さを感じます。過度な迷惑センサーは、萎縮を生み出し、私たちの社会を却って生きづらくさせてしまっているのではないでしょうか。

キャンセル・カルチャーは、本章の前半で扱った多様性の文脈でもたびたび登場します。二〇二一年に行われた東京オリンピックでは、「差別的な発言をした」と判断された人が次々と表舞台を去りました。

キャンセル・カルチャーの怖いところは、⑧時間をさかのぼって効果が発揮されることです。

表現にまつわるリスクは、基本的には、これから発せられる言葉に対してかかります。しかし、キャンセル・カルチャーの網の目が細かくなると、過去のインタビューや表現をもとにしたキャンセルが発生します。たとえば、二〇年前に問題のある表現をしていたから、今の役職をおろされるといった発動の仕方です。

しかし、ある表現を許容するかどうかは、時代や文化によって変わります。その点を考慮せずに、過去の表現を今のルールに照らして裁き、キャンセルを発動させる社会には、危険性を感じざるを得ません。

そもそも、キャンセルをちらつかせて人を従わせる社会に、あまり良いイメージを抱くことはできません。過去もふくめ、一度の失敗をキャンセルに結びつける社会を、過ごしやすいと言えるのでしょうか。今の世の中で⑨「生きづらさ」という言葉が流行る背景には、このような事情があるのです。

（石田　光規『「人それぞれ」がさみしい』より）

問題の都合上、本文を一部変更しました。

ない人びとを私的に取り締まる動きが見られています。事例のバッハさんも、自粛警察にタップリ④お灸を据えられてしまいました。自粛警察は、まさに、迷惑センサーの典型とも言える現象です。

二〇二一年の七月は、梅雨が明けると大変な猛暑が襲ってきました。それでも外に出る人は赤い顔をしながら、マスクをつけています。よくよく理由を聞いてみると、コロナウィルスが怖いのではなく、マスクをしないことで、周りからとがめられるのが怖いという人が少なからずいます。屋外に一人でいて、誰かと話すわけでもなく、人との距離もそれほど近くなければ、マスクをしなくてもよいと思うのですが、⑤そうはしません。迷惑センサーの強さを感じます。

芸能人の謝罪会見からも、⑥迷惑センサーのはたらきを読み取ることができます。二〇一〇年代半ばあたりから、不倫した芸能人の謝罪会見が増えてきました。本来、不倫は個人的なことであり、家族を含む当事者で話し合えば済むことです。しかし、彼・彼女は、そうはしません。会見する方々は、いったい何に対して謝っているのでしょうか。

会見を見ていると、「お騒がせして申し訳ございませんでした」という言葉をよく耳にします。つまり、会見を開く方々は、自らの行為で世の中を騒がせ、迷惑をかけたことを謝っているのです。有名であるゆえに、個人的なことでもソトから迷惑認定されてしまう。芸能の道を生きるのも大変です。

世間に迷惑をかけた影響は、意外なほど長く、深刻になることもあります。⑦「キャンセル・カルチャー」という言葉をご存じでしょうか。アメリカ由来の言葉で、問題を起こした人物や企業をキャンセルする――つまり、解雇したり、不買運動を行う文化をさします。

日本でもこのような傾向はみられます。不倫をした芸能人は、露骨に表舞台から排除されますし、世の中に迷惑をかけた人は執拗なまでにたたかれます。

コロナ禍では、国や都道府県、市区町村に勤める公務員がお店で懇親会をするたびに、大手の新聞に掲載されていました。たしかに、お店での飲食を控えるように要求されているなかでの懇親会はよいことではありません。しかし、そ

というセンサーで個々人を監視する社会でもあるのです。

さて、この迷惑センサーなのですが、②ウチとソトでやや違った働き方をするようです。かつてのさまざまな日本人論では、日本人は仲間ウチでは「甘え」がある一方、ソトに対しては気遣いが少ないと言われています。このような気質は、現代社会でも多少見られます。

「人それぞれの社会」では、ウチに属すると思われる友人に対しても、否定的な意見を言わないよう、あるいは迷惑をかけないよう、かなり気を配ってきました。しかしながら、「これはまずいんじゃないかな」、「やらない方がいいんじゃないかな」という行為については、「人それぞれ」ということで、さして諫められることもなく流されてしまうことが多々あります。

第三章では、「人それぞれの社会」には、それぞれの選択に口を挟まない一方、引き起こされた結果にも関与しない冷たさがあることを見てきました。これは、ウチのなかでは、多少まずそうなことでも「人それぞれ」として流されてしまうことを表しています。※この章の第二の事例でも、コーツさんはバッハさんに特に強い意見は言いませんでした。ウチの社会では、迷惑センサーはあまり敏感にはたらかないのです。

しかし、ソトの社会はそうではありません。誰かが社会に迷惑をかけていると認定された瞬間、立ち上がる人が少なからずいます。法に触れるような悪事をしたわけではないバッハさんは、ネットでつながったソトの人から迷惑認定をされ、誹謗中傷を受けてしまいました。このような現象は日本社会で頻繁に見られます。

新型コロナウィルス感染症が流行りだした頃、「自粛警察」という言葉を耳にするようになりました。意味合いは、世の中に迷惑をかけた（かけそうな）人に対する自主的な取り締まり、というところでしょうか。二〇二〇年四月には、③自主休業していた駄菓子やさんに店を閉めるよう求める張り紙が貼られました。その後も、政府の自粛要請に協力し

二 次の文章は、個々人のさまざまな選択を「人それぞれ」と受け入れる社会について書かれたものです。読んで後の問いに答えなさい。

他者に危害を加える行為は、「人それぞれの社会」であっても許されません。この点については、ていどの違いはあれども、どの社会でもほぼ共通しています。むしろ、ヨーロッパやアメリカのほうが、ハラスメントや人権問題には敏感でしょう。

「人それぞれの社会」で特徴的なのは、「人それぞれ」の行為を「社会への迷惑」というセンサーで監視するシステムを作り上げたことです。

かつて、私たちの生活は、身近な人と共同・協力することで成り立ってきました。生活をしていくためには、血縁や地縁と協力することが、何よりも重要でした。

その後、経済的な豊かさを獲得し、一定の資産がない人を救う社会保障制度が整えられると、身近な人と共同する機会は格段に少なくなります。私たちの生活は、身近な人間関係のなかにではなく、お金を使うことで得られる商品・サービスと、行政の社会保障にゆだねられているのです。

この点については、つぎのように言い換えることができます。「私たちが生きていくためには、お金を稼ぐことが何よりも重要です。しかし、どうしてもそれができない人は社会保障をお使いください」。私たちの生活は、①このような仕組みで成り立っているのです。

自らお金を稼いで、そのお金を使うことで生活を維持する社会では、誰かに頼ることが難しくなります。というのも、誰かに頼る行為は、お金を稼ぐ努力の放棄や怠慢を意味するからです。つまり、誰かの手を煩わせるということは、本人の怠慢や努力不足による「迷惑」となってしまうからです。

社会や他者に迷惑をかけた人は、激しく攻撃されます。さまざまな行為を「人それぞれ」と容認する社会は、「迷惑」

《文Ｂ》
学校の行事を通じて、社会の中でどう生きるかを学ぶことができる。

ア　正しい　　イ　正しくない

（３）次の文章を図に表したものとして、適切なのはア・イのどちらですか。記号で答えなさい。

梅干しにはさまざまな種類がある。このうち、昆布(こんぶ)と一緒(いっしょ)に漬(つ)け込(こ)んで味をつけた「昆布梅干し」、かつお節を加えて作る「かつお梅干し」などは「調味梅干し」に入る。一方で、調味油等を使わずに食塩のみで味付けした梅干しはまたの名を「白干し」という。

ア

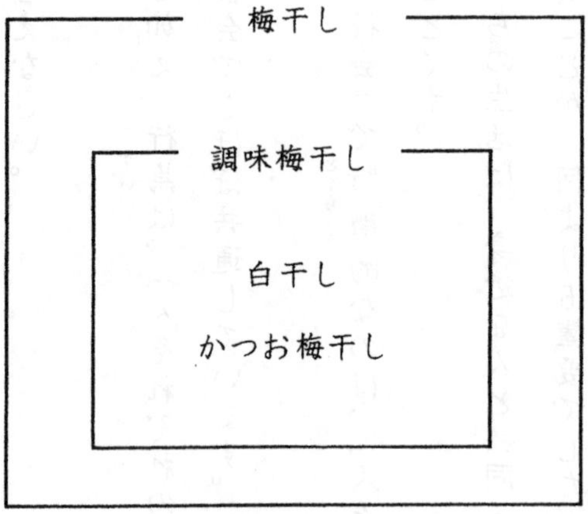

梅干し
　調味梅干し
　　白干し
　　かつお梅干し

イ

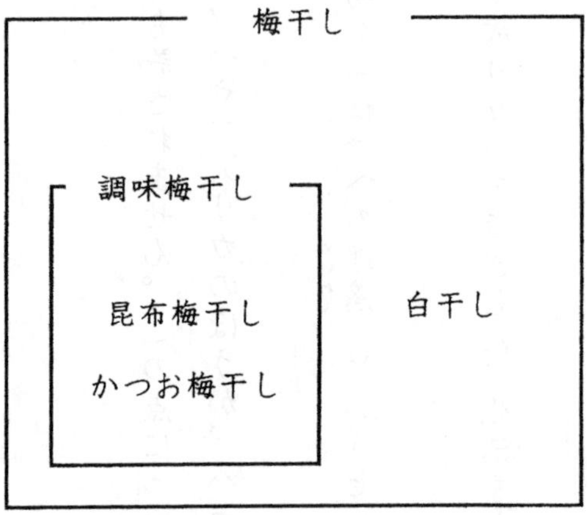

梅干し
　調味梅干し
　　昆布梅干し
　　かつお梅干し
　白干し

ア　機種変更をした際には、同意書を再提出する必要があります

イ　毎年四月に、同意書を再提出する必要があります

②　日本には古来より様々な祭りが存在しています。たとえば京都の八坂神社で行われる「祇園祭」は、平安時代に日本各地で流行した伝染病が鎮まるよう祈ったのが始まりだと言われています。また、大阪の岸和田市で行われる「岸和田だんじり祭り」は、米や麦、豆、あわやひえなどの五つの穀物がたくさん取れるように祈願して行った稲荷祭が起源で、三百年以上の歴史を持ちます。このように、日本の祭りの多くは（　　　　）。

ア　人々が祈りをささげたことがもとになってうまれたものです

イ　長い歴史の中で少しずつ形を変えて引き継がれたものです

（2）次のAの文章を読み、Bの文が正しいか正しくないかを選びなさい。

《文章A》

私は君たちに、これから始まる中学校での生活で「他者と密度の濃い時間を過ごす」経験をしてほしいと考えている。君たちはその中で、明確に言葉にできることから、意識できないレベルのことまで、本当に多くのことを学ぶだろう。「人が人の中で、どう生きればいいのか」というのもそのひとつだ。他者とコミュニケーションをどうとるか、その中での自分の位置付け、言葉の選び方、所作・仕草・表情、力の入れ方・抜き方……数え切れないほどの経験値を積むことができる。そして、君たちはその合間を縫うように「意識しないなにか」も学んでいるはずだ。私は、「人は経験を積めば積むほど他者というものを知り、同時に自分自身を知っていくのだ」と考えており、学校における「行事」を「そういうことが経験できる貴重な場」として捉えている。

2023年度

文化学園大学杉並中学校

【国語】〈第一回試験〉（五〇分）〈満点：一〇〇点〉

注意　計時機能以外の時計の使用は認めません。

一　次の各問いに答えなさい。

問一　①～⑤の――線部の読みをひらがなで答えなさい。また、⑥～⑩の――線部を漢字に直しなさい。

①　窓から景色をながめる。
②　博愛の精神を忘れない。
③　厚意に感謝する。
④　合唱祭ではクラスで団結したい。
⑤　中央線の沿線に住む。
⑥　エイヨウのバランスを考える。
⑦　失敗はセイコウの母。
⑧　畑をタガヤす。
⑨　牛をシイクする。
⑩　両親をソンケイする。

問二　（１）～（３）の問いに答えなさい。

（１）次の①、②の文章の（　　　　）に入る表現として正しいものを後のア・イから選び、記号で答えなさい。

①　文大杉並（ぶんだいすぎなみ）では、携帯（けいたい）電話を持参するときには入学時に「携帯電話持参に関する同意書」を出す必要があり、その同意書で届け出た機種のみ、校内への持ち込（こ）みを許可しています。つまり、（　　　　　　　　）。

2023年度

文化学園大学杉並中学校 ▶解　答

※　編集上の都合により，第１回試験の解説は省略させていただきました。

算　数　＜第１回試験＞（50分）＜満点：100点＞

解　答

1 (1) 14　(2) 89　(3) 21　(4) 2.09　(5) $\frac{19}{30}$　(6) $\frac{3}{4}$　(7) $\frac{3}{5}$　(8) 232　(9) 7　(10) 6　**2** (1) **最初に間違えている行の番号**…②，**正しい答え**…31　(2) **最初に間違えている行の番号**…③，**正しい答え**…412　(3) **最初に間違えている行の番号**…①，**正しい答え**…10時12分　**3** (1) 6％　(2) 13　(3) 23人　(4) 285ページ　(5) 18cm　**4** (1) 55度　(2) 28.5cm²　(3) 235.5cm²　**5** (1) 時速36km　(2) 4 km　(3) 2分30秒後

国　語　＜第１回試験＞（50分）＜満点：100点＞

解　答

一 **問１** ① けしき　② はくあい　③ こうい　④ だんけつ　⑤ えんせん　⑥～⑩ 下記を参照のこと。　**問２** (1) ① ア　② ア　(2) ア　(3) イ　**二** **問１** イ　**問２** （例）ウチでは「人それぞれ」として流してしまうことが多いが，ソトでは敏感に察知する。　**問３** ア　**問４** イ　**問５** マスク～が怖い(から。)　**問６** ウ　**問７** エ　**問８** ア　**問９** イ　**問10** （例）一度でも失敗すると社会から排除されてしまうことへの恐怖が生きづらさを生むので，親しくない人が失敗をした場合にも，原因などを理解し，失敗を許すように努めれば，クラスの雰囲気も悪くならずにすむと思う。　**三** **問１** エ　**問２** A エ　B ア　**問３** ウ　**問４** イ　**問５** ア　**問６** ウ　**問７** イ　**問８** （例）マニュアルを用意せず，新人に仕事は身体で，見て覚えることを求める構造。　**問９** ア　**問10** イ

●漢字の書き取り

一 **問１** ⑥ 栄養　⑦ 成功　⑧ 耕(す)　⑨ 飼育　⑩ 尊敬

2023年度 文化学園大学杉並中学校

【算　数】〈第２回試験〉（50分）〈満点：100点〉

注　意

1　計時機能以外の時計の使用は認めません。
2　定規，コンパス，分度器等を使ってはいけません。
3　問題の中の図の長さや角の大きさは，必ずしも正確ではありません。

1　次の計算をしなさい。

(1)　$15+17-13$

(2)　$3+156\div13$

(3)　$21\div3\times(8+9)\times(21-4)$

(4)　$1.4\times2.3+2.8\div0.7$

(5)　$2\frac{2}{3}-1\frac{3}{4}-\frac{5}{8}$

(6)　$\frac{4}{9}\div\left(\frac{5}{6}\div\frac{3}{4}\right)$

(7)　$0.25+\left(1\frac{7}{15}+\frac{1}{3}\right)\div2.7$

(8)　$1.5-\frac{1}{3}\div\frac{5\times0.9}{18}$

(9)　$3\frac{1}{4}\times\left(1.5-\frac{5}{6}\right)+2\frac{1}{3}$

(10)　$1\frac{1}{6}\times1.5-\frac{1}{5}\times\left(\frac{5}{2}-\frac{5}{8}\right)$

2 次の各問いを文子さんが解きましたが，３問とも間違えてしまいました。解答として，最初に間違えている行の番号 ①～④ と，この問題の正しい答えを求めなさい。

(1) $\left(\frac{9}{2}-\frac{1}{2}\right)\div\left(\frac{3}{2+2}-\frac{1}{2}+\frac{1}{4}\right)-\left(\frac{2}{3+2}+\frac{1}{5}\right)\times\left(\frac{1}{3}\times2+1\right)$ を計算しなさい。

文子さんの解答

$\left(\frac{9}{2}-\frac{1}{2}\right)\div\left(\frac{3}{2+2}-\frac{1}{2}+\frac{1}{4}\right)-\left(\frac{2}{3+2}+\frac{1}{5}\right)\times\left(\frac{1}{3}\times2+1\right)$

$=4\div\left(\frac{3}{4}-\frac{2}{4}+\frac{1}{4}\right)-\left(\frac{2}{5}+\frac{1}{5}\right)\times\left(\frac{2}{3}+1\right)$ …①

$=4\div\frac{1}{2}-\frac{3}{5}\times\frac{5}{3}$ …②

$=2-1$ …③

$=1$ …④

(2) 10 %の食塩水 500 gに，食塩水 200 g入れると，12 %の食塩水ができました。入れた食塩水の濃度を求めなさい。

文子さんの解答

10 %の食塩水に含まれる食塩の重さは　500×0.1＝50 (g)
12 %の食塩水の重さは　500＋200＝700 (g) …①
12 %の食塩水に含まれる食塩の重さは　700×0.12＝84 (g) …②
食塩水 200 gに含まれる食塩の重さは　84＋50＝134 (g) …③
よって食塩水 200 gの濃度は　134÷200×100＝67 (%) …④
答え　67 %

(3) 右の図は半径 12 cm のおうぎ形です。
色の濃い部分の面積を求めなさい。円周率は 3.14 とします。

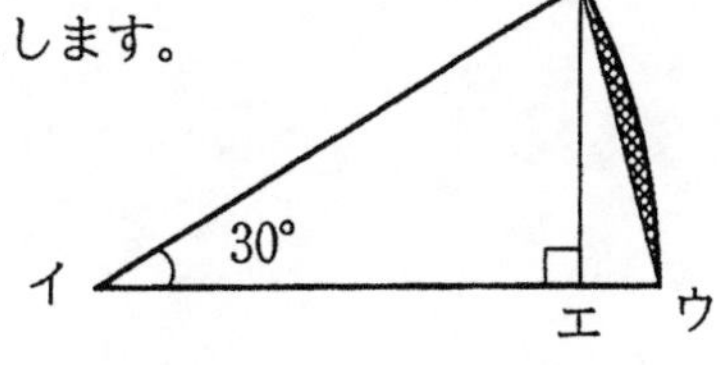

文子さんの解答

おうぎ形の面積は　$12\times12\times3.14\times\frac{30}{360}=37.68$　37.68 cm^2 …①
図のようにアから辺イウに垂線を引くとき線分アエの長さは
$12\times2\times\frac{30}{360}=2$　よって　2 cm …②
三角形アイウの面積は　$12\times2\div2=12$　12 cm^2 …③
色の濃い部分の面積は　$37.68-12=25.68$ …④
答え　25.68 cm^2

3 次の各問いに答えなさい。

(1) 杉男くんは自転車で 78 kmの道のりを一定の速さで往復しました。行きは５時間，帰りは８時間かかりました。このときの時速を求めなさい。

(2) 文子さんのクラスで携帯電話を持っている人は，持っていない人より 11 人多くいます。また，持っている人はクラス全体の $\frac{2}{3}$ になります。このクラスは全員で何人いますか。

(3) ７で割ると２余り，11 で割ると３余る最も小さい整数を求めなさい。

(4) リンゴ，みかん，バナナ，くり，イチゴの５種類から２種類を選んでケーキを作るとき，何種類のケーキが作れますか。

(5) $5*6=6-5$ ，$9*7=9-7$ のとき，$(3*□)\times(13*4)=45$
□に入る数字を求めなさい。

4 次の各問いに答えなさい。ただし，円周率は3.14とします。

(1) 下の図のように，正三角形の紙を折りました。アの角度を求めなさい。

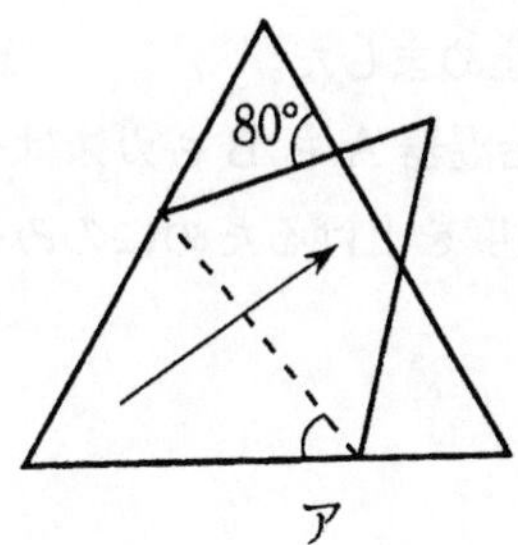

(2) 下の図のように，半径６cmの半円の弧を３等分しました。
色の濃い部分の面積を求めなさい。

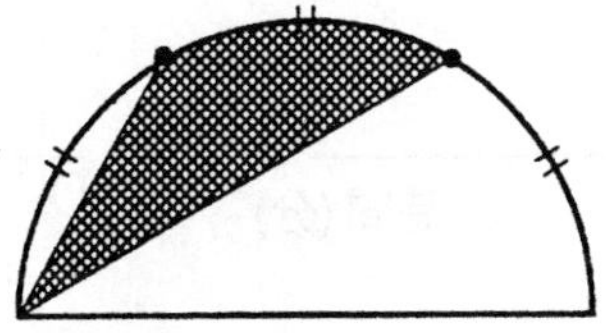

(3) 下の図は，高さが５cm，底面の半径が５cmの円柱から円柱をくりぬいたところ，
残った立体の体積は376.8 cm^3でした。くりぬいた円柱の直径を求めなさい。

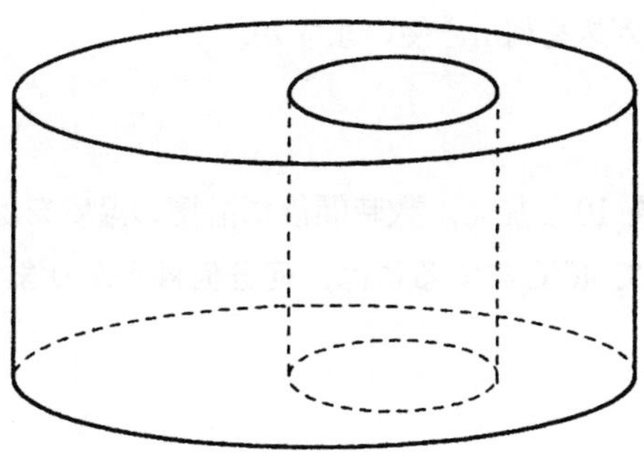

5 水1Lの温度を1℃上げるのに必要な熱量は1kcalであり，ガス1m^3を燃焼させると24000 kcalの熱量が得られることが知られています。

文子さんの家には給湯器(きゅうとうき)AとBがあります。下のグラフはある日の浴槽(よくそう)の温度と時間，ガスの消費量と時間をあらわしたグラフです。最初は給湯器AとBを同時に使い，その後に給湯器Aだけを使い42℃になったら，Aを止めました。

浴槽には最初に水温18℃の水200Lが入っていて，給湯器AもBもガスは一定の量で燃焼します。ただし，ここで得られた熱はすべて水の温度を上げるためにのみ使われるものとします。次の各問いに答えなさい。

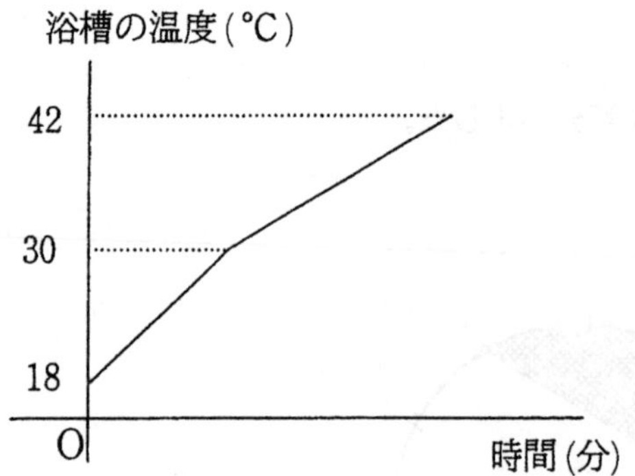

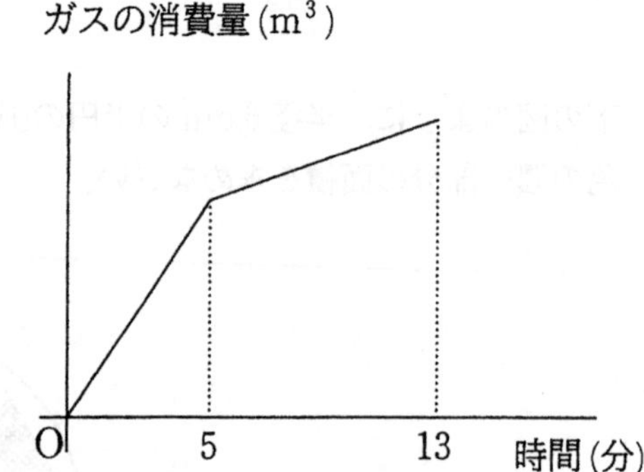

(1) 浴槽の水が18°Cから42°Cになるとき，ガスを何m^3使いますか。

(2) 給湯器Bは1分間でガスを何m^3使いますか。

(3) 42℃になった後，水を10L加え，数時間後に浴槽の温度をはかると，16℃でした。給湯器Aだけを使って40℃にするには，何分何秒かかりますか。

【社　会】〈第２回試験〉（理科と合わせて60分）〈満点：75点〉

注　意

計時機能以外の時計の使用は認めません。

Ｉ　社会の授業で、歴史上の人物に関するプレゼンテーションをおこなった。次にしめす文男さんと杉子さん、並江さんの３人の発表を読んで、設問に答えなさい。

文男：私は［あ］について調べました。この人物は「この世をば　わが世とぞ思ふ望月の　かけたることも無しと思へば」という和歌をよみました。［あ］の一族は、①天皇とつながりをもつことで権力を強めました。この当時の貴族たちのやしきには、広い庭や池があり、貴族の力の大きさをしめしています。貴族たちは和歌やけまりなどを楽しみ、男性は束帯とよばれる服装をし、②女性は何枚もの着物を重ね着しました。［あ］が活やくした時代には、③貴族を中心とした美しくはなやかな文化が生まれました。

杉子：私は［い］について調べました。この人物は使節団とともにアメリカに渡った留学生の一人です。当時満６歳で④アメリカに渡り、11年にもおよぶ留学生活からいったん帰国し、⑤伊藤博文や井上馨（かおる）といった有力者と交流しました。しかし、日本の上流階級の集まりになじめなかったことや、たびかさなる縁談にうんざりし、再びアメリカに留学しました。このときに［い］は、自分の人生を日本の⑥女子教育の発展にささげることを決意し、のちに女子英学塾（現在の津田塾（つだじゅく）大学）をつくりました。生涯（がい）独身をつらぬいた［い］は満64歳で亡くなりました。その功績がたたえられ、2024年には、新しい五千円札の表面にえがかれることが決まっています。

並江：私は［う］について調べました。この人物は、朝廷から幕府をたおせという命令が鎌倉武士たちに伝えられたときに、武士たちに演説をしたことで有名です。⑦自分の夫が⑧平氏をほろぼして幕府を開いてから、武士たちをまもるためにどんなに苦労してきたかを訴え、武士たちの団結をはかりました。この結果、幕府のもとに集まった武士たちは、⑨朝廷の軍を打ち破り、幕府の力は西国にまでおよぶようになりました。この後、⑩裁判の基準となる法律がつくられ、［う］の一族を中心とした支配がいっそう強くなりました。

問1　下線部①について、次の家系図は［　あ　］と当時の天皇との関わりをしめしたものである。［　あ　］の一族がどのように権力を強めていったかを説明した下のＡ・Ｂの文に対する判断として正しいものを、下のア～エから１つ選び、記号で答えなさい。

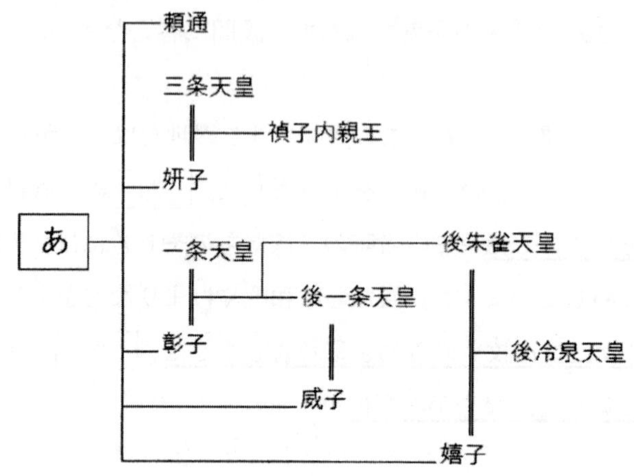

Ａ：自分の娘を天皇のきさきにし、その間に生まれた子供を天皇にすることで、母方の祖父として権力を強めていった。
Ｂ：天皇が幼いときは関白、成人してからは摂政という役職について、政治的権力を強めた。

ア：Ａ・Ｂどちらも正しい　　　イ：Ａのみ正しい
ウ：Ｂのみ正しい　　　エ：Ａ・Ｂどちらもまちがっている

問2　下線部②について、次の絵の女性が着ている衣装（しょう）を何というか。漢字３字で答えなさい。

問3　下線部③について、この時代の文化を説明した文としてまちがっているものを、次のア～エから１つ選び、記号で答えなさい。

ア：漢字からできたかな文字を使うことで自分の気持ちなどが細かく表現できるようになった。
イ：朝廷に仕える女性たちによって多くの文学作品がつくられた。
ウ：紫式部は「源氏物語」という物語を、清少納言は「枕草子」という随筆をつくった。
エ：俳句がよまれたり、浮世絵の作品が多数つくられたりした。

問4　下線部④について、1853年に来日し、翌年に日米和親条約を結んだ右の写真の人物は誰か、カタカナ３字で答えなさい。

問5　下線部⑤について、次の文章はこの人物に関して説明したものである。この文章を読んだだけでは正しいと判断できない文を、下のア～エから１つ選び、記号で答えなさい。

> 伊藤博文は1841年９月、現在の山口県に、百姓(しょう)の長男として生まれた。松下村塾で学び、イギリスへの留学をへて日本の開国の必要性を主張した。1871年の使節団に参加し、帰国後、西郷隆盛らと対立した。
>
> 大久保利通が暗殺されると、政府の中心人物となり、憲法調査のために、君主権の強いドイツやオーストリアの憲法を学んだ。また、初代内閣総理大臣に就任し、1888年に枢密院が創設されるとその議長に就任し、憲法制定に専念した。1889年にはドイツの憲法にならった大日本帝国憲法を制定させた。その後日清戦争の際には首相として下関条約に調印するなど政治の中心にあり続け、生涯(がい)で４回内閣総理大臣に就任した。内閣総理大臣を退いたあともなお、天皇に近く、また内閣総理大臣を決めるにあたって大きな発言力をもった。
>
> しかし、韓国との関係をまとめる立場になると、韓国の運動家に狙撃(そげき)され、1909年10月に死亡した。

ア：伊藤博文が政府の中心人物となる前は、大久保利通が政府を主導していた。
イ：大日本帝国憲法は君主権が強い憲法になった。
ウ：伊藤博文が内閣総理大臣のときに大日本帝国憲法が公布された。
エ：伊藤博文は韓国の運動家に暗殺され68歳で亡くなった。

問6 下線部⑥について、次の文章は世界の女子教育に関して説明したものである。この文章を読んだだけでは正しいと判断できない文を、下のア～エから１つ選び、記号で答えなさい。

> 2015年9月、ニューヨークの国連本部において、「国連持続可能な開発サミット」が開催された。161の加盟国の首脳の参加のもと、持続可能な開発のための17の目標と169のターゲットからなる「持続可能な開発目標（Sustainable Development Goals: SDGs)」が掲げられた。これらは今後15年間の開発目標である。
>
> このうち目標４は「すべての人々に包摂(ほうせつ)的かつ公平で質の高い教育を提供し、生涯(しょうがい)学習の機会を促進する」、目標５は「ジェンダーの平等を達成し、すべての女性と女児のエンパワーメントを図る」となっている。しかし、世界では教育を受けられない女子がたくさんいる。2018年時点で初等教育を受けられない子供は約5,900万人であり、そのうちの約3,200万人は女子であるという結果が出ている。
>
> 6歳から17歳の女子をまとめると約1億3200万人が教育を受けられていない。サハラ以南のアフリカでは、日本でいう中学校相当の学校を卒業できる女子は40%程度である。

ア：SDGsはこれから先も続けることができる開発のための17の目標からできている。

イ：SDGsは2030年までに達成する開発目標である。

ウ：2018年時点で初等教育を受けられない子供の過半数が女子である。

エ：サハラ以南のアフリカの10代女子の約半数が義務教育を受けられていない。

問7 下線部⑦について、鎌倉幕府を開いたこの人物として正しいものを、下のア～エから１人選び、記号で答えなさい。

ア：源頼朝　　イ：平清盛　　ウ：足利尊氏　　エ：徳川家康

問8 下線部⑧について、平氏が滅んだのは何年か、次の年表を参考にして答えなさい。

年	主なできごと
1159	平治の乱で平氏が勝利する
1180	平氏をたおすための号令がでる
1183	平氏が京都から追い出される
1184	一ノ谷の戦いがおこる
1185	壇ノ浦の戦いがおこる
1192	源氏が征夷大将軍についた

問9　下線部⑨について、この戦いを何というか。次の空らん［え］に当てはまる言葉を漢字２字で答えなさい。

［え］の乱

問10　下線部⑩について、

（１）以下の史料を参考に、この時代の裁判に関する文章のうち、まちがっているものを選び記号で答えなさい。

> さて、この法律をつくるにあたって、何をよりどころとして書き表したのかと人はきっと非難するだろう。たしかに、これというべきものを、よりどころにしたのではないが、ただ武家社会の慣習・道徳を記したものである。このように、かねてから定めておかないと、あるいは道理にかなうか否かを二の次にして、その人の勢力が強いか弱いかによってしまったり、あるいはすでに裁決があったことを忘れて、もう一度問題にしたりすることが起きる。このようなわけで、前もって裁決の基準を決めて、身分の高い低いを問わず、偏(かたよ)りなく公平に裁定されるように、詳細に記録しておいたのである。この法律は、公家法と異なるところが少々あるけれども、これは、ただ仮名のみしか知らないものが世間には多いので、広く人々が理解しやすいように、武家の人々への便宜(べんぎ)のためだけに定めたものなのである。これによって、朝廷(てい)の命令や公家法が少しも変わるものでない。

ア：この法律はどんな法律よりも効力があるもので、一番に優先されるものである。
イ：この法律のように前もって定めないと、公平に裁くことができない。
ウ：この法律はただ、武家社会の慣習や道徳を明文化したものである。
エ：この法律をつくるのに参考にした法律があるわけではない。

（２）下線部⑩の法律の名前を漢字５字で答えなさい。

問11　空らん［あ］～［う］に当てはまる人物の名をそれぞれ答えなさい。

問12　波線部について、以下は今までに日本の紙幣にえがかれた人物を表にしたものである。この表からわかる、日本の紙幣に採用される人物に共通する特徴を３点あげ、説明しなさい。

金額	人物	発行期間
一万円札	渋沢栄一	2024年～発行予定
	福沢諭吉	1984年～発行中
	聖徳太子	1958年～1986年
五千円札	樋口一葉	2004年～発行中
	新渡戸稲造	1984年～2007年
	聖徳太子	1957年～1986年
千円札	北里柴三郎	2024年～発行予定
	野口英世	2004年～発行中
	夏目漱石	1984年～2007年
	伊藤博文	1950年～1965年
五百円札	岩倉具視	1951年～1994年

II　次の文章を読んで、設問に答えなさい。

2022 年は、ロシアによる（　A　）侵攻の影響で、新たな①世界遺産の登録が見送られてしまいました。日本の世界遺産登録数は 25 件ですが、そのうち5件は自然遺産です。2021 年に登録された「②奄美大島、徳之島、沖縄島北部及び西表島」や、2011 年に登録された屋久島などが有名です。2022 年4月に遊覧船事故が起きた（　B　）も、世界自然遺産の一つです。

「世界遺産」という考え方は、③エジプトの古代遺跡(せき)を守ろうとする運動から生まれたといわれています。かけがえのない④自然や文化的な産物を後世に伝えていこうとする世界遺産認定の取り組みは、⑤世界中の人々の生活を持続可能なものにしていこうとする「SDGs」とも結びつくものです。

世界遺産の中には、そのもの自体の価値というよりも、人々の思いを後世に残していくことを目的としたものもあります。その例が、「負の遺産」といわれる［　あ　］県の「原爆(ばく)ドーム」です。物産陳列(ちんれつ)館として建てられ、原爆投下の後も骨組みのみ残ったこの建物は、戦争の悲さんさや、二度とくり返してはならない⑥人間の過ちを後世に伝えています。

世界遺産以外にも、過去の出来事を後世に伝えるために残されたものは数多くあります。たとえば、岩手県陸前髙田市にある「奇跡(きせき)の一本松」のモニュメントは、2011 年に発生した東日本大震(しん)災の被害を今に伝えています。東日本大震災では、⑦東北地方を中心に大津波が発生し、多数の死傷者を出しましたが、この松は津波の被(ひ)害を受けても倒されずに残ったため、人々が災害から復興しようと立ち上がるシンボルとなったのです。

形として残されるもの以外にも、様々な出来事を後世に伝える方法はあります。1923 年に関東大震災が発生した9月1日は「⑧防災の日」として、また⑨日本国憲法が公布された 11 月3日は「文化の日」として、記念日や祝祭日とされています。同じように、過去の出来事を伝える祝祭日はいくつもありますが、多くの祝祭日は、連休を作って国民を旅行などのレジャーに出かけやすくし、⑩国内の消費を高めるために、月曜日に固定されることが多くなっています。

問1　空らん（　A　）・（　B　）に当てはまる用語の組合せとして正しいものを、ア～エから１つ選び、記号で答えなさい。

ア：A－ウクライナ　B－小笠原諸島　　イ：A－ベラルーシ　B－小笠原諸島
ウ：A－ウクライナ　B－知床　　エ：A－ベラルーシ　B－知床

問2　空らん［　あ　］に当てはまる用語を漢字で答えなさい。

問3　下線部①について、世界遺産の登録と関係している国際機関の略称として正しいものを、次のア～エから１つ選び、記号で答えなさい。

ア：UNICEF　　イ：UNESCO　　ウ：WHO　　エ：WTO

問4 下線部②について、奄美大島が属している都道府県をア～ウから１つ選び記号で答え、さらにその都道府県の都道府県庁所在地名を漢字で答えなさい。なお縮尺は同じではない。

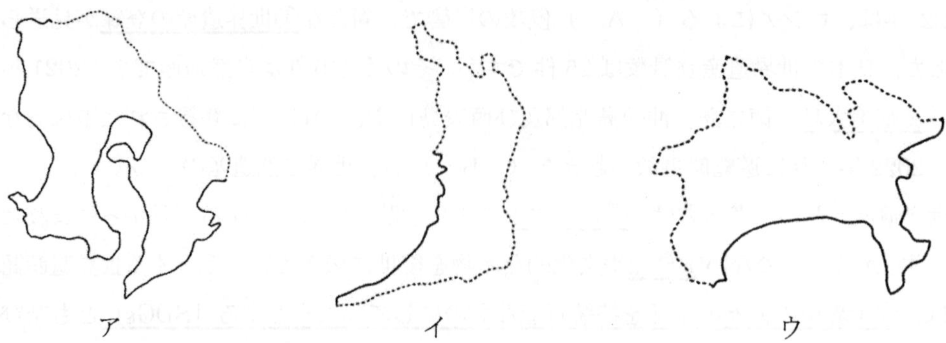

問5 下線部③について、エジプトについて説明した文として正しいものを、次のア～エから１つ選び、記号で答えなさい。

ア：この国の北部には、「世界の屋根」といわれるヒマラヤ山脈がある。

イ：ナイル川という大河が流れており、大きなピラミッドが多く残されている。

ウ：国内には、仏教を信仰(こう)している人が多い。

エ：世界の標準時を決める経線が、この国を通っている。

問6 下線部④について、日本がもつ自然環境について説明した文として正しいものを、次のア～エから１つ選び、記号で答えなさい。

ア：日本列島の西側には、太平洋が広がっている。

イ：緯度の差があまりなく、どの地域も年間を通じて暖かい。

ウ：日本には、海面からの高さが3000mをこえる山は１つもない。

エ：日本の川は、長さが短く、流れが急であるという特徴がある。

問7 下線部⑤について、「持続可能な生活」を実現するために、様々なアイデアが出されている。その１つに「再生可能エネルギー」があるが、再生可能エネルギーの例を１つ答えなさい。

問8 下線部⑥について、この１つとして「公害」があげられる。日本で生じた公害についての説明として正しいものを、ア～エから１つ選び、記号で答えなさい。

ア：富山県の神通川流域の地域では、工場排(はい)水に含(ふく)まれた有機水銀が原因でイタイイタイ病が流行した。

イ：熊本県の水俣湾周辺地域では、工場排水に含まれたカドミウムが原因で水俣病が発生した。

ウ：三重県では、工場からのけむりに含まれた有害物質が原因で四日市ぜんそくが流行した。

エ：滋賀県の琵琶湖では、工場排水に含まれた有機水銀が原因でアオコが大量発生したため、周辺の人々が異臭(いしゅう)に悩(なや)まされた。

問9　下線部⑦について、次の表は、北海道・東北地方の各道県の各種統計についてしめしている。表のア～エは［　］の中にある項目のいずれかをしめし、A～Eは右下の地図中①～⑦のうちいずれか5つの道県をしめしている。また、表中の［1］～［7］は、地域内での順位をしめしている。この表と右下の地図を見て、下の（1）～（3）に答えなさい。

人口（万人・2021年）	米の生産量（t・2021年）
ももの生産量（t・2021年）	ＩＣ関連品の工業生産額（億円・2019年）

	ア	イ	ウ	エ	面積 (km^2・2021年)
A	573,700 ［1］	518 ［1］	2,065 ［6］	・・・	83,424
B	268,600 ［6］	120 ［5］	1,962 ［7］	・・・	15,275
C	335,800 ［5］	181 ［3］	4,862 ［2］	24,300 ［1］	13,784
D	501,200 ［2］	95 ［7］	3,735 ［4］	・・・	11,638
E	353,400 ［4］	229 ［2］	4,408 ［3］	・・・	7,282

※表中の「・・・」は値が不明、もしくは0であることをしめしている。

（1）「ＩＣ関連品の工業生産額」を表しているものを表中のア～エから１つ選び、記号で答えなさい。

（2）表中のDの県を地図の①～⑦から１つ選び、番号で答えなさい。

（3）地図の⑦の県は表中のA～Eの中にあるか。ある場合はその記号を答え、ない場合は「F」と答えなさい。

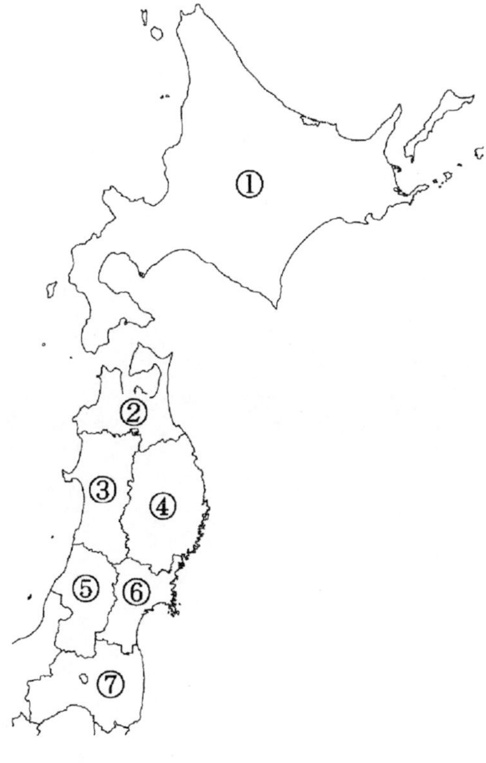

問10　下線部⑧について、洪水や津波などの被害から身を守るために、各地で場所ごとに災害の被害にあう危険度をしめした地図を作成する動きが進んでいる。このような地図のことを何というか、カタカナで答えなさい。

問11　下線部⑨について、日本国憲法には3つの柱がある。次の文章は、このうちの1つについて説明したものである。文章中の［い］に当てはまる用語を、漢字5字で答えなさい。

第十一条	国民は、すべての［い］の享有(きょうゆう)※1を妨(さまた)げられない。この憲法が国民に保障する［い］は、侵(おか)すことのできない永久の権利として、現在及び将来の国民に与えられる。

※1：享有…生まれながらにもっていること

問12　下線部⑩について、近年では新型コロナウィルス感染症の影響で、数度にわたって国や都道府県から外出をひかえるように要請(せい)が出されたことが影響し、様々なお店の売り上げが大きく落ち込んだ。感染が広がらないように気を付けつつ、お店の売り上げを元に戻すために、どのような工夫が考えられるか、実際に行われたことなどもふまえながら、具体的に説明しなさい。

【理　科】〈第２回試験〉（社会と合わせて60分）〈満点：75点〉

注　意

1　計時機能以外の時計の使用は認めません。
2　定規，コンパス，分度器等を使ってはいけません。
3　問題の中の図の長さや角の大きさは，必ずしも正確ではありません。

1　以下の問に答えなさい。

問１．以下の問についてあてはまるものを“ア～エ”から１つ選び、記号で答えなさい。

（１）ヒトが誕生するときに卵と受精するものの名前はどれですか。
　　ア．花粉　　イ．精子　　ウ．種子　　エ．粒子(りゅうし)

（２）以下の色のうち、最も光を吸収(きゅうしゅう)する色はどれですか。
　　ア．白　　イ．赤　　ウ．紫(むらさき)　　エ．黒

（３）近年、燃料電池という新しい電池が開発され、利用の拡大(かくだい)が期待されています。燃料電池から電気を取り出すときに使用される物質は、酸素とどれですか。
　　ア．石炭　　イ．水素　　ウ．ガソリン　　エ．メタンガス

（４）日本では、太陽は東から昇(のぼ)り、西に沈(しず)みます。南半球のオーストラリアでは、太陽はどのように移動しますか。
　　ア．東から昇り、西に沈む　　イ．西から昇り、東に沈む
　　ウ．南から昇り、北に沈む　　エ．北から昇り、南に沈む

問２．以下の文章を読み、問に答えなさい。

遺伝子は、生物のからだをつくる部品やそれらを動かすために必要な物をつくるための、設計図のようなものである。遺伝子に書いてある情報をもとに私たちは形づくられ、動いている。

科学技術の発展により、本来黒色であるはずの毛の色を白色に変えるなど、意図的に遺伝子を書きかえることができるようになってきた。例えば、産まれる前のマウスの受精卵やさらにその前の段階で、「毛を黒色にする」という遺伝子を「毛を白色にする」と書きかえると、白色の毛をもつ子が産まれてくるのである。マウスに限らず、害虫に強いトウモロコシや医薬品をつくる大腸菌など、遺伝子を書きかえる技術により様々な生物がつくり出されている。しかし、まだわかっていない部分も多いため、遺伝子を書きかえたことで予期せぬ異変や悪影響が生じることもあり、この技術は慎重かつ正確にあつかう必要がある。

（１）遺伝子を書きかえた作物を用いて、発展途上国の農業の生産性を上げようと考えました。あなたならどのような性質をもった作物を用いますか。“ア〜ウ”から１つ選び、理由を答えなさい。

ア．乾燥に強い作物　　イ．害虫に強い作物　　ウ．収穫後腐りにくい作物

（２）ヒトの遺伝子を書きかえることも技術的に可能ですが、倫理・道徳的な観点から法律で禁止している国もあります。ヒトの遺伝子を書きかえることに賛成か反対か、あなたの意見を述べなさい。なお、以下の観点で評価します。

＜採点基準＞

	２点	１点	０点
論理性	「根拠とした知識」からの論理展開が適切で、科学的に説得力がある	「根拠とした知識」からの論理展開が適切である	「根拠とした知識」からの論理展開が適切でない
知識		「根拠とした知識」が正しい	「根拠とした知識」が不完全・過剰である
結論		「結論・意見」が示されている	「結論・意見」が示されていない

2 ヒトのからだのつくりとはたらきに関する次の文章を読み、以下の問に答えなさい。

口から入った食べ物は、まっすぐに食道を下り袋(ふくろ)状の胃(い)にたまります。(ⅰ)胃にたまった食べ物は、胃液によってからだに吸収(きゅうしゅう)されやすい養分に変えられ、くねくねと折れ曲がった小腸へ運ばれます。食べ物の養分は、水とともに小腸(しょうちょう)などから吸収され、小腸を通る血管から(ⅱ)血液に取り入れられて全身に運ばれます。吸収されなかった物は、小腸の周りを囲んでいる大腸を通り、こう門からふんとして体外に出されます。

問１．上の文章を参考に、食道・胃・小腸・大腸の模(も)式図を口とこう門をつなぐように解答らんにかきなさい。なお、それぞれの特ちょうや位置関係がわかるよう、はっきりとかくこと。

問２．下線部(ⅰ)について、動物が行うこのようなはたらきを何というか答えなさい。

問３．下線部(ⅱ)について、血液は養分のほかに酸素や二酸化炭素も運んでいる。ヒトの全身の血液の流れを表した下図の“ア～カ”のうち、酸素を多く含(ふく)むと考えられる血液が流れる血管をすべて選び、記号で答えなさい。

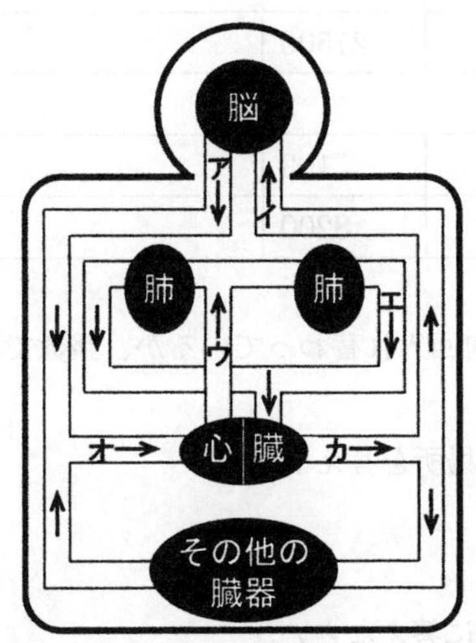

問４．心臓(しんぞう)のはたらきを簡単(かんたん)に説明しなさい。

問５．ヒトのからだのはたらきは必要に応じて変化する。激(はげ)しい運動をした直後に起こるからだの変化を１つあげ、変化が生じる理由を自分なりに考えて説明しなさい。

3 地球上の水の動きに関する以下の問に答えなさい。

問１．以下の川の流れについての文章中の（　１　）～（　５　）に当てはまる言葉を、それぞれ解答らんに書きなさい。

上流と下流を比べると、水の動きが速いのは（　１　）であり、河原の岩石が大きいのは（　２　）である。中流から下流については、曲がった川の（　３　）の方が流れが遅(おそ)く、（　４　）の方が深さが深い。また水の流れが（　５　）なるほど、地面が削(けず)られるようになる。

問２．下の表は地球上の水が存在(そんざい)する場所と、その場所で１年あたりに入れ替(か)わる水の量を表しています。単位は1000立方キロメートルです。「存在量」を「１年で入れ替わる量」で割ることにより、そこにある水全体が入れ替わるまでの時間（単位は年）が計算できます。

場所	存在量	１年で入れ替わる量
大気	13	496
海	1348850	425
氷河	27500	3
河川	2	24
淡水湖(たんすいこ)	103	24
地下水	8200	14

（１）「河川」にある水は１年で何回入れ替わっているか、整数で答えなさい。

（２）水が最も入れ替わりにくい場所を答えなさい。

4 物質の性質に関する以下の問に答えなさい。

問１．ペットボトルの中に水を半分程度入れ、水が入っていない残りの空間を二酸化炭素で満たし、ふたをしてよく振(ふ)りました。このとき起こる変化として正しいものを“ア～エ”から１つ選び、記号で答えなさい。

ア．ペットボトルがふくらむ　　イ．ペットボトルがへこむ

ウ．水が白くにごる　　エ．変化しない

問２．問１でふたをしてから、振る前と振った後の重さはどのように変わりますか。“ア～ウ”から１つ選び、記号で答えなさい。

ア．振った後の方が軽くなる

イ．振った後の方が重くなる

ウ．変わらない

問３．５種類の水溶液（すいようえき）（食塩水・うすい塩酸・うすいアンモニア水・炭酸水・石灰水）を別々に入れたビーカーを用意しましたが、どのビーカーにどの水溶液を入れたのかわからなくなってしまいました。見た目やにおいでは判断できませんでした。そこで、次の道具を使って、水溶液の種類を確かめようと思います。以下の問に答えなさい。

【 道具 】

赤色リトマス紙　　青色リトマス紙　　石灰水　　アルミニウム片

スライドガラス　　アルコールランプ

（１）道具を３種類使い、どの水溶液が食塩水であるかを確かめました。このとき用いた道具の組み合わせを“ア～ウ”から１つ選び記号で答えなさい。またそれらをどのように用いたのか、説明しなさい。

ア．石灰水・アルミニウム片・スライドガラス

イ．スライドガラス・アルコールランプ・赤色リトマス紙

ウ．アルミニウム片・アルコールランプ・青色リトマス紙

（２）道具を２種類使い、どの水溶液がうすい塩酸であるかを確かめました。このとき用いた道具の組み合わせを“ア～エ”から１つ選び記号で答えなさい。またそれらをどのように用いたのか、説明しなさい。

ア．石灰水・スライドガラス

イ．赤色リトマス紙・青色リトマス紙

ウ．スライドガラス・アルコールランプ

エ．石灰水・青色リトマス紙

問４．集気びんの中に火のついた炭を入れ、しばらく燃やし続けました。燃やした後の集気びんから気体がもれないように炭だけ取り出し、そこに少量の水を入れ、振り混ぜました。その水にリトマス紙をつけると色が変わりました。

（１）何色のリトマス紙をつけたのか答えなさい。

（２）炭を燃やしたときに出てきた気体を冷やし、固体にしたものの名前をカタカナで答えなさい。

5 ゴムには、形が変わったときに、元に戻ろうとする性質（弾性）があります。この性質について調べるために、公園で輪ゴムを指に引っかけて真上に飛ばし、飛ばした位置に落ちて戻ってくるまでの時間を３回計測しその平均値を記録しました。下の表は、ゴムを伸ばす長さを変えて実験をした結果を表しています。以下の問に答えなさい。

	戻ってくるまでの時間			
ゴムを伸ばす長さ	１回目	２回目	３回目	平均
1 cm	0.6秒	0.6秒	0.6秒	0.6秒
2 cm	1.1秒	1.3秒	1.2秒	ア秒
3 cm	1.8秒	1.7秒	1.9秒	1.8秒
4 cm	2.0秒	2.7秒	2.5秒	2.4秒
5 cm	3.5秒	3.0秒	2.2秒	2.9秒

問１．表中のアに入る数字はいくつですか。

問２．時間を1.5秒に調整したい場合、ゴムをおよそ何cm伸ばせば良いか答えなさい。

問３．ゴムを伸ばす長さを長くすると、時間のデータのばらつきが大きくなってしまいました。より正確なデータを得るために、あなたならどのような工夫をしますか。

問４．ゴム以外で弾性があるものを１つ答えなさい。

問十　――線部⑧「菜月はしばらくその場を動けずにいた」とありますが、それはなぜですか。その理由の説明として最も適切なものを次のア～エから選び、記号で答えなさい。

ア　自分の仕事ぶりを見て保育士に向いていると認めてもらえたことが嬉しかったから。
イ　周囲から信頼されている高矢と一緒(いっしょ)に働けていることが嬉しかったから。
ウ　厳しい仕事が続く毎日の中で温かい言葉をかけられて嬉しかったから。
エ　大人になって叱られることが多い中で褒められたことが嬉しかったから。

問十一　――線部⑨「大きな花束をもらったかのようだった」について、五人の生徒が意見を交わしています。本文に書かれたことを誤ってとらえている生徒を次のア～オから一人選び、記号で答えなさい。

ア　ここで言っている「花束」というのは、本当の花ではなく比喩(ひゆ)として使われているよね。
イ　これは、菜月の心情を表しているんじゃないかな。
ウ　話してくれた相手が高矢さんだったからこそ、保育士になる決心もついたんだと思う。
エ　「大きな花束」という表現からも、明るい未来につながるような期待感が読み取れるね。
オ　この体験は、菜月の自己肯定(こうてい)感を高めてくれたんじゃないかな。

問七　――線部⑤「高矢が屈託なく言ってくれたことにほっとして」とありますが、ここでの菜月の心情について述べたものとして最も適切なものを次のア〜エから選び、記号で答えなさい。

ア　ベテランの高矢のやり方を否定するようなことをして怒らせたかと思っていたが、高矢が場を和ませるような話題に変えてくれたので安心している。

イ　保育士である高矢を差し置いて出過ぎた行動をしたのではないかと気にしていたが、高矢が全く意に介していないようなので安心している。

ウ　保育園の補助員にすぎない自分が保育に口を出したことを後悔していたが、高矢が遠慮なく注意してくれたことでかえって安心している。

エ　保育士の高矢よりもうまく子どもの対応をしたために高矢との間に緊張が走ったが、高矢がベテランとしての余裕を見せてくれたので安心している。

問八　――線部⑥「どきりとして顔が強張った」とありますが、この時の菜月を表す言葉として最も適切なものを次のア〜エから選び、記号で答えなさい。

ア　喜び　　イ　恐れ　　ウ　落胆　　エ　戸惑い

問九　――線部⑦「言葉にならない声をくみ取ろうとしてくれる」とありますが、これはどのようなことですか。最も適切なものを次のア〜エから選び、記号で答えなさい。

ア　耳に障害を持った子どもの気持ちをわかってあげられるということ

イ　子どもの要求にかかわらず前もって動こうとしてくれるということ

ウ　園児が感じていることや考えていることを理解しようとしてくれるということ

エ　保育士の要望を察して積極的に動こうとしてくれるということ

問四　――線部③「小さく驚く」とありますが、その理由について述べたものとして最も適切なものを次のア～エから選び、記号で答えなさい。

ア　仕事を完璧にこなす高矢の経歴が思いがけないものであったから。
イ　尊敬する高矢が自分と似た経歴を持っていたから。
ウ　保育士が天職のような高矢に保育士以外の職歴があることを知ったから。
エ　いつでも誰に対しても強く見える高矢が弱音を吐いたから。

問五　本文から、次の一文がぬけています。《１》～《４》のどこに入れるのが最も適切ですか。番号で答えなさい。

美音がいまより幼かった頃は、頻繁にそういうことがあった。

問六　――線部④「さらに大きな泣き声を上げる」とありますが、「京ちゃん」を泣き止ませるためにはどのように接するべきでしたか。本文中の言葉を使って四十字以内で説明しなさい。

問二　――線部①「気負いなく話しながら、高矢が手早く洗濯物を取りこんでいく」とありますが、この一文の効果について述べたものとして最も適切なものを次のア～エから選び、記号で答えなさい。

ア　普通なら話さないようなことを淡々と語り、かつ仕事の手も一切止めないことから、高矢が菜月に関心を持ち近づこうとしていること、仕事に誇りを持っていることなどが伝わってくる。

イ　個人的な秘密を何気なく語っているようにみせながらも仕事の手を止めないことから、秘密を打ち明けることへの緊張を隠しきれない高矢の繊細さが伝わってくる。

ウ　聞かれてもいないのにずけずけと自分の話をしつつも仕事の手は止めないことから、高矢の図々しくも憎めない人柄と、仕事を大切に思っているということが伝わってくる。

エ　決して軽くない自分の話を肩に力を入れずさらりと語り、かつ仕事の手も止めないことから、高矢のカラッとした人柄と、おそらく仕事ができる人なのだろうということが伝わってくる。

問三　――線部②「全身から汗が噴き出していた」とありますが、ここからどのようなことがわかりますか。最も適切なものを次のア～エから選び、記号で答えなさい。

ア　作業がそれだけ大変だったということ

イ　作業をするには日中の気温が高かったということ

ウ　作業に無駄な動きがあったということ

エ　作業中に緊張感があったということ

「私とですか？」

⑥どきりとして顔が強張った。どうして私なんかと、と視線がさまよう。

「そうよー。戸田さんってなんか一生懸命だから。園の子どもたちとも本気の笑顔で接してくれるし、⑦言葉にならない声をくみ取ろうとしてくれるでしょ。この人はきっと子どもが大好きなんだろうなって思うと、こっちまで頑張ろうって気になるのよ。自分もなりたくて保育士になったんだから、この仕事頑張らなきゃなって」

オムツ替えを頼んでも、うんちの後、子どものお尻をシャワーで洗い流すのを頼んでも、戸田さんは嫌な顔ひとつしない。子どもと楽しそうに会話しながら世話をしている姿を見ていると、自分よりずっと年上の人と働いているような気がするのだと高矢が笑う。

「戸田さんて保育士に向いてると思うんだよね。戸田さんみたいな人が保育士になってくれたら、子どもたちもあたしたちも嬉しいんだけどな」

じゃあまた、おつかれさま、と高矢が保育室に向かって歩いていく。園庭の裏側からピーピーという洗濯機の電子音が聞こえてきた。洗濯が終わった。干しに行かなくちゃ。そう思いながら、⑧菜月はしばらくその場を動けずにいた。

嬉しかったのだ。高矢にあんなふうに褒められ、思いがけず⑨大きな花束をもらったかのようだった。

（藤岡　陽子『金の角持つ子どもたち』より）

★**問題の中で指定する字数には、句読点、かっこ類をふくみます。**

問一　［A］、［B］に共通して入る漢字一字を書きなさい。

苦しそうに喉を鳴らしながら泣き続ける京ちゃんを見ていると、胸が痛くなった。そうだよね。不安だよね。お母さんに会いたい時もあるよね。「お母さん」って叫べないから泣いてるんだよね。耳が聴こえないのは、お喋りできないのは、この保育園で京ちゃんだけなんだもんね……。菜月は柔らかい声で京ちゃんに語りかけた。難聴があっても、その程度が低い子どもは普通の保育園に通うことがある。聾学校の幼稚部は保護者の負担も大きいので、通わせたくても諦める家庭もある。うちはたまたま美音が末っ子で、菜月も専業主婦でいられたから、これまで美音中心の生活を送ってこられただけだ。《4》

「よしよし、いい子いい子。大丈夫、大丈夫」

同じ言葉を歌うように繰り返し口にしながら、京ちゃんの背中を温める。京ちゃんが涙に濡れた目を半分だけうっすら開くと、菜月は笑いかけ、「京ちゃん」と呼んだ。そうすると両方の目がぱちりと開き、京ちゃんの泣き声が徐々に小さくなっていく。

京ちゃんがすっかり泣きやむと、菜月は彼を抱き上げてもも組、四歳児クラスの部屋まで連れて行った。泣き疲れたのか部屋に戻るとすぐに、京ちゃんはなにごともなかったかのように眠ってしまった。

「戸田さん、ありがとうね。助かっちゃった」

「いえ、すみません。出しゃばってしまって」

「ううん、全然。あの子には［B］を焼いててねー。言葉が聴こえないからどうすればいいのかわからないのよ。ああいうふうにすればいいのね。学んだわ」

⑤高矢が屈託なく言ってくれたことにほっとして、菜月は頷いた。

「そろそろ休憩が終わるから、私も戻るね」

「あ、おつかれさまです。ありがとうございました、洗濯手伝ってもらって」

「いいのいいの。私が戸田さんと話したかったんだから」

そう言って頷くと、高矢が突然「アーイアイ、アーイアイ」と歌い出した。目を丸くする菜月の隣で、実技試験で歌った曲なのだとまた笑う。

よく晴れた青空の下、自分の知らない話を聞くことは楽しかった。専業主婦のまま家にいたら、こんなふうに彼女と話すこともなかった。外に働きに出てよかったなと思う。《１》

そろそろ戻るね、と言う高矢に「ありがとうございます」と手伝ってもらった礼を伝えていると、

「あ、京ちゃんだ。なにしてんだろ」

園庭に男の子がひとり飛び出してきた。

泣いているのか顔を真っ赤にして頭をぶんぶんと左右に振っている。四歳児クラスで、美音と同じように耳が不自由なその子のことは、菜月もよく知っていた。小さな耳には両方とも補聴器が付けられている。《２》

「京ちゃーん、なにしてんの。いまお昼寝の時間でしょ」

高矢が京ちゃんの後ろから近づいていき、その両肩にそっと手を添えた。とても優しく、壊れ物に触れるかのように高矢は手を置いたのだが、驚いた京ちゃんが頭をのけぞらせ④さらに大きな泣き声を上げる。

「ごめんごめん、京ちゃん、大丈夫だよ」

高矢が京ちゃんの頭の上から必死に声かけするのを、菜月は少し離れた場所から眺めていた。

音のない世界で生きる子どもは、いつも不安の中にいる。こんな時はしゃがみ込んで目線を合わせ、手を握ってやるのだ。言葉は届かないから、顔を見つめて笑いかけてやるのだ。

「高矢先生、ちょっといいですか」

菜月はそろりそろりと二人に近づくと、京ちゃんの前で両膝を折った。顔を正面からまっすぐに見ながらゆっくりと背中を擦る。お昼寝中に怖い夢でも見たのだろうか。それともふと目を覚ました時に、ここがどこかわからなくなってパニックになったのかもしれない。《３》

はためいていた。

「四十三歳で保育士になられたんですか」

「そう。正確には四十六歳の時だけどね。四十三歳で保育士になろうかなっていろいろ調べ始めて、実際に資格が取れたのは三年後だったから」

それまでは派遣で事務仕事をしていたのだと、高矢がピンチハンガーに手を伸ばす。

「あの、私ちょっとよくわからないんですけど、保育士の資格って、専門学校とか保育の大学に行かなくていいんですか」

物干し竿にかかる最後の洗濯物を取り入れる頃には、②全身から汗が噴き出していた。からからに乾いて煎餅のようになった小さなパンツを折り畳む。

「うん、特に専門の学校に行かなくてもなれるよ。試験に通ればいいから、テキスト買って勉強すればいいの。頑張れば独学でもなんとかなるよ」

とはいえ一度目は一次の筆記試験で不合格になり、二度目のチャレンジで合格したのだ、と高矢が舌を出す。二次試験の実技の時は、ぶるぶる震えて声が裏返っちゃったよ、と笑う。

菜月は「そうなんですか」と相づちをうちながら、日焼けした高矢の横顔を見つめた。いつもはてきぱきと仕事をこなし、子どもたちから慕われ、同僚から頼りにされ、生まれながらの保育士のような彼女がそんな回り道をしていたのかと③小さく驚く。

「あの、実技試験ってどういうことをするんですか」

「実技？　んっとねー、ピアノの弾き語りと、お絵描きと、絵本の暗唱だったかな。この三つの中から二つを選ぶのよ。そうそう、弾き語りはピアノじゃなくてもアコーディオンとかギターでもよかったんだよ、たしか。私、絵はほんと苦手だからピアノと絵本の暗唱にしたの」

シャワータオルに足ふきタオル、最近は園児の衣類の洗濯サービスまでやっているので、汚れ物は常に大量にある。六十リットルの洗濯機を五度回しても、まだ洗いきれない日もあった。

「戸田さんはどうしてここで働いてるの？　保育園の補助員なんて肉体的にきついでしょ」

菜月が液体洗剤(せんざい)を投入口から入れると、高矢がスイッチを押(お)してくれる。

「知り合いの紹介なんです。仕事も掃除(そうじ)とか洗濯が多いって聞いて、それなら私にもできるかなと思って」

「いまは他にもいろいろやらされてるけどね」

ははは、と笑いながら、高矢は洗濯物を取り入れるのも手伝ってくれた。朝の早い時間に干したぶんがもう乾(かわ)いている。

「でもそれも楽しいです。保育士さんの仕事を垣間(かいま)見れるっていうか」

働き始めてすぐの頃は、ひたすら洗濯と掃除ばかりしていた。幼児はトイレの粗相(そそう)が多いので一日十回以上はトイレ掃除に入ったし、食事のたびの雑巾(ぞうきん)がけや、昼寝の後の布団干しといった雑用が中心だった。それから徐々(じょじょ)にオムツ交換(こうかん)をしたりと子どもの体に触(ふ)れる仕事を任せてもらえるようになって、いまではうんちの後のシャワー入れなども手伝っている。

「戸田さんはお子さんいるの？」

花のような洗剤の香りが鼻先をかすめていく。

「はい、います。小六の男の子と小一の女の子です」

「そうなんだねー。私はいないのよ。結婚(けっこん)はしてるんだけど、できなかったんだよ。三十五歳から四十三歳までがっつり不妊治療(ふにんちりょう)して、けっこう粘(ねば)ったんだけど無理で、それで私、保育士になろうかなーって思ったのよね。子ども好きだったから」

①気負いなく話しながら、高矢が手早く洗濯物を取りこんでいく。向かい合う菜月と高矢の間に、青色のTシャツが

三 次の文章を読み、後の問いに答えなさい。

（ここまでのあらすじ）

専業主婦だった菜月は、息子の俊介を塾に通わせる費用を稼ぐために、知り合いから紹介してもらった保育園の補助員として働き始める。菜月には、俊介の他に、美音という耳の聞こえない娘がいる。また菜月自身、家庭の経済状況から高校進学を諦めて社会人として働くことになったという過去がある。

子どもたちが昼寝に入ったのを見ると、菜月はすぐさま汚れ物を入れるカゴを抱えて廊下に出た。［A］が空いたこの時間に乳児三クラスと幼児三クラスを順に回り、汚れ物を集めて洗濯機で洗わなくてはいけない。

「今日もすっごい量だねぇ」

各保育室を回って汚れ物をかき集めた後、園庭の裏側に置いてある洗濯機に運んでいると後ろから声をかけられた。振り向くと、保育士の高矢典子が立っている。

「手伝おっか」

高矢が手を伸ばし、二つ提げているカゴのうち一つを持ってくれる。

「ありがとうございます。でも、いいんですか。子どもたちのそばにいなくて」

「うん大丈夫、浅田先生に任せてきたから。いま遅めの休憩時間なのよ」

高矢はりんご組、三歳児クラスの担任で、年の頃は四十代後半といったところだろうか。気さくな人柄で、菜月がこの園で働き始めた時からなにかと気にかけてくれる人だ。

「げげっ。全部入りきらないじゃん」

「そうなんですよ、だから二度に分けようと思って。これでもう朝から三度目の洗濯です」

問八　――線部④「ネガティブな感情を伴う情報が、いつもネガティブな影響を持つわけではない」とありますが、これをふまえて、あなたが勤める会社が今回新しい商品を「ネガティブな名前」で出すことにしました。「どのような商品か」、「その商品名」、「その商品名にした理由」を書きなさい。

問九　――線部⑤「人間の記憶はとても歪みやすいうえにいい加減な機能だ」とありますが、そう言えるのはなぜですか。本文で述べられている理由として適切でないものを次のア～エから一つ選び、記号で答えなさい。

ア　普段見慣れているものでも、細部までは覚えられていないことがあるから。

イ　強く印象に残っていて覚えていたつもりでいる記憶も、正確ではないことがあるから。

ウ　何年経っても忘れない記憶もある一方で、どうやっても覚えられないことがらもあるから。

エ　そのものや出来事によって与えられる感情によって、記憶に残るかどうかが変わってくるから。

問五　――線部③「ネガティブな感情」についての説明として最も適切なものを次のア～エから選び、記号で答えなさい。

ア　ネガティブな感情は、他に良い出来事があったとしても、自分に都合の悪い出来事しか私たちの記憶に刻みこまない。

イ　ネガティブな感情は、良くも悪くも印象に残りやすく、どのようなことが起こったかの詳細を強く私たちの記憶に刻みこむ。

ウ　ネガティブな感情は、具体的な商品やデザインと結びつくと、むしろ肯定的（こうてい）な意味合いを私たちの記憶に強く刻みこむようになる。

エ　ネガティブな感情は、何度も繰り返されるとその影響は少なくなるが、それを経験したということだけは私たちの記憶に強く刻みこまれる。

問六　本文からは次の一文がぬけ落ちています。《1》～《4》のどこに入れるのが最も適切ですか。番号で答えなさい。

これは恥（は）ずかしさというネガティブな感情が記憶に影響した例だと考えることができます。

問七　[E]に当てはまる表現を次のア～エから選び、記号で答えなさい。

ア　具体的な記述　　イ　個人的な好み　　ウ　全体的な要点　　エ　部分的な評価

（2）「一〇円玉」の具体例とは性質が異なるものを次のア～エからすべて選び、記号で答えなさい。

ア　事件の容疑者を目撃したために警察に呼ばれ、容疑者の似顔絵の作成に協力したが、性別と身長については答えたものの、顔の特徴などは詳細に覚えていなかった。

イ　夏休みに親戚が遊びに来るというので駅から家までの地図をかこうとしたが、毎日歩いているにもかかわらず、どこに何があるのかの詳細をかくことができなかった。

ウ　デッサン教室の課題で、皿の上にアジの開きが二枚置かれたものをデッサンしたのだが、昔から何度も食べているはずのアジなのに、どうしてもうまく描くことができなかった。

エ　美術の授業で企業の「ロゴ」を描く宿題が出たので、街中でよく見かける有名なハンバーガー店のものを描こうと思ったが、大まかな形はわかるものの文字や記号がどのように配置されているかわからなかった。

問二　――線部②「フラッシュバルブ記憶」とありますが、研究者のブラウンとクリークはこれをどのような記憶としてとらえていましたか。本文中の言葉を使って四十字以内で説明しなさい。

問三　［A］に当てはまる言葉を次のア～エから選び、記号で答えなさい。

ア　引　　イ　画　　ウ　交　　エ　有

問四　［B］～［D］に当てはまる言葉を次のア～カからそれぞれ選び、記号で答えなさい。

ア　さて　　イ　また　　ウ　例えば　　エ　つまり　　オ　ところが　　カ　なぜなら

記憶は認知心理学の数あるトピックの中でも、特に重視されるトピックです。本日講義したのは、その記憶に関するテーマのほんの一部分でした。おそらく、それぞれが馴染みやすくて興味深かったと思いますが、その一方で⑤人間の記憶はとても歪みやすいうえにいい加減な機能だということも、理解していただけたと考えています。本日解説した記憶の諸側面以外にも、面白い現象がたくさんありますから、ぜひ調べてみてください。

（同志社大学心理学部 編『ようこそ、心理学部へ』より）

問題の都合上本文を一部変更しました。

★ 問題の中で指定する字数には、句読点、かっこ類をふくみます。

問一 ――線部①「一〇円玉」とありますが、

（１）筆者が「一〇円玉」の問題を読者に考えさせたのは何のためですか。最も適切なものを次のア～エから選び、記号で答えなさい。

ア 記憶を過信しすぎると痛い目にあうと納得させるため。

イ 人間の記憶は不確かなものであることを実感させるため。

ウ 一〇円玉のデザインには意外なパーツがふくまれていることを示すため。

エ 何回見ていても覚えられないのは注意深く見ていないからだと示すため。

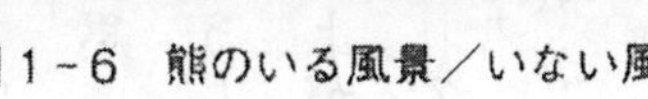
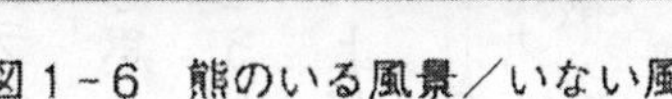

図１－６　熊のいる風景／いない風景

この二つの写真は、北海道の同じ街を撮影したものです（図１－６参照）。この二つの写真を見たとき、どちらのほうが記憶に残りますか？　言うまでもなく、左の写真ですね。この例が示すように、中性的であまり感情情報を伴わない場合よりも、恐怖や怒りといった③ネガティブな感情情報を伴う場合のほうが、記憶に深く刻まれるということが分かっています。《１》

ケンシンジャーという研究者によると、嬉しいとか楽しいというポジティブな感情は　E　に関する記憶を促進させる一方、恐ろしいなどのネガティブな感情は出来事の詳細に関する記憶を促進するようです。これを「ネガティビティ・バイアス」（負の偏向）と呼びます。例えば、駆け込み乗車をしようとしたところ、自分の目の前で電車の扉が閉まり、周囲の人から白い目で見られてとても恥ずかしい思いをしたという経験は誰しもあると思います。別の日に同じ経験をすると、「前もそうだったな、いつも必ず自分の目の前で扉が閉まる」と前回の記憶が蘇ります。普通に扉が開いている時に乗車できている頻度のほうが圧倒的に高いにもかかわらず。《２》

しかし、ネガティブな感情は、いつもネガティブな影響しか及ぼさないわけでもありません。例えば、「Monster Energy」という清涼飲料水があります。「Poison」（毒）という有名な香水も存在します。「Monster」も「Poison」も普通に考えれば購入をためらいそうな商品名なのですが、実はネガティブな感情を伴う名前がついた商品は、私たちの目にとまりやすい効果があることが分かりました。また、そのような商品名に繰り返し触れることによって、ネガティブな感情による影響がなくなっていくことも分かりました。《３》

ゲストをはじめとする研究者は、ネガティブな商品名自体が記憶に残りやすい効果を持つことに加え、それと共に提供される怖いデザインも記憶に残りやすい効果を持つと考えています。④ネガティブな感情を伴う情報が、いつもネガティブな影響を持つわけではないということを考えながら生活すると、面白いことが見えてくるかもしれません。《４》

先ほど、記憶を「過信しないことが肝要です」と述べました。ところが、いつまでたっても鮮明に覚えていて、忘れることができない記憶はありませんか？　ショッキングな内容で驚くような出来事が発生したときの記憶は特殊で、あたかもカメラのフラッシュを焚いて写真を撮ったかのように、その当時の状況が鮮明に思い出されることが多くの記憶研究から分かっていて、②フラッシュバルブ記憶（日本語では閃光記憶）と呼ばれます。フラッシュバックではなく、フラッシュバルブというところに注意が必要です。

一九六三年一一月二二日、アメリカのテキサス州ダラスでケネディ大統領が暗殺されました。この事件は全米のテレビで生中継されており、それを見た多くのアメリカ国民が大きなショックを受けました。事件から一〇年以上が経過したとき、ブラウンとクリークという研究者がアメリカ人を対象にして、ケネディ大統領暗殺事件をはじめて知ったときの状況を思い出させる実験を行いました。すると、ほとんどの人がその瞬間にどこにいて、そこで何をしていて、その後どうしたのかなどを、あたかも写真で撮影したかのようにとても鮮明に答えることができたのです。事件から一〇年以上が経過しているにもかかわらず、です。

ブラウンとクリークは、このようなフラッシュバルブ記憶は、完全であり、鮮明であり、正確であり、忘れにくいという四つの特徴から一般的な記憶と一線を[A]すると考えました。フラッシュバルブ記憶が発生する理由は、本人がものすごく驚いたときや、出来事がものすごく重大で重要なときに特殊な生物学的メカニズムが働き、その状況が記憶に焼き付くという「ナウ・プリントメカニズム」にあると考えられました。

[B]、フラッシュバルブ記憶は実はそれほど鮮明でも正確でもないという研究結果がいくつも提出されています。[C]、二〇〇一年九月一一日にアメリカで発生した同時多発テロにおけるフラッシュバルブ記憶の研究によると、状況の記憶の鮮明さや、その記憶への確信度は低下しない一方、記憶内容の一貫性が時間経過とともに低下することが分かっています。[D]、私たちはショッキングな出来事を経験して正確な記憶が焼き付いたと感じるのですが、実は正確ではない記憶に強い確信を抱いているということになります。

二　次の文章は、「心理学を専門として勉強するというのはどういうことか」を説明するために、大学での心理学の授業に読者であるあなたが出席している、という形式で書かれたものです。読んで後の問いに答えなさい。

生涯に①一〇円玉をどれくらい見ているでしょうか。一日に一度目にしているとして二〇歳の読者でも五〇〇〇回以上、五〇歳の読者に至っては一六〇〇〇回以上にもなります。では、ここで問題です。そんな一〇円玉の裏側（平等院鳳凰堂が描かれていない面）を簡単でいいので描いてみてください（図１-５参照）。「なんだ、そんな簡単なことか」と思われるかもしれませんが、一応ヒントを差し上げます。一〇円玉の裏側には、四種類のパーツが描かれています。

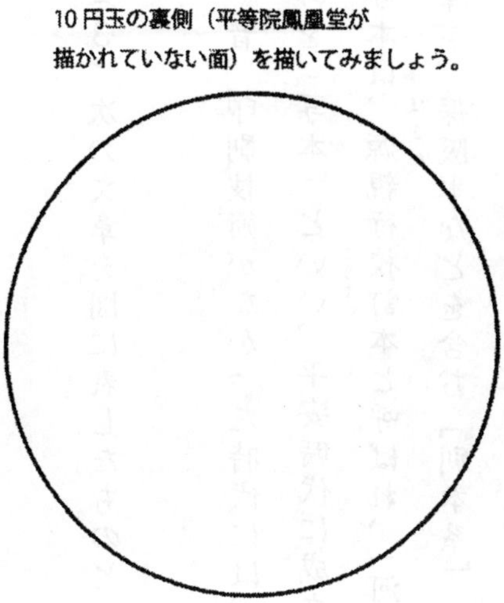

10円玉の裏側（平等院鳳凰堂が描かれていない面）を描いてみましょう。

図１-５　10円玉チャレンジ

さて、いかがでしょうか。ほとんどの人が「10」と大きく描き、その下に「令和〇年」という年号を描いたはずです。これでパーツは二種類です。そして、これも多くの人が描けていると思いますが、「10」の両サイドに葉っぱのような木のような植物を描いたはずです。これでパーツは三種類です。しかし、四種類目のパーツまで描けた人は少ないのではないでしょうか。

では、実際に一〇円玉を手にとって確認してみてください。

中央下部にリボンが描かれています。これだけ繰り返し目で見ているにもかかわらず、さっぱり記憶に残っていなかったのではありませんか。どうやら私たちの記憶は、あまり頼りにならないのかもしれませんね。過信しないことが肝要です。

《文Ｂ》

ＤＤ７に所属している人は、中学２年になるときにアドバンスト８に進むことができる。

ア　正しい　　イ　正しくない

（３）次の文章を図に表したものとして、適切なのはア・イのどちらですか。記号で答えなさい。

昔、印刷技術がなかった時代には、元になる本を手で書き写したものが世の中に流通した。この手で書き写したものを「写本」といい、平安時代に成立した源氏物語写本には、さまざまな種類(系統)がある。源親行(みなもとのちかゆき)らの手による写本は、源親行校訂(こうてい)本と呼ばれ、「河内本系」に入る。これ以外にも明融(めいゆう)本、大島本を含(ふく)む「青表紙本系」や、陽明文庫本、保阪(ほさか)本などを含む「別本系」がある。

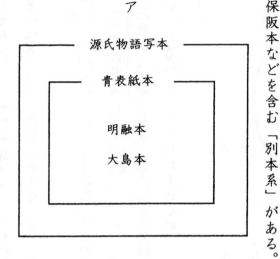

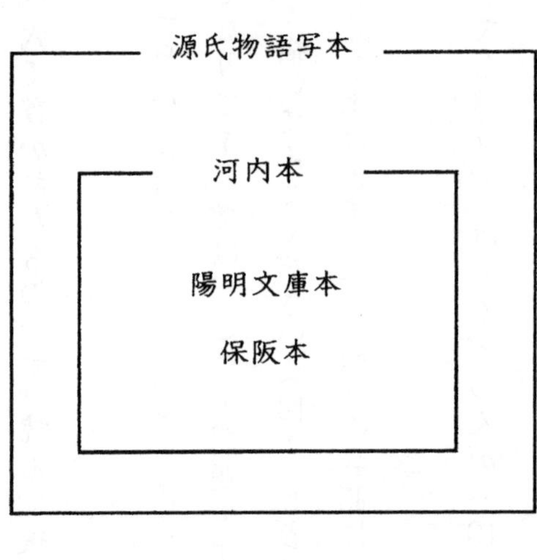

ア　バスケットボールの試合は、１試合につき４回の休憩があります
イ　バスケットボールの試合は、競技をしている時間は１試合につき４０分間です

②　物事の始まりを探ると、面白いことが見えてくる。ニュートンは、りんごの実が木から落ちるところを見て、全てのものは他のものと互いに引き合う力を持つという「万有引力」のアイディアを思いついた。フレミングという科学者が下痢（げり）などをひき起こすブドウ球菌（きん）の研究をしているときに、ブドウ球菌の入った皿にアオカビが生えてしまった。そのカビの周りだけブドウ球菌の力が弱まっていることに気付き、それにヒントを得てペニシリンという抗生（こうせい）物質を発見した。このように、（　　　　　）。

ア　新しい発見は偶然（ぐうぜん）から生み出されることがある
イ　科学者はいつも何か新しいものはないかと探し続けている

（２）次のＡの文章を読み、Ｂの文が正しいか正しくないかを選びなさい。

《文章Ａ》

本校の中学は英語のレベルに合わせてクラスが設定されています。英語検定で準２級程度の英語力がある人はＤＤ７、そこまでではないがある程度の英語力がある人はアドバンスト７、英語初心者はスターター７クラスに入ってもらいます。ＤＤ７はカナダのＢＣ州の教育を受けるための審査（しんさ）があり、中学３年間の中で他のクラスから入ることはできませんし、逆もできません。ＤＤ７はＤＤ８、ＤＤ９と進みます。アドバンスト７、スターター７は、中学２年になるときにその成績によってアドバンスト８、スタンダード８に分かれ、学期ごとにも成績によって入れ替（か）えが行われます。中学３年ではアドバンスト９、スタンダード９に進みます。

2023年度

文化学園大学杉並中学校

【国語】〈第二回試験〉（五〇分）〈満点：一〇〇点〉

注意　計時機能以外の時計の使用は認めません。

一　次の各問いに答えなさい。

問一　①～⑤の――線部の読みをひらがなで答えなさい。また、⑥～⑩の――線部を漢字に直しなさい。

①　質問のある人は挙手してください。
②　帯に短し、たすきに長し。
③　この場所での飲食は禁じられている。
④　助けてもらった恩に報いる。
⑤　購入してきた布を裁断する。
⑥　けがのため大会への出場をジタイする。
⑦　日本のツウカは円、アメリカはドルである。
⑧　問題を解くジュンジョを工夫する。
⑨　先祖のハカ参りに行く。
⑩　電車でツウキンする。

問二　（１）～（３）の問いに答えなさい。

（１）次の①、②の文章の（　　　）に入る表現として正しいものを後のア・イから選び、記号で答えなさい。

①　バスケットボールの試合は、全競技時間が１０分ずつで区切られており、それをクォーターといいます。１試合につき４クォーター行われ、各クォーターの間には休憩（きゅうけい）時間があります。つまり、（　　　）。

2023年度

文化学園大学杉並中学校 ▶解説と解答

算　数　＜第２回試験＞（50分）＜満点：100点＞

解　答

1 (1) 19　(2) 15　(3) 2023　(4) 7.22　(5) $\frac{7}{24}$　(6) $\frac{2}{5}$　(7) $\frac{11}{12}$　(8) $\frac{1}{6}$　(9) $4\frac{1}{2}$　(10) $1\frac{3}{8}$　**2** (1) **最初に間違えている行の番号…③，正しい答え…**７　(2) **最初に間違えている行の番号…③，正しい答え…**17％　(3) **最初に間違えている行の番号…②，正しい答え…**1.68cm²　**3** (1) 時速12km　(2) 33人　(3) 58　(4) 10種類　(5) 8　**4** (1) 50度　(2) 18.84cm²　(3) 2 cm　**5** (1) 0.2m³　(2) 0.0075m³　(3) 16分48秒

解　説

1 四則計算

(1) 15＋17－13＝32－13＝19

(2) ３＋156÷13＝３＋12＝15

(3) 21÷３×（８＋９）×(21－４)＝７×17×17＝119×17＝2023

(4) 1.4×2.3＋2.8÷0.7＝3.22＋４＝7.22

(5) $2\frac{2}{3}-1\frac{3}{4}-\frac{5}{8}=\frac{8}{3}-\frac{7}{4}-\frac{5}{8}=\frac{64}{24}-\frac{42}{24}-\frac{15}{24}=\frac{7}{24}$

(6) $\frac{4}{9}\div\left(\frac{5}{6}\div\frac{3}{4}\right)=\frac{4}{9}\div\left(\frac{5}{6}\times\frac{4}{3}\right)=\frac{4}{9}\div\frac{10}{9}=\frac{4}{9}\times\frac{9}{10}=\frac{2}{5}$

(7) $0.25+\left(1\frac{7}{15}+\frac{1}{3}\right)\div2.7=\frac{1}{4}+\left(\frac{22}{15}+\frac{5}{15}\right)\div\frac{27}{10}=\frac{1}{4}+\frac{27}{15}\times\frac{10}{27}=\frac{1}{4}+\frac{2}{3}=\frac{3}{12}+\frac{8}{12}=\frac{11}{12}$

(8) $1.5-\frac{1}{3}\div\frac{5\times0.9}{18}=1.5-\frac{1}{3}\div\frac{4.5}{18}=1.5-\frac{1}{3}\div\frac{45}{180}=1.5-\frac{1}{3}\div\frac{1}{4}=1.5-\frac{1}{3}\times\frac{4}{1}=\frac{3}{2}-\frac{4}{3}=\frac{9}{6}-\frac{8}{6}=\frac{1}{6}$

(9) $3\frac{1}{4}\times\left(1.5-\frac{5}{6}\right)+2\frac{1}{3}=\frac{13}{4}\times\left(\frac{3}{2}-\frac{5}{6}\right)+\frac{7}{3}=\frac{13}{4}\times\left(\frac{9}{6}-\frac{5}{6}\right)+\frac{7}{3}=\frac{13}{4}\times\frac{4}{6}+\frac{7}{3}=\frac{13}{6}+\frac{14}{6}=\frac{27}{6}=\frac{9}{2}=4\frac{1}{2}$

(10) $1\frac{1}{6}\times1.5-\frac{1}{5}\times\left(\frac{5}{2}-\frac{5}{8}\right)=\frac{7}{6}\times\frac{3}{2}-\frac{1}{5}\times\left(\frac{20}{8}-\frac{5}{8}\right)=\frac{7}{4}-\frac{1}{5}\times\frac{15}{8}=\frac{7}{4}-\frac{3}{8}=\frac{14}{8}-\frac{3}{8}=\frac{11}{8}=1\frac{3}{8}$

2 四則計算，濃度（のうど），面積

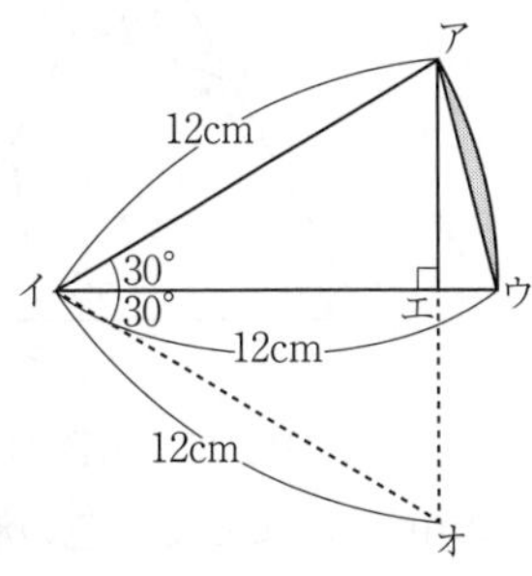

(1) 最初に間違（まちが）えているのは③であり，正しく計算をすると，$4\div\frac{1}{2}-\frac{3}{5}\times\frac{5}{3}=8-1=7$となる。

(2) 最初に間違えているのは③である。正しく考えると，食塩水200ｇに含（ふく）まれる食塩の重さは，84－50＝34(ｇ)だから，食塩水200ｇの濃度は，34÷200×100＝17(％)になる。

(3) 最初に間違えているのは②である。正しく考えると，次のよう

になる。上の図のように，三角形アイエと合同な三角形オイエを作ると，三角形アイオは正三角形になる。よって，線分アオの長さは12cmなので，線分アエの長さは，12÷２＝６(cm)とわかる。すると，三角形アイウの面積は，12×６÷２＝36(cm²)になるから，色の濃い部分の面積は，37.68－36＝1.68(cm²)と求められる。

3　速さ，割合と比，整数の性質，場合の数，約束記号，逆算

(1)　走った道のりの合計は，78×２＝156(km)，走った時間の合計は，５＋８＝13(時間)である。よって，(速さ)＝(道のり)÷(時間)より，このときの速さは時速，156÷13＝12(km)となる。

(2)　携帯電話を持っていない人はクラス全体の，$1-\frac{2}{3}=\frac{1}{3}$だから，持っている人と持っていない人の人数の比は，$\frac{2}{3}:\frac{1}{3}=2:1$となる。この差が11人なので，比の１にあたる人数は，11÷(２－１)＝11(人)とわかる。クラスの人数は比の，２＋１＝３にあたるので，11×３＝33(人)と求められる。

(3)　７で割ると２余る数は，２に次々と７を加えてできる数だから，２，９，16，23，30，37，44，51，58，…となる。また，11で割ると３余る数は，３に次々と11を加えてできる数なので，３，14，25，36，47，58，…とわかる。よって，両方に共通する最も小さい数は58である。

(4)　１種類目の選び方は５通りある。また，２種類目は残りの４種類の中から選ぶから，４通りの選び方がある。よって，全部で，５×４＝20(種類)のケーキができる。ただし，１種類目にA，２種類目にBを選ぶ場合と，１種類目にB，２種類目にAを選ぶ場合は同じケーキになる。つまり，20種類の中には同じものが２つずつ含まれているので，実際にできるケーキの数は，20÷２＝10(種類)である。

(5)　13＊４＝13－４＝９より，与えられた式は，(３＊□)×９＝45となるから，３＊□＝45÷９＝５とわかる。よって，□－３＝５と表すことができるので，□＝５＋３＝８と求められる。なお，３－□＝５となるような□に入る数字はない。

4　平面図形―角度，面積，立体図形―体積

(1)　下の図１で，三角形BEDと三角形FEDは合同だから，●印をつけた角の大きさは等しい。また，三角形ADGの内角の和は180度なので，○印をつけた角の大きさは，180－(60＋80)＝40(度)となる。よって，●印をつけた角２つ分の大きさは，180－40＝140(度)だから，●印をつけた角の大きさは，140÷２＝70(度)と求められる。さらに，三角形BEDの内角の和は180度なので，アの角度の大きさは，180－(70＋60)＝50(度)とわかる。

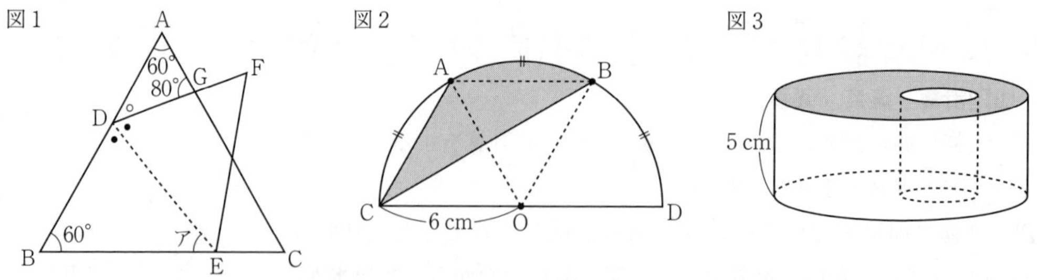

(2)　上の図２で，ABとCDは平行だから，三角形ACBと三角形AOBの面積は等しくなる（Oは半円の中心）。よって，色の濃い部分の面積は，おうぎ形AOBの面積と等しくなることがわかる。また，

角AOBの大きさは，180÷３＝60(度)なので，おうぎ形AOBの面積は，６×６×3.14×$\frac{60}{360}$＝６×3.14＝18.84(cm²)と求められる。

(3) 上の図３の立体は，色の濃い部分を底面とする高さが５cmの立体である。この立体の体積が376.8cm³だから，色の濃い部分の面積は，376.8÷５＝75.36(cm²)とわかる。また，色の濃い部分の外側の円の半径は５cmなので，外側の円の面積は，５×５×3.14＝25×3.14＝78.5(cm²)となり，内側の円の面積は，78.5－75.36＝3.14(cm²)と求められる。よって，内側の円の半径を□cmとすると，□×□×3.14＝3.14(cm²)と表すことができるから，□×□＝3.14÷3.14＝１となり，□＝１(cm)とわかる。したがって，くりぬいた円柱の直径は，１×２＝２(cm)である。

5 グラフ―正比例

(1) 水温は18℃から42℃まで，42－18＝24(℃)上がっている。また，水の量は200Ｌだから，必要な熱量は，１×24×200＝4800(kcal)である。さらに，ガス１m³で24000kcalの熱量を得ることができるので，4800kcalの熱量を得るのに使ったガスの量は，4800÷24000＝0.2(m³)とわかる。

(2) 最初の５分間はＡとＢを使って水温が，30－18＝12(℃)上がっているから，このとき水が得た熱量は，１×12×200＝2400(kcal)である。よって，このとき使ったガスの量は，2400÷24000＝0.1(m³)なので，ＡとＢを使うと１分間に，0.1÷５＝0.02(m³)のガスを使うことになる。また，次の，13－５＝８(分間)はＡだけを使って水温が，42－30＝12(℃)上がっているから，このときに水が得た熱量も2400kcalであり，このときに使ったガスの量も0.1m³とわかる。したがって，Ａだけを使うと１分間に，0.1÷８＝0.0125(m³)のガスを使うので，Ｂだけを使うと１分間に，0.02－0.0125＝0.0075(m³)のガスを使うことになる。

(3) 水の量は，200＋10＝210(Ｌ)だから，水温を，40－16＝24(℃)上げるのに必要な熱量は，１×24×210＝5040(kcal)である。よって，このときに使うガスの量は，5040÷24000＝0.21(m³)なので，Ａだけを使うときにかかる時間は，0.21÷0.0125＝16.8(分)と求められる。60×0.8＝48(秒)より，これは16分48秒となる。

社　会　＜第２回試験＞（理科と合わせて60分）＜満点：75点＞

解　答

Ⅰ **問１** イ　**問２** 十二単　**問３** エ　**問４** ペリー　**問５** ウ　**問６** エ　**問７** ア　**問８** 1185　**問９** 承久　**問10** (1) ア　(2) 御成敗式目　**問11** **あ** 藤原道長　**い** 津田梅子　**う** 北条政子　**問12** (例) いずれの人物も日本人で，また，紙幣が発行されたときには亡くなっている。一万円札の人物はいずれも男性である。　**Ⅱ** **問１** ウ　**問２** 広島　**問３** イ　**問４** ア，鹿児島市　**問５** イ　**問６** エ　**問７** (例) 太陽光　**問８** ウ　**問９** (1) ウ　(2) ③　(3) Ｃ　**問10** ハザードマップ　**問11** 基本的人権　**問12** (例) 飲食物のテイクアウトや宅配など，お店に行かなくても受けられるサービスをさらに充実させていく。

解　説

Ⅰ 各時代の歴史的なことがらについての問題

問１　A　家系図と，その一族の説明として正しい。　　B　摂政は天皇が幼いときや女性のときに政治を助ける役職，関白は成人した天皇の政治を助ける役職である。

問２　平安時代の女性貴族は，何枚もの服を重ねて着る女房装束を正装とした。この衣装はのちに，多くの服を着ることから十二単とよばれるようになった。

問３　③は，平安時代の中期以降に栄えた国風文化について説明している。松尾芭蕉によって大成された俳句が広まり，浮世絵がえがかれるようになったのは，江戸時代のことである。

問４　1853年，アメリカ合衆国の東インド艦隊司令長官ペリーが浦賀(神奈川県)に来航し，開国を求める大統領の国書を幕府に手渡した。幕府が回答を保留したことから，ペリーはいったん日本をはなれたが，翌54年に再来航し，幕府との間で日米和親条約を結んだ。

問５　文章からは，伊藤博文が初代をふくめて４回，内閣総理大臣に就任したことがわかるが，大日本帝国憲法が公布された1889年の時点で内閣総理大臣だったかどうかを読み取ることはできない。なお，大日本帝国憲法が公布された1889年には黒田清隆が内閣総理大臣を務めていた。

問６　サハラ以南のアフリカで，日本でいう中学校相当の学校を卒業できる，つまり義務教育を終えられる女子は40％程度だとあるが，彼女たちの年代が書かれていないため，「10代女子の約半数」であるかどうかはわからない。

問７，問８　源頼朝は1180年に打倒平氏の兵をあげると，この年から数年をかけて本拠地とした鎌倉に侍所や公文所(のちの政所)，問注所などを設置し，武家政権の基盤を築いていった。1185年の壇ノ浦の戦いで源氏が平氏を滅ぼすと，国ごとに守護，荘園や公領ごとに地頭を置くことを朝廷に認めさせ，武家の支配体制を確立した。1192年には朝廷から征夷大将軍に任命され，名実ともに鎌倉幕府が成立した。なお，足利尊氏は室町幕府，徳川家康は江戸幕府を開いた。平清盛は平安時代末の武士で，幕府を開いてはいない。

問９　鎌倉幕府の第３代将軍源実朝が暗殺されて源氏の将軍が３代で絶えると，1221年，後鳥羽上皇は政権を朝廷の手に取りもどそうとして全国の武士に鎌倉幕府打倒を命じ，承久の乱を起こした。しかし，味方して集まる者は少なく，結束を固めた幕府の大軍の前にわずか１か月で敗れ，上皇は隠岐(島根県)に流された。

問10　(1)，(2)　1232年，鎌倉幕府の第３代執権北条泰時は御成敗式目(貞永式目)を定めた。これは，初代将軍源頼朝以来の先例や武家社会の慣習・道徳などをもとに作成され，裁判の基準などがしめされた。史料はその制定の意図をしめしたもので，最後にあるように，「朝廷の命令や公家法」とは異なる武家法として制定された。つまり，朝廷や公家には適用されず，「どんな法律よりも効力がある」わけではないということになる。

問11　**あ**　藤原道長は平安時代の貴族で，４人のむすめを天皇のきさきとして皇室との関係を強め，息子の頼通とともに藤原氏の摂関政治の全盛期を築いた。「この世をば」で始まる和歌は，道長がみずからの満ち足りた気持ちを，欠けるところのない望月(満月)にたとえてよんだものである。

い　津田梅子は，満６歳のとき最初の女子留学生として岩倉使節団に同行し，アメリカに渡った。帰国後は日本の女性教育向上を目指して活動し，1900年には女子英学塾(のちの津田塾大学)を設立した。　　**う**　北条政子は鎌倉幕府の初代将軍源頼朝の妻で，頼朝の死後，一族とともに幕政に深くかかわっって「尼将軍」とよばれた。1221年に後鳥羽上皇が承久の乱を起こしたさいには，動揺する御家人を前に頼朝の御恩を説き，結束を訴えて幕府軍を勝利に導いた。

問12　表にしめされた人々はすべて日本人で，五千円札にえがかれた樋口一葉を除くと，すべて男性である。また，存命中の人物は採用されておらず，歴史上で功績をあげた人物が採用されている。時代に注目すると，発行中や発行予定の紙幣では，おもに明治時代に活躍した人物が採用されており，特に千円札は，おもに明治時代に活躍した男性だけが採用されている。

Ⅱ　後世に残すべき遺産を題材とした問題

問１　A　ウクライナはヨーロッパ東部の国で，南で黒海に面している。かつてはロシアなどとともに旧ソ連(ソビエト連邦)を形成していたが，1990年代に独立国家となった。2022年にはロシアからの軍事侵攻を受け，戦争が長期化している。なお，ベラルーシはウクライナの北に位置する国で，この軍事侵攻ではロシアを支援している。　B　北海道東部の知床半島は，流氷の育む豊かな海の生態系と，陸の生態系の連鎖が見られることや，希少な生物の生息地となっていることなどから，2005年に「知床」として世界自然遺産に登録された。2022年には，知床を観光に訪れた遊覧船が沈没するという事故が起こった。なお，小笠原諸島は東京都にある世界自然遺産。

問２　原爆ドームは，広島県広島市にある。太平洋戦争末期の1945年８月６日，アメリカ軍によって原子爆弾が広島市に投下され，壊滅的な被害を受けた。しかし，爆心地付近にあった広島産業奨励館(建設当初は広島県物産陳列館)はその形をかろうじてとどめ，戦後，原爆ドームとして保存された。1996年に世界文化遺産に登録された原爆ドームは，「負の遺産」として戦争の悲さんさや核兵器のおそろしさを後世に伝えている。

問３　UNESCOは国際連合教育科学文化機関の略称で，教育・科学・文化の分野での国際貢献を通じて，世界平和を実現するために活動している。その一つとして，世界遺産の認定や登録も行っている。なお，UNICEFは国際連合児童基金，WHOは世界保健機関，WTOは世界貿易機関の略称。

問４　奄美大島が属する鹿児島県は九州の南端に位置し，東の大隅半島と西の薩摩半島が南にのびている。この二つの半島の間には鹿児島湾が広がり，大隅半島につながった桜島がある。鹿児島県の県庁所在地は，鹿児島市である。なお，イは大阪府，ウは神奈川県の形。

問５　エジプトはアフリカ大陸の北東部に位置する国で，世界最長の河川であるナイル川はここで地中海に注ぐ。また，エジプトは古代文明が発達した場所で，ピラミッドやスフィンクスなど，当時の遺跡が数多く残されている。なお，アはインドなど，ウはタイなど，エはイギリスなどにあてはまるが，エジプトにはあてはまらない。

問６　ア　日本列島の西側には，日本海が広がっている。太平洋は，日本列島の東側から南側にかけて広がっている。　イ　北端の択捉島から南端の沖ノ鳥島まではおよそ26度の緯度の差がある。また，北海道は冬の寒さが厳しく，九州や沖縄では冬でも比較的温暖など，地域によって気候に差がある。　ウ　中部地方に連なる中央高地には，海面からの高さ(標高)が3000ｍを超えるような山が連なっている。また，日本で最も高い山である富士山の標高は，3776ｍである。　エ　日本の川について，正しく説明している。

問７　一度使っても，自然の力で半永久的に再生され，くり返し使うことのできるエネルギーを，再生可能エネルギーといい，発電時に地球温暖化の原因となる温室効果ガスを排出しないため，活用が広がっている。再生可能エネルギーには，水力・太陽光・風力・地熱・波力などがある。

問８　三重県四日市市では，石油化学コンビナートの工場から出る煙にふくまれていた亜硫酸ガス(二酸化硫黄)が原因で，四日市ぜんそくとよばれる公害病が発生した。なお，アとイはそれぞれ

「有機水銀」と「カドミウム」が逆である。エについて，滋賀県の琵琶湖では，工場排水や生活排水にふくまれる窒素やリンなどが原因で赤潮やアオコが発生し，問題となったため，湖の水質改善が進められた。

問９　(1)〜(3)　都道府県別の面積は，全国第１位が北海道，第２位が岩手県，第３位が福島県となっている。表中で他県と比べて面積がとりわけ大きいＡが①の北海道となる。ももの生産量は福島県が山梨県についで全国第２位となっているので，エにはももの生産量があてはまり，Ｃが⑦の福島県となる。ここから，面積が北海道と福島県の間であるＢが岩手県となる。また，都道府県別の人口は，全国で最も多い東京都のみが1000万人を超えているので，イが人口だとわかる。人口とともに北海道が表中で第１位となっているアは米の生産量で，北海道が新潟県につぐ全国第２位，秋田県が第３位となっている。ここから，Ｄが③の秋田県となる。残ったウが，IC関連品の工業生産額となる。なお，Ｅには⑥の宮城県があてはまる。②は青森県，⑤は山形県である。

問10　地震や津波，水害，火山の噴火など，それぞれの自然災害について，予想される被害の大きさや地域，避難場所や避難経路などをしめした地図を，ハザードマップという。地方自治体などによって作成・公開され，防災や減災に活用されている。

問11　日本国憲法は，国民主権・基本的人権の尊重・平和主義を３つの柱としている。第11条はこのうちの，基本的人権の尊重について述べた条文で，基本的人権を「侵すことのできない永久の権利」として国民に保障している。なお，基本的人権とは，人が生まれながらに持っている，人らしく生きる権利のことである。

問12　新型コロナウイルス感染症の拡大によってさまざまな行動制限や自粛要請が出された結果，経済に大きな影響が出た。特に飲食店は大きな影響を受けたが，テーブルにアクリル板やビニールで仕切りをつくる，来店するグループの人数を制限する，営業時間を早めるといった工夫で感染対策をしながら，営業を続けるところが多かった。また，お店のメニューを持ち帰れるようにしたり，飲食物の宅配サービス会社と協力して宅配できるようにしたりすることも，一般的となった。飲食店に限らず，自分が訪れたお店で行われた工夫をふまえて，感染対策と売り上げの向上を両立できるような方法をあげればよいだろう。

理　科　＜第２回試験＞（社会と合わせて60分）＜満点：75点＞

解　答

１　**問１**　(1)　イ　(2)　エ　(3)　イ　(4)　ア　**問２**　(1)　(例)　**記号**…ア　**理由**…雨が少ない地域でも育てることができるため。　(2)　(例)　遺伝子を書きかえることにより人々が病気になりにくくなれば，幸せに生きられる人が増え，社会もよりよくなると思うので，私は賛成です。　**２**　**問１**　(例)　右の図　**問２**　消化　**問３**　イ，エ，カ　**問４**　(例)　全身に血液を送り出すはたらき。　**問５**　(例)　**変化**…呼吸がはやくなる。　**理由**…酸素をより多く取り入れるため。

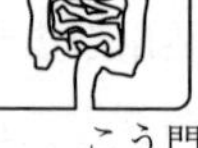

３　**問１**　(1)　上流　(2)　上流　(3)　内側　(4)　外側　(5)　速く　**問２**　(1)　12回　(2)　氷河　**４**　**問１**　イ　**問２**　ウ　**問３**　(1)　道具

…イ　**説明**…(例)　スライドガラスの上に溶液をたらし，アルコールランプで加熱する。白い固体が残った２つ(食塩水，石灰水)の溶液を赤色リトマス紙につけ，色が変化しない方が食塩水である。　(2)　**道具**…エ　**説明**…(例)　青色リトマス紙に溶液をつけ，赤くなった２つ(うすい塩酸，炭酸水)を石灰水に通し，白くにごらない方がうすい塩酸である。　**問４**　(1)　青色　(2)　ドライアイス　5　**問１**　1.2　**問２**　2.5cm　**問３**　(例)　風の影響が少ない室内で行う。　**問４**　(例)　ばね

解　説

1　小問集合

問１　(1)　ヒトをはじめとした動物は，めすの卵巣でつくられた卵と，おすの精巣でつくられた精子が受精して受精卵となり，細胞分裂をくりかえして１つの個体となる。　(2)　赤は赤色の光だけを反射するので赤色に，紫色は赤色と青色の光だけを反射するので紫色に見える。一方，白はすべての色を反射し，黒はすべての色を吸収する。　(3)　燃料電池は，水素と酸素が反応するさいに発生する電気を利用する。このとき，二酸化炭素が発生しないため，環境にやさしい電力と考えられている。　(4)　地球は北極から見て反時計回りに自転しているので，地球上からは，太陽が東から西へ動くように見える。ただし，北半球の日本では，東から昇ったあと南の空を通って西に沈み，南半球のオーストラリアでは，東から昇ったあと北の空を通って西に沈む。

問２　(1)　アを選んだ場合，雨が少なく乾燥した地域でも生産できることなどが理由としてあげられる。イでは，害虫に対して農薬を使用する経済力や技術力がない場合などが考えられる。また，ウの腐りにくい性質であることについては，気温が高く作物の保存に適さない場所だったり，消費地まで輸送するのに時間がかかったりする場合などに有利である。　(2)　賛成の場合，遺伝子を書きかえることで，ヒトが病気になりにくくなったり，環境の変化に強くなったりして，健康な生活を長く続けることができるという点があげられる。また反対の意見では，遺伝子を書きかえることで予測のできないことが起きて，命の危険があるかもしれないこと，地球環境や他の生物に対して悪い影響をおよぼす可能性もあることなどを述べることができる。

2　ヒトのからだのつくりとはたらきについての問題

問１　文中にあるように，口から「まっすぐに食道を下り」，「袋状の胃」から「くねくねと折れ曲がった小腸」をえがき，「小腸の周りを囲んでいる大腸」からこう門へつなぐ。

問２　食べた物は，そのままでは体内に吸収できないので，細かくしたり分解したりして小腸などから吸収できる物質に変える。このはたらきを消化という。

問３　血液は，肺を通るときに酸素を取りこむ。酸素を多く含む血液は，肺から心臓に流れる肺静脈(エ)，心臓から送り出される大動脈(カ)，そのうち脳へと向かう血管(イ)を通り，からだの各部に酸素を届けている。

問４　問３の図のように，心臓には，血液を肺や全身に送り出すはたらきがある。心臓が規則的に拍動することで，規則正しく血液をじゅんかんさせることができる。

問５　激しい運動をすると，筋肉がたくさんの酸素や養分を消費する。すると，足りなくなった酸素や養分を届けるために，心臓の拍動がはやくなる。同時に，血液により多くの酸素を取りこむために，呼吸もはやくなる。

3 流れる水のはたらきについての問題

問１　川の上流は下流よりかたむきが大きいので，水の動きが速い。また，水のはたらきで運ばれる岩石は，上流から下流にいくほど小さくなり，丸みを帯びる。中流から下流にかけて見られる曲がりくねった川のようすをだ行といいい，曲がった流れの内側は流れが遅(おそ)く，土砂を積もらせるはたらきが大きい。外側は流れが速いので，土砂を削(けず)るはたらきが大きくなり，川が深くなる。

問２　(1)　表から，河川には2000立方キロメートルの水が存在し，それが１年に24000立方キロメートルずつ入れ替わるので，１年では，24000÷2000＝12(回)入れ替(か)わっていることになる。

(2)　水全体が入れ替わるまでの時間が長いほど，水が入れ替わりにくい場所といえる。(水全体が入れ替わるまでの時間(年))＝(存在量)÷(１年で入れ替わる量)で計算すると，大気は，13÷496＝0.026…(年)，海は，1348850÷425＝3173.7…(年)，氷河は，27500÷３＝9166.6…(年)，河川は，２÷24＝0.083…(年)，淡(たん)水湖は，103÷24＝4.29…(年)，地下水は，8200÷14＝585.7…(年)となり，氷河が選べる。

4 気体や水溶(よう)液の性質についての問題

問１　二酸化炭素は水に溶(と)ける性質があるため，ペットボトル内の二酸化炭素が水に溶けこんで内部の気圧が下がり，ペットボトルがへこむ。

問２　二酸化炭素が水に溶けても，ペットボトル内の水と二酸化炭素の重さの合計は変化しない。

問３　(1)　ア　二酸化炭素の水溶液である炭酸水と，石灰水をまぜると白くにごる。アルミニウム片を入れると気体を出して溶けるのは，うすい塩酸だけである。水溶液をスライドガラスに１てき取り，かわくまで待つと，食塩水と石灰水では白い固体が残る。したがって，食塩水と石灰水の区別がつけられない。　　イ　スライドガラスに１てき取ってアルコールランプで加熱すると，食塩水と石灰水では白い固体が残る。さらに，食塩水と石灰水をそれぞれ赤色リトマス紙につけると，中性の食塩水では色が変化しないが，アルカリ性の石灰水では青色に変化するため，食塩水を確かめることができる。　　ウ　うすい塩酸はアルミニウム片を入れると気体を出して溶ける。青色リトマス紙につけても色が変化しないのは，食塩のほかにうすいアンモニア水，石灰水があり，食塩水を選ぶことができない。　　(2)　ア　石灰水で確認できる炭酸水以外について，水溶液をスライドガラスに１てき取り，かわくまで待つと，うすい塩酸とうすいアンモニア水の２つが何も残らないため，区別できない。　　イ　うすい塩酸は酸性の水溶液なので，赤色リトマス紙につけても色が変化しないが，青色リトマス紙は赤色に変化する。ところが，炭酸水も酸性なので，これだけでは確かめることができない。　　ウ　スライドガラスに１てき取ってアルコールランプで加熱すると，うすい塩酸，うすいアンモニア水，炭酸水の３つで何も残らず，うすい塩酸を選べない。

エ　青色リトマス紙につけると，うすい塩酸と炭酸水だけが赤色に変化する。また，塩酸は石灰水の色を変えないので，石灰水に通すことで，塩酸を確かめることができる。

問４　(1)　炭を燃やすと二酸化炭素が発生する。二酸化炭素は水に溶けると炭酸水となり，酸性を示すので，青色リトマス紙が赤色に変化する。　　(2)　二酸化炭素の固体を，ドライアイスという。ドライアイスは，−78.5℃で気体になるので，食品の保冷などに使用される。

5 ゴムの性質についての問題

問１　結果の表から，ゴムを伸(の)ばす長さが２cmの３回の結果の平均は，(1.1＋1.3＋1.2)÷３＝1.2(秒)となる。

問２　結果の表から，ゴムを伸ばす長さが２倍，３倍…になると，戻(もど)ってくるまでの時間の平均も２倍，３倍…になっていることがわかる。つまり，ゴムを伸ばす長さと戻ってくるまでの時間の平均は比例の関係といえるので，戻ってくるまでの時間を1.5秒にするには，$1\times\frac{1.5}{0.6}=2.5$(cm)の長さにゴムを伸ばすとよい。

問３　ゴムを伸ばす長さを長くすると，それに比例して戻ってくるまでの時間も長くなる。戻ってくるまでの時間が長いのは，ゴムが飛ぶ高さが高いからだと考えられる。よって，正確なデータが得にくくなるのは，たとえば，風の影響を受けやすくなっているためだと想像できる。そのため，風の影響を受けにくい室内で実験するなどの工夫をするとよい。

問４　形が変わったときに元に戻ろうとする性質があるものとしては，ばね，ボール，スポンジなどがあげられる。

国　語　＜第２回試験＞（50分）＜満点：100点＞

解　答

一　**問１**　①　きょしゅ　②　おび　③　きん(じ)　④　むく(いる)　⑤　さいだん　⑥〜⑩　下記を参照のこと。　**問２**　(1)　①　イ　②　ア　(2)　イ　(3)　ア　二　**問１**　(1)　イ　(2)　ア，ウ　**問２**　(例)　驚くような出来事が発生したときの状況についての完全，鮮明，正確で忘れにくい記憶。　**問３**　イ　**問４**　**B**　オ　**C**　ウ　**D**　エ　**問５**　イ　**問６**　２　**問７**　ウ　**問８**　(例)　非常にカロリーが高いおかずばかりが入った弁当を，「不健康弁当」という商品名で発売することにした。健康的な食生活を押しつけられることにうんざりしている人は多いと思われるからである。　**問９**　ウ　三　**問１**　手　**問２**　エ　**問３**　ア　**問４**　ア　**問５**　３　**問６**　(例)　しゃがみこんで目線を合わせ，手を握り，顔を見つめて笑いかけてやるべきだった。　**問７**　イ　**問８**　エ　**問９**　ウ　**問10**　ア　**問11**　ウ

●漢字の書き取り

一　**問１**　⑥　辞退　⑦　通貨　⑧　順序　⑨　墓　⑩　通勤

解　説

一　**漢字の読みと書き取り，短い文章の読み取り**

問１　①　手をあげること。　②　音読みは「タイ」で，「包帯」などの熟語がある。　③　「禁じる」は，“ある行動を制して，差し止める”という意味。　④　音読みは「ホウ」で，「報恩」などの熟語がある。　⑤　紙や布を型に合わせて断ち切ること。　⑥　地位・権利などを自ら放棄すること。　⑦　支払いの手段として機能している貨幣。　⑧　物事を行う手順。　⑨　音読みは「ボ」で，「墓地」などの熟語がある。　⑩　勤務先に通うこと。

問２　(1)　①　バスケットボールの試合には，１試合につき３回の休憩があるので，アは誤り。１クォーター10分間で，１試合につき４クォーター行われるので，競技を行なっている時間は１試合で40分である。よって，イは正しい。　②　ニュートンは，「りんごの実が木から落ちるところ」を見て，「『万有引力』のアイディアを思いついた」し，フレミングは，アオカビの「周りだけブド

ウ球菌の力が弱まっていることに気付き」，ペニシリンを発見した。このように，学者は，偶然のきっかけから，新しい発見を生み出すことがあるので，アは正しい。一方，ニュートンが「りんごの実が木から落ちるところ」を見たのも，フレミングがブドウ球菌の研究をしているときに「ブドウ球菌の入った皿にアオカビが生えてしまった」のも偶然にすぎず，二人ともそういう事態を探し求めていたわけではないので，イは誤り。　⑵　DD７に所属している人は，中学の間にDD８，DD９へと進む。「中学２年になるときにその成績によってアドバンスト８，スタンダード８に分かれ」るのは，アドバンスト７，スターター７である。よって，正しくない。　⑶　源氏物語写本には，「明融本，大島本を含む『青表紙本系』」がある。よって，アは正しい。また，「青表紙本系」以外には，「河内本系」や「陽明文庫本，保阪本などを含む『別本系』」がある。よって，イは誤り。

二　出典は同志社大学心理学部編の『ようこそ，心理学部へ』による。記憶は，認知心理学の中でも，特に重視されるトピックであることを紹介し，人間の記憶は，とても歪みやすいうえにいい加減な機能であることを説明した文章である。

問１　⑴　人間は，数千回，数万回見ているはずの「一〇円玉の裏側」の模様さえ，正確に記憶していない。筆者は，人間の「記憶は，あまり頼りにならないのかも」しれないということを実感させるために，「一〇円玉」の問題を読者に考えさせたと思われる。　⑵「一〇円玉」の例は，毎日のようにひんぱんに見ていても，人間は自分が見たものを正確に記憶できないものであることを示している。イとエは，これと同じ性質の例といえる。「事件の容疑者を目撃した」のはごく短時間のことであり，その「容疑者」は目撃者にとっては赤の他人である。顔の特徴などを詳細に覚えていないのは，ごく自然なことである。よって，アは異なる。「アジの開き」は，目の前に置かれているので，それを「うまく描くことができなかった」のは，記憶の問題ではなく，本人の画力の問題である。よって，ウも合わない。

問２　「フラッシュバルブ記憶」とは，「ショッキングな内容で驚くような出来事が発生したときの記憶」であり，「その当時の状況」についての「完全であり，鮮明であり，正確であり，忘れにくい」記憶のことである。

問３　「一線を画する」は，“違いがはっきりしている，区別をはっきりさせる”という意味。

問４　**B**　前では，ブラウンとクリークがフラッシュバルブ記憶は鮮明で正確だと考えていたことが述べられている。後では，フラッシュバルブ記憶が「実はそれほど鮮明でも正確でもないという研究結果がいくつも提出されて」いることが述べられている。よって，逆接を表す「ところが」がふさわしい。　**C**　フラッシュバブル記憶が「それほど鮮明でも正確でもないという研究結果」の例として，「二〇〇一年九月一一日にアメリカで発生した同時多発テロにおけるフラッシュバルブ記憶の研究」が挙げられている。よって，「例えば」が入る。　**D**　前では「状況の記憶の鮮明さや，その記憶への確信度は低下しない一方，記憶内容の一貫性が時間経過とともに低下する」と述べられている。後ではそれを「私たちはショッキングな出来事を経験して正確な記憶が焼き付いたと感じる」が，「実は正確ではない記憶に強い確信を抱いているということ」であるとしている。よって，前の内容からいえることをまとめる「つまり」が合う。

問５　「ネガティブな感情は出来事の詳細に関する記憶を促進するよう」である。また，「ネガティブな感情は，いつもネガティブな影響しか及ぼさない」わけではなく，「記憶に残りやすい効果」も持っている。いずれにせよ，「ネガティブな感情」は強い印象を与えるので，そのような感情をともなう情報は，「記憶に深く刻まれる」のである。

問６　もどす文に「恥ずかしさというネガティブな感情が記憶に影響した例」とあることに注意する。《２》の前の段落には，「駆け込み乗車をしようとしたところ，自分の目の前で電車の扉が閉まり，周囲の人から白い目で見られてとても恥ずかしい思いをしたという経験は誰しもある」だろうとあるし，「別の日に同じ経験をする」と，「普通に扉が開いている時に乗車できている頻度のほうが圧倒的に高い」にもかかわらず「いつも必ず自分の目の前で扉が閉まる」と感じてしまうとある。これが「恥ずかしさというネガティブな感情が記憶に影響した例」だと考えられる。よって，《２》にもどすのがよい。

問７　同じ段落に「恐ろしいなどのネガティブな感情は出来事の詳細に関する記憶を促進するよう」であるとある。一方，「嬉しいとか楽しいというポジティブな感情」は，「出来事の詳細」とは逆に，その出来事全体の大切なポイントに関する記憶を促進させると考えられる。

問８　まず，ネガティブな商品名を考える。商品名と商品がきちんと結びつくような商品名である必要がある。そして，それがどのような商品であり，どういう目的でネガティブな商品名をつけたのかを説明すればよいだろう。

問９　ふだん見慣れている「一〇円玉」でも，細かいところまでは記憶していないことから，「私たちの記憶は，あまり頼りにならないのかも」しれないといえるのである。よって，アは合う。「アメリカで発生した同時多発テロ」のような，強く印象に残っている記憶でも，「記憶内容の一貫性」は「時間経過とともに低下する」としている。よって，イもふさわしい。「中性的であまり感情情報を伴わない場合よりも，恐怖や怒りといったネガティブな感情情報を伴う場合のほうが，記憶に深く刻まれる」のである。よって，エもよい。「どうやっても覚えられないことがら」については触れられていないので，ウは適切でない。

三　**出典は藤岡陽子の『金の角持つ子どもたち』による。**菜月が，耳が不自由な男の子を上手に泣き止ませたところ，それを保育士の高矢にほめられて，うれしく思うようすを描いた文章である。

問１　「手が空く」は，“仕事が一段落ついて，ひまができる”という意味。「手を焼く」は，“うまく処理できずに，もてあます”という意味。

問２　高矢は，長い間不妊治療をしてきたが，結局，子どもはできなかったというつらい経験を気軽に話しながらも，洗濯物を取りこみ続けた。こうしたことから，彼女が，さっぱりした性格であるとともに，有能な保育士であることが伝わってくる。よって，エが選べる。

問３　大量の洗濯物を洗濯機に入れ，乾いた洗濯物を取り終える頃には，菜月は，汗びっしょりになっていた。それほど洗濯物は大量にあり，仕事は大変だったと考えられる。よって，アがふさわしい。「朝の早い時間に干したぶん」が，昼寝の時間にはもう「からからに乾いて」いることや，高矢の顔が日焼けしていることから，温かい季節であると考えられるが，ここで強調されているのは菜月の仕事が大変であることであって，気温の高さではないので，イはふさわしくない。

問４　高矢は，「てきぱきと仕事をこなし，子どもたちから慕われ，同僚から頼りにされ，生まれながらの保育士のよう」だった。そんな彼女が，「四十三歳で保育士になろうかな」と思い，四十六歳で保育士の資格を取ったという話を聞いて，菜月は意外に感じたのであるから，アがよい。

問５　もどす文に「そういうこと」とあるのに注意する。京ちゃんは，「お昼寝中に怖い夢でも見た」のかもしれないし，「ふと目を覚ました時に，ここがどこかわからなくなってパニックになったのかもしれない」と菜月は考えた。「美音がいまより幼かった頃は，頻繁にそういうことがあった」のである。よって，《３》に入れると文意が通る。

問６　少し後に「音のない世界で生きる子どもは，いつも不安の中にいる」ので，子どもがパニックになったとき，大人は，「しゃがみ込んで目線を合わせ，手を握って」やり，「顔を見つめて笑いかけて」やるのがいいとある。

問７　保育士の高矢がいるのに，補助員にすぎない自分が京ちゃんの世話をしてしまったことで，菜月は，出しゃばったことをしたのではないかという不安を感じていた。しかし，高矢が全く気にかけていないようだったので，菜月は安心したと思われる。よって，イが選べる。

問８　「生まれながらの保育士のような」高矢が菜月と話したかったと言ったので，菜月は，「どうして私なんかと」話したかったのだろうと思い，どう対処していいかわからず，まごついたのである。直後の一文の「視線がさまよう」という表現からも，菜月の心が安定していないようすが読み取れる。よって，エがよい。

問９　「言葉にならない声」とは，園児たちが感じたり考えたりはしているが，言葉で説明することができない気持ちや思考のことと考えられる。菜月は，子どもたちに対し真剣に接して，子どもたちがうまく言えないようなことまで理解しようと努力していたと想像できる。

問10　高矢が菜月に「戸田さんみたいな人が保育士になってくれたら，子どもたちもあたしたちも嬉しいんだけどな」と言っている。保育士の高矢が自分の働きを高く評価して，保育士に向いていると言ってくれたことがうれしかったので，「菜月はしばらくその場を動けずにいた」のである。よって，アが選べる。

問11　「大きな花束」は，比喩であり，菜月のうれしさを表しているといえる。よって，アとイは正しい。菜月は，この段階では，「保育士になる決心」をしていないので，ウは誤っている。「大きな花束」は，保育士になれるかもしれないという可能性を菜月が感じていることも表していると考えられるので，エもよい。高矢に保育士に向いていると褒められたことで，菜月は以前よりも自分に自信がもてるようになったと考えられるので，オも適切である。

2023 年度

文化学園大学杉並中学校

＊【適性検査Ⅰ】は国語ですので最後に掲載してあります。

【適性検査Ⅱ】〈適性検査型試験〉(45分)〈満点：100点〉

注　意

計時機能以外の時計の使用は認めません。

1 先生と文子さんが話をしています。以下の会話文を読み、あとの問いに答えなさい。

先生：今日は世界的に有名な「ハノイの塔(とう)」というパズルゲームをしましょう。

文子：聞いたことがあります。たしかそれは、少し怖(こわ)い伝説がもとになっているのですよね？

先生：よく知っていますね。諸説(しょせつ)ありますが「古代インドの寺院では３本の柱のうちの１本に大きさの違う64枚の黄金の円盤(えんばん)がピラミッド状に重ねてあり、僧侶(そうりょ)たちは日夜その円盤を別の柱に移動させている。その作業がすべて終わるとき、世界は消滅(しょうめつ)するだろう。」というものですね。これはただの伝説で、実際には「ハノイの塔」は19世紀にフランスの数学者が考案したパズルゲームです。

【ハノイの塔】

３本の柱のうちの１本に、すべての円盤が大きい順に積み上がっているところから、すべての円盤を最初の柱とは違う別の柱 1 本に大きい順に積み重ねたら終了とするゲームです。このとき、以下のルールで動かします。

《ルール》

・１回の移動で１枚の円盤しか動かすことができません。

・小さい円盤の上に大きい円盤を乗せることはできません。

・３本の柱以外の場所に円盤を置くことはできません。

では、この≪ルール≫のもとで、10 枚の円盤を最も少ない移動回数で別の柱に移動するのに、何回かかるかを求めてみましょう。

文子：うーん。ちょっと想像がつかないです。

先生：そうですね。それではまず、少ない数の円盤で順番に考えてみましょう。円盤が 1 枚のとき、移動は 1 回ですね。2 枚のとき、3 枚のときはどうでしょうか。ノートに書き出してみましょう。

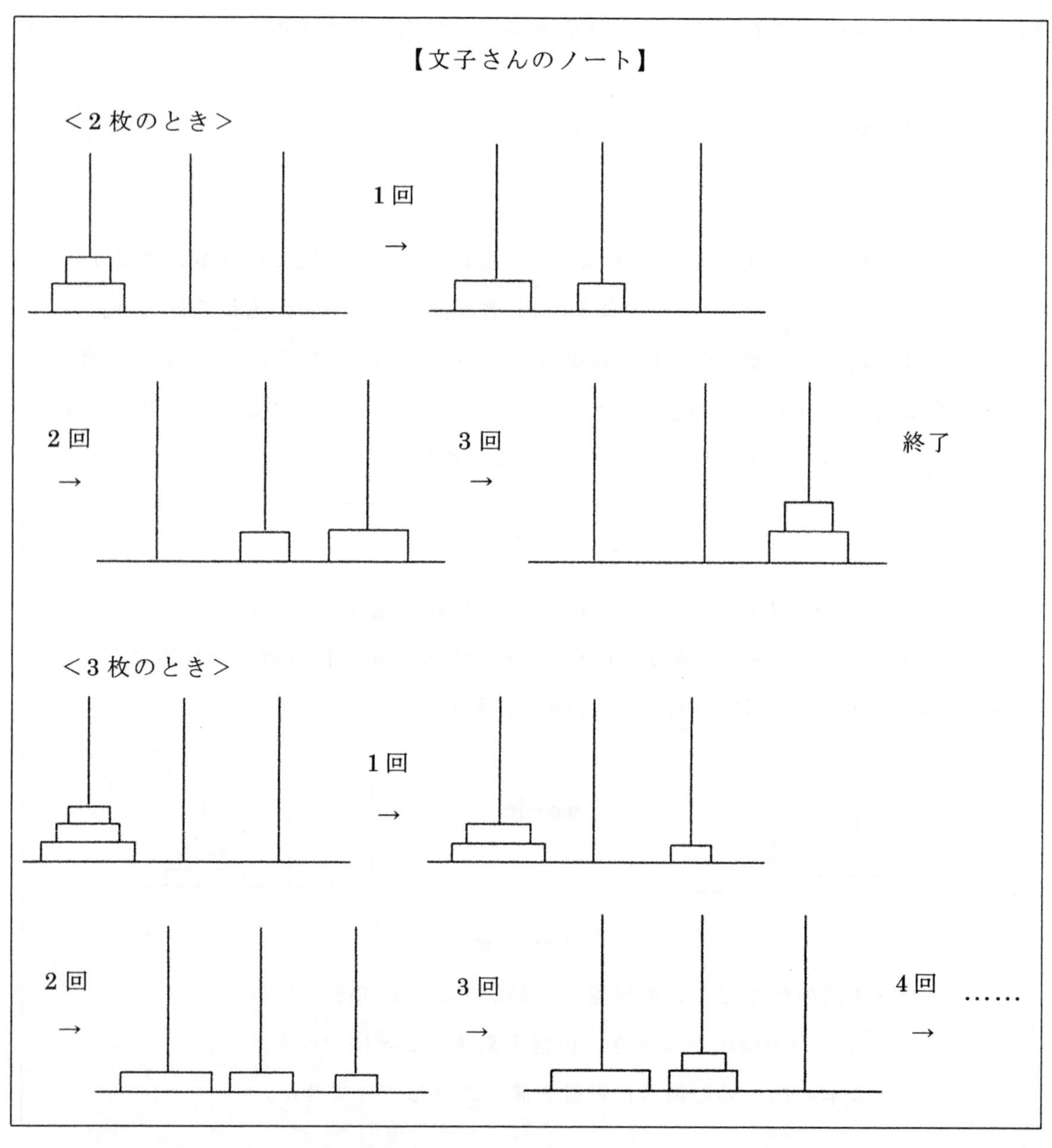

文子：円盤の枚数が 2 枚のときは 3 回で終了し、3 枚のときは [①] 回だと思います。

先生：正解です！では 4 枚のときはどうですか？

文子：うーん。少し難しくなってきました。

先生：そうですね。では、次の表をみてください。円盤の枚数と移動の最小回数をまとめたものです。

円盤(枚)	1	2	3	4	5	6	7	8	9	10
回数(回)	1	3	①	②	31	63	127	255	511	?

実は円盤の枚数の増加に合わせて、移動する最小回数は、<u>ある規則にしたがって増えています</u>。これを利用すれば、円盤が 4 枚のときの移動回数を推測して求められますよ。

〔問題 1〕会話文中の [①] に当てはまる数を答えなさい。

〔問題 2〕会話文中の下線部の「ある規則」とはどのようなものですか。言葉や式を使って説明し、さらに表の中の ② に当てはまる数を答えなさい。

文子：規則がわかれば、円盤が 10 枚のときの移動回数もわかりますね！

先生：その通りです。またこの表は、次のような見方をすることもできます。回数に 1 を足したものを下の段に追加します。

円盤(枚)	1	2	3	4	5	6	7	8	9	10
回数(回)	1	3	①	②	31	63	127	255	511	?
回数＋1	2	4			32	64	128	256	512	

先生：一番下の段の数にもある規則があります。この規則を使って、移動の最小回数を求める式を考えてみましょう。

〔問題３〕円盤が 10 枚のときの移動の最小回数を求めなさい。ただし、途中の式も書きなさい。

〔問題４〕3を2回かけることを意味する 3×3 を 3^2、4を3回かけることを意味する $4\times4\times4$ を 4^3 と表すこととします。この表し方を使って、円盤が 64 枚のときの移動の最小回数を求める式を作りなさい。

〔問題５〕柱の数を３本から４本に変更した場合、移動の最小回数は以下の表のようになりました。この場合もある規則にしたがって回数が増えています。
柱の数が４本のとき、円盤 10 枚の移動の最小回数を求めなさい。

円盤(枚)	1	2	3	4	5	6	7	8	9	10
回数(回)	1	3	5	9	13	17	25	33	41	?

2 文子さんと杉男さんが話をしています。以下の会話文を読み、あとの問いに答えなさい。

文子：おはよう！どうしたの？杉男さん元気ないじゃない。

杉男：おはよう…。いや、今日電車が遅れていたからさ、通学に使っている電車がいつもより混んでいて…。

文子：それは大変だったね。私は自転車通学だから、満員電車は経験したことがないな。

杉男：いいなぁ。でも文子さんも、大学に進学したり、仕事に就(つ)いたりしたら、通学や通勤のために電車やバスを使わなければいけなくなると思うよ。

文子：嫌(いや)だなぁ…。どうやったら混んでいる電車やバスを避けられるだろう…。

杉男：あ、そういえばこの前テレビでアニメ「ドラえもん」の映画版をやっていたけれど、ドラえもんの道具を使えば解決できるのではないかな。

文子：そうだね！じゃあ、ドラえもんの道具をいくつか調べてみよう！

〔問題1〕文子さんと杉男さんがドラえもんの道具について調べると、混んでいる電車やバスを避(さ)けるために使えそうな2つの道具が見つかりました。次の□内はその2つの道具の説明です。これを読んで、次のページの(1)・(2)に答えなさい。

A：どこでもドア
…ドアの形をした道具。このドアの前に立って、行きたい場所を宣言したり、行きたい場所を頭に思い浮かべたりすると、ドアをくぐるだけで、一瞬(いっしゅん)でその場所に着くことができる。現実に存在する場所であれば、どこにでも行くことができる。

B：タケコプター
…竹とんぼの形をした道具。この道具を体のどこかに身につけることで、自由に空を飛ぶことができる。飛ぶ方向は頭に思い浮かべれば良い。使う人の体重には制限はない。電池式のため、電池がなくなると使えなくなる。

(1) 文子さんは、これらの道具がもし現実にあったとしたら、それまでの常識が大きく変わってしまったり、社会に大きな混乱が生じてしまったりするなどの問題が発生する可能性があると考えました。これら2つの道具が現実に存在したとすると、どのような変化や問題が生じると考えられるか、それぞれ説明しなさい。ただし、A・Bで同じことをあげてはいけません。

(2) 杉男さんは、文子さんが説明した問題点は、道具に何か設定を追加すれば解決できるのではないかと考えました。(1)で説明した問題点のうちA、Bいずれか1つを選び、その問題点を解決するための「道具の設定」を考え、説明しなさい。

文子：杉男さんは、中央線が混んでいることにいつも文句を言っているよね。実際、中央線の混み具合はどのようになっているのかしら。

杉男：朝登校するときと帰るときでは、混み具合は違う感じがするよ。うちの学校は土曜日も授業があるけれど、土曜日は平日とまたちょっと違うし、部活動の朝練習の日はいつもより早く登校しなければいけないから、やっぱり混み具合は違う感じが…。

文子：感覚ではなく、客観的にどうなのか調べてみましょうよ。

杉男：でも、どうすれば良いのだろう。

文子：中央線を運行しているJR東日本が、何か情報を発信しているかもしれないわよ。

杉男：なるほど。では、JR東日本のホームページにアクセスして、何か情報が得られないか探してみよう。

〔問題2〕杉男さんが会話のあと、JR東日本のホームページを検索したところ、中央線の時間帯別混雑状況が見つかった。杉男さんはその情報をもとに、次のグラフを作成した。これを見て、(1)・(2)に答えなさい。

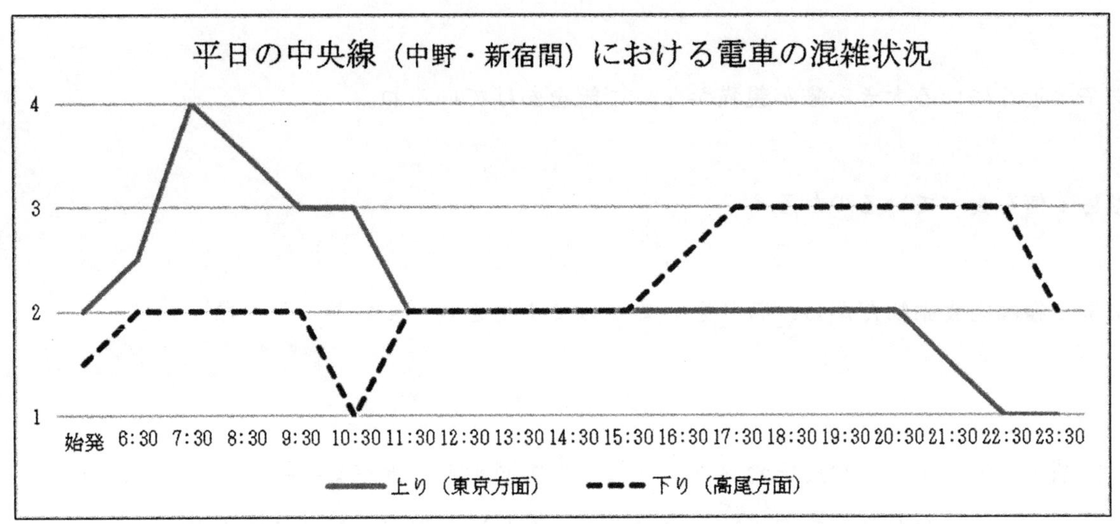

※JR東日本ホームページより作成／数字が大きいほど混雑している

(1) 上り電車と下り電車の混雑状況（じょうきょう）の違いについて、グラフからわかることを2つとりあげて説明しなさい。

(2) (1)のような違いが生じる理由を説明するために、文子さんは別の資料を準備しようとしています。次の①～④の調査結果のうち、(1)で説明した違いを説明するために適切だとあなたが考えるものを2つ選びなさい。そして、その調査結果がどのようなものであれば、(1)で説明した違いが生じることを証明できるか、それぞれ説明しなさい。

① 中央線の各駅に近い学校の数を調査した結果

② 東京都にある企業の始業・終業時間のアンケート調査結果

③ 中央線を使う人の職業を、時間帯別で調査した結果

④ 中央線の各駅に近い大規模商業施設（ショッピングモールなど）の数を調査した結果

3 杉男さんと文子さんが話をしています。以下の会話文を読み、あとの問いに答えなさい。

杉男：見て、子猫(ねこ)がいっぱいいる。

文子：近くにいる大きい猫が親猫かな。ご飯をあげているね。

杉男：何を食べているのだろう？

文子：猫は肉食動物だから、狩(か)りをしてネズミや鳥を食べているんじゃないかな。

〔問題１〕猫がネズミや鳥を食べるような、生物同士の「食べる—食べられる」というつながりを食物連鎖(れんさ)といいます。そしてこのつながりは何段階もあり、例えば海の中でウニがワカメを食べ、そのウニをタイが食べ、さらにそのタイをサメが食べます。この他に食物連鎖の関係にある生物を４つ、下に示す≪例≫にならってあげなさい。

≪例≫ ワカメ → ウニ → タイ → サメ

杉男：あれ、親猫と同じ毛の色の子猫もいれば、違う色の子猫もいるね。

文子：本当だ。そういえば猫の毛の色って黒色、白色、茶色などいろいろな色があって、しかも一色の猫や複数の色の毛が生えている猫がいるよね。どうやって猫の毛の色は決まっているのだろう。明日、先生に聞いてみよう。

〜 翌日 〜

文子：先生、猫の毛の色はどのように決まっているのですか？親子で違う色になることはありますか？

先生：猫の毛の色が決まるにはいくつかの遺伝子が関係しています。遺伝子というのは生物を形作り、動かすための設計図のようなものです。

杉男：毛の色を黒色にする遺伝子や白色にする遺伝子があって、それによって猫の毛の色が決まっているということですか？

先生：その通りです。遺伝子と毛の色についていくつかの例を模式的に図１～４にまとめてみました。猫の毛の色は多くの遺伝子が複雑に関わって決まっているのですが、その中で今回は４つの遺伝子に注目して基本的な仕組みを知っていきましょう。

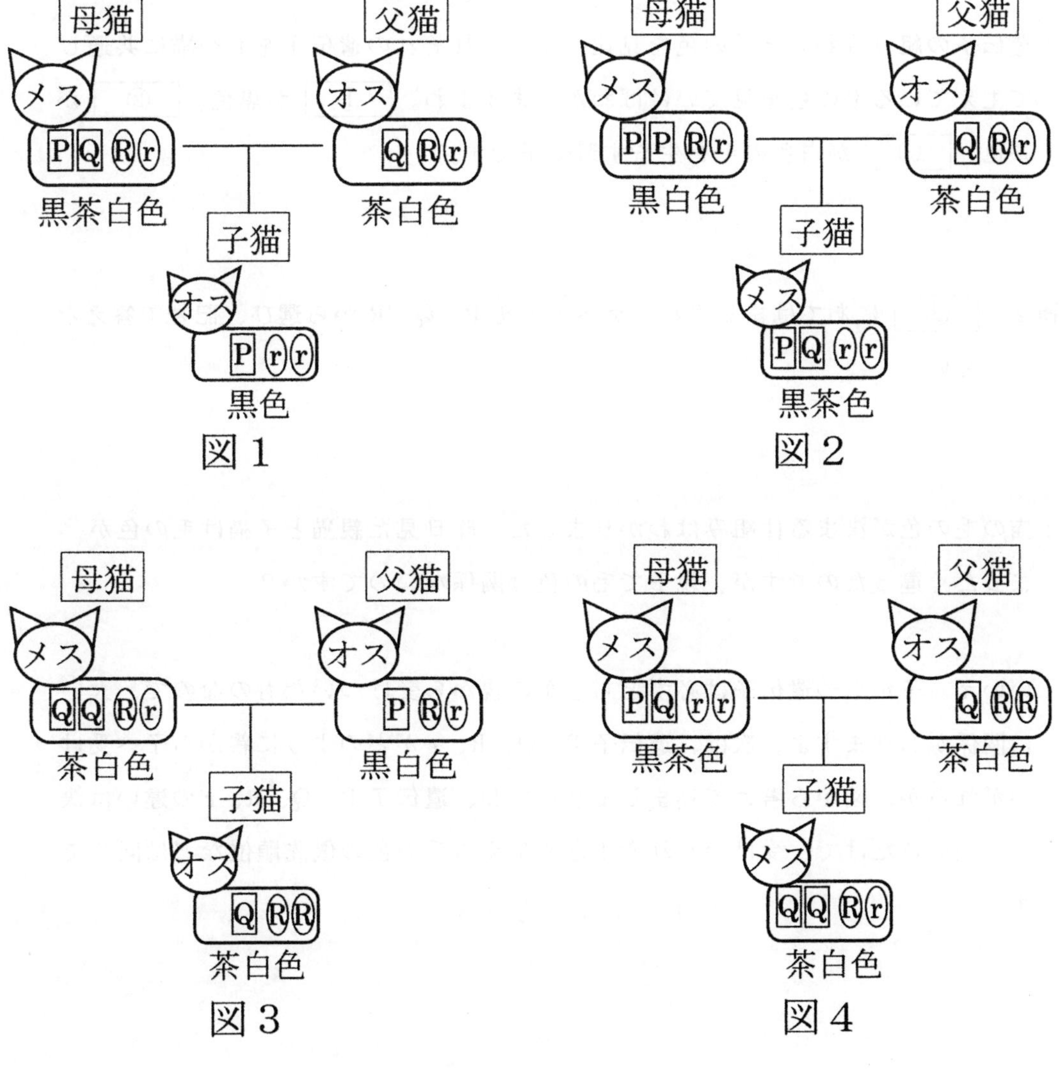

先生：四角や丸で囲まれたアルファベットはその猫がもっている遺伝子を示します。オスとメスでもっている個数が異なる遺伝子を四角で、すべての猫でもっている個数が同じ遺伝子を丸で囲んであります。猫の体を示す枠(わく)の下にその猫の毛の色を書きました。遺伝子P、Q、Rが毛の色を決めていて、遺伝子rは毛の色に影響しません。

文子：図1の母猫はP、Q、R、rという遺伝子をもっていて、黒色の毛、茶色の毛、白色の毛が混ざった三毛猫だということですね。

先生：そうです。それでは、まずは色だけに着目して、それぞれの遺伝子が何色を決めているのか考えてみましょう。

杉男：遺伝子の組み合わせと毛の色を見比べて、それぞれの遺伝子をもつ猫に共通して生えている毛の色を見ていけばわかりますよね。［①］が黒色、［②］が茶色、［③］が白色の毛を生やす遺伝子です。

〔問題2〕［②］にあてはまるアルファベットをP、Q、Rから選び、記号で答えなさい。

文子：猫の毛の色が決まる仕組みはわかりました。昨日見た親猫と子猫は毛の色がまったく違ったのですが、親子で毛の色は関係ないのですか？

先生：いいえ、子がもつ遺伝子は必ずどちらかの親から受けついだものなので、大いに関係がありますよ。次は、遺伝子P、Q、R、rがどのように親から子へ受けつがれるか、図から考えてみましょう。なお、遺伝子P、Q、R、rの違いは決める毛の色だけで、受けつがれやすさや生える毛の色の優先順位などは同じです。

〔問題３〕性別と、四角・丸で囲まれた遺伝子の個数について図１～４から読み取れる決まりを「オス」「メス」「四角」「丸」の語句を使用して説明しなさい。

杉男：オスの子猫について、それぞれの遺伝子がどちらの親から伝わったものか考えてみると、図３の子猫がもっている遺伝子Ｑは両親のうち母猫しかもっていないので、これは母猫から受けついだと考えられます。そして、この子猫のもっている２つの遺伝子Ｒは母猫と父猫からそれぞれ受けついだと考えられます。図１の親子でも同様のことが言えます。このことからオスの子猫へは母猫の四角の遺伝子が１つと、両親の丸の遺伝子が１つずつ受けつがれることがわかります。

先生：その通りです。ではメスの子猫ではどうでしょうか？

文子：図２や図４から考えると、メスの子猫へは四角の遺伝子も丸の遺伝子も両親から１つずつ受けつがれているということですよね。つまり、メスの子猫はどちらかの親とまったく違う毛の色になることはあり得ませんが、オスの子猫ならあり得るのですね。

杉男：猫の親子の毛の色についてよくわかりました。図に示してある子猫は一例で、例えば図３の両親からは、「茶白色のオス」猫以外にも［④］の子猫が産まれる可能性があるのですね。

〔問題４〕［④］に当てはまる子猫の毛色と性別の組み合わせをすべてあげなさい。

文子：あれ？三毛猫のオスは産まれないということですか？でもこの前行った動物園にいたような…。

先生：ここまでの話から考えると、三毛猫のオスが産まれる可能性はありません。ただ、実は「突然変異（とつぜんへんい）」によって遺伝子に変化が起きて、三毛猫のオスが産まれることがごくまれにあるのです。

杉男：それじゃあ、文子さんはとても貴重な猫を見られたのですね！

〔問題５〕下線部について、文子さんがこのように考えた理由を会話文および図から読み取れることをもとに説明しなさい。

【適性検査Ⅲ】 〈適性検査型試験〉 (45分) 〈満点：100点〉

注　意

計時機能以外の時計の使用は認めません。

1 杉男さんと先生が話をしています。以下の会話文を読み、あとの問いに答えなさい。

杉男：僕の家では「サザエさん」のじゃんけんが日曜日の恒例（こうれい）行事になっています。先週、お父さんに「杉男はあいこになる確率が高いなあ。」と言われました。日常的に使ってはいますが、確率って何ですか？？

先生：起こりうるすべての結果が、同じように起こる可能性があることを"同様に確からしい"といいます。同様に確からしい状況で、「起こりうるすべての数」を分母、そのうち「その事象に該当（がいとう）する数」を分子として分数で表したものが確率です。事象という言葉は難しいと思いますので、杉男さんとサザエさんのじゃんけんを例に書き出してみます。

	杉男さん	サザエさん
(1)	グー	グー
(2)	グー	チョキ
(3)	グー	パー
(4)	チョキ	グー
(5)	チョキ	チョキ
(6)	チョキ	パー
(7)	パー	グー
(8)	パー	チョキ
(9)	パー	パー

起こりうるすべての数は(1)～(9)までの9通り。
そのうち、杉男さんが勝つのは(2), (6), (7)の3通り、サザエさんが勝つのは(3), (4), (8)の3通りで、どちらかが勝って勝負が決まる確率は $\frac{3+3}{9}=\frac{2}{3}$ となります。残った(1), (5), (9)の3通りは同じ手となっているので、あいこになる確率は $\frac{3}{9}=\frac{1}{3}$ となります。

杉男：あいこになる確率は常に $\frac{1}{3}$ ですか？

先生：では、杉男さんのお父さんも入れて3人でじゃんけんをした場合を考えてみましょう。

	杉男さん	サザエさん	お父さん
(1)	グー	グー	グー
(2)	グー	グー	チョキ
(3)	グー	グー	パー
(4)	グー	チョキ	グー
(5)	グー	チョキ	チョキ
(6)	グー	チョキ	パー
(7)	グー	パー	グー
(8)	グー	パー	チョキ
(9)	グー	パー	パー

⋮

起こりうるすべての数、つまり手の出し方は全部で［①］通りあります。

(3), (5), (7)のように“1人だけ勝つ”場合は9通りで、その確率は$\frac{9}{①}$。

(2), (4), (9)のように“2人が勝つ”場合が9通りで、その確率は$\frac{9}{①}$。

残りの数を数えてあいこになる確率は$\frac{1}{3}$です。

杉男：やっぱりあいこになる確率は常に$\frac{1}{3}$ということですね？

先生：まだ判断が早いですね。今度は4人でじゃんけんをした場合について考えてみよう。ただし、人数が多くなってくると全部の数も多くなるし、あいこは複数の場合があるから複雑で、確率を求めるのに工夫が必要です。

〔問題1〕［①］に当てはまる数を答えなさい。

〔問題2〕下線部「複数の場合」とはどういった場合か述べなさい。

杉男：確かにじゃんけんは人数が多いと、手の出し方が多くありそうだけど、これまでのように、全部書き出さないとだめですか？

先生：手の出し方は一人一人の手の出し方の組合せで決まります。
2人でじゃんけんをしたときの起こりうるすべての数9通りは、杉男さんの「グー」「チョキ」「パー」の3通り、サザエさんの「グー」「チョキ」「パー」の3通りの組合せ、つまりかけ算をして 3×3＝9 通り と計算で求めることができます。組合せを求める際にかけ算を利用することを「積の法則」といって高校で学習します。

杉男：では、4人でじゃんけんをしたときの手の出し方は全部で［　②　］通りですね。この中からあいこの数を数えるのは大変そう……。

先生：あいこの確率を求める前に知っておいて欲しいことがあります。

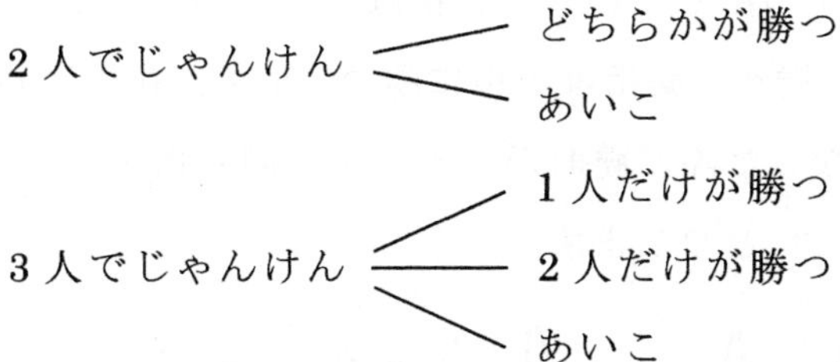

2人でじゃんけんをしたときも、3人でじゃんけんをしたときも、起こりうるすべての事象の確率をたすとどうなりますか？

杉男：あ！両方とも［　③　］ですね！

先生：そうです。4人でも5人でも、どんな確率でもすべての事象の確率をたすと必ず［　③　］になります。このことを利用すると4人でじゃんけんをしたときに［　③　］から1人だけが勝つ確率、2人だけが勝つ確率、3人が勝つ確率を引くとあいこになる確率が出ます。

〔問題3〕［　②　］に当てはまる式を答えなさい。
また、［　③　］に当てはまる数を答えなさい。

〔問題4〕4人でじゃんけんをしたときにあいこになる確率を求め、じゃんけんをしたときのあいこの確率が常に $\frac{1}{3}$ になるか、調べなさい。

杉男：先生、じゃんけんってどこの国も同じですか？

先生：おもしろいところに気が付きましたね。国によって文化が異なるように、じゃんけんも国によって異なるところがあります。日本の「グー」は石、「チョキ」ははさみ、「パー」は紙のような意味合いは国によって違いはあれど、多くの国で「グー」「チョキ」「パー」が用いられています。そんな中、おもしろいのはモンゴルです。

杉男：どんなじゃんけんですか？

先生：下の図のように指を1本ずつ出していき、親指は人差し指に勝つ、人差し指は中指に勝つ、中指は薬指に勝つ、薬指は小指に勝つ、小指は親指に勝つ、といったように隣の指どうしとなった際に勝敗がつきます。同じ指を出した場合も含め、これら以外は「あいこ」となります。

勝ち：

負け：

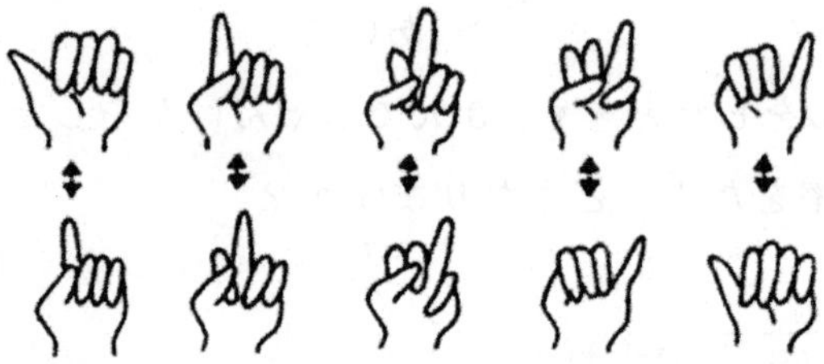

杉男：薬指一本って出しにくいです・・・。

〔問題5〕モンゴルのじゃんけんは日本のじゃんけんと比較すると、ある大きな特徴（とくちょう）があります。2人でモンゴルのじゃんけんをしたときのあいこになる確率を求め、その特徴を答えなさい。

〔問題6〕じゃんけんのように物事を平等に決める方法として他にどんな手段がありますか。2つ答えなさい。

杉男：日本以外のじゃんけんってみんな知っているのかな？
　　　先生、もっと教えてください！

先生：そうですね、フランスもおもしろいですよ。下の図のように手の出し方が**4**通りあります。「ピエール」が「シゾー」に勝つように、矢印の先の相手に対して勝ちとなります。

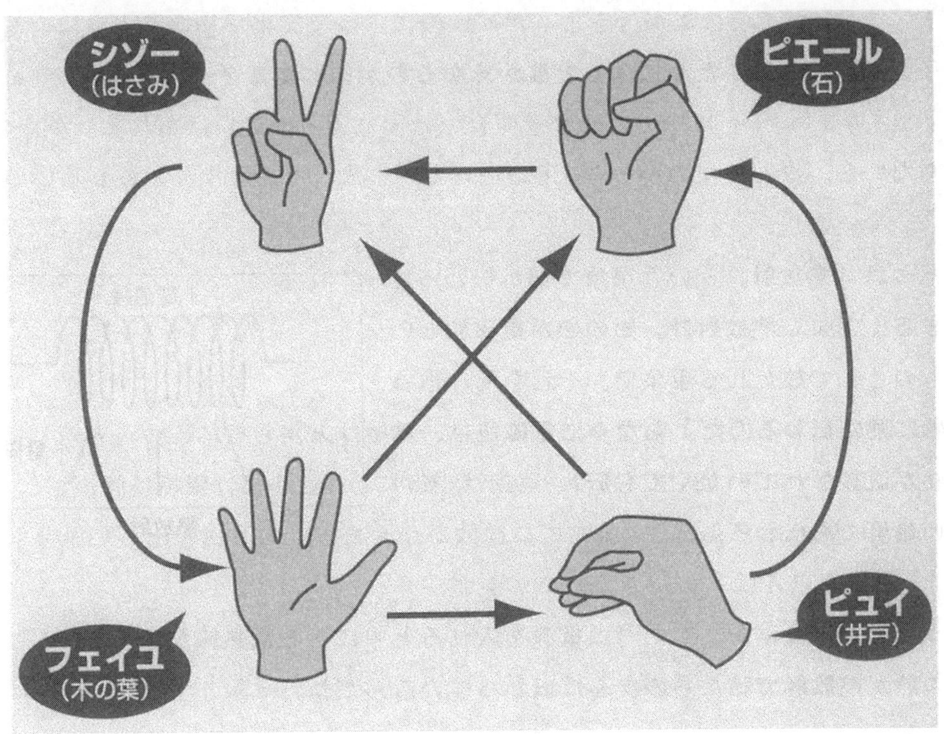

杉男：なんだかルールが難しそう。

先生：そうですね、慣れるまで時間がかかりそうですね。

〔問題７〕フランスのじゃんけんでは**4**つの手の出し方のうち、どの手を出すのが最も損だと思いますか。理由を含めて説明しなさい。

2 杉男さんの家に、文子さんが遊びに来ました。家には杉男さんのお母さんもいます。

母：文子さん、外は寒かったでしょう。こたつに入って温まってね。

文子：ありがとうございます。うわー、温かい。

杉男：文子さん、なんでこたつに入ると温かくなるのか知ってる？

文子：知らないわ。なんでなのかしら。

杉男：こたつは「熱放射」という現象で熱が伝わって温まるんだよ。熱放射は、物の熱が電磁波というものとして放たれる現象で、それを受け取った物に熱が伝わるんだ。ちなみに電磁波は、物と物が直接触(ふ)れていなくても伝わって、空気が無い環境でも伝わるんだ。

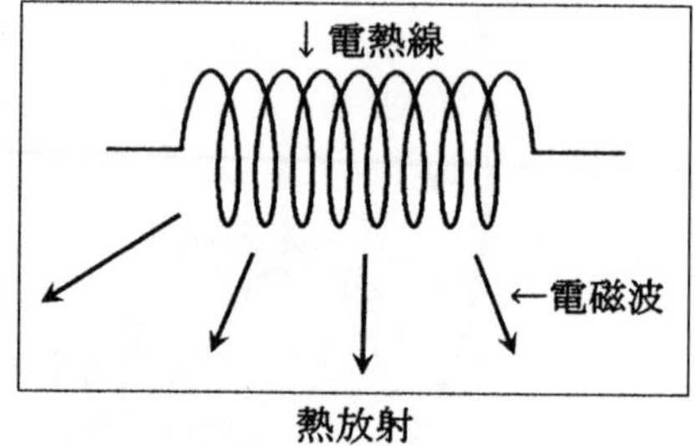

熱放射

文子：そうなのね。じゃあ、こたつは電源を入れると中にある電熱線が温まって、その熱が熱放射で私たちの皮ふに伝わっているんだね。

杉男：文子さん、さすがだね。その通りだよ。

〔問題１〕熱放射によって熱が伝わる場面を、以下の≪例≫に従って空らんに当てはまるように１つあげなさい。

≪例≫（こたつ）は（電熱線）で発生した熱を、熱放射によって皮ふに伝える。

（　　　）は（　　　）で発生した熱を、熱放射によって皮ふに伝える。

母：さて、そろそろ昼食の時間ね。今日は寒いからおでんにするわ。電子レンジで温めればすぐに用意できるパックを買ってあるの。

杉男：お母さん、そういえば昨日、電子レンジが壊れてしまったみたいで、いつもは1500ワット、1000ワット、600ワット、500ワット、200ワットの5段階のワット数から選べるはずなのに、600ワットしか選べなくなってしまったんだ。

母：じゃあ、すぐに修理しないと。でも、600ワットが使えるなら、しばらくは問題ないわね。おでんの袋に書いてある時間に従って加熱するわ。
・・・あれ、他のワット数のときの加熱時間しか書かれていないわ。

杉男：お母さん、大丈夫だよ。他のワット数と加熱時間の関係から規則性をみつけて計算すれば、600ワットの加熱時間はわかるよ。

〔問題2〕おでんの袋には右の表のような表示がありました。表を参考に、ワット数と加熱時間にどのような規則性があるかを示したうえで、600ワットのときの加熱時間が何分何秒になるか、途中式とともに答えなさい。

ワット数	加熱時間
1500ワット	30秒
1000ワット	45秒
500ワット	1分30秒
200ワット	3分45秒

母：おでんできたわよ。

文子：ありがとうございます。いただきます。

～ 杉男さんと文子さんは昼食後、杉男さんの部屋で勉強することにしました ～

杉男：部屋が冷えているから、暖房（だんぼう）を入れるね。風向きは下にして・・・。

文子：ありがとう。でも、なんで下向きにしたの？

杉男：部屋全体を温めるためだよ。「対流」っていう現象を考えると意味が分かるよ。

文子：対流ってなに？

杉男：対流というのは気体の温度による密度の違いで、自然に温度の異なる気体が移動していく現象だよ。ちなみに密度というのは、定められた体積あたりの質量を示していて、例えば体積1Lで1kgの液体Aと1Lで1.1kgの液体Bでは、液体Bの方が密度は大きいよ。そして、密度が大きいものと小さいものが混ざっているときには、密度が大きいものは自然と下の方に沈(しず)んでいくよ。

文子：気体は温度によって密度がどう違うの？

杉男：一般的には、気体は温度が上昇すると体積が［①］なるよ。だから、同じ体積の気体でも、10℃と80℃では、［②］℃の方が密度は大きくなるんだ。ちなみに、温度による密度の変化の仕方や、それによって対流が起こるということは、液体でも同じことが言えるんだ。

〔問題3〕下のグラフは1000gの水を加熱したときの温度と体積の変化を記録したものです。次の問いに答えなさい。

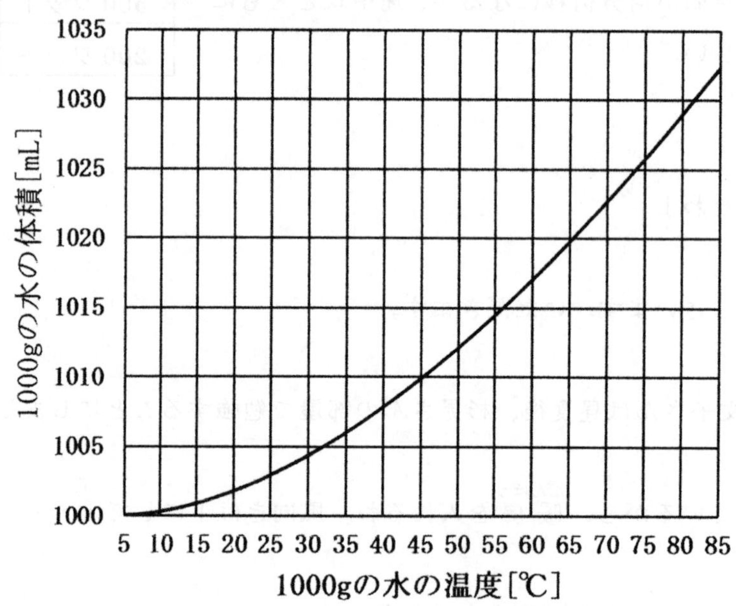

(1) 5℃から65℃まで水を加熱したとき、水の体積は約何％変化しますか。整数で答えなさい。

(2) 文中の空らん［①］、［②］に当てはまる語句や数字を答えなさい。

〔問題４〕冷房(れいぼう)を使用して部屋全体を効率よく冷やすには、風向きはどのようにしたらよいか答えなさい。また、その理由を「対流」「密度」の語句を使用して説明しなさい。

母：部屋入るわよ。文子さん、もしまだ寒かったら湯たんぽもあるけど、使うかしら？

文子：ありがとうございます。でも、暖房を使っているので大丈夫です。

母：そう。なら良かったわ。では、２人とも勉強頑張ってね。

杉男：そういえば文子さん、湯たんぽを使うと何で温かくなるか知ってる？

文子：え？中に温かいお湯が入っているからじゃないの？

杉男：そうなんだけど、実はこたつで体が温まったり、暖房で部屋が温まったりするのとは違う原理なんだ。

文子：どういうこと？

杉男：まず、私たちは60℃とかの温かいお湯が入った湯たんぽに触れたら温かいと感じるよね。

文子：うん。

杉男：このように、温度が異なる物同士を接触(せっしょく)させたときに温かさが伝わることを、「熱伝導」というんだ。熱は高温部分から低温部分に伝わるという性質があるんだよ。

文子：つまり、温かい湯たんぽに冷えた皮ふが触れると、湯たんぽの熱が皮ふに伝わって、温かく感じるということね。

杉男：その通り。ちなみに、物によって熱の伝わりやすさは異なっているんだ。例えば、木製のスプーンでは簡単にすくえないような硬(かた)いアイスクリームを食べるときには、熱が伝わりやすいアルミニウム製のアイスクリーム用スプーンを使ったら、硬いアイスクリームでも溶かしながら簡単にすくって食べられるよ。

〔問題５〕下の問いに答えなさい。

(1) 会話文中の下線部のような硬いアイスクリーム用のスプーンの素材として、現在は広くアルミニウムが用いられています。下の表を参考に、金と鉄を素材として用いた場合の利点と欠点をアルミニウムと比べてくわしく説明しなさい。

表１：アルミニウムと比べたときの金と鉄の性質

	金	鉄
熱伝導のしやすさ	約 1.5 倍	約 0.4 倍
硬さ	約 0.5 倍	約 2.5 倍
同じ体積あたりの重さ	約 7 倍	約 3 倍
価格	非常に高価	安価

表２：アルミニウムや金、鉄の特徴

アルミニウム	金	鉄
さびにくい	基本的にはさびない	さびやすい

(2) 会話文中の下線部のような硬いアイスクリームを食べやすくするために、あなたがアルミニウム製のスプーンに対してできる工夫を２つ挙げ、食べやすくなると考えられる理由とともに答えなさい。

途上国では、早く先進国に追いつくためにあらゆるものを効率化して人間の生活環境をととのえるべきだと考えているの。

Bさん　コネさんの国ではそうかもしれないけれど地球規模で考えてみると、新しい技術によってCO2を出すことによって環境破壊を招いていることは見逃せません。

A先生　でもCO2の排出量が増えても温暖化には大きく影響しないはずだから、温暖化などの環境問題よりも優先して取り組むべき課題があるのではないでしょうか。変化に適応する知恵をつけるのもこれからの時代には必要なことなのではないかな。

司　会　「環境にやさしい」と一口に言っても、地球温暖化だけでなく、生物多様性やエネルギー問題も関わりますよね。「環境」という言葉を柔軟にとらえてもいいかもしれませんね。
みなさんいろいろな意見を持っているようですが、あなたは「環境にやさしい」とはどのようなことだと思いますか？

この会話に続いてあなたが発言をするとしたら、どのような意見を述べますか。「A先生」「Bさん」「コネさん」のうち誰の意見に近いのかを明らかにして、三百五十字以上四百字以内で書きなさい。ただし、次のきまりにしたがうこと。

〈きまり〉
・第一段落には、「環境」をどのようにとらえたのかを書く。
・第二段落には、「A先生」「Bさん」「コネさん」の誰の意見に近いのかを書く。
・第三段落以降には、あなたと違う意見を持っている人にもわかるように、あなたの考えを説明する。
・文章を会話体にする必要はない。

ア　少数派の意見に耳を傾けることをしない上に、「地球温暖化」と言えば研究がしやすいから。
イ　マスメディアが一方の主張ばかりを報道するため、多数派の意見をそのまま信じ込んでいるから。
ウ　論文をきちんと読むことをせず、自分の頭の中で整理することをしないでごまかしているから。
エ　地球温暖化とほとんど関係のなさそうなものまで結びつけて研究してしまっているから。

［問題三］【文章A】の Y に当てはまる文を考えて書きなさい。

［問題四］次は【文章A】の筆者（A先生）、【文章B】に出てくる「温暖化を心配する若い人たち」（Bさん）、【文章C】に出てくる大学生のラミン・コネさん（コネさん）の会話である。次の会話文を読んで、後の問いに答えなさい。

司　会　みなさんは環境問題、特に【文章A】で出てきた「環境にやさしい」というテーマについて、どのような考えを持っていますか？

Bさん　私はCO2を多く出す飛行機よりも環境への負担が少ない夜行列車を利用するのがよいと思います。自分たちの生きる環境としての地球を守る活動はこれからの時代を担う我々の使命ですよ。

司　会　それは長距離移動の時だけで、国内の移動は何を使ってもよいということですか？

A先生　国内の短距離移動や、生活のちょっとした場面でも環境に配慮する選択をすることはできるはずだよ。

Bさん　例えば「気候きっぷ」があります。個人がそれぞれ自動車に乗るよりもバスや鉄道などの公共交通機関を使うことでCO2を減らす目的があります。急いでいる時は公共交通機関を使う余裕（よゆう）がないかもしれないから、日頃（ひごろ）から時間に余裕を持って生活することが大切ですよね。

コネさん　セネガルでは、安全に早く目的地に到着することを優先して新しい鉄道技術が導入されました。バスで移動するのは危険でこわかったし、何より移動に使っていた時間を大学の勉強に使うことができるのがうれしいわ。発展

【文章C】

セネガル　通勤新線が開通　バスより便利で快適

アフリカ西部セネガルの首都ダカールで昨年末、近代的なシステムを導入した通勤鉄道路線が初めて開通しました。国家プロジェクトとして政府の肝いりで進められ、ダカール中心部から郊外までの36キロメートルを結びます。最高速度は時速160キロメートルで、今後さらに国際空港まで延ばし、路線は計55キロメートルとなる予定です。

私は6月、始発のダカール駅から実際に乗ってみました。切符の自動券売機はないため、窓口で係員にお金を支払いました。初乗り料金は500西アフリカCFAフラン（約110円）。感熱紙のQRコードの入った切符を受け取り、それを自動改札機にかざしてホームに入りました。

電車はフランスメーカー製の4両編成で、設備がやや豪華な1等車が1両。残りの2等車は始発からほぼ満席で、次の駅からは座れなくて立つ人も出ていました。スピードや乗り心地は、日本で乗る新型車両と同じように感じました。

ダカールの人々の移動はバスが中心ですが、車両が古くて運転が荒いうえ、ドアからあふれんばかりに乗客を詰め込んで走ります。毎日電車で通学するようになった大学生のラミン・コネさん（21）は「バスよりも料金は少し高めだが、安全で時間も3分の1に短縮できる」と満足そうでした。

（毎日小学生新聞　2022年9月22日　より）

［問題一］【文章A】の X に当てはまる数字として適切なものを次のア～エから一つ選び、記号で答えなさい。

ア　〇・八　　イ　一・六　　ウ　一・七　　エ　三・二

［問題二］【文章A】の――線部「さんざん危機を煽ってきた人たち」はなぜこのようにするのだと筆者は考えていますか。その理由として適切なものを次のア～エから一つ選び、記号で答えなさい。

【文章Ｂ】

ヨーロッパ　夜行列車が「復活」

ヨーロッパで長い距離(きょり)を旅する方法として、一度は姿を消した夜行列車が「復活」してきました。理由の一つは地球温暖化への取り組みです。たとえ飛行機に乗るより時間がかかったとしても、地球を温める二酸化炭素（ＣＯ２）を出す量が少ない、鉄道の良さが見直されてきているのです。

昨年12月、オーストラリアのウィーンとフランスのパリをつなぐ夜行列車が運行を始めました。ドイツを横断し、１４００キロメートルの道のりを10時間でつなぎます。料金は安い席で大人29ユーロ90セント（約４２７５円）から。飛行機なら2時間で着く距離ですが、鉄道会社は「この旅で出る温室効果ガスは、飛行機の50分の1」とアピールしています。

さらにオランダ、ベルギー、スイス、イタリア、スペインなどの鉄道会社も連携(れんけい)し、２０２４年にかけて主要な都市を結ぶ夜行列車のネットワークが生まれます。このうち、ドイツのベルリンとパリを結ぶ路線は、14年に廃止(はいし)されたばかりです。当時は格安の航空会社に乗客が流れ、もうけが出なくなっていました。

復活するきっかけをつくったのは、温暖化を心配する若い人たちでした。ＣＯ２を多く出す飛行機に乗るのは「恥(は)ずかしい」と言って、なるべく鉄道で移動しようと呼びかける運動が広がったのです。

公共交通をより多く使ってもらい、自家用車から出るＣＯ２を減らそうとする国も増えています。例えばオーストリアでは、国内の鉄道や地下鉄、バスなどが乗り放題になる「気候きっぷ」を売り始めました。きっぷは1年間使えて１０９５ユーロ（約15万６５００円）。高いと感じるかもしれませんが、１日あたり３ユーロ（約４３０円）と考えれば格安なのだそうです。

誰(だれ)でも目的地に到着(とうちゃく)するまでの時間は気になりますよね。同じように環境への負担が小さいルートや方法を調べて、実際にためしてみると、新しい出会いや発見があるかもしれません。

（毎日小学生新聞　２０２２年９月２４日　より）

これからも変動するだろう。

もしもＩＰＣＣの予測に近い程度に温暖化したとしても、温暖化によるデメリットがある一方でメリットも必ずあるはずである。ＣＯ２が増えて温暖化が進めば、光合成のスピードは上がるし、たとえばカナダの穀物生産量はおそらく増えるだろう。

日本でも、北海道の穀物の生産量は温暖化すれば増えると考えられる。一方で九州は、たとえば現在作っている品種の米作には不適な地方になるのかもしれない。そうしたら［　Ｙ　］していけばいいし、そうするしかないのだ。

今ある状態をベストだと保守的に考える人は、あらゆる変化を「異常」ととらえてしまう。しかし変化に適応する知恵(ちえ)や技術を開発したほうが合理的である。温暖化にしても、温暖化に適応することを考えるほうが現実的であって、止められない温暖化を「止めましょう」とのお題目をただ唱えていたってしょうがないのである。

一応ひとこと付け加えておくと、私は、ＣＯ２排出量削減にまったく意味がないと考えているわけではない。それは、地球温暖化に歯止めをかけられるからではなくて、ＣＯ２の排出量は省エネ化を進める上でのひとつの指標にはなりうるからだ。言うなれば、ただそれだけのことなのである。温暖化しようがするまいが、限りあるエネルギー資源を効率よく使うことは大切だろう。

（池田清彦　養老孟司『正義で地球は救えない』）

〈注〉伊藤公紀…環境物理化学、環境計測科学の専門家

コンセンサス…意見の一致(いっち)。合意

ＩＰＣＣ…「Intergovernmental Panel on Climate Change」の略で、1988年に世界気象機関（WMO）と国連環境計画（UNEP）によって設立された政府間組織。各国政府の気候変動に関する政策に対し、科学的な基礎(きそ)をあたえる役割を持つ

センセーショナル…興味や関心を強く引き付けるさま

与した…賛成した

錦の御旗…自身の主張を正当化するもの

揶揄する…からかう

丸山茂徳…日本の地質学者

実際にはＣＯ２以外に気候変動に影響する要因はたくさんあるわけだから、たとえば太陽活動が大きく変わればＣＯ２の排出量を人為的にどうしようがほとんど関係なくなる。人為的なＣＯ２の排出量の調整によってマクロなレベルの気候が大きく変動すると考えるほうが不自然である。

ＣＯ２による地球温暖化の危機を※センセーショナルに扱ってさんざん危機を煽ってきた人たちは、科学者の論文をきちんと読んでいるわけでもないのだろうし、様々な観点や意見を自分の頭の中で整理するというようなことをまったくしていないのだろう。「赤信号みんなで渡れば怖くない」ではないが、自分の頭で考えることをせずに、とにかく多数派に乗っていれば、あとで間違っていても、「みんながそう言っていたから」としてごまかすことができる。

色々な分野の科学者・研究者たちがＣＯ２増加による地球温暖化論に※与したのは、「地球温暖化」云々と言うと研究がしやすいからという事情もあったのだろう。「地球温暖化抑制のため」とか「ＣＯ２削減のため」とか言えば研究助成金をもらいやすいのである。ほとんど関係のなさそうな研究テーマであっても、それがいかにも地球温暖化問題と関係があるかのように言えば研究がしやすくなり、論文や研究実績が増える。

いったん「地球温暖化防止」が※錦の御旗のようになってしまうと、それと違う少数意見を言うのは勇気がいるし、反対のことを言うには色々調べたり、論拠をしっかり構築するための労力が要る。だからこそ、そうやってあえて反対のことをしっかり言っている科学者の話にはもう少し耳を傾けていいのではないかと私は思う。

「環境にやさしい」というような言い方が今は流行っているから、政治家もその流行に乗ろうとする。もはや科学的には「地球温暖化論」も「ＣＯ２主因説」もきわめて疑わしいのは明らかなのに、マスメディアでは一方の主張ばかりが流れている。この国には中国の言論統制を※揶揄するような報道が溢れているけれども、日本だって「言論の自由」が果たしてあるのか？と思わずにはいられない。

結局、ＣＯ２排出量を減らそうが減らすまいが、地球は温暖化するのかもしれないし、しないのかもしれない。※丸山茂徳が言うように地球はこれから寒冷化に向かうのだとしたらそのほうが心配だが、いずれにせよ、気候はＣＯ２排出量が増えようが増えまいが

2023年度

文化学園大学杉並中学校

【適性検査Ⅰ】〈適性検査型試験〉(四五分)〈満点：一〇〇点〉

注意　計時機能以外の時計の使用は認めません。

次の【文章A】～【文章C】を読み、あとの問いに答えなさい。なお、※の付いている言葉には、本文のあとに〈注〉があります。

【文章A】

現在、地球の大気の成分にCO2が占める割合は、体積比で言えば〇・〇三八パーセント。百万分率を表すppmでCO2の濃度を言えば三八〇ppmほどである。

※伊藤公紀は「CO2の濃度が二倍になったときに気温が何℃上がるか」をめぐる複数の研究を紹介している。「CO2濃度が二倍になったとき、気温は三℃上がる」というのが気候モデル学者の理論的な※コンセンサスと言われてきたけれども※IPCCの報告書では二～四・五℃と見積もられている)、近年、理論ではなく「実測」を試みた研究者がいて、イギリスのピアス・フォースターとジョナサン・グレゴリーという気候学者が衛星で測定した赤外線の収支データ等を使って行った解析では、「一・六℃」が最確値とされたという。すなわち、CO2の濃度が一〇〇ppmから二〇〇ppmになっても、二八〇ppmから五六〇ppmになっても、気温の上がり方は「一・六℃」ということだ。

つまり、現在の三八〇ppmの濃度が七六〇ppmになったら、気温は［X］℃上がることになる。七六〇ppmが一五二〇ppmになったら、また［X］℃上がることになる計算だ。

しかし、CO2の濃度は、たとえばCO2排出量が増えているはずの日本の気象庁の観測(三カ所)でも、年にせいぜい二ppmほどしか増えていない。現在のペースで増えたとしても、気温上昇はたかがしれている。

2023年度 文化学園大学杉並中学校 ▶解　答

※　編集上の都合により，適性検査型試験の解説は省略させていただきました。

適性検査Ⅰ ＜適性検査型試験＞（45分）＜満点：100点＞

解　答

問題１　イ　　**問題２**　ア　　**問題３**　(例)　南国に適応的な農作物をつくるというふうにシフト　　**問題４**　(例)　下記を参照のこと。

問題４　(例)

　私は、環境とは地球環境のことだと考えます。人間は動植物から食料や酸素を得て生きていて、ほかの生物と共存しないとほろびてしまうので、私たちの生活環境さえ保全すればよいというわけではありません。

　私の意見はA先生に近いです。地球温暖化を食い止めるため、パリ協定にも多くの国々が合意しましたが、実際に目標を達成できるかは疑わしい国も少なくありません。そのうえ文章Aにあるように、現在のペースでCO_2が増えても気温上昇はたかがしれているなら、温暖化に適応する知恵や技術を開発したほうが現実的であると思います。

　「環境にやさしい」とは、地球環境を多角的な視点でとらえ、一人一人が地球の未来に責任を負っている自覚を持ち、人間をふくむ生物が共存共栄していくために大切なことに優先順位をつけ、限りあるエネルギーをむだづかいしないようにしたり、変化に適応する工夫をしたりすることではないでしょうか。

適性検査Ⅱ ＜適性検査型試験＞（45分）＜満点：100点＞

解　答

１　**問題１**　7　　**問題２**　**規則**…(例)　円盤が５枚，６枚，７枚，８枚，９枚になるにつれて，増えていく回数は，63－31＝32(回)，127－63＝64(回)，255－127＝128(回)，511－255＝256(回)のように２倍になるので，円盤が４枚から５枚になるときは16回増えることが分かる。／**数**…15
問題３　1023回／**式**…(例)　512×２－１＝1023　　**問題４**　$2^{64}-1$　　**問題５**　49回

２　**問題１**　(1)　**A**　(例)　どこでもドアが現実にあると，入口が閉ざされている場所にも入ることができ，他の人のプライバシーを侵害できてしまう。　　**B**　(例)　タケコプターが現実にあると，空中の飛行に関するルールがないため，タケコプター使用者どうしでぶつかるなど，事故が発生する可能性がある。　(2)（例）A／立ち入り禁止の場所や，プライベート空間に入ろうとすると，警告音がなったりバリアが張られて入れなかったりする。（B／使用者どうしが接近すると警告音がなる。）　**問題２**　(1)（例）上り電車は，朝の時間に混雑しているが，下り電車は夕方の時間以降に混雑している。／上り電車の混雑している時間は２時間くらいと比較的短いが，下り電車が混雑している時間は３時間くらいと比較的長い。　(2) **調査結果**…（例）①，②　**説明**…（例）学校の数が上り方面に多ければ，朝の通学時間帯に電車を使う学生の数が多いと考えられるので，上り電車が朝に混雑することが説明できる。また，企業への調査で，終業の時間が会社によって違うことが分かれば，夕方から夜の混雑が長いことが説明できる。
3 **問題１**（例）イネ→バッタ→カエル→ヘビ　**問題２**　Q　**問題３**（例）四角で囲まれた遺伝子をオスは１つ，メスは２つもち，丸で囲まれた遺伝子はオスもメスも２つずつもつ。**問題４**　茶色のオス，黒茶白色のメス，黒茶色のメス　**問題５**（例）オスは四角の遺伝子を１つしかもたないため，黒と茶の遺伝子を両方もつことがないから。

適性検査Ⅲ　<適性検査型試験>（45分）<満点：100点>

解答

1 **問題１**　27　**問題２**（例）全員が同じ手を出した場合と，３人以上のときに「グー」「チョキ」「パー」のすべての種類の手が出た場合。　**問題３**　②　３×３×３×３＝81　③　1　**問題４**（例）４人でじゃんけんしたとき，１人が勝つ確率は，$\frac{12}{81}=\frac{4}{27}$，２人が勝つ確率は，$\frac{18}{81}=\frac{6}{27}$，３人が勝つ確率は，$\frac{12}{81}=\frac{4}{27}$である。よって，あいこになる確率は，$1-\left(\frac{4}{27}+\frac{6}{27}+\frac{4}{27}\right)=\frac{13}{27}$となり，常に$\frac{1}{3}$とならない。　**問題５**（例）２人でじゃんけんしたときに，モンゴルのじゃんけんの手の出し方は全部で，５×５＝25(通り)あり，１人が勝つ確率は，$\frac{5+5}{25}=\frac{2}{5}$である。よって，あいこになる確率は，$1-\frac{2}{5}=\frac{3}{5}$となり，日本のじゃんけんのあいこになる確率の$\frac{1}{3}$と比べて，$\frac{3}{5}>\frac{1}{3}$より，モンゴルのじゃんけんはあいこになりやすい。　**問題６**（例）くじ引き，サイコロ　**問題７**（例）「フェイユ」は「ピュイ」「ピエール」の２つの手の出し方に勝てて，１つの手の出し方に負ける。「ピュイ」は「シゾー」「ピエール」の２つの手の出し方に勝てて，１つの手の出し方に負ける。「シゾー」は「フェイユ」の１つの手の出し方に勝てて，２つの手の出し方に負ける。「ピエール」は「シゾー」の１つの手の出し方に勝てて，２つの手の出し方に負ける。すると，「シゾー」と「ピエール」を出す確率が低くなる中，「シゾー」にしか勝てない「ピエール」は最も勝つ確率が低くなるので，最も有効でない手の出し方は「ピエール」である。　**2** **問題１**（例）たき火(は)燃えること(で発生した熱を，熱放射によって皮ふに伝える。)　**問題２**　**規則性**…（例）表の数値より，ワット数と加熱時間(秒)をかけた値が45000で一定であることが分かる。／１分15秒　**問題３**　(1)　２％　(2)　①　大きく　②　10　**問題４**　**風向き**…上向き　**理由**…（例）冷房から出る冷たい空気は，温かい空気と比べると密度が大きく，対流によって部屋の下側にたまりやすいので，風向きを上向きにしたら，部屋全体を冷やすことができるため。　**問題５**　(1)　**金**…(例)　アルミニウムと比較して金は熱が伝わりやすいため，硬いアイスクリームを溶かして食べやすく，また，さびないため，きれいな状態で使用を続けることができることは利点である。一方，硬さがないので変形してしまったり，重いので持っている腕が疲れてしまったり，高価なので手軽に手に入れられなかったりすることは欠点である。　**鉄**…(例)　アルミニウムと比較して鉄は硬いので変形しにくく，安価なので手軽に手に入れることができることは利点である。一方，熱が伝わりにくくアイスクリームを溶かして食べることが難しかったり，重いので持っている腕が疲れてしまったり，さびやすいのですぐに汚れてしまったりすることは欠点である。　(2)　(例)　**工夫**…スプーンの先端をとがらせる。　**理由**…とがっている物の方が，加えた力が集中してアイスクリームに刺さりやすくなり，すくいやすくなるから。／**工夫**…スプーンを温めてから使う。　**理由**…スプーンを事前に温めておくことで，硬いアイスクリームが溶けて，すくいやすくなるから。

2022年度　文化学園大学杉並中学校

〔電　話〕　03(3392)6636
〔所在地〕　〒166－0004　東京都杉並区阿佐谷南３－48－16
〔交　通〕　JR中央線「阿佐ヶ谷駅」より徒歩８分
JR中央線・地下鉄丸ノ内線「荻窪駅」より徒歩８分

【算　数】〈第１回試験〉（50分）〈満点：100点〉

注　意

1　計時機能以外の時計の使用は認めません。
2　定規，コンパス，分度器等を使ってはいけません。
3　問題の中の図の長さや角の大きさは，必ずしも正確ではありません。

1　次の計算をしなさい。

(1)　$18+3+21+7+69+22$

(2)　$42\div3-6\times4\div8$

(3)　$\frac{1}{2}+\frac{1}{3}-\frac{1}{4}-\frac{1}{6}$

(4)　$3\frac{1}{2}+4\frac{1}{3}+5\frac{1}{4}$

(5)　$\frac{1}{2}\times\frac{2}{3}-\frac{1}{4}\times\frac{2}{5}$

(6)　$25\times3-2\times30+4\div\frac{1}{8}$

(7)　$23.4\times5.7+8.9\times10.1$

(8)　$\frac{3}{4}\div\frac{6}{5}\div1\frac{1}{9}$

(9)　$8\div2\times0.6+6\div2\times3$

(10)　$7*4=7-4$，$5*9=9-5$ とするとき，
$(4*17)\times(9*3)$

2 次の各問いを文子さんが解きましたが，3問とも間違えてしまいました。
解答として，最初に間違えている行の番号①～④と，この問いの正しい答えを求めなさい。

(1) $(42-8)\times3\div\frac{1}{6}+30\div2\times3$ を計算しなさい。

> 文子さんの解答
>
> $(42-8)\times3\div\frac{1}{6}+30\div2\times3=34\times3\div\frac{1}{6}+15\times3$ …①
>
> $=34\times2+45$ …②
>
> $=68+45$ …③
>
> $=123$ …④

(2) [2]，[4]，[6]，[8]，[0] のカードが1枚ずつあります。この5枚のカードから3枚を使い3けたの3の倍数を作るとき，4番目に小さい数を答えなさい。

> 文子さんの解答
>
> 1番小さい数は240 …①
>
> 2番目に小さい数は246 …②
>
> 3番目に小さい数は420 …③
>
> 4番目に小さい数は426 …④

(3) 自宅から学校までの距離は2kmです。弟は午前7時30分に自宅を出て学校に時速6kmの速さで歩いて向かいました。5分後に兄が自転車で時速15kmの速さで弟を追いかけました。兄が弟に追いつく時刻を求めなさい。

> 文子さんの解答
>
> 弟が時速6kmで5分間で進んだ距離は
>
> $6\times\frac{5}{60}=\frac{1}{2}$(km) …①
>
> 兄が時速15kmで弟を追いかけたので兄と弟の速さの差は
>
> 時速15km－時速6km＝時速9km …②
>
> 追いつくのにかかった時間は $\frac{1}{2}\div9=\frac{1}{18}\times60$ 分$=\frac{10}{3}$ 分 …③
>
> したがって，時刻は午前7時33分20秒です。 …④

3 次の各問いに答えなさい。

(1) 学校から 7 km 先にある公園に向けて A さんは時速 6 km の速さで歩き，同時に B さんは逆に公園から 時速 15 km の速さで自転車で学校に行きました。２人が途中で出会うのは何分後ですか。

(2) 大小２つの数があります。大きい数は小さい数の２倍より３小さい。また，大きい数は小さい数より 12 大きい。２つの数を求めなさい。

(3) 赤色と青色と黄色の折り紙があります。赤色と青色の合計が４枚，青色と黄色の合計が７枚，赤色と黄色の合計が５枚です。黄色は何枚ありますか。

(4) 1から100までの数のうち，３の倍数であるが４の倍数ではない数の個数を求めなさい。

(5) ３つの大きさが違うバケツ A，B，C があります。A のバケツにちょうど半分の量の水が入っています。その水を B のバケツに入れるとちょうど $\frac{2}{3}$ まで入りました。また，その水を C のバケツに入れるとちょうど $\frac{1}{5}$ まで入ります。A，B，C のバケツの容積の比を最も簡単な整数比で答えなさい。

4 次の各問いに答えなさい。ただし，円周率は3.14とします。

(1) 下の図は，長方形を折り曲げたものです。角アの大きさを求めなさい。

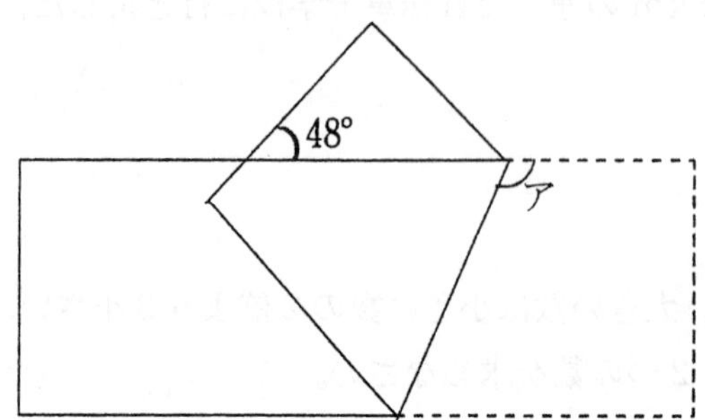

(2) 下の図で，１辺が ５ cmの正方形の中にある影を付けた部分の面積を求めなさい。

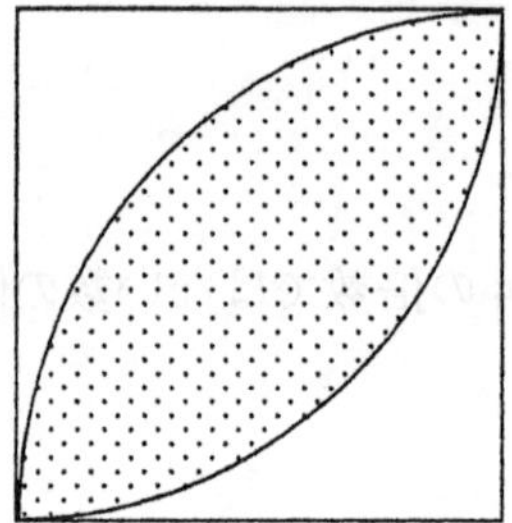

(3) 底面の半径が３cmで高さが10 cmの円柱Ａと，底面の半径が10 cmで高さが３cmの円柱Ｂがあります。円柱Ａの体積は円柱Ｂの体積の何倍かを求めなさい。

5 たて 20 cm，横 50 cm，深さ 100 cm の水そうがあります。下のグラフは排水口 A と排水口 B と給水口 C をそれぞれ開閉したときの水の深さの変化を表したグラフです。

水そうには水がいっぱいに入っていた状態で，最初に排水口Aを開きました。5分後に排水口 A よりも 1.5 倍の水を排出する排水口 B も開けました。その後深さが 50 cm になったところで，排水口 A を閉めると同時に給水口 C から水を入れました。最後に排水口 B を閉め，給水口 C から水を入れて水そうはいっぱいになりました。

次の問いに途中の式や説明をかいて答えなさい。

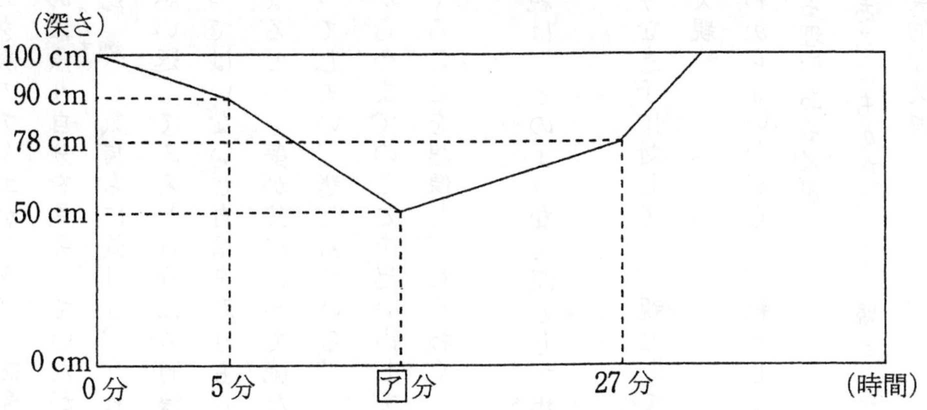

(1) 排水口 A は1分間に何 cm^3 の水を排出しますか。

(2) 空欄 ア に入る数字を答えなさい。

(3) 27分の時点から水そうがいっぱいになるまで何分何秒かかるか答えなさい。

問九　――線部⑥「うそ偽りのない思いにからだをふるわせながら」とありますが、このときの祐也の気持ちの説明として最も適切なものを次のア～エから選び、記号で答えなさい。

ア　プロになるために焦り自分を見失っていたが、そのプレッシャーから解放されたことでかえって将棋が好きだという純粋な気持ちに気付き、うれしく思っている。

イ　今日の対局を思い返してみると自分にも勝機があったことに気付き、まだプロになることをあきらめるほど自分が劣ってはいないと自信を取りもどし、安心している。

ウ　プロの棋士になるという夢が父によって絶たれ、これから自分が何を目標にして生きていけばよいかが分からなくなってしまい、悲しんでいる。

エ　将棋を始めてから今までのことを思い出してなつかしく思うと同時に、かつてのライバルたちといつか語り合う日がくることを想像し、わくわくしている。

問十　本文中に登場する父親は、どのような父親として描かれていますか。最も適切なものを次のア～エから選び、記号で答えなさい。

ア　試合に負けそうな息子に対しても、親として厳しい言葉を投げつつ、夢をあきらめないように支えてくれる心優しい父親

イ　将棋のことはわからないながらも、親として努力を続ける息子を温かく見守りつつ、的確なアドバイスを与えてくれる理解ある父親

ウ　試合の途中であるにもかかわらず、親として息子の精神状態を気にかけ、プロを目指すことをやめるようにさとす現実的な父親

エ　将棋の昇段試験のことは分からなくても、親として最後まで頑張ろうとする息子を誇りに思い、何も言わず見守る控えめな父親

きらめる決断ができたこと

ウ　兄弟との力の違いを目の当たりにして焦り、無理にプロになろうと思ってきたが、父からの優しい言葉に心底救われたこと

エ　他人ばかりを気にして将棋への情熱を失いかけていたが、小さい頃のように泣いたことで、またプロになろうと決心できたこと

問七　[B]に入る四字熟語を次のア～エから選び、記号で答えなさい。

ア　一触即発　イ　一朝一夕　ウ　千差万別　エ　朝三暮四

問八　――線部⑤「顔がほころんだ」とありますが、それはなぜですか。その理由として最も適切なものを次のア～エから選び、記号で答えなさい。

ア　試合からずっと気持ちがはりつめていたが、いつもより元気な母親の声を聞いて緊張がようやくほどけたから。

イ　試合に負けて心身ともに疲れ果てていたが、普段通り明るく出迎えてくれる母親に安心感をおぼえたから。

ウ　プロになることをあきらめて落ち込んでいたが、それに気づかないふりをしてくれた母親の配慮がありがたかったから。

エ　帰り道の間の父親の励ましにうんざりしていたが、母親はあっさりした態度で出迎えてくれたことがうれしかったから。

ウ　いつの間にか自分よりも強くなった野崎君のことばかり考えて試合に集中できず、このままでは奨励会試験に合格できそうにないから。

エ　本当はもう試合を続けたくないのに、父親に最後までやるように言われて平常心を保つことができなくなり、将棋が嫌いになってしまいそうだから。

問五　――線部③「いきには気づかなかったが、街はクリスマスの飾りでいっぱいだった」という表現の効果として正しくないものを次のア～エから一つ選び、記号で答えなさい。

ア　クリスマスの飾りが目立つほど暗くなったことを示すことで、祐也が４局終えるまでに長い時間が経過したことを表している。

イ　対局に臨むまではひどく緊張して周囲を見る余裕がなかったが、対局を終えた今その緊張から解き放たれたことを表している。

ウ　街の華やかさを描くことで、それとは対照的な祐也の落ちこんでいる気持ちがより強調されている。

エ　今日の４連敗により将棋のプロを目ざすことが難しくなってしまった祐也にも、明るい未来が待っていることが示されている。

問六　――線部④「ずっと頭をおおっていたモヤが晴れていくのがわかった」とありますが、ここではどのようなことを表していますか。最も適切なものを次のア～エから選び、記号で答えなさい。

ア　将来への焦りと不安で押しつぶされそうだったが、父から明確に方向を示されることで、抱えていた重責から解き放たれたこと

イ　才能や年齢のことで悩み続けてきたが、試合に負けたことで人よりも劣っている事を再確認し、夢をあ

★　**問題の中で指定する字数には、句読点、かっこ類をふくみます。**

問一　［Ａ］に当てはまる漢字一字を答えなさい。

問二　――線部①「密かに感心していた」とありますが、どのような様子に感心していたというのですか。「様子」につながるように四十五字以内で書きなさい。

問三　本文から読み取れる将棋の級・段・クラスについての説明として正しくないものを次のア～エから一つ選び、記号で答えなさい。

ア　Ｄ１クラスよりもＣ２クラスの方がレベルが高い。
イ　二段よりも三段の方がレベルが高い。
ウ　Ｅ２クラスから奨励会試験に合格することは容易だ。
エ　研修会の初段と奨励会の初段は同じレベルではない。

問四　――線部②「こわかった」とありますが、それはなぜですか。その理由として最も適切なものを次のア～エから選び、記号で答えなさい。

ア　勝負に勝つこと、奨励会試験に合格することばかりを考えて自分らしい将棋が打てなくなり、将棋を好きだという気持ちがなくなってしまいそうだから。
イ　早く奨励会試験に合格しないと年齢（ねんれい）的にプロを諦（あきら）めざるを得（え）なくなると焦り、将棋をどのように打てばいいか分からなくなってしまいそうだったから。

いつもどおり、張り切った声で話す母に、祐也は⑤顔がほころんだ。

浴槽(よくそう)につかっているあいだも、夕飯のあいだも、祐也は何度も眠りかけた。２年と２ヵ月、研修会で戦ってきた緊張がとけて、ただただ眠たかった。

悲しみにおそわれたのは、ベッドに入ってからだ。

「もう、棋士にはなれないんだ」

祐也の目から涙が溢れた。布団をかぶって泣いているうちに眠ってしまい、ふと目をさますと夜中の１時すぎだった。

父と母も眠っているらしく、家のなかは物音ひとつしなかった。

常夜灯(じょうやとう)がついた部屋で、ベッドのうえに正座をすると、祐也は将棋をおぼえてからの日々を思い返した。米村君はどうしているだろう。中学受験をして都内の私立に進んでしまったが、いまでも将棋を指しているだろうか。いつか野崎君と、どんな気持ちで研修会に通っていたのかを話してみたい。

祐也は、頭のなかで今日の４局を並べ直した。どれもひどい将棋だと思っていたが、１局目と２局目はミスをしたところで正しく指していれば、優勢に持ち込(こ)めたことがわかった。

「おれは将棋が好きだ。プロにはなれなかったけど、それでも将棋が好きだ」

⑥うそ偽(いつわ)りのない思いにからだをふるわせながら、祐也はベッドに横になり、深い眠りに落ちていった。

（佐川　光晴『駒音高く』より）

※　奨励会 ― 新進棋士奨励会のこと。日本将棋連盟のプロ棋士育成機関

詰め将棋 ― 将棋駒をいくつか用い、王手を連続させて王将を詰める遊び。将棋の終盤力を磨(みが)くための練習としてもつかわれる。

体たらく ― すがた。ありさま

三和土 ― 玄関・台所・風呂場などの、コンクリートなどで固めた土間

秀也 ― 祐也の兄

そう答えた祐也の目から涙が流れた。足がとまり、溢れた涙が頬をつたって、地面にぼとぼと落ちていく。胸がわななき、祐也はしゃくりあげた。こんなふうに泣くのは、保育園の年少組以来だ。身も世もなく泣きじゃくるうちに、④ずっと頭をおおっていたモヤが晴れていくのがわかった。

「将棋をやめろと言っているんじゃない。将棋は、一生をかけて、指していけばいい。しかし、おととしの10月に研修会に入ってから、きみはあきらかにおかしかった。おとうさんも、おかあさんも、気づいてはいたんだが、将棋については素人同然だから、どうやってとめていいか、わからなかった。２年と２ヵ月、よくがんばった。今日まで、ひとりで苦しませて、申しわけなかった」

父が頭をさげた。

「そんなことはない」

祐也は首を横にふった。

「たぶん、きみは、※秀也が国立大学の医学部に現役合格したことで、相当なプレッシャーを感じていたんだろう」

父はそれから、ひとの成長のペースは［B］なのだから、あわてる必要はないという意味の話をした。

千駄ヶ谷駅で総武線に乗ってからも、父は、世間の誰もが感心したり、褒めそやしたりする能力だけが人間の可能性ではないのだということをわかりやすく話してくれた。

「すぐには気持ちを切り換えられないだろうが、まだ中学１年生の12月なんだから、いくらでも挽回はきく。高校は、偏差値よりも、将棋部があるかどうかで選ぶといい。そして、自分なりの将棋の楽しみかたを見つけるんだ」

ありがたい話だと思ったが、祐也はしだいに眠たくなってきた。錦糸町駅で乗り換えた東京メトロ半蔵門線のシートにすわるなり、祐也は眠りに落ちた。

午後６時すぎに家に着くと、玄関で母がむかえてくれた。

「祐ちゃん、お帰りなさい。お風呂が沸いているから、そのまま入ったら」

「挽回できそうにないのか？」

手を離した父が一歩さがって聞いた。

「無理だと思う」

祐也は目を伏せた。

「そうか。それでも最後まで最善を尽くしてきなさい」

「わかった」

父に背をむけて、祐也は大広間に戻った。どう見ても逆転などあり得ない状況で、こんな将棋にしてしまった自分が情けなかった。

10手後、祐也は頭をさげた。次回の、今年最後の研修会で1局目から3連勝しないかぎり、D1で2度目の降級点がつき、D2に落ちる。これでは奨励会試験に合格するはずがない。しかし、そんなことよりも、いまのままでは、将棋自体が嫌いになりそうで、それがなにより②こわかった。

祐也はボディーバッグを持ち、大広間を出た。

「負けたのか？」

父に聞かれて、祐也はうなずいた。そのまま二人で1階まで階段をおりて、JR千駄ヶ谷駅へと続く道を歩いていく。③いきには気づかなかったが、街はクリスマスの飾りでいっぱいだった。

「プロを目ざすのは、もうやめにしなさい」

祐也より頭ひとつ大きな父が言った。

「2週間後の研修会を最後にして、少し将棋を休むといい。いまのままだと、きみは取り返しのつかないことになる。わかったね？」

「はい」

一方、野崎君も派手さはないが、着実に自力をつけていた。祐也の予想に反してE2からE1へ、そしてさらにD2へと昇級し、2ヵ月ほど前から祐也とも対局が組まれるようになった。もっとも、祐也のほうが力は上で、最初の試験対局と合わせて3連勝していたが、今日の2局目でついに初黒星を喫してしまったのである。

祐也は、野崎君に①窃かに感心していた。D2では、奨励会試験に合格するのはかなり難しい。野崎君はもう中学2年生なのだから、かりにこのままのペースで昇級したとしても、合格ラインであるC2にあがるのは1年後だ。奨励会へは6級で入会するのが普通だから、高校1年生での入会では、21歳の誕生日までに初段というハードルはまず越えられない。

つまり野崎君は祐也以上に焦らなければならないはずなのに、いまもひとりで黙々と※詰め将棋を解いている。その落ち着いた態度は、祐也がまねしたくても、まねようもないものだった。

やがて1時15分が近づき、ひとりまたひとりと対局場である大広間にむかっていく。祐也も桂の間を出て盤の前にすわったが、とたんに緊張しだして、呼吸が浅くなるのがわかった。

3局目の将棋も、まるでいいところがなかった。飛車を振る位置を三度も変える※体たらくで、かつてなくみじめな敗戦だった。

4局目も、中盤の入り口で、銀をタダで取られるミスをした。祐也は大広間から廊下に出て、頭を抱えた。

「祐也」

呼ばれて顔をあげると、※三和土に背広を着た父が立っていた。

「どうした？」

心配顔の父に聞かれて、祐也は4連敗しそうだと言った。

「そうか。それじゃあ、もう休もう。ずいぶん、苦しかったろう」

祐也は父に歩みよった。肩に手を置かれて、その手で背中をさすられた。

三　次の文章を読み、後の問いに答えなさい。

（ここまでのあらすじ）
小倉祐也は、小学三年生の時に転入生の米村君から将棋を教わったことがきっかけで、その魅力のとりこになる。初めはみるみる力をつけていくが、中学生になってから試合で勝てないことが増える。必死になればなるほど、試合では空回りし、ランクも落ちていく。ランクアップを狙っていた今回の試合も、午前中の二局は連敗。気持ちを落ち着けようと、昼休みに父親に電話をした。

鳩森八幡神社の電話ボックスから将棋会館に戻り、祐也は4階の桂の間で幕の内弁当を食べた。胃が痛いし、まるで味がしないのに、どんどん食べられるのがふしぎだった。

「小倉君。持ち時間なしの一手10秒で一局指さない？」

今日の2局目に対戦した野崎君が声をかけてくれたが、祐也は首を横に振った。1年前、野崎君は将棋を始めてわずか2年で研修会に入ってきた。入会試験の1局目を祐也が指したので、よくおぼえていた。朝霞こども将棋教室に通っていて、二段になったばかり、歳は祐也よりひとつ上だという。

「中1で二段？　それで、どうやってプロになるんだよ。こいつ研修会をなめてるだろ」

むやみに腹が立ち、祐也は野崎君を容赦なく叩きつぶした。じっさい、野崎君は入会試験の8局を3勝5敗の成績で、E2クラスでの入会となった。

「あんなやつはE2が最高で、あとは落ちていくだけさ」

祐也がいつになくイジワルな気持ちになったのは、野崎君と同じ朝霞こども将棋教室に通っていた山沢貴司君にまったく［A］が立たなかったからだ。祐也より4ヵ月あとに入会してきた山沢君は小学3年生にして四段だった。評判通り、破格の強さで、8月の※奨励会試験に合格して小学4年生での奨励会入りとなり、ちょっとしたニュースになった。

点だと考えたから。

ウ　２０００年以降の教育改革は、１９９０年代以降の日本の教育の成果をそのまま生かすように形づくられたと考えたから。

エ　旧来の日本の教育が高い学力をもたらしたことを知っていれば、大きな教育改革はしなかっただろうと考えたから。

問七　――線部⑥「そうなってはいません」とありますが、具体的にはどのようなことですか。本文中の言葉を使って四十字以内で説明しなさい。

問八　［Ｃ］に当てはまる言葉として最も適切なものを次のア～エから選び、記号で答えなさい。

ア　古臭いものの方がよい

イ　見た目にだまされてはいけない

ウ　創造性を伸ばす教育は必要ない

エ　先生主導の授業の方がよかった

問九　文化学園大学杉並中学校では、アクティブラーニングを積極的に取り入れていますが、筆者は授業の形式よりも「子どもたちの頭の中」がアクティブになる必要があると指摘（してき）しています。入学後、あなたはどのような意識で国語の授業に臨みたいと考えますか。本文の内容を踏（ふ）まえ、あなたの考えを具体的に述べなさい。

問四　――線部④「先生たちの教え方について説明しましょう」とありますが、スティグラーの記録・観察からわかることについて述べたものとして最も適切なものを次のア～エから選び、記号で答えなさい。

ア　数学の授業において、日本では40％を超える教員が発見・思考型の問題を与えているが、ドイツでは全く与えられていなかった。

イ　数学の授業において、解答とは違った解き方について発表させていた割合は、アメリカよりもドイツの方がやや高い。

ウ　数学の授業において、日本では単純な練習・応用問題がほとんど与えられず、それが創造性を培うことにつながっている。

エ　数学の授業において、アメリカとドイツではほとんどが単純な練習・応用問題であるため、創造性との関係があるかはわからない。

問五　［Ａ］・［Ｂ］に当てはまる言葉を次のア～オからそれぞれ選び、記号で答えなさい。

ア　それでも　　イ　むしろ　　ウ　さらに　　エ　よって　　オ　たとえば

問六　――線部⑤「２０００年以降の教育改革を準備した方々は、このスティグラーの本を読んでいなかったのでしょうか？」と筆者が述べているのはなぜですか。その理由として最も適切なものを次のア～エから選び、記号で答えなさい。

ア　日本と海外の教育問題の研究者はもっと情報交換をし、世界規模での学校教育の向上を目指して協力するべきだと考えたから。

イ　すでに行われていた研究について全く調べないまま改革を進めていたことは、海外の役人によくある欠

★問題の中で指定する字数には、句読点、かっこ類をふくみます。

問一 ――線部①「日本の教育研究者はこの問いを十分に検討していません」とありますが、それはなぜですか。その理由として最も適切なものを次のア〜エから選び、記号で答えなさい。

ア 日本の教育が成果を上げていないという結論を前提に考えているから。
イ 日本の子どもたちが真面目に勉強していないことを問題視しているから。
ウ ピザなどのデータを見ると日本の教育がダメであるのが明らかだから。
エ うまくいっている部分に気付かないまま日本と外国を比べているから。

問二 ――線部②「それ」が指しているものを本文中から過不足なくぬき出しなさい。

問三 次のア〜エは、――線部③「教育に対する信念」について述べたものです。本文の内容と合っているものには「○」を、そうでないものには「×」を書きなさい。

ア 日本においては、テストの点数が悪いとすぐにあきらめる傾向にある。
イ 成績が悪い時、アメリカでは努力不足であるとはあまり考えない。
ウ 学力を決めるのは、努力する才能があるかないかである。
エ 努力が大事だと考える人は、失敗を成功に変えようと準備する傾向にある。

しかし、スティグラーによれば、⑤１９９０年代の日本の学校教育も、少なくともアメリカやドイツに比べれば創造性を伸ばす教育だったことになります。２０００年以降の教育改革を準備した方々は、このスティグラーの本を読んでいなかったのでしょうか？

日本のかつての教育が創造性を伸ばすものであったことを、ピアックのデータも※傍証しています。ピアックとは大人のためのピザでしたね。大人を対象として、知識を創造的に使えるのかを調査しています。もし旧来の教育が創造性を伸ばすものでなかったとするならば、その教育を受けた世代の日本のピアックの点数は低いはずです。しかし、現実には⑥そうなってはいません。

（中略）

なるほど、旧来の日本の授業は一斉授業だったし、先生が授業をリードしていたかもしれません。見た目は古臭いかもしれません。ですが、スティグラーの調査やピアックの結果からすると、どうやらこの古臭く見える教育は子どもたちの創造性を育むことに成功していたようなのです。

ここから学ぶべき教訓は、［　C　］ということかもしれません。私たちは大丈夫でしょうか？　いま、アクティブラーニングが導入されつつあります。子どもたちが授業を受動的に聴くのではなく、自ら活動することを通じてアクティブに学ぶ。かっこいいですね。ですが、自ら活動することで、見た目だけでなく、子どもたちの頭の中もちゃんと「アクティブ」になる保証はあるのでしょうか？　スティグラーの調査結果やピアックの結果は、こうした問いを私たちに突きつけているように感じられます。

（小松　光／ジェルミー・ラプリー『日本の教育はダメじゃない』より）

※ピザー　経済協力開発機構（ＯＥＣＤ）によって、十五歳児を対象に定期的に行われる国際的な学習到達度調査のこと

傍証ー　直接の証拠ではないが、その証明力を増す間接の証拠

目標達成のために適切な授業方法・内容となっているか」という基準で評価しています。もちろんこの評価はある程度主観的なものにならざるを得ません。［Ｂ］、この評価は、十分に経験を積んだ数学者と数学教師のチームによって行われているため、評価結果に一定の信頼性があります。スティグラーによれば、日本の数学の授業は、アメリカとドイツに比べてずっと質が高いようです。質が高いとされる授業の割合は、日本が39％であるのに対し、アメリカは０％、ドイツは28％でした（図２―11）。

１つ補足ですが、このスティグラーが使った授業のビデオは、１９９４年から１９９５年に撮られたものです。けっこう昔ですね。１９９０年代以降、日本は学校教育に対する改革を多数行ってきました。２０００年代にはゆとり教育が本格的に導入され、２０２０年にも「アクティブラーニング」の導入を含め、再度教育改革が行われました。どちらの教育改革も、これまでの学校教育が知識偏重だったという反省から、より創造性を伸ばす教育へと移行することを目指したものです。

(a)別解の発表のあった授業

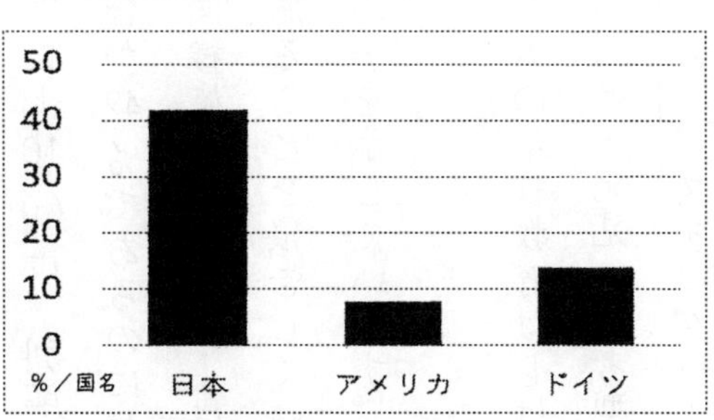

(b)発見・思考型問題

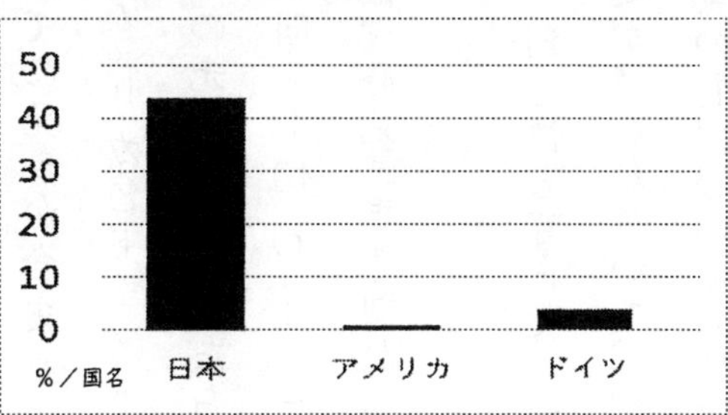

図 2-10：(a)別解の発表が含まれる授業の割合（総授業数に対する）、(b)子どもたちに与えられる課題のうち発見・思考型問題の割合
出所：Stigler1999,69～71 頁

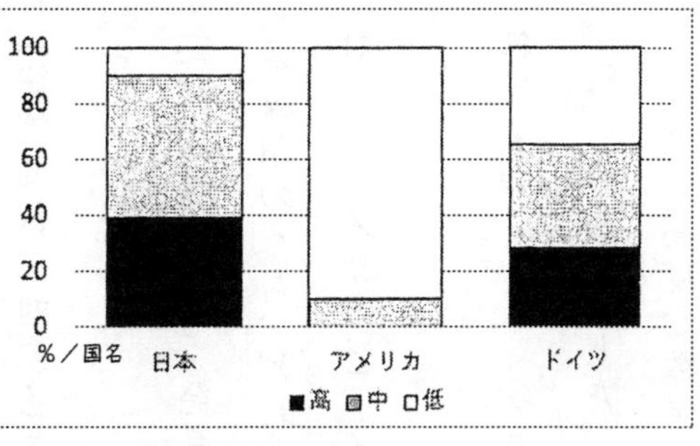

図 2-11：国ごとの授業の質の比較
出所：Stigler1999,65 頁

例えば、あなたがテストで悪い点を取ったとしましょう。もし、学力を決める要素として、才能よりも努力のほうが重要だと信じているなら、あなたはテスト結果を自分の努力不足として解釈します。こう解釈した場合、あなたは次回のテストに周到な準備をして臨むでしょう。

一方、もしあなたが、学力を決める要素として、努力よりも才能のほうが重要だと信じているなら、テストの結果を才能の欠如として解釈します。そうすると、次のテストに向けて周到な準備をするという行動にはつながりにくいでしょう。このように、努力が重要だという信念は、学力を高めるために意味のある行動につながるのです。

次に、④先生たちの教え方について説明しましょう。スティグラーは中学校の数学の授業をビデオによって記録・観察し、日本の先生たちの教え方がアメリカやドイツと異なっていることを発見しました。スティグラーは、日本の先生たちが、より多くの時間を子どもたちに与え、数学の別解（別の解答法）について発表させていることを報告しています。別解を考えることは物事を別の角度から見る訓練ですので、これは発見的・思考的な課題と言えます。

図２―10(a)は、別解についての発表が含まれていた授業の割合（総授業数に対する）を示しています。日本はこの割合が42％であるのに対し、アメリカとドイツはそれぞれ８％と14％でした。

同様にスティグラーは、日本の先生が子どもたちに、単純な練習・応用問題よりも、発見・思考型の問題を与える傾向にあることを報告しています。図２―10(b)は子どもたちに与えられた課題のうち、どれだけが発見・思考型問題であったのかを示しています。日本は、発見・思考型が44％であったのに対し、アメリカとドイツはそれぞれ１％と４％でした。

日本の学校教育はしばしば、創造性を育まないからダメだと言われますが、スティグラーが実際にきちんと調査をしてみると、発見・思考型の課題が使われていて、創造性を育む教育が行われていました。

［Ａ］、スティグラーは授業の質についての評価も行っています。彼は「高度な数学の習得が目標とされているか、

二 次の文章を読み、後の問いに答えなさい。

では、何が日本の子どもたちの高い学力の主因なのか？　非常に面白い問いですが、残念ながら、①日本の教育研究者はこの問いを十分に検討していません。彼(かれ)らは概(おおむ)ね、日本の教育をダメだという前提で研究をしているので、日本の教育のうまくいっている部分を見ようとしません。ですから、「日本の子どもたちは、なぜ学力が高いのか？」という問い自体を思いつくことがないのです。日本の教育研究者も、※最近ピザなどのデータをだんだんと使うようになってきてはいますが、日本の教育がダメだと言うために、様々(さまざま)あるデータを恣意的(しいてき)に選択(せんたく)して使っているように見える場合すらあります。

ただ、海外の研究者の中には、日本の高い学力の原因を真摯(しんし)に調べている人もいます。例えば、アメリカの教育研究者のジェームス・スティグラーがそうです。彼は、日本の小中学校とアメリカの小中学校を丹念(たんねん)に比較(ひかく)する研究をしています。その研究成果は、１９９０年代に、『学びの差異』『教えの差異』という２冊の本にまとめられています。これらの原題は、それぞれ The Learning Gap と The Teaching Gap と言います。この２冊は、ほとんどの教育研究者がその名前を知っているベストセラーです。

ところで、『学びの差異』『教えの差異』の「差異」が何と何の差異かと言えば、日本とアメリカの差異です。スティグラーはアメリカの教育が子どもたちに高い学力をつけさせることに成功していないことを問題視し、②それに成功している日本に学ぼうとしているのです。

スティグラーは、日本の高い学力が、主に教育に対する信念と先生たちの教え方によってもたらされていると考えています。まず、③教育に対する信念について説明しましょう。

日本では、学力を決める要素としてより重要なのは、才能よりも努力だと一般(いっぱん)に考えられています。一方アメリカでは、努力よりも才能だとされています。このような信念の違(ちが)いは、子どもたちの行動の違いとなって現れます。

《文Ｂ》

「令」は他国の制度を真似て作られ、主に刑罰（けいばつ）についての決まりが定められている。

（３）次の文章を図に表したものとして、適切なのはア・イのどちらですか。記号で答えなさい。

競技ダンスには大きく分けて二種類あり、それはサンバ・ルンバなどのラテンと、ワルツ・タンゴなどのスタンダードである。

ア

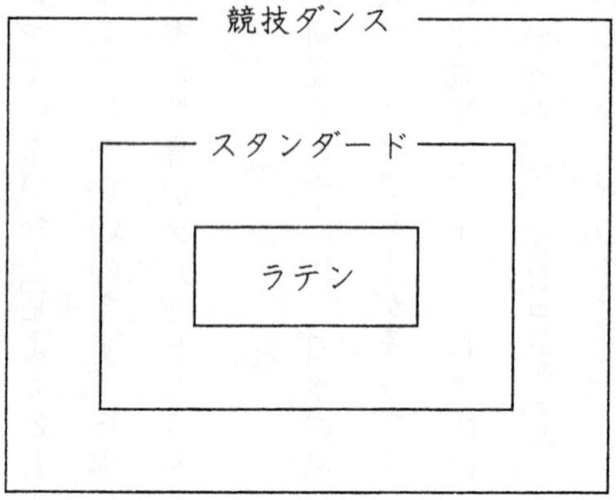

競技ダンス
スタンダード
ラテン

イ

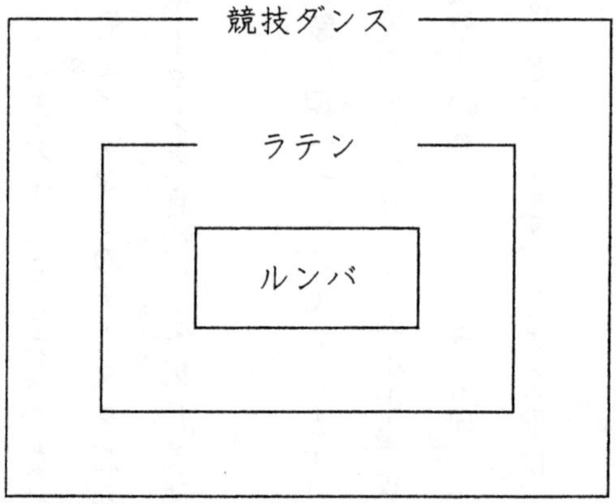

競技ダンス
ラテン
ルンバ

ア　月曜日から当番になった人は、木曜日まで仕事をします
イ　月曜日から当番になった人は、水曜日まで仕事をします

②　「絆」という言葉は、今では人間同士の信頼関係や結びつきなどのプラスの意味で使われていますが、本来は人間関係の中のしがらみや束縛といったマイナスの意味を持つ言葉です。また「微妙」という言葉は、何とも言えない味わいや美しさがあるという意味ですが、悪いとは言い切れないが良くもないと評価するときに使われることも多くなりました。このように（　　　　）。

ア　言葉の使われ方は一定ではなく、変化していくものなのです
イ　悪い意味だった言葉が、良い意味に変わることがあります

（２）次の《文章Ａ》を読み、後の《文Ｂ》が正しいか正しくないかを考え、正しければ「○」を、正しくなければ「×」を書きなさい。

《文章Ａ》

持統天皇の孫にあたる文武天皇の時代に完成したのが「大宝律令」である。特に唐の制度の影響を強く受け、その多くを模倣して作られたのが、現在の刑法にあたる「律」である。また、「二官八省」の政治体制を定めたり、地方に「国・郡・里」の行政単位を作ったり、税制度を整えたりと、様々な仕組みについて定めたのが「令」である。この完成は、日本が本格的に中央集権国家への道を歩み出したことを意味している。

二〇二二年度 文化学園大学杉並中学校

【国　語】〈第一回試験〉（五〇分）〈満点：一〇〇点〉

注意　計時機能以外の時計の使用は認めません。

一　次の各問いに答えなさい。

問一　①～⑤の――線部の読みをひらがなで答えなさい。また、⑥～⑩の――線部を漢字に直しなさい。

①　連続で当たりが出る。
②　すでに地震の兆候はあった。
③　質素な食事をとる。
④　さまざまな種類の動物が混在している。
⑤　背中に激痛が走る。

⑥　リクグンに入隊する。
⑦　デンタツ事項をメモする。
⑧　エイキュウに変わらない。
⑨　上司に結果をホウコクする。
⑩　占い師にセンノウされる。

問二　（１）～（３）の問いに答えなさい。

（１）次の①、②の文章の（　　　　）に入る表現として正しいものを次のア・イから選び、記号で答えなさい。

①　本校では、生活当番というものがあり、三日間交替（こうたい）でホームルームの司会をしたり日誌に記録をつけたりなどの仕事をします。つまり、祝日がない週は（　　　　）。

2022年度

文化学園大学杉並中学校 ▶解 答

※ 編集上の都合により，第１回試験の解説は省略させていただきました。

算 数 <第１回試験>（50分）<満点：100点>

解 答

[1] (1) 140 (2) 11 (3) $\frac{5}{12}$ (4) $13\frac{1}{12}$ (5) $\frac{7}{30}$ (6) 47 (7) 223.27 (8) $\frac{9}{16}$ (9) 11.4 (10) 78 [2] (1) **最初に間違えている行の番号**…② **正しい答え**…657 (2) **最初に間違えている行の番号**…① **正しい答え**…264 (3) **最初に間違えている行の番号**…④ **正しい答え**…７時38分20秒 [3] (1) 20分後 (2) 27，15 (3) ４枚 (4) 25個 (5) ４：３：10 [4] (1) 111度 (2) 14.25cm^2 (3) $\frac{3}{10}$倍 [5] (1) 2000cm^3 (2) 13 (3) ４分24秒

国 語 <第１回試験>（50分）<満点：100点>

解 答

[一] **問１** ① れんぞく ② ちょうこう ③ しっそ ④ こんざい ⑤ げきつう ⑥～⑩ 下記を参照のこと。 **問２** (1) ① イ ② ア (2) × (3) イ [二] **問１** ア **問２** 子どもたちに高い学力をつけさせること **問３** **ア** × **イ** ○ **ウ** × **エ** ○ **問４** イ **問５** **A** ウ **B** ア **問６** エ **問７** （例） 旧来の教育を受けた世代の日本のピアックの点数は低くなかったということ。 **問８** イ **問９** （例） 思いついたことをただ発言するのではなく，「なぜそう考えたか」を整理して，ほかの人にもわかるように筋道立てて説明することを心がける。 [三] **問１** 歯 **問２** （例） 奨励会試験に合格するために焦らなければならないはずなのに，将棋に落ち着いて取り組んでいる（様子） **問３** ウ **問４** ア **問５** エ **問６** ア **問７** ウ **問８** イ **問９** ア **問10** イ

●漢字の書き取り

[一] **問１** ⑥ 陸軍 ⑦ 伝達 ⑧ 永久 ⑨ 報告 ⑩ 洗脳

2022年度　文化学園大学杉並中学校

〔電　話〕　03(3392)6636
〔所在地〕　〒166－0004　東京都杉並区阿佐谷南３－48－16
〔交　通〕　JR中央線「阿佐ヶ谷駅」より徒歩８分
JR中央線・地下鉄丸ノ内線「荻窪駅」より徒歩８分

【算　数】〈第２回試験〉（50分）〈満点：100点〉

注　意

1　計時機能以外の時計の使用は認めません。
2　定規，コンパス，分度器等を使ってはいけません。
3　問題の中の図の長さや角の大きさは，必ずしも正確ではありません。

1　次の計算をしなさい。

(1)　$86-32+3-5$

(2)　$20-12\div4\times5$

(3)　$6\times\{7+3\times(43+67)\}$

(4)　$0.7\times0.7+21.6\div1.8$

(5)　$4\frac{3}{5}-2\frac{1}{3}-\frac{2}{7}$

(6)　$\frac{5}{12}\times\frac{24}{35}\div\frac{10}{91}$

(7)　$28\times\left(\frac{1}{2}+\frac{1}{4}+\frac{1}{7}+\frac{1}{14}+\frac{1}{28}\right)$

(8)　$15\div4-7\div3\times6\div7$

(9)　$2.5\times\frac{8}{15}+0.33\div2.75$

(10)　$1.23\times0.55+2.46\times2.4-3.69\times1.45$

2 次の各問いを文子さんが解きましたが，３問とも間違えてしまいました。
解答として，最初に間違えている行の番号①～④と，この問いの正しい答えを求めなさい。

(1) $4+105\div\{(\square-10)\times3\}=9$ において $\square$ に入る数字を求めなさい。

文子さんの解答

$105\div\{(\square-10)\times3\}=9-4$ …①

$(\square-10)\times3=5\times105$ …②

$\square-10=525\div3$ …③

$\square=175-10$ …④

$=165$

(2) 全長 200 m の列車が時速 60 km で走っています。長さが 2.4 km のトンネルにこの列車の先頭が入り始めてから完全に出終わるまでにかかる時間は何分何秒ですか。

文子さんの解答

時速 60 km は分速 1000 m となります。 …①

2.4 km は 2400 m となります。 …②

したがって，トンネルを通過するのにかかる時間は，

2400÷1000＝2.4 (分) となります。 …③

よって，答えは２分 40 秒です。 …④

(3) 1000 円で仕入れた商品に 30 % の利益を見込んで定価をつけましたが，売れなかったので定価の２割引きで売りました。利益はいくらですか。

文子さんの解答

はじめに見込んだ利益は　1000×0.3＝300 (円) …①

定価は　1000＋300＝1300 (円) …②

値引きした金額は　1000×0.2＝200 (円) …③

売り値は　1300－200＝1100 (円) …④

よって，利益は　1100－1000＝100 (円)

3 次の各問いに答えなさい。

(1) 容器に２Ｌ入っている野菜ジュースを毎日 280 mL ずつ飲みます。１週間飲み続けたとき，残りは何Ｌですか。

(2) ひもＡとひもＢの長さの比は 19：11 です。ひもＡの長さがひもＢの長さの２倍より 30 cm だけ短いとき，ひもＢの長さを求めなさい。

(3) コインを１回投げて表が出たら５点，裏が出たら２点もらえるゲームを行いました。コインを 20 回投げ終わったとき，得点が 64 点でした。表は何回出ましたか。

(4) アナログ時計を見たとき，短針と長針が反対向きで一直線になっていました。下の①～④のうち，この時刻に最も近いものを１つ選びなさい。

① ３時 46 分　② ３時 47 分　③ ３時 48 分　④ ３時 49 分

(5) $\langle a, b\rangle$ は a と b の最大公約数を表し，$[a, b]$ は a と b の最小公倍数を表します。例えば，$\langle 56, 72\rangle = 8$，$[10, 14] = 70$ となります。

このとき，$[105, \langle [35, 90], 390\rangle]$ を求めなさい。

4 次の各問いに答えなさい。ただし，円周率は3.14とします。

(1) 下の図において，ADとDEとEBはすべて同じ長さです。角アの大きさは何度ですか。

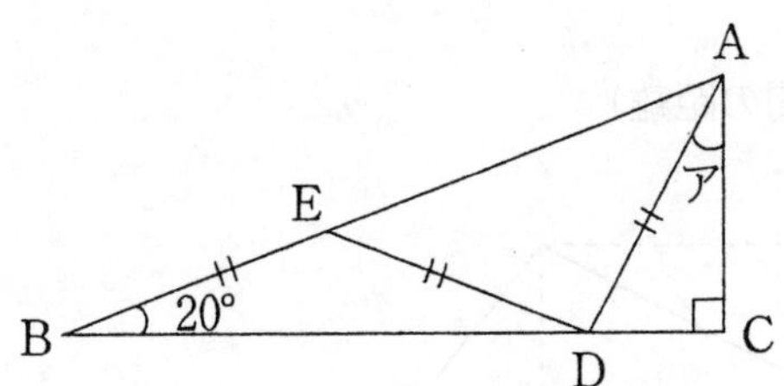

(2) 下の図の太線は，たての長さが４cm，横の長さが３cm，対角線の長さが５cmの長方形を直線上をすべらないように転がしたときに頂点アが動いた跡を描いたものです。

影をつけた部分の面積は何cm^2ですか。

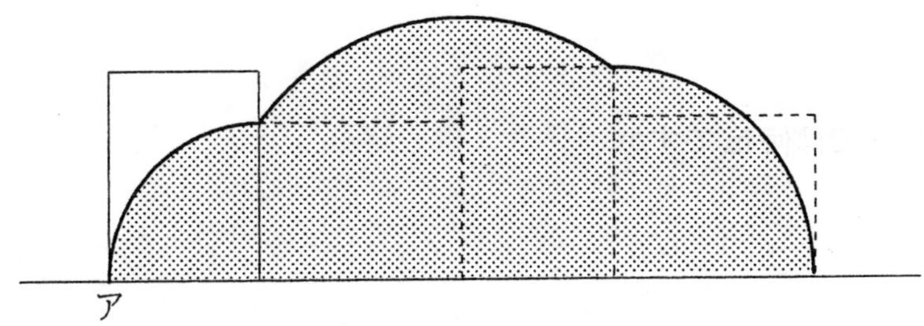

(3) 下の展開図で作られる四角柱の体積は何cm^3ですか。

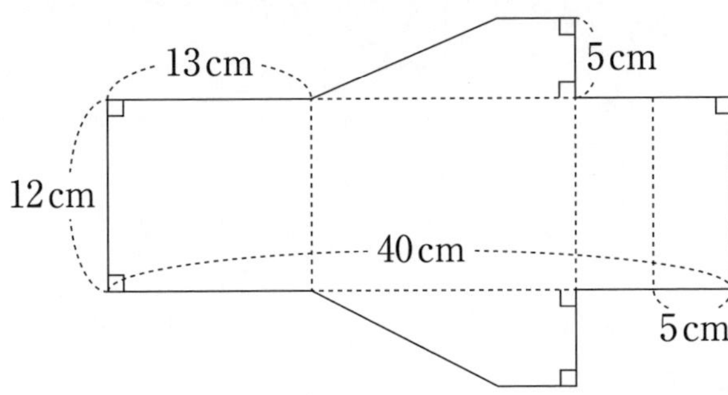

5 文子さんは８時に家を出て，学校へ向かって歩きはじめました。５分後に弟の杉男さんも家を出て，学校へ向かって歩きはじめました。下のグラフは，そのときの文子さんと杉男さんの間の距離の変化を表したものです。２人の歩く速さはそれぞれ一定だったとして，次の各問いに途中の式や説明をかいて答えなさい。

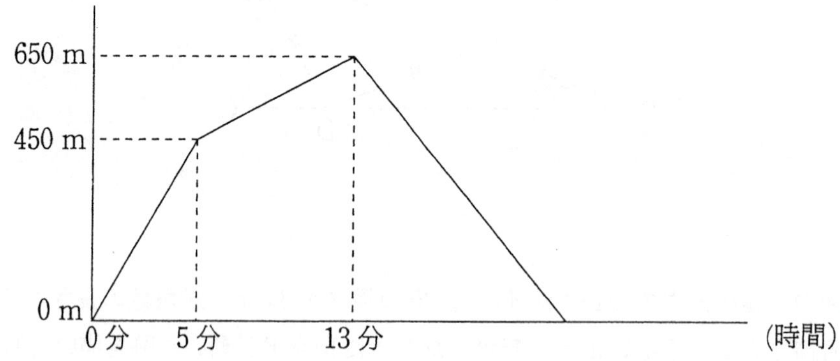

(1) 文子さんの歩く速さは分速何 m ですか。

(2) 家から学校までは何 m ですか。

(3) 杉男さんが学校に到着するのは８時何分ですか。

【社　会】〈第２回試験〉（理科と合わせて60分）〈満点：75点〉

注　意

計時機能以外の時計の使用は認めません。

Ｉ　社会の授業で、歴史上の人物に関するプレゼンテーションをおこなった。次にしめす文男さんと杉子さん、並江さんの３人の発表を読んで、設問に答えなさい。

文男：私は［あ］について調べました。この人物は自由民権運動に参加した経験をもちます。その後、①第１回衆議院議員総選挙で当選しましたが、渡良瀬(わたらせ)川流域で、②足尾銅山から流れ出た鉱毒による問題がおこると、議員を辞職しこの被(ひ)害をうったえる活動をおこないました。③明治天皇にこの問題を直訴(じきそ)したことで有名になりました。直訴は失敗に終わりましたが、④その後も被害のあった集落に住み、⑤公害問題のために活動を続けました。

杉子：私は［い］について調べました。この人物は、旅順という場所に出兵する自分の弟を思う詩を雑誌『明星』にのせたことで有名です。その後、史上初の女性文芸誌である『青鞜(とう)』の創刊号に「山の動く日きたる」で始まる詩をのせています。1912 年には、夫のあとを追って⑥パリへ向かいましたが、⑦森鷗(おう)外が渡航費の面で手助けをしました。読売新聞の「新しい女」の第一回では［い］のパリ行きを取りあげ、『中央公論』では、特集が組まれています。パリ到(とう)着後、イギリス、ベルギー、ドイツ、オーストリア、オランダなどを訪れ、また帰国後、女性教育の必要性などを説きました。1921 年には⑧男女平等教育を唱え、日本で最初の男女共学校をつくりました。1942 年に荻窪(おぎくぼ)の自宅で亡くなるまで女性としての感性を大切にしながら多くの詩を残しました。

並江：私は［う］について調べました。お札に肖(しょう)像がえがかれていて、どのような人物か興味をもったからです。一万円札といえばこの人物のことを思い浮(う)かべる人が多いのではないでしょうか。［う］は現在の大阪府に生まれ、19 歳のときに⑨長崎でオランダ語を学びました。1859 年には⑩横浜に出かけ、自分の話すオランダ語が外国人に通じるか試しましたが、当時の横浜では英語が多く使われており、オランダ語はほぼ通じませんでした。このことに衝撃(しょうげき)を受けた［う］は、咸(かん)臨丸に乗り込み、⑪サンフランシスコに渡米し、日本になかった様々な言葉を日本語になおしました。

［う］はまた、現在の慶應義塾(けいおうぎじゅく)大学の前身となる慶應義塾をつくったことでも知られています。「天は人の上に人をつくらず　人の下に人をつくらず」という言葉で有名な書物を出版するなど、新しい思想を日本に紹介しました。また一方で「脱亜論(だつあ)」を唱えるなど、白人至上主義的な考えの持ち主でもありました。

問1　下線部①について、以下の絵は第１回衆議院議員総選挙の様子を描いたものである。この絵を参考にして、この選挙の問題点を説明した下のＡ・Ｂの文に対する判断として正しいものを、下のア～エから１つ選び、記号で答えなさい。

Ａ：直接国税 15 円以上納める 25 歳以上の男子のみが選挙権をもっており、普通選挙ではなかった。
Ｂ：誰がどの候補に投票したのかという、投票の秘密が守られない選挙だった。

ア：Ａ・Ｂどちらも正しい　　　イ：Ａのみ正しい
ウ：Ｂのみ正しい　　　エ：Ａ・Ｂどちらもまちがっている

問2　下線部②について、この銅山は現在の都道府県の中ではどこにあるか、その都道府県名を漢字で答えなさい。

問3　下線部③について、この天皇の時代に起きた出来事として正しいものを、次のア～エから１つ選び、記号で答えなさい。
ア：徳川家康と２代将軍の徳川秀忠が武家諸法度というきまりを定め、全国の大名を統制した。
イ：杉田玄白や本居宣長という人物が活やくし、蘭（らん）学や国学といった学問が広まった。
ウ：ノルマントン号事件がおこり、不平等条約改正をめざした交渉がたびたび行われた。
エ：アメリカ軍の飛行機が日本の都市に爆弾（ばくだん）を落とし、軍事施設や住宅地が壊された。

問4　下線部④について、［あ］の人物はこの地で亡くなった。彼が亡くなった 1913 年は明治天皇が亡くなった次の年で、元号も新しいものに変わっていた。［あ］が亡くなったときの元号は何か、漢字で答えなさい。

問5　下線部⑤について、次の文章は公害の問題に関する説明である。この文章を読んだだけでは正しいと判断できない文を、下のア～エから１つ選び、記号で答えなさい。

政府は **1960** 年に、国民所得倍増計画という、産業を急速に発展させるための計画を発表しました。この計画に基づいて、重化学コンビナートがつくられ、各地の港が整備されていきました。産業を発展させることに成功した政府は、貿易の拡大、輸出の増加にも力を入れ、**1968** 年には、国民総生産額がアメリカに次いで第２位になりました。

国民の生活も豊かになり、テレビ・洗濯(たく)機・冷蔵庫にかわり、いわゆる「３Ｃ」が多くの家庭に広まりました。

しかし、このように産業が発展していく一方で、水や空気が汚(お)染され、公害などの環境問題も生まれてきました。

ア：1960 年代の日本は、国民の財産を増やすために、重化学工業を盛んにする政策がとられた。
イ：産業を重視した政策がとられた結果、水質汚濁(だく)や大気汚染などの公害問題が深刻化した。
ウ：1967 年以前の日本は国民総生産額が世界第３位だった。
エ：国民の生活が豊かになり、３Ｃとよばれる電化製品が急速に各家庭に広まった。

問6　下線部⑥について、パリでは国際会議が多数行われ、様々な条約や協定が結ばれた。次の文章はそのうちの「パリ協定」に関する説明である。この文章の内容を正しく読み取っている文を、下のア～エから１つ選び、記号で答えなさい。

1992 年に開かれた「地球サミット」で気候変動枠(わく)組み条約が取り決められました。この条約には具体的なルールが決められていなかったため、**1997** 年に京都議定書が定められました。京都議定書には **2020** 年までの温暖化対策の目標が具体的にしめされましたが、この目標を守る義務があったのは当時の先進国だけでした。これに対してパリ協定は、世界中の参加する国が温暖化対策をするということを約束したものです。パリ協定では、各国が温室効果ガスを減らす量の目標とそのための計画を提出することが義務づけられています。ただし、その目標を達成することは義務とは書かれていません。

それでも、パリ協定によって、二大排(はい)出国のアメリカと中国がともに温暖化対策をすすめていこうという風潮になったことや、途(と)上国でも参加する国がでてきて、世界中が合意したことには大きな意味がありました。

ア：気候変動枠組み条約は 1997 年、京都議定書と同時に結ばれた。
イ：京都議定書では、先進国が温暖化対策にむけた目標を達成する義務が書かれた。
ウ：パリ協定では、全参加国が温室効果ガスの削減目標を達成する義務が書かれた。
エ：パリ協定には、二大排出国のアメリカと中国はともに参加しなかった。

問7 下線部⑦について、この人物が書いた作品として正しいものを、次のア～エから１つ選び、記号で答えなさい。

ア：『舞姫』　　イ：『源氏物語』　　ウ：『古事記』　　エ：『徒然草』

問8 下線部⑧について、2015 年の国連サミットで採択された「持続可能な開発目標（SDGｓ）」の５番目の目標には「すべての女性と女児のエンパワーメントを図る」ことがあげられている。以下のマークの空らん［　X　］にあてはまる「生物学的な性別に対して、社会的・文化的につくられる性別」をあらわす言葉をカタカナで答えなさい。

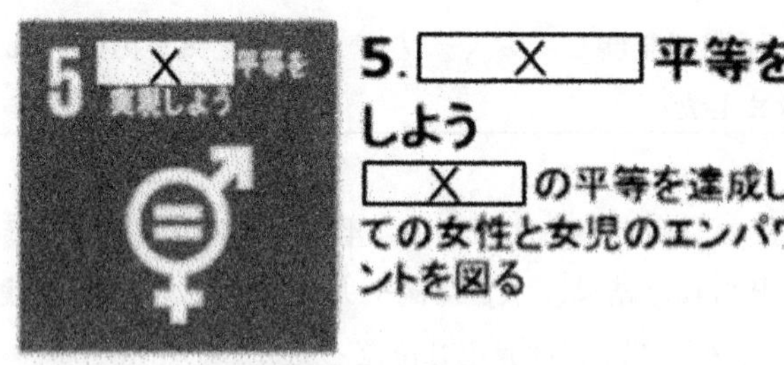

問9 下線部⑨について、当時の日本では、来航する船をオランダ船と中国船に限定し、その２国の船の来航も長崎のみに制限するなど、外国との行き来や貿易に大きな制限をかけていた。このような政策を何というか、漢字２字で答えなさい。

問10　下線部⑩について、次の【グラフⅠ】～【グラフⅢ】と【表Ⅳ】は、開国後の貿易に関するものである。これらを参考に、開国後の日本と世界の貿易についての説明としてまちがっているものを、下のア～エから１つ選び、記号で答えなさい。

【グラフⅠ】1885年の輸出品

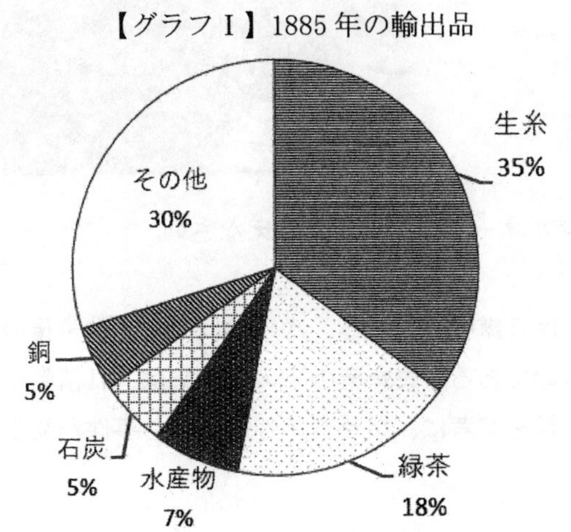

【グラフⅡ】1885年の輸入品

綿糸 18%
砂糖 16%
綿織物 10%
毛織物 9%
機械類 6%
石油 6%
鉄類 3%
その他 32%

【グラフⅢ】　横浜港での国別取扱高の割合

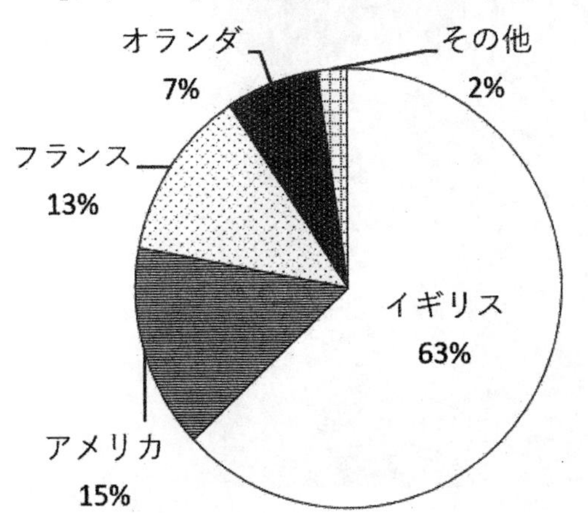

【表Ⅳ】1860年の貿易額（万ドル）

輸出		輸入	
品名	金額	品名	金額
生糸	259	綿織物	50
茶	31	毛織物	37
油	22	薬品	2
銅類	21	亜鉛	1
種子	12	蘇木	1
計	395	計	95

ア：生糸が大量に輸出された結果、国内の生糸が品不足になった。

イ：日本ともっとも取引額が多かった国はイギリスだった。

ウ：開国当初、輸出総額が輸入総額を大幅に上回っていた。

エ：貿易が開始された結果、日本国内では毛織物の方が綿織物よりも高い値段で売られた。

問11　下線部⑪について、この都市では1951年、日本と連合国の間で平和条約が結ばれた。右の写真は、日本の代表が条約に署名しているところである。この日本の代表であり、当時の日本の内閣総理大臣であった人物はだれか、フルネームを漢字で答えなさい。

問12　空らん［　あ　］～［　う　］に当てはまる人物のフルネームをそれぞれ答えなさい。

問13　波線部について、このとき弟が出兵した戦争は日露戦争である。次の絵は、日露戦争後の日本で発生した日比谷焼き打ち事件を描いたものである。またその下のグラフは、日清戦争と日露戦争を比較したものである。これらの資料を参考に、なぜ日比谷焼き打ち事件が発生したのかを説明しなさい。

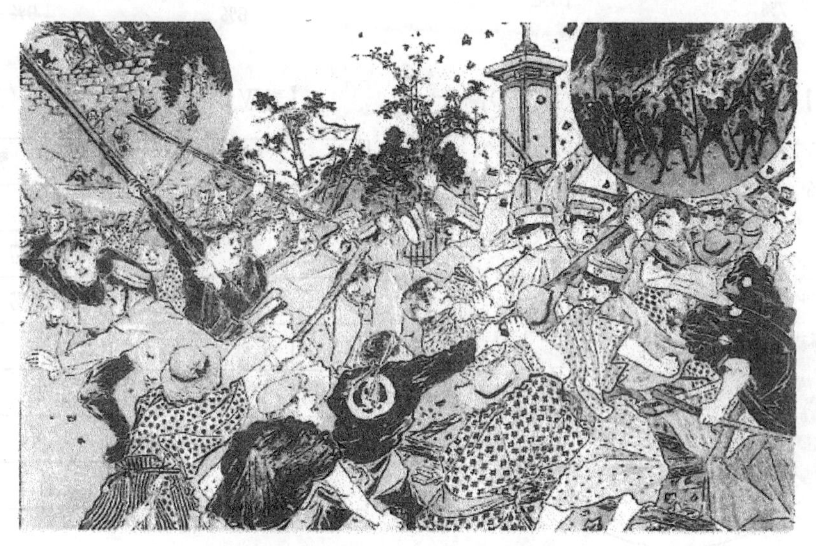

日清戦争と日露戦争の比較

賠償金

戦費

死者

□日露戦争　■日清戦争

II　次の文章を読んで、設問に答えなさい。

2021年３月、エジプトの（　Ａ　）運河で、①愛媛県の会社が所有する大型コンテナ船が座礁してしまい、他の船が運河を通行できなくなってしまいました。この事故は、②世界の貿易に大きな影響を及ぼすことになってしまい、大きな問題となりました。

運河とは人工の③川のことで、船を使ってモノや人を運ぶために使われています。中国では隋の時代に、大河の間を結ぶ運河が多く作られました。また、（　Ａ　）運河のように、船が目的地に向かうルートを短縮するために作られた運河の例は、中央④アメリカにも見られます。日本にも多くの運河が作られていますが、現在最も多くの運河がある都道府県は⑤東京都です。

日本は島国ですから、⑥日本と外国との貿易には古くから船が使われていました。しかし近年では、飛行機でモノが輸入されることが多くなりました。2020 年の貿易額が最も多かったのが（　Ｂ　）であることからも、飛行機の需要の高まりを見ることができます。しかし、飛行機も万能ではなく、⑦輸入する品物によっては引き続き船が使われていることもあります。

船や飛行機で運ばれてきた輸入品は、陸運によってわたしたちの身近なところへ運ばれてきます。陸運はさらに鉄道と自動車とに分かれますが、こちらも特徴に合わせて使い分けられています。日本では明治時代以降、全国に鉄道が建設されており、現在では沖縄県以外のすべての都道府県に鉄道が通っています。一方、⑧自動車が通る道路も、特に高度経済成長期に高速道路の建設が進んだことで、全国に道路網が整備されています。

このようなモノを運ぶ手段を管理するためには、情報技術が多く使われています。たとえば自動車の場合では、位置情報を計測する［　あ　］と呼ばれるシステムを使ったカーナビゲーションによって、配達する目的地までスムーズに移動することを助けています。また、新型コロナウィルス感染症の流行によって、これまで以上に宅配や⑨デリバリーサービスの需要が高まっていますが、これらも情報技術が大きな役割を果たしています。

私たちの周りにあふれているモノは、どこからどのように運ばれてきたのか。その流れをたどっていくと、たくさんの人や技術を介していることがわかります。さて、⑩あなたが今、このテストを解くために使っている鉛筆や消しゴムは、あなたの手に渡るまでに、どのような旅をしてきたのでしょうか。

問1　空らん（　Ａ　）・（　Ｂ　）に当てはまる言葉の組合せとして正しいものを、次のア～エから１つ選び、記号で答えなさい。

ア：Ａ―スエズ　　Ｂ―東京国際空港　　　イ：Ａ―スエズ　　Ｂ―成田国際空港
ウ：Ａ―パナマ　　Ｂ―東京国際空港　　　エ：Ａ―パナマ　　Ｂ―成田国際空港

問2　空らん［　あ　］に当てはまる言葉を、アルファベットで答えなさい。

問3　下線部①について、愛媛県と同じ中国・四国地方にある都道府県を、次のア〜ウから１つ選び記号で答え、さらにその都道府県の県庁所在地名を漢字で答えなさい。なお、縮尺は同じではない。

ア

イ
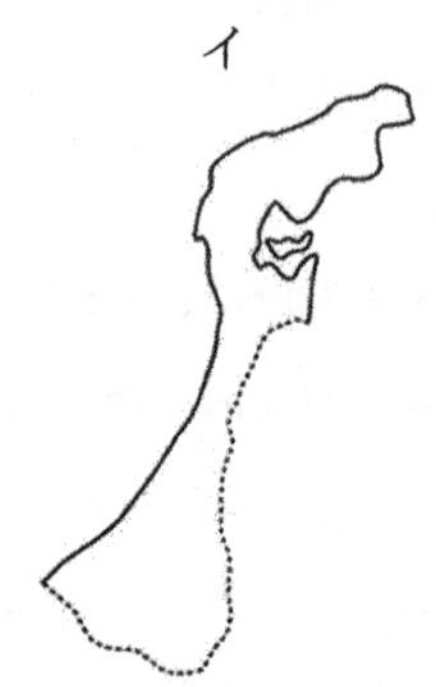
ウ

問4　下線部②について、世界の貿易に最も強く関係している国際機関の略称として正しいものを、次のア〜エから１つ選び、記号で答えなさい。

ア：UNICEF　　イ：UNESCO　　ウ：WHO　　エ：WTO

問5　下線部③について、日本を流れる川に関する説明として正しいものを、次のア〜エから１つ選び、記号で答えなさい。

ア：日本の川は、他の国と比べて高低差が少なく、長いという特徴がある。

イ：川の上流には三角州、下流には扇状地と呼ばれる地形ができやすい。

ウ：日本で最も長い川は、信濃川である。

エ：日本で最も流域面積の広い川は、最上川である。

問6　下線部④に関連して、右の写真は 2021 年１月にアメリカ合衆国の第 46 代大統領に就任した人物である。この人物はだれか、名前をカタカナで答えよ。

問7　下線部⑤に関連して、次の表は東京都が属している関東・甲信越地方（新潟県を除く）の各都県の各種統計についてしめしている。表のア～エは□の中にある項目のいずれかをしめし、A～Eは地図中①～⑨のうちいずれか５つの都県をしめしている。また、表中の[1]～[7]は、地域内での順位をしめしている。この表と右下の地図を見て、下の（１）～（３）に答えなさい。

人口（万人・2020年）	キャベツの生産量（千ｔ・2019年）
海面漁獲量（百ｔ・2019年）	石油・石炭製品の出荷額（十億円・2018年）

	ア	イ	ウ	エ	面積（km²・2020年）
A	42 [4]	1,383 [1]	523 [3]	7 [7]	2,194
B	40 [5]	739 [3]	・・・	18 [6]	3,798
C	3,126 [1]	631 [4]	1,112 [2]	111 [2]	5,158
D	92 [3]	292 [5]	2,908 [1]	106 [3]	6,097
E	9 [7]	196 [7]	・・・	275 [1]	6,392

※表中の「・・・」は値が不明、もしくは０であることをしめしている。

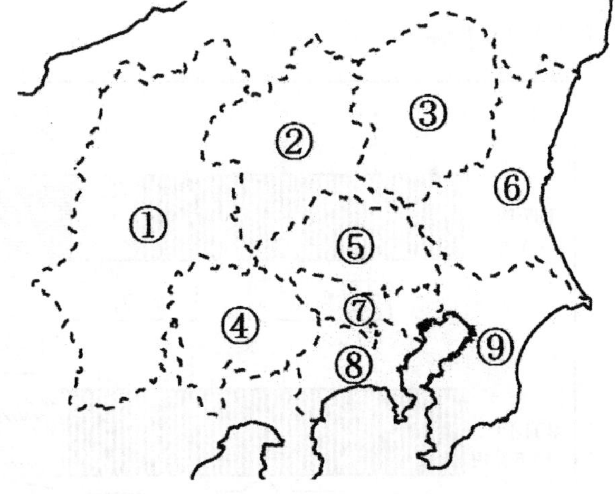

（１）「石油・石炭製品の出荷額」を表しているものを表中のア～エから１つ選び、記号で答えなさい。

（２）表中のEの都県を地図の①～⑨から１つ選び、番号で答えなさい。

（３）地図の⑧の県は表中のA～Eの中にあるか。ある場合はその記号を答え、ない場合は「F」と答えなさい。

問8 下線部⑥について、次の【グラフⅠ】・【グラフⅡ】は、1970年と2018年の日本の輸入品・輸出品それぞれの取りあつかい額の割合を表したものである。これを正しく読み取っている文を、下のア～エから1つ選び、記号で答えなさい。

【グラフⅠ】輸入品

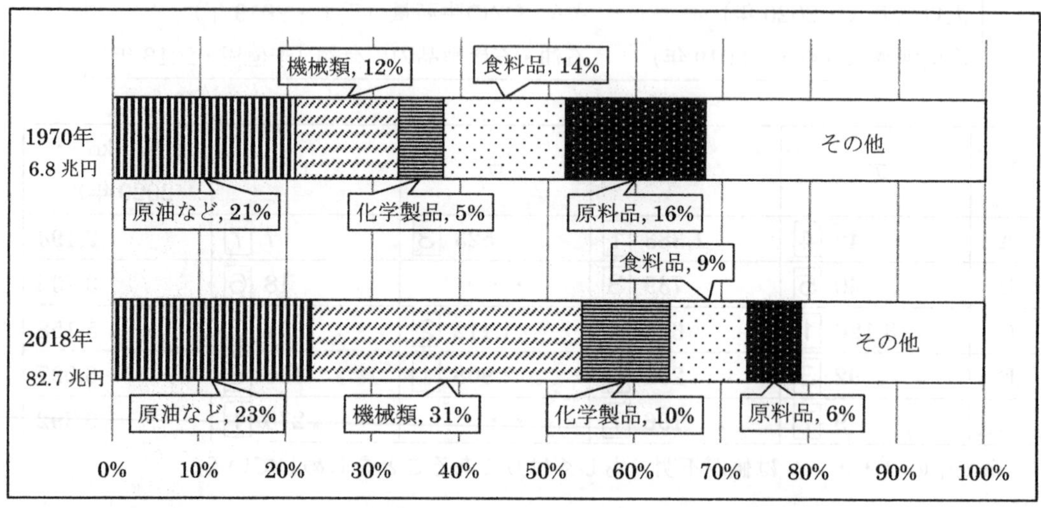

【グラフⅡ】輸出品

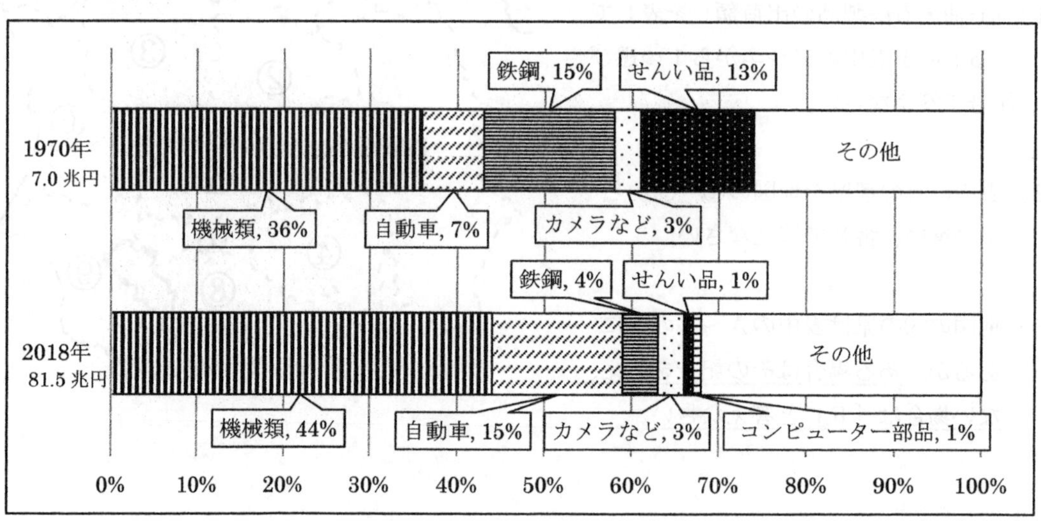

ア：1970年より2018年の方が輸入額の割合が小さいのは、食料品だけである。

イ：2018年の貿易では、輸出・輸入ともに機械類が最も大きな割合をしめている。

ウ：1970年に比べ、2018年は自動車の輸出額の割合は下がっている。

エ：2018年より1970年の方が、鉄鋼の輸出額が大きい。

問9　下線部⑦について、輸入する品物に対してかけられる税のことを何というか、漢字で答えなさい。

問10　下線部⑧に関連して、次のグラフは2018年の輸送用機械の生産額の割合をしめしている。グラフ中の［い］に当てはまる都道府県名を漢字で答えなさい。

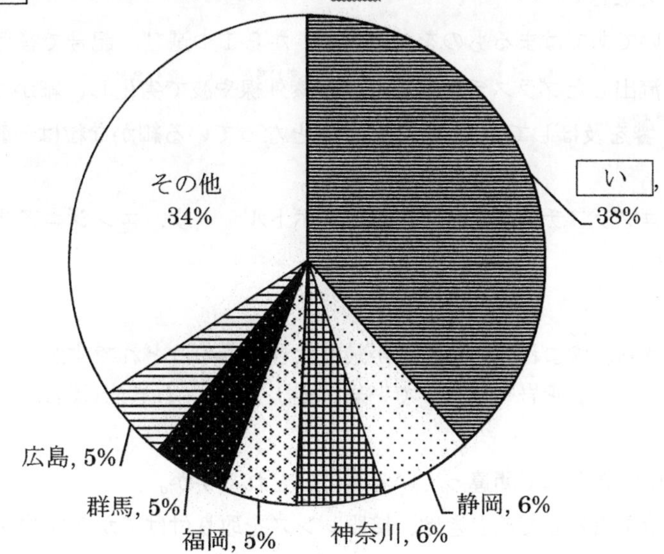

問11　下線部⑨について、デリバリーサービスとは主に料理を配達するサービスであり、様々なお店の料理を家で楽しむことができる。これに関連して、世界の食に関する説明として正しいものを、次のア～エから１つ選び、記号で答えなさい。

ア：日本のように米を主食としている国や地域は、アジアには１か所もない。

イ：南北アメリカ大陸には、トウモロコシを主食としている地域がある。

ウ：2021年の日本の食料自給率は、先進国の中で最も高かった。

エ：人口の急増によって、食料が不足する「フードロス」の問題が各地で生じている。

問12　下線部⑩について、鉛筆や消しゴムは様々な仕事や技術が関わって作られている。これに関連して、鉛筆と消しゴムのうちから１つを選び、それが作られるまでにどのような仕事や技術が関わっているか、あなたが知っていることを具体的に説明しなさい。

【理　科】〈第２回試験〉（社会と合わせて60分）〈満点：75点〉

注　意

1　計時機能以外の時計の使用は認めません。
2　定規，コンパス，分度器等を使ってはいけません。
3　問題の中の図の長さや角の大きさは，必ずしも正確ではありません。

1　以下の問に答えなさい。

問１．次の問についてあてはまるものを“ア～エ”から１つ選び、記号で答えなさい。

（1）近年、海に流出したプラスチックごみが、紫外線（しがいせん）や波で劣化（れっか）し、細かく砕（くだ）けた粒（つぶ）となり、生態系に影響（えいきょう）を及ぼしています。この問題となっている細かな粒は一般的に何と呼ばれますか。

ア．マイクロプラスチック　　イ．ペットボトル　　ウ．エンジニアリングプラスチック
エ．ポリスチレン

（2）次の岩石のうち、含（ふく）まれている粒子（りゅうし）が最も大きいものはどれですか。

ア．砂岩　　イ．石灰岩　　ウ．でい岩(泥岩)　　エ．れき岩(礫岩)

（3）けんび鏡の使い方として間違っているものはどれですか。

ア．けんび鏡を組み立てるときは、接眼レンズを取り付けてから対物レンズをつける。
イ．窓のそばで直射日光を利用する。
ウ．プレパラートは、見ようとするものをスライドガラスに乗せ、その上からカバーガラスをかけて作成する。
エ．倍率を上げたいときは、レボルバーを回し、倍率の高い対物レンズにかえる。

（4）小惑星到着（しょうわくせいとうちゃく）や史上初の小惑星上の人工クレーター形成等の業績を持ち、その一部が２０２０年に地球へ帰還し、その後も太陽系を航行している探査機はどれですか。

ア．ボイジャー　　イ．さきがけ　　ウ．はやぶさ２　　エ．かぐや

問２．近年、火星探査が注目を浴びています。火星は、地球と同様に太陽の周りを回る星（惑星）の１つです。地球と火星の違いをまとめた次の表を参考に、以下の問に答えなさい。

	地球	火星
星の形と大きさ	半径が約 6400 km でほぼ球形	半径が約 3400 km でほぼ球形
太陽からの距離	約 1.5 億 km	約 2.3 億 km
大気組成	窒素　78%　酸素　21% その他　1%	二酸化炭素 95%　窒素　3% その他　2%
気圧	1013 hPa	6 hPa

（1）地球と火星で平均気温が高いのはどちらでしょうか。表の内容やあなたの知識を用いて、解答らんに合うよう理由とともに答えなさい。

（２）現在人類は火星に居住できていません。その理由を、表の内容やあなたの知識を用いて論述しなさい。なお、以下の３つの観点で評価します。

＜採点基準＞

	２点	１点	０点
論理性	「根拠とした知識」からの論理展開が適切で、科学的に説得力がある	「根拠とした知識」からの論理展開が適切である	「根拠とした知識」からの論理展開が適切でない
知識		「根拠とした知識」が正しい	「根拠とした知識」が不完全・過剰である
結論		「結論・意見」が示されている	「結論・意見」が示されていない

2 文子さんのクラスでは教室でメダカを飼っています。メダカについて以下の問に答えなさい。

問１．メダカの水槽（すいそう）には空気を送る装置（エアーポンプ）が付いています。なぜこの装置が必要なのか先生に聞いてみたところ、「メダカも呼吸をしているから」と教えてくれました。

（１）「呼吸」とはどのような現象か。以下の文章中の空らん（　①　）（　②　）に、当てはまる言葉を答えなさい。

呼吸では、（　①　）を取り入れて（　②　）を出している。

（２）ヒトは呼吸をするときに肺を使いますが、メダカに肺はありません。メダカが呼吸をするときに使う体の部位はどこですか。

（３）次の生物の中で、呼吸をしていないものを“ア～エ”から全て選び、記号で答えなさい。ただし、当てはまる生物がいない場合は「なし」と答えなさい。

ア．クモ　　イ．カエル　　ウ．アサガオ　　エ．アサリ問２．メスのメダカが卵を産んだので、その卵をけんび鏡で観察しました。

（１）メスのメダカはア、イのどちらか、記号で答えなさい。

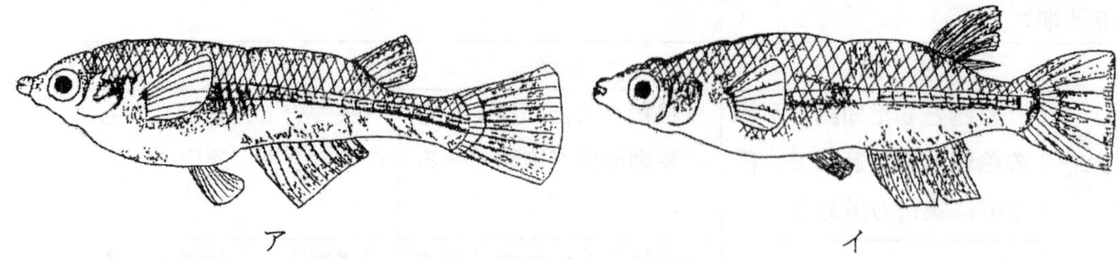

（２）メダカの卵は産み落とされてから時間の経過とともに少しずつ変化していきます。
以下の“ア～ウ”は、産み落とされてから様々なタイミングで観察した卵のスケッチ図です。“ア～ウ”をメダカの卵が変化する順番に並べなさい。

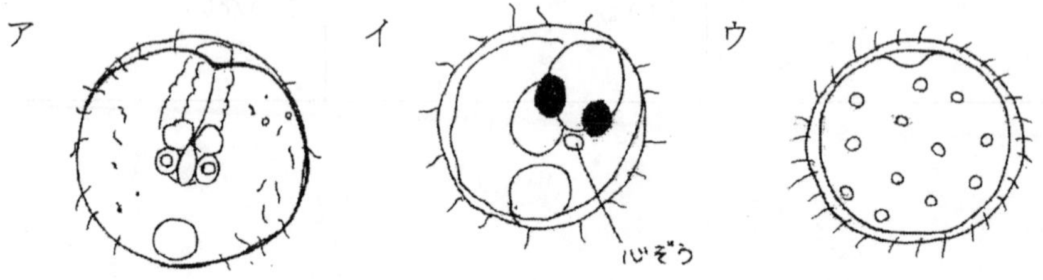

問３．教室で飼っているメダカには魚用のエサをあげていますが、野生のメダカが何を食べているのか気になり図鑑で調べたところ、水中にすむ小さな生き物を食べていることがわかりました。そこで池の水をけんび鏡を用いて観察したところ、ミジンコやゾウリムシなどの小さな生き物をたくさん発見することができました。

（１）水の中の小さな生き物をメダカが食べ、そのメダカを鳥が食べます。このように生物同士の「食べる」「食べられる」という関係は、くさりのようにつながっていますが、そのつながりを何というか、答えなさい。

（２）けんび鏡でゾウリムシを観察していたら、視野の右上の方へ逃(に)げて行ってしまいました。このゾウリムシを追いかけて観察するには、プレパラートをどちらへ動かせばよいですか。次の“ア～エ”から１つ選び、記号で答えなさい。
ア．右上　　　イ．右下　　　ウ．左上　　　エ．左下

3 地球から見た月について以下の問に答えなさい。

問１．「満月」のおよそ15日後の月の呼び名を答えなさい。

問２．日本において夜空に浮かぶ「三日月」を見ることができる場所を、以下の“ア～オ”から１つ選び、記号で答えなさい。

ア．東の空　　イ．西の空　　ウ．南の空　　エ．北の空　　オ．見えない

問３．「月食」という現象が起こるときの天体の並び順として正しいものを、以下の“ア～ウ”から１つ選び、記号で答えなさい。

ア．太陽－地球－月　　イ．太陽－月－地球　　ウ．地球－太陽－月

問４．月の呼び名に「上弦の月」や「下弦の月」というものがあります。以下はその説明文です。文章中の①～③に当てはまる言葉を、以下の“ア～ク”から１つずつ選び、記号で答えなさい。

「上弦の月」や「下弦の月」というのは、その見え方から名づけられた。右の図は語源となった「　①　」の模式図である。「上弦の月」は、弦が上側に見えるためにそう呼ばれる。そのように見えるのは、月が地平線上で（　②　）ときであり、そのときに月が見えている方角は（　③　）である。

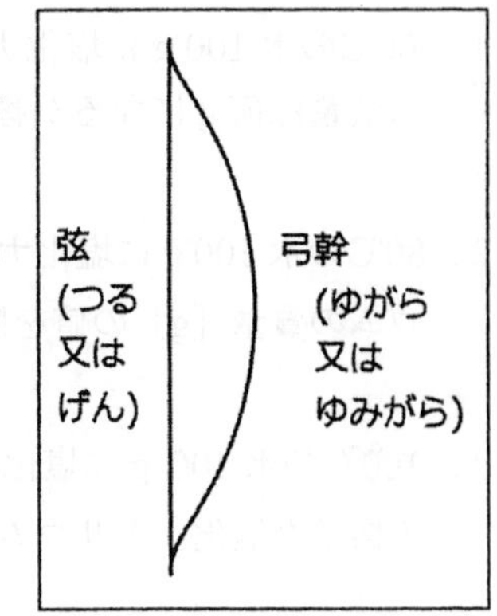

ア．矢　　イ．弓　　ウ．のぼる　　エ．しずむ
オ．東　　カ．西　　キ．南　　ク．北

4 下の図は 100 g の水に溶かすことができる塩化ナトリウムの最大の量と、温度との関係を表したグラフです。以下の問に答えなさい。容器の質量や蒸発する水の質量は考えないものとします。

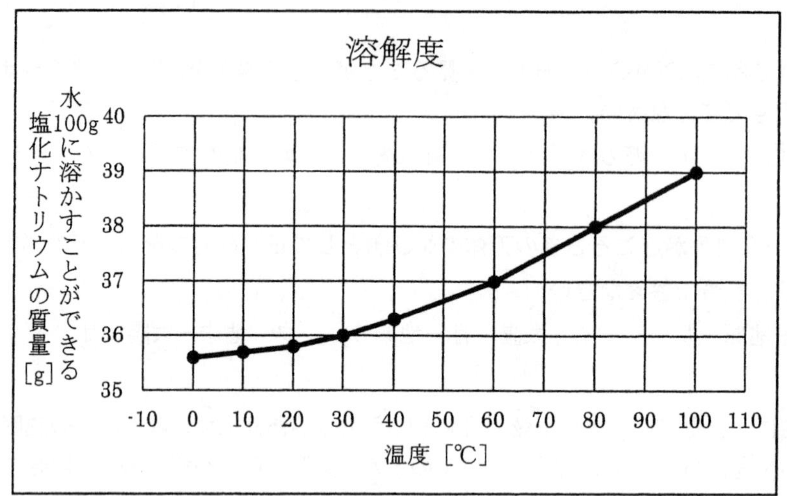

問１．60℃の水 100 g に塩化ナトリウムを最大限溶かすと、溶液の色は透明になりました。溶液の質量は何 g になるか答えなさい。

問２．80℃の水 100 g に塩化ナトリウム 50 g を加えてかき混ぜました。溶液の様子を塩化ナトリウムの質量［g］の値を使って説明しなさい。

問３．100℃の水 100 g に塩化ナトリウムを最大限溶かした溶液を 30℃まで冷やしました。溶液の様子を塩化ナトリウムの質量［g］の値を使って説明しなさい。

問４．塩化ナトリウムの結晶を下図の装置を参考に作製します。大きく、形のよい結晶を作製するには、どのような条件にすべきか 30 文字以上で説明しなさい。

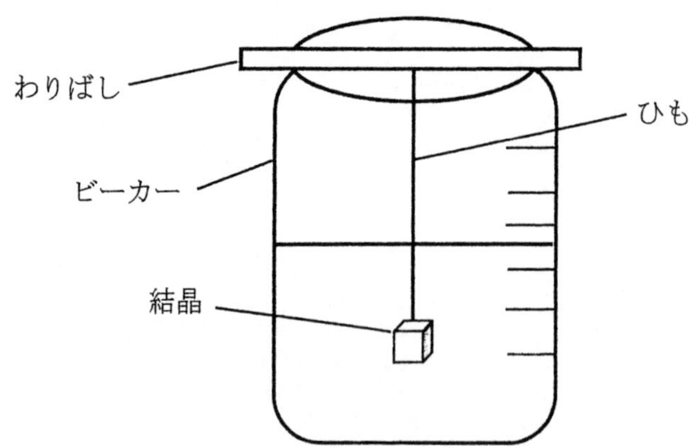

5 導線を何回も巻いたコイルの中に鉄心を入れ、電磁石をつくりました。この電磁石と電源装置をつなぎ、さまざまな実験を行いました。以下の問に答えなさい。ただし、図のYの向きに電流が流れるように電源装置を設定した場合、点Bに近づけた方位磁針は、S極が点Bを指します。

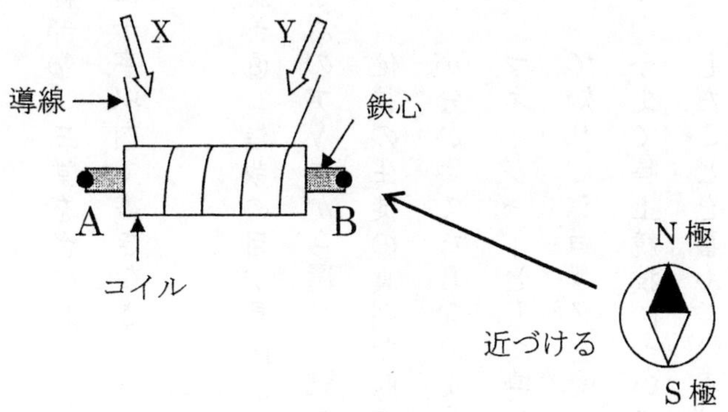

問1．図のXの向きに電流が流れるように電源装置を設定しました。点Aは何極になるか答えなさい。

問2．問1の実験後、装置に不具合が生じたため、電源装置の設定をはじめからやり直しました。すると、点Bに近づけた方位磁針は、N極が点Bを指しました。このとき、電流の向きはXとYのどちらか答えなさい。

問3．電磁石の磁力を強くする方法を1つ答えなさい。

問4．地球上では、方位磁針のN極は北を向き、S極は南を向きます。このことから地球を1つの大きな磁石として考えると、地球の南極はN極とS極のどちらか答えなさい。

問5．電磁石と磁石の性質の違(ちが)いを1つ答えなさい。

問七　――線部⑥「坂田の手の上で踊らされる」とはどのようなことですか。最も適切なものを次のア～エから選び、記号で答えなさい。

ア　坂田が悪事に巻きこもうとしていること

イ　坂田がこちらをばかにしていること

ウ　坂田のねらい通りにことが運ぶこと

エ　坂田が常に強気な態度でいること

問八　――線部⑦「三堂を台にして、高く跳べる」とありますが、ここではどのようなことですか。具体的に言い換え、四十字以内で書きなさい。

問九　――線部⑧「信哉の目が見開かれる」とありますが、この時の信哉の気持ちを説明したものとして最も適切なものを次のア～エから選び、記号で答えなさい。

ア　他校の生徒の真剣な態度に対し、「碧李」がアスリートとしての今後について深く考えていないことが分かってたしなめようとしている。

イ　マネージャーとして身近にいる自分のことより他校の生徒の方を「碧李」が信用していることを初めて知り、ショックを受けている。

ウ　今まで陸上競技についての野心が見られなかった「碧李」が、これからは前向きに取り組もうと決心したことを喜んでいる。

エ　自分でも伝えるのをためらっていた、「碧李」を動揺させるような提案が受け入れられるとは思ってもいなかったので、驚いている。

問五　――線部④「不意に指先が震えた」とありますが、この時の碧李の気持ちとして最も適切なものを次のア～エから選び、記号で答えなさい。

ア　以前三堂に敗れたときの悔しさがよみがえり、次こそは自分よりも実力の高い彼を追いぬきリベンジを果たしたいと強く望んでいる。

イ　自分が三堂と走るために陸上競技を続けてきたのだという初心を思い出し、走るモチベーションを見失っていた自分への怒りがわき出している。

ウ　ライバルである三堂と走りを競いたいという強く明確な気持ちが自分の中に眠っていたことに気付かされ、その気持ちを抑えがたくなっている。

エ　三堂と走りたいという内なる激しい感情に突き動かされ、目の前に信哉がいることも忘れて身勝手な行動に出てしまうほど興奮している。

問六　――線部⑤「コンビニのざわめきが、一際、大きくなる」とありますが、この描写からどのようなことがわかりますか。最も適切なものを次のア～エから選び、記号で答えなさい。

ア　二人の意識が騒がしい店内放送にそれたということ

イ　二人の会話が時間の経過とともに弾んでいるということ

ウ　二人が三堂に関する会話に飽きてきているということ

エ　二人とも次の言葉を探して黙ってしまったということ

問三　――線部②「物言いほど控え目ではない」とはどのようなことですか。最も適切なものを次のア～エから選び、記号で答えなさい。

ア　わざとおどけたような言い方をしてはいるが、その目からは真剣そのものの強い意志が伝わってくるということ

イ　自分のことを悪く言うような言い方をしているが、その表情からはそれほど悪いと思っていないことが伝わってくるということ

ウ　ふざけた感じの言い方をしてはいるが、その目は笑っておらず怒っていることが痛いほど伝わってくるということ

エ　静かにおさえた言い方をしてはいるが、その表情からは遠慮なく心に踏み込んでくるような図々しさが伝わってくるということ

問四　――線部③「碧李は目を逸らし、窓の外を眺めた」とありますが、この時の碧李の様子として最も適切なものを次のア～エから選び、記号で答えなさい。

ア　自分の短所を信哉に指摘されてしまい、何のために走っているのかについて考えることに嫌気が差している。

イ　信哉に走る目的について問われ、すぐには応答することができなかったが、自分なりに問いに向き合い答えを探そうとしている。

ウ　幼いころに感じていた走ることの快感を、最近は全く感じられていないことに気付き、走ることから逃げ出したくなっている。

エ　なぜ走っているのかを信哉に質問されたことで、走ることを無邪気に楽しんでいた昔を思い出し、なつかしさにひたっている。

もう一度告げて、コンビニを出る。
暮れていく空に星が瞬（またた）いていた。

（あさの　あつこ『ラストラン　ランナー４』より）

設問の都合上、本文を一部省略しています。

※　清都 ―― 清都学園。三堂が通っている高校

★　問題の中で指定する字数には、句読点、かっこ類をふくみます。

問一　[A]・[B]に当てはまる言葉を次のア～オからそれぞれ選び、記号で答えなさい。

ア　ちらり　　イ　そそくさ　　ウ　てきぱき　　エ　ひらひら　　オ　ぎょろぎょろ

問二 ――線部①「信哉が笑っていなかったからだ」とありますが、信哉が笑っていなかったのはなぜですか。その理由として最も適切なものを次のア～エから選び、記号で答えなさい。

ア　碧李の調子が最近良くなってきているので、もっと記録を伸ばせると本気で信じているから。

イ　碧李の自己評価が低いことに疑問を抱（いだ）き、記録を伸ばすために碧李の性格を直したいと本気で思っているから。

ウ　碧李に頼りないと言われ、マネージャーとしての能力を否定されたような気がして、本気で憤（いきどお）りを感じたから。

エ　碧李が練習に手をぬいていることに納得がいかず、碧李に本気で挑戦（ちょうせん）してもらいたいと願っているから。

「正直、複雑な心境なんだよなあ。⑥坂田の手の上で踊(おど)らされるのは癪(しゃく)だし、嫌なんだけど、確かに、おまえと三堂のレースをもう一度見てみたい気はする。見たいだけじゃなくて、おまえが変わるんじゃないかって、すげえ感じるんだ。坂田は踏(ふ)み台なんて言いやがったけど、おれは、台になるのはあっちだと思う。⑦三堂を台にして、高く跳(と)べるんじゃないかってな。贔屓(ひいき)目じゃなくて思ってんだ」

「なるほど」

スツールから下りる。

「帰るのか」

「ああ、帰る。今日は炊事(すいじ)当番なんだ。杏樹に五目炒飯(チャーハン)作ってやるって約束してる。買い物に行かなきゃ」

「所帯(しょたい)じみてるな。現役男子高校生の台詞(せりふ)かよ」

「これが現実ってものさ」

「ミド」

「うん？」

信哉がほんの少しうつむいた。

「すまなかったな。変なこと言っちゃって。なんだかんだ言って、おれ、坂田に振り回されてるよな。動揺(どうよう)してるってわかってんだ。ほんとは、おまえに伝えたりしちゃいけなくて」

「やってみたい」

「え？」

「おれ、三堂と走ってみたいよ、ノブ」

⑧信哉の目が見開かれる。頰(ほほ)が固く引き締(し)まった。

「走ってみたい」

「昨日、坂田に会った」

「サカタ？」

サカタという一言が、とっさに理解できなかった。が、すぐに、眼鏡の奥で細めた眼が浮かんだ。

※「清都の坂田か」

「そっ、新聞部で三堂の従兄弟だか再従兄弟だか孫だか知らないけど、そーいうやつ。何考えてんのか、まったく見通せなくて、話してると妙に苛ついてくる相手でもある。札束積まれても友達になりたくないし、妹のカレシだったりすると最悪感Ｍａｘだな」

「おまえ、妹なんかいないだろう」

「喩え話だ。じゃ聞くけど、杏樹が坂田をカレシにしたらどーする？　やだろ、やっぱ。おれが兄貴なら命懸けで反対するね」

「命を懸けるほど坂田のこと、知らないからな。けど、そんなに嫌な相手とわざわざ会ってたのか」

「呼び出された。呼び出されて……」

「おれと三堂を走らせてみないかと？」

「うん。坂田曰く、そう難しい問題じゃないってさ」

「……そうか」

呟く。

「そうなんだ」

信哉も呟きを返してきた。

夕闇が静かに街を包み始めた。⑤<u>コンビニのざわめきが、一際、大きくなる。</u>信哉の視線が誰かを捜すかのようにうろつく。

走るとは、ある意味、とても単純な行為だ。特殊な器具も使わず、込み入ったルールもない。けれど、厚い。あるいは深い。幾重にも積み重なっている。快感の層の下には恐怖があり、自滅がある。さらに掘り進めば、碧李には未知の古層が現れる気がする。

そんな底知れなさに魅了されているのだろうか。力の及ぶところまで、掘り進みたいのだろうか。それとも、子どものころの快感を追いかけているだけだろうか。

ちゃんと、答えられない。

「三堂と走るためってのは、どうだ」

「え？」

身体ごと、信哉に向き合う。バランスを崩して、スツールから転げそうになった。

「なあ、ミド。おまえさ、三堂と走りたいか。そういうの、望んでんのか」

「走りたい」

これには明確に答えられる。

走りたい。

三堂の背中を追い、横に並び、さらに走りたい。

④<u>不意に指先が震えた。</u>

ペットボトルを持ち続けるのが困難なほど震える。感情が突き上げてくる。生の痛みを伴うほど強く、激しく突いてくる。

走りたい。走りたい。走りたい。走りたい。

息が詰まった。膝の上でこぶしを握る。ペットボトルが床に落ちて、転がった。碧李より一瞬早く、信哉が屈み込み拾い上げる。

碧季だって、記録は気になる。好タイムを出したい。しかし、そのために走りたいとは思わない。思えない。

「ミド、笑うなよ」

信哉が鼻を鳴らした。

「うん？　笑うようなことしたのか」

「これからするんだ。チョウくさいこと言うからな。あのな……おまえな、何のために走ってる」

信哉の眼差しが真っすぐにぶつかってくる。②物言いほど控(ひか)え目ではない。

碧李はペットボトルを握(にぎ)り締(し)めた。

「走るのが好きだから走ってるだけなのか。コンマ一秒でもタイムを縮めたいのか。別の、おれなんか、ちょっと思いつかないようなモチベーションがあるのか。どうなんだ」

信哉の顎(あご)が心持ち上がる。

③碧李は目を逸(そ)らし、窓の外を眺(なが)めた。

よく磨(みが)かれたガラスの向こうに、見慣れた街の風景がある。

何のために走っているか。

どうでもいいようであり、何より重い問いのようでもある。

「……わからないな」

正直に答える。

わからない。

走ることを快感だと知ったのは、幾(いく)つのときだったろう。走るたびに余計なものが剥(は)がれ落ちていく。身も心も軽くなる。紛(まぎ)れもない快感、震(ふる)えるような心地よさだった。

今はどうだろう？

信哉が指先を［A］と動かした。

「ずっと上がってる。落ちてねえんだよなあ、不思議と」

「そうか？　記録的には、そんなによくはないだろう」

「数字じゃない。おれの感覚だ」

「おまえの感覚って、当てになるのかよ。ちょっと頼りないな」

そこで笑うつもりだったが、止めた。①信哉が笑っていなかったからだ。真剣な眼をしていた。思い詰めたようにさえ見える。

「ノブ……」

「ミド、おれ冗談で言ったんじゃないぞ」

「うん？」

「タイムのことだ。おまえは、近いうちに十四分をきって、十三分台前半を出せる。日本新はともかくとして、高校新ぐらいはそう先のことじゃなく塗り替えちまうんじゃないか……と、本気で思ってんだ。うん、本気の本気でな」

［B］と碧李を見やり、信哉はなぜか額に手を当てた。

「でも、おまえ、そーいうこと望んでないよな」

「記録を塗り替えることか。そうだな……望むとか望まないとかじゃなくて、おれには関わりがないとは思ってた」

「野心がないんだよな、おまえは」

「野心……か」

ペットボトルを振ってみる。ぽちゃぽちゃと音がした。

アスリートならその能力にかかわらず、少しでも速く、少しでも高く、少しでも遠くへと望むのは当然だ。それを野心と呼ぶのかどうか、よくわからない。

三　次の文章を読み、後の問いに答えなさい。

（ここまでのあらすじ）
陸上部に所属する碧李（ミド）は、他校のライバルである三堂と高校最後の大会で対決することを目標に練習に励んできたが、三堂の学校が部員の不祥事により出場停止になる。碧李の親友で陸上部のマネージャーである信哉（ノブ）は、三堂の従兄弟である坂田と密かに相談し、碧李と三堂二人だけのマラソン対決を計画しようと考えている。

「調子、ゆっくりとだけど上がってるな」
アイスコーヒーの中身をストローの先で軽く混ぜ、信哉は透明プラスチックのカップを持ち上げた。水滴が一筋、滑り落ちる。
コンビニに併設されている飲食コーナーは、窓に沿ってカウンター型のテーブルと背もたれの無いスツールが並んでいるだけだが、壁も床も新しく清潔な感じがした。
「そうだな」
ペットボトルの水を飲み下し、答える。
「実感、あるんだ」
「調子は悪くないとは感じる。けど、調子なんて波があるし、そこをコントロールできるほどの力はまだ、おれにはないし、な」
「謙虚だな。それとも自己評価を低く見積もるタイプだったか」
「自信がないってだけだろ」
「けど、調子は上がってる。しかも波がない」

問七　――線部⑥「立ち往生する」とありますが、ここでは具体的にどういうことを言っていますか。「立ち往生する」理由もふくめて四十字以内で説明しなさい。

問八　――線部⑦「我々の宗教心の認識は一向に改善されてはいない」とありますが、筆者は日本人の「宗教心の認識」をどのように改めるべきだと考えていますか。最も適切なものを次のア～エから選び、記号で答えなさい。

ア　多くの日本人は「創唱宗教」ではなく「自然宗教」を信じているという意味で、「無宗教」ではない、と考えるべきだ。

イ　日本人は「創唱宗教」を信じていないため、「自然宗教」を通じて宗教心を身につけて生活しよう、と考えるべきだ。

ウ　海外旅行に行って宗教について問われたときには、たとえその人が「無宗教」であってもそう答えない方がよい、と考えるべきだ。

エ　「創唱宗教」と「自然宗教」は別のものであり、本来は「創唱宗教」だけが宗教と呼びうるものだ、と考えるべきだ。

問九　日本の文化を知らない人に「自然宗教」とは何かと問われたとき、あなたはどう説明しますか。次に挙げる具体例を一つだけ使って、自然宗教がどのようなものであるかを説明しなさい。

初詣(はつもうで)　お彼岸(ひがん)　お地蔵さん　登山　七夕　クリスマス　七五三　端午(たんご)の節句

問四　――線部③「いささか驚いた」とありますが、それはなぜですか。その理由として最も適切なものを次のア～エから選び、記号で答えなさい。

ア　「無神論者」だと自認している人が、村祭りを取り仕切る神主という立場にあることがおかしいから。

イ　村祭りを存続させたい村人たちが、「無神論者」を神主に押しつけていることがおかしいから。

ウ　村祭りを取り仕切っている神主が、自分自身を「無神論者」だと思い込んでいることがおかしいから。

エ　日本人の持っている宗教心が、キリスト教などと比べてとても宗教とは呼べないと考えていることがおかしいから。

問五　――線部④「とりわけキリスト教やイスラム教を念頭におく限り、日本人の宗教心を正確に理解することはほとんど不可能だ」とありますが、それはなぜですか。本文中から、理由となる箇所を「から。」につながるように二十五字以内でぬき出し、最初と最後の四字を答えなさい。

問六　――線部⑤「『自然宗教』と『創唱宗教』」の説明として最も適切なものを次のア～エから選び、記号で答えなさい。

ア　「自然宗教」は、大自然を信仰対象とする宗教である。

イ　「自然宗教」は、自然に発生して、それを信じる人が言語化して代々受け継いできた宗教である。

ウ　「創唱宗教」とは、教祖と経典、教団の三者のいずれかがあれば成立する宗教のことである。

エ　「創唱宗教」は、基本的にはいつ、だれが始めたかがはっきりしている宗教である。

★ 問題の中で指定する字数には、句読点、かっこ類をふくみます。

問一 ――線部①「『無宗教』の秘密」とはどのようなことですか。最も適切なものを次のア〜エから選び、記号で答えなさい。

ア 「無宗教」だという日本人は、特定の宗派の信者ではないというだけで宗教心は持っているということ

イ 日本人の半分以上が宗教心は大切だと考えており、本当の意味での「無神論者」は一人もいないということ

ウ 自分のことを「無宗教」だと考えている日本人であっても、実際には何らかの宗派を信仰しているということ

エ 日本人は宗教を否定しているにもかかわらず、墓参や葬儀に参加することには抵抗がないということ

問二 ――線部②「宗教心は豊かなのである」と筆者は言っていますが、例えば葬儀においては、どのような点を宗教心の表れととらえていますか。次の文の空らんに入るように本文中から三十五字以内でぬき出し、最初と最後の三字を答えなさい。

葬儀への参列の際、［　　　　］点

問三 [A]・[B] に当てはまる言葉を次のア〜オからそれぞれ選び、記号で答えなさい。

ア むしろ　イ ただ　ウ たとえば　エ つまり　オ しかも

日本人の宗教意識とはなにか、という問題を卒業論文のテーマとするにいたったのである。

ほかにも、海外旅行のなかで現地の人に「あなたはなにを信じていますか」と質問されて返答に窮（きゅう）したり、日本文化や日本の歴史についての質問をうけて答えられなかったことがきっかけになって、私の講義やゼミに入ってくる学生はあとを断たない。

いずれにせよ、「無宗教」という言葉ですますことができるのは、この日本列島のなかでの、いわば内部了解（りょうかい）に属することであり、ほかの文化伝統のなかで生活している人には通用しない考え方であることをあらためて認識せねばならないであろう。大切なことは、「無宗教」という言葉にとらわれることなく、その言葉が指し示している現実を正確に理解することからはじめることではないか。その上で、なぜ日本人の多くがその宗教心を「無宗教」という表現にとどめておいて平気なのかを問わねばならないであろう。こうした課題に取り組む手がかりが、私のいう「創唱宗教」と「自然宗教」という宗教の捉（とら）え方なのである。

（阿満利麿『日本人はなぜ無宗教なのか』より）

設問の都合上、本文を一部省略しています。

※ 標榜 ―― 主義・主張などをかかげて公然と示すこと
諦観 ―― 全体を見通して、ことの本質を見極めること
敬虔 ―― 神仏などを深くうやまいつつしむさま
祭祀 ―― 神々や祖先などをまつること
兼業 ―― 本業のかたわら、他の仕事や営業を行うこと

であり、いわゆる新興宗教もその類に属する。これに対して「自然宗教」とは、文字通り、いつ、だれによって始められたかも分からない、自然発生的な宗教のことであり、「創唱宗教」のような教祖や経典、教団をもたない。「自然宗教」というと、しばしば大自然を信仰対象とする宗教と誤解されがちだが、そうではない。あくまでも「創唱宗教」に比べての用語であり、その発生が自然的で特定の教祖によるものではないということである。あくまでも自然に発生し、無意識に先祖たちによって受け継がれ、今に続いてきた宗教のことである。

　宗教をめぐるさまざまな混乱や誤解は、「創唱宗教」と「自然宗教」の区別を採用しないところから生じているように思われる。古い話になるが、日本で海外旅行が自由化されはじめた頃、どのガイドブックにも、つぎのような注意書があった。外国人に「あなたの宗教はなにか」と質問されたら、「無宗教」と答えてはならない。なぜなら、外国人、とくに欧米人にとって「無宗教だ」ということは、人間であることをみずから否定することになるから。できれば、「仏教徒」とか「神道」と答えるほうがよい、と。アドバイスにしたがって、「仏教徒」と答えたところ、「仏教とはどのような宗教か」と質問されてしどろもどろになった人も少なくなかった。「無宗教」でもいかず、かといって「仏教徒」といっても⑥立ち往生するといった困った状況が生まれていたのである。

　そのころ、「無宗教」が「創唱宗教」の否定ではなく、むしろ「自然宗教」の信奉を意味するとわかっていたら、海外にでかける日本人ももう少し胸を張って旅行できたろうに、と今となれば同情する。だが、この話を一昔前の笑い話としてすますことができないのが現在の状況でもある。⑦我々の宗教心の認識は一向に改善されてはいないのである。というのも、海外に留学する機会が一昔前に比べて断然多い最近の学生の場合も、似たような経験を繰り返しているからである。

　私のゼミに所属しているある学生は、アメリカの地方の大学へ短期留学をしたところ、「あなたの宗教はなにか」と質問され、「無宗教」と答えたばかりに、留学期間中、そのようなことでは立派な人間になることはできない、と公私にわたって議論の対象になってすっかり考え込んでしまった、という。そして帰国後、まっさきに私のゼミを訪ねてきて、

であっても、参列者は結構宗教的気分にひたっているのである。ただくりかえすが、特定の既成宗教の枠にはめられるのはいやだというまでなのである。

「無宗教」や「無神論者」という言葉が、どれだけ無造作に使用されているかのよい見本がある。それは、ある本を読んでいて発見したのだが、村祭りに欠かせぬ人物として、村人から絶大な支持を得ている神主が、こともあろうに、「無神論者」を自認しているのである。

その神主は、「神仏に※敬虔であるから神主業を務めているのではなく、むらがそれを必要とするから、また、私のなかでも家系や地縁が断ち切れない重みがあるから、これも役目と心得てそうしている」といったあと、「無神論者である私のような立場の者が※祭祀役が務まるのも、また日本のむらの祭りではなかろうか」と結んでいる（神崎宣武『いなか神主奮戦記』）。

私は、神主を※兼業としている、この著者に共感するところが多く、この本も楽しんで読んだ。だが、日本人の信仰はとても宗教とはいえないという視点や、自らを「無神論者」と規定して疑うところがないという点には、率直な感想といえばそうなのだが、やはり③いささか驚いた。

もっとも、その著者の視点こそ、大方の日本人の宗教についての考え方が映し出されているというべきであり、キリスト教をモデルとするかぎり、日本の村祭りやそれを司祭する神主業は、とても宗教とは受けとれないほど、日本人の宗教心は、「融通」と「曖昧さ」に満ちているということなのであろう。

要するに、この著者の意見をふくめて、「特定の宗派」を基準にしている限り、④とりわけキリスト教やイスラム教を念頭におく限り、日本人の宗教心を正確に理解することはほとんど不可能だということなのである。

この点、私はかねてから、⑤「自然宗教」と「創唱宗教」という区別が日本人の宗教心を分析する上では有効だと考えている。「創唱宗教」とは、特定の人物が特定の教義を唱えてそれを信じる人たちがいる宗教のことである。教祖と経典、それに教団の三者によって成り立っている宗教といいかえてよい。代表的な例は、キリスト教や仏教、イスラム教

二　次の文章を読み、後の問いに答えなさい。

日本人のなかには「無宗教」を※標榜(ひょうぼう)する人が少なくない。しかし本当に宗教を否定したり、考え抜(ぬ)いた上での無神論者はきわめて少ない。そのことをよく示しているのが日本人の「宗教心」についての調査である。

調査にはいろいろあるがどれを見ても、だいたい全体の七割が「無宗教だ」と答えている。だが、不思議なことにその七割の七五％が「宗教心は大切だ」とも答えているのだ。つまり、「個人的には無宗教だが、宗教心は大切だと思う」という人が、全体の過半数を占(し)めていることになる。この現象はいったいなにを意味しているのであろうか。私の見るところ、この回答にこそ①「無宗教」の秘密が隠(かく)されているように思われる。

つまり、日本人の多くが「無宗教だ」というときには、「特定の宗派の信者ではない」という意味なのであり、キリスト教徒などがいう「無神論者」ということではない。

だいたい日本人の多くはこれからのべるように、むしろ②宗教心は豊かなのである。［A］、その宗教心を「特定の宗派」に限定されることに抵抗(ていこう)があるのだ。なぜ抵抗があるのかはこれからゆっくり説明をくわえてゆくつもりだが、［B］、新聞などで墓地の広告がでるとき、ほとんどが「宗派を問わない」ことをうたい文句にしている。まるで墓をつくり墓に詣(もう)でることが宗教ではないかのような扱(あつか)いなのである。墓参がれっきとした宗教心のあらわれであることはいうまでもない。

「無宗教」の葬儀(そうぎ)ということも、形式的に特定の宗派の儀式を採用しないということが多くの場合であり、参列者に無神論を強(し)いるものではない。献花(けんか)をしたり、故人の好きな音楽を流したり、故人の好きな詩の一節を朗読するのも、「無宗教」流の宗教儀式なのであり、参列者のあるものは、死とは大地に帰ることだとか、肉体を構成する元素がまた別の組み合わせ方になったのだとか、それぞれに人間存在の不思議を解釈(かいしゃく)し、そこになんらかの意味づけを行っているのである。そうした人生についての※諦観(ていかん)や意味づけの試みこそ、広い意味での宗教心の発動なのであり、儀式は「無宗教」

《文B》

四月の入学式に行く際は、自分で買った黒のローファーを履き夏服の「フォーマル」を着て登校する。

(3) 次の文章を図に表したものとして、適切なのはア・イのどちらですか。記号で答えなさい。

リンゴには様々な種類がある。このうちミカイドウはハナリンゴに入るが、これにアルプス乙女、長崎リンゴなどを加えたものが姫リンゴである。

ア

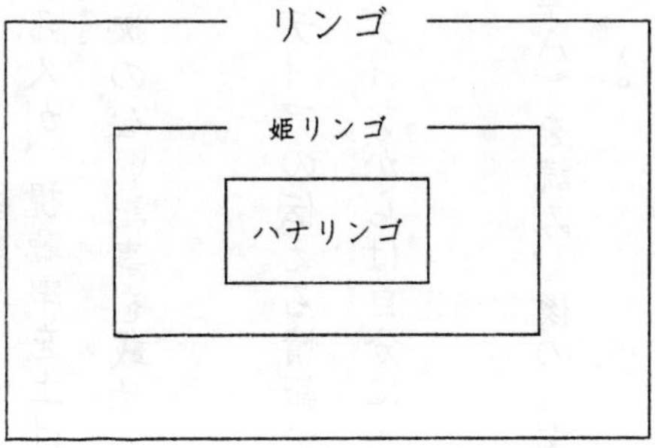

イ

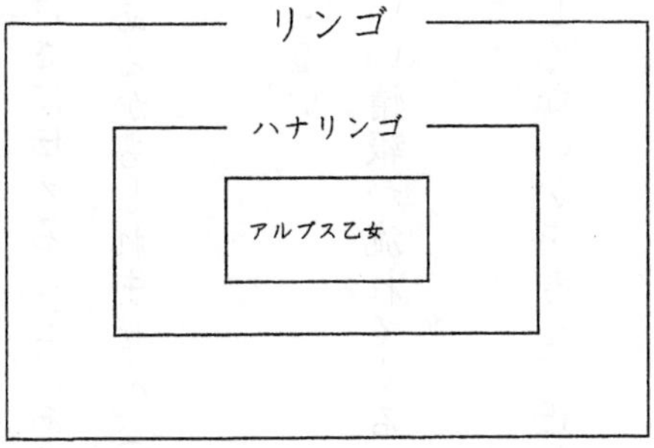

ア　食塩が水に溶ける量は、温度が変わってもほとんど変化しない
イ　食塩が水に溶ける量は、温度の影響を大きく受ける

②　私たちは、新聞やテレビなどのメディアから様々な情報を得ながら生活しています。しかし、テレビ番組を制作する人が、視聴率(しちょうりつ)を上げるために物事を大げさに伝えることはありえます。また、雑誌を買ってもらうために根拠(こんきょ)のない記事を載(の)せて興味を引くこともあるかもしれません。（　　　　）ので、注意が必要です。

ア　メディアの伝える情報が全て正しいとは限らない
イ　メディアからは自分にとって知らなくてもいい情報が流れてくることもある

（２）次の《文章Ａ》を読み、後の《文Ｂ》が正しいか正しくないかを考え、正しければ「○」を、正しくなければ「×」を書きなさい。

《文章Ａ》
本校の制服には夏服と冬服があり、それぞれに入学式や始業式、終業式などの節目の儀式(ぎしき)に着る「フォーマル」と、毎日の生活の中で、その日の気候や気分に合わせて着ることができるポロシャツやセーターなどの「オプション」がありま す。冬服から夏服へは六月、夏服から冬服へは十月に移行します。コートや靴(くつ)について学校指定はありませんが、コートの色は黒または濃紺(のうこん)のシンプルなダッフルコートかＰコートでひざより上の長さのものとし、靴は黒一色のローファータイプでヒールの低いものとします。

二〇二二年度 文化学園大学杉並中学校

【国　語】〈第二回試験〉（五〇分）〈満点：一〇〇点〉

注意　計時機能以外の時計の使用は認めません。

一　次の各問いに答えなさい。

問一　①～⑤の――線部の読みをひらがなで答えなさい。また、⑥～⑩の――線部を漢字に直しなさい。

①　常に手を清潔に保つ。
②　ムカデ競争で優勝する。
③　国交が断絶して十年が経った。
④　貧富の差をなくすために力を尽くす。
⑤　合格への努力が成就する。

⑥　長いカモツ列車が通る。
⑦　夏は冬よりもニッショウ時間が長い。
⑧　入学をキョカする。
⑨　モンシロチョウのブンプ図を作成する。
⑩　九月のコウウ量を調べる。

問二　（1）～（3）の問いに答えなさい。

（1）次の①、②の文章の（　　　）に入る表現として正しいものを次のア・イから選び、記号で答えなさい。

①　水の温度と食塩の溶ける量の関係を調べてみたところ、20度の時は36グラム、80度の時は38グラム溶けた。60度も温度が異なっているのに、食塩の溶ける量は２グラムしか変化していない。つまり、（　　　）。

2022年度

文化学園大学杉並中学校 ▶解説と解答

算 数 ＜第２回試験＞（50分）＜満点：100点＞

解 答

1 (1) 52 (2) 5 (3) 2022 (4) 12.49 (5) $1\frac{103}{105}$ (6) $2\frac{3}{5}$ (7) 28 (8) $1\frac{3}{4}$ (9) $1\frac{34}{75}$ (10) 1.23　2 (1) **最初に間違えている行の番号**…②，**正しい答え**…17 (2) **最初に間違えている行の番号**…③，**正しい答え**…２分36秒 (3) **最初に間違えている行の番号**…③，**正しい答え**…40円　3 (1) 0.04 L (2) 110cm (3) ８回 (4) ④ (5) 210　4 (1) 30度 (2) 51.25cm^2 (3) 660cm^3　5 (1) 分速90m (2) 1170m (3) ８時23分

解 説

1 四則計算，計算のくふう

(1) $86-32+3-5=54+3-5=57-5=52$

(2) $20-12\div4\times5=20-3\times5=20-15=5$

(3) $6\times\{7+3\times(43+67)\}=6\times(7+3\times110)=6\times(7+330)=6\times337=2022$

(4) $0.7\times0.7+21.6\div1.8=0.49+12=12.49$

(5) $4\frac{3}{5}-2\frac{1}{3}-\frac{2}{7}=4\frac{63}{105}-2\frac{35}{105}-\frac{30}{105}=3\frac{168}{105}-2\frac{35}{105}-\frac{30}{105}=1\frac{103}{105}$

(6) $\frac{5}{12}\times\frac{24}{35}\div\frac{10}{91}=\frac{5}{12}\times\frac{24}{35}\times\frac{91}{10}=\frac{13}{5}=2\frac{3}{5}$

(7) $28\times\left(\frac{1}{2}+\frac{1}{4}+\frac{1}{7}+\frac{1}{14}+\frac{1}{28}\right)=28\times\frac{1}{2}+28\times\frac{1}{4}+28\times\frac{1}{7}+28\times\frac{1}{14}+28\times\frac{1}{28}=14+7+4+2+1=28$

(8) $15\div4-7\div3\times6\div7=\frac{15}{4}-7\times\frac{1}{3}\times6\times\frac{1}{7}=3\frac{3}{4}-2=1\frac{3}{4}$

(9) $2.5\times\frac{8}{15}+0.33\div2.75=2\frac{1}{2}\times\frac{8}{15}+\frac{33}{100}\div2\frac{3}{4}=\frac{5}{2}\times\frac{8}{15}+\frac{33}{100}\div\frac{11}{4}=\frac{4}{3}+\frac{33}{100}\times\frac{4}{11}=1\frac{1}{3}+\frac{3}{25}=1\frac{25}{75}+\frac{9}{75}=1\frac{34}{75}$

(10) $1.23\times0.55+2.46\times2.4-3.69\times1.45=1.23\times0.55+1.23\times2\times2.4-1.23\times3\times1.45=1.23\times0.55+1.23\times4.8-1.23\times4.35=1.23\times(0.55+4.8-4.35)=1.23\times1=1.23$

2 逆算，通過算，売買損益

(1) $4+105\div\{(□-10)\times3\}=9$ より，$105\div\{(□-10)\times3\}=9-4=5$，$(□-10)\times3=105\div5=21$，$□-10=21\div3=7$　よって，$□=7+10=17$となる。文子さんの解答で最初に間違(まちが)えているのは，「$(□-10)\times3=5\times105$」と計算している②の行である。

(2) 時速60km＝分速(60×1000÷60)m＝分速1000m，2.4km＝(2.4×1000)m＝2400mである。2400mのトンネルに，全長200mの列車の先頭が入り始めてから完

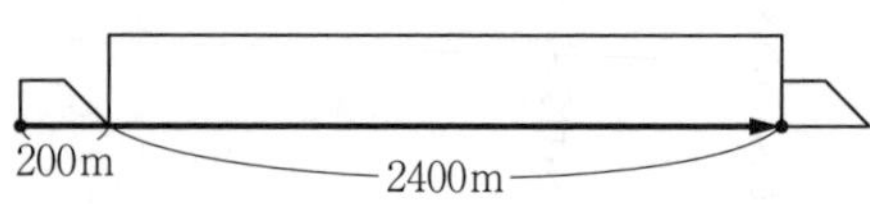

全に出終わるまでの間，列車が移動した様子は上の図のようになる。列車の最後尾(さいこうび)に注目すると，200＋2400＝2600(m)だけ移動していることがわかる。よって，通過するのにかかる時間は，2600÷1000＝2.6(分)，0.6×60＝36(秒)より，２分36秒となる。文子さんの解答で最初に間違えているのは，トンネルを通過するのにかかる時間を計算するのに，列車の長さを考えず，「2400÷1000＝2.4(分)」と計算している③の行である。

(3) 1000円で仕入れた商品に30％の利益を見込(みこ)んで定価をつけると，利益は，1000×0.3＝300(円)で，定価は，1000＋300＝1300(円)になる。値引きした金額は定価の２割だから，1300×0.2＝260(円)となり，売り値は，1300－260＝1040(円)である。よって，利益は，1040－1000＝40(円)となる。文子さんの解答で最初に間違えているのは，値引きした金額を考えるのに，「1000×0.2＝200(円)」と，定価の２割でなく仕入れ値の２割を求めている③の行である。

3 四則計算，割合と比，つるかめ算，時計算，約束記号，約数と倍数

(1) １L＝1000mLより，容器に入っていた野菜ジュースの量は，２L＝(２×1000)mL＝2000mLである。毎日280mLの野菜ジュースを飲み続けると，１週間で，280×７＝1960(mL)飲むことになるから，残りの野菜ジュースの量は，2000－1960＝40(mL)，40÷1000＝0.04より，0.04Lとなる。

(2) ひもＡ，Ｂの長さをそれぞれ[19]，[11]とすると，ひもＡの長さは，[11]×２＝[22]よりも30cmだけ短いから，[22]－[19]＝[3]にあたる長さが30cmとなる。よって，[1]＝30÷３＝10(cm)だから，ひもＢの長さは，[11]＝10×11＝110(cm)とわかる。

(3) 20回とも裏が出たとすると，得点は，２×20＝40(点)になり，実際の得点よりも，64－40＝24(点)少なくなる。１回裏が出るかわりに，１回表が出るごとに，得点は，５－２＝３(点)増えるので，表は，24÷３＝８(回)出たとわかる。

(4) 短針は，毎分，360÷12÷60＝0.5(度)，長針は，毎分，360÷60＝６(度)の速さで進む。また，３時ちょうどに，短針は３，長針は12を指しているので，短針は長針よりも，360÷12×３＝90(度)だけ先に進んでいる。このあと，短針と長針が反対向きで一直線になるまでに，長針は短針との差の90度を追いつき，180度先に進んだことになるから，長針は短針よりも，90＋180＝270(度)だけ多く進む。これにかかる時間は，$270\div(6-0.5)=270\div\frac{11}{2}=270\times\frac{2}{11}=\frac{540}{11}=49\frac{1}{11}$(分)だから，３時$49\frac{1}{11}$分に短針と長針が反対向きで一直線になる。よって，問題文中の①～④の中で，最も近いのは④の３時49分である。

(5) ［105，〈［35，90］，390〉］より，［35，90］＝ア，〈ア，390〉＝イ，［105，イ］＝ウという順序で計算する。まず，35と90の最小公倍数は630なので，ア＝630である。次に，630と390の最大公約数は30なので，イ＝30である。さらに，105と30の最小公倍数は210だから，ウ＝210となる。よって，［105，〈［35，90］，390〉］＝［105，〈630，390〉］＝［105，30］＝210と求められる。

4 角度，図形の移動，面積，展開図，体積

(1) 右の図１で，三角形BEDは二等辺三角形だから，角イの大きさは20度である。また，角ウは，三角形BEDの外角の１つなので，その大きさは，20＋20＝40(度)となる。さらに，三角形EDAも二等辺三角形だから，角エの大きさは角ウと等しい40度である。三角形ABCに注目すると，角アと角エの大きさの和は，180－(20＋90)＝70(度)なので，角アの大きさ

図１

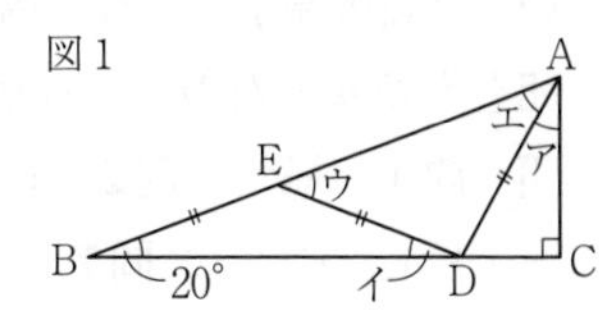

は，70－40＝30(度)とわかる。

(2)　右の図２で，影(かげ)をつけた部分は，半径３cmで中心角90度のおうぎ形，半径５cmで中心角90度のおうぎ形，半径４cmで中心角90度のおうぎ形，そして直角をはさむ２辺が３cmと４cmの直角三角形２個でできている。よって，影をつけた部分の面積は，$3\times3\times3.14\times\frac{1}{4}+5\times5\times3.14\times\frac{1}{4}+4\times4\times3.14\times\frac{1}{4}+3\times4\div2\times2=(9+25+16)\times3.14\times\frac{1}{4}+12=50\times3.14\times\frac{1}{4}+12=12.5\times3.14+12=39.25+12=51.25$(cm²)となる。

図２

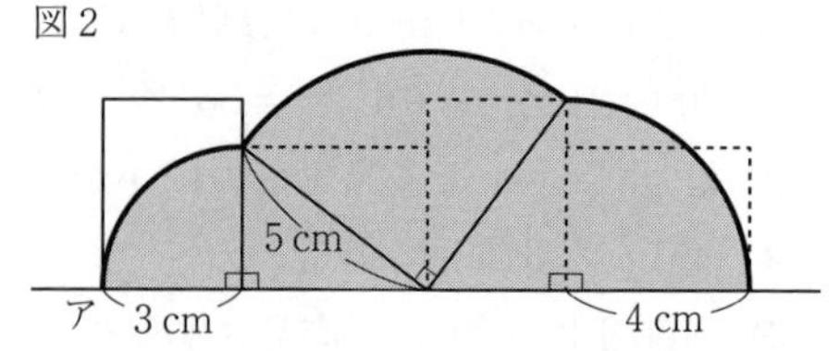

(3)　組み立てて重なる辺どうしの長さは等しいので，右の図３のような，上底が５cm，下底が，40－(13＋５＋５)＝17(cm)で，高さ５cmの台形を底面とした，高さ12cmの四角柱ができる。よって，体積は，(５＋17)×５÷２×12＝660(cm³)である。

図３

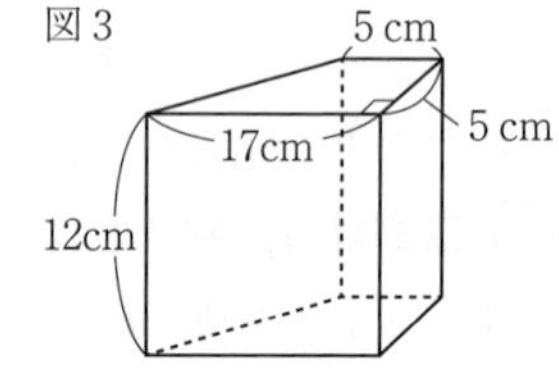

5　グラフ―旅人算

(1)　問題文中のグラフより，文子さんが出発してから５分後までの５分間に，２人の間の距離(きょり)は，０mから450mまで450m広がっている。この間に進んでいたのは文子さんだけなので，文子さんの歩く速さは，分速，450÷５＝90(m)となる。

(2)　杉男さんが出発したのは文子さんが出発してから５分後で，５分後から13分後までの８分間は距離が広がり続けていることから，文子さんの方が杉男さんより速く進むことがわかる。また，文子さんが出発して13分後から，２人の間の距離は縮まっているので，文子さんは出発して13分後に学校に到着(とうちゃく)し，進むのをやめたとわかる。よって，家から学校までは，90×13＝1170(m)ある。

(3)　文子さんが出発して５分後から13分後までの８分間で，２人の間の距離は，650－450＝200(m)広がっているから，文子さんは杉男さんよりも，１分あたり，200÷８＝25(m)速く進む。すると，杉男さんの歩く速さは，分速，90－25＝65(m)となるので，杉男さんは家から学校まで行くのに，1170÷65＝18(分)かかる。よって，杉男さんは，８時＋５分＋18分＝８時23分に学校に到着する。

社　会　＜第２回試験＞（理科と合わせて60分）＜満点：75点＞

解答

Ⅰ　**問１**　ア　**問２**　栃木県　**問３**　ウ　**問４**　大正　**問５**　ウ　**問６**　イ　**問７**　ア　**問８**　ジェンダー　**問９**　鎖国　**問10**　エ　**問11**　吉田茂　**問12**　**あ**　田中正造　**い**　与謝野晶子　**う**　福沢諭吉　**問13**　（例）日露戦争では日清戦争よりも戦費がかかり，死者も多かったのに，日清戦争後には得られた賠償金を得ることができなかったから。

Ⅱ　**問１**　イ　**問２**　GPS　**問３**　ウ，松江市　**問４**　エ　**問５**　ウ　**問６**　（ジョー・）バイデン　**問７**　(1)　ア　(2)　②　(3)　F　**問８**　イ　**問９**　関税　**問10**　愛知　**問11**　イ　**問12**　（例）鉛筆がつくられるまでには，しんに使われる黒鉛を掘ったり，木をばっさいしたりする仕事，鉛筆工場で働く人などが関わっている。

解説

Ⅰ 歴史上の人物に関するプレゼンテーションを題材とした問題

問１ 1890年に行われた第１回衆議院議員総選挙は，直接国税15円以上を納める25歳以上の男子にしか選挙権が与えられないという制限選挙であった。また，この選挙では，有権者は投票用紙に自分の住所と氏名を書く必要があり，投票の秘密は守られなかった。

問２ 足尾銅山は現在の栃木県日光市にあった銅山で，明治時代にはここから流された鉱毒が渡良瀬川を汚染したことで，足尾銅山鉱毒事件が起こった。

問３ 明治時代には，江戸幕府が諸外国と結んだ不平等条約の改正交渉が行われ，1886年に起こったノルマントン号事件をきっかけとして，1894年に外務大臣の陸奥宗光が領事裁判権の撤廃に成功した。なお，アは17世紀前半の1615年，イは18～19世紀のことで，いずれも江戸時代のできごと。エは太平洋戦争(1941～45年)中のできごとで，昭和時代前半にあたる。

問４ 1912年に明治天皇が亡くなると，元号は大正と改められた。大正時代は1912～26年にあたる。

問５ 1968年の国民総生産額(GNP)が世界第２位だったことは読み取れるが，それ以前の順位が何位だったかを示された文章から読み取ることはできない。

問６ ア 気候変動枠組み条約が取り決められたのは1992年，京都議定書が定められたのは1997年のことである。 イ 示された文章の３文目を正しく読み取っている。 ウ パリ協定では，「その目標を達成することは義務とは書かれていません」とある。 エ パリ協定について，「二大排出国のアメリカと中国がともに温暖化対策をすすめていこうという風潮になったこと」とあることから，アメリカと中国がパリ協定に参加したとわかる。

問７ 森鷗外は明治～大正時代に活躍した小説家で，代表作に『舞姫』や『山椒大夫』，『高瀬舟』などがある。なお，『源氏物語』は平安時代に紫式部が書いた小説，『古事記』は奈良時代に完成した歴史書，『徒然草』は鎌倉時代に吉田兼好(兼好法師)が書いた随筆。

問８ 生物学的な性別に対して，社会的・文化的につくられる性別のことを，ジェンダーという。ジェンダーには，「男性はこうあるべき」「女性はこうあるべき」といった，社会のなかでつくられてきたイメージなどがあてはまる。

問９ 外国との交流を制限するような政策を，鎖国という。江戸時代の日本では，キリスト教の禁止を徹底し，貿易の利益を独占するために鎖国政策がとられ，キリスト教の布教を行わないオランダと清(中国)に限り，長崎を唯一の貿易港として，幕府との貿易が行われた。

問10 ４つの資料からは，日本国内での毛織物と綿織物の価格についてはわからないので，エがまちがっている。

問11 吉田茂は，第二次世界大戦(1939～45年)終結後の1946～47年と1948～54年に内閣総理大臣を務めた。在任中の1951年には，アメリカのサンフランシスコで行われた第二次世界大戦の講和会議に日本代表として出席し，連合国48か国との間でサンフランシスコ平和条約を結んだ。

問12 **あ** 田中正造は栃木県出身の衆議院議員だったが，足尾銅山鉱毒事件が問題になるとその解決に力をつくし，1901年には議員を辞職して明治天皇への直訴を試みた。また，被害の深刻だった谷中村に住み，人生をかけて事件の解決に取り組んだ。 **い** 与謝野晶子は明治～昭和時代に活躍した詩人・歌人で，代表的歌集に『みだれ髪』がある。日露戦争(1904～05年)が起こったさい，戦場にいる弟の身を案じて雑誌「明星」に「君死にたまふことなかれ」という詩を発表し，戦争に反対した。　**う**　福沢諭吉は明治時代の思想家・教育家で，豊前中津藩(大分県)の藩士の子として大阪に生まれた。咸臨丸での渡米をふくめて3回欧米を訪れ，そのときの見聞などをもとに，「天は人の上に人をつくらず，人の下に人をつくらず」で始まる代表作『学問のすすめ』を著した。また，現在の慶應義塾大学の前身となる慶應義塾を開いたことでも知られる。2022年2月時点で発行されている一万円札には，福沢諭吉の肖像が用いられている。

問13　グラフから，日清戦争に比べて日露戦争のほうが戦費や戦死者は大幅に多い一方で，日清戦争で得られた賠償金が，日露戦争では得られなかったことがわかる。国民の負担が日清戦争よりも日露戦争のほうが重かったにもかかわらず，日露戦争では賠償金が得られなかったため，これに不満を持った民衆の一部が暴徒化し，日比谷焼き打ち事件が起こったのである。

Ⅱ　輸送・物流を題材とした問題

問1　A　スエズ運河は紅海と地中海を結ぶ運河で，現在はエジプトが所有している。スエズ運河ができたことによって，ヨーロッパとアジアを結ぶ航路が大きく短縮された。2021年には日本の会社が所有する大型コンテナ船が座礁してスエズ運河をふさぎ，国際的な物流を大きくさまたげた。なお，パナマ運河は中央アメリカにある運河で，これによって太平洋と大西洋を結ぶ航路が大きく短縮された。　B　成田国際空港は千葉県北部にある空港で，貿易額が日本の港の中で最も多い。なお，東京国際空港は一般には羽田空港とよばれ，国際線も就航しているが，貿易額はそれほど多くない。統計資料は『日本国勢図会』2021／22年版による(以下同じ)。

問2　GPS(全地球測位システム)はグローバル・ポジショニング・システムの略称で，人工衛星から出された電波を受信し，位置情報を得るシステムである。現在，カーナビゲーションシステムやスマートフォンなど，さまざまな機器に用いられている。

問3　アは青森県で東北地方に，イは石川県で中部地方に，ウは島根県で中国地方にふくまれる。島根県の県庁所在地は，北東部に位置する松江市である。

問4　WTOは世界貿易機関の略称で，国際貿易の自由化や国際的なルールの確立などを目的として活動している。なお，UNICEFは国連児童基金，UNESCOは国連教育科学文化機関，WHOは世界保健機関の略称。

問5　ア　日本の川は，世界の大河に比べて水源から河口までの距離が短く，高低差が大きいという特徴がある。　イ　扇状地はおもに川の中流に，三角州は川の下流にできる。　ウ　信濃川は日本で最も長い川で，長野県(長野県内では千曲川とよばれる)と新潟県を流れて日本海に注ぐ。エ　日本で最も流域面積の広い川は利根川で，最上川は第9位である。

問6　ジョー・バイデンは民主党の候補として2020年のアメリカ合衆国大統領選挙に立候補し，共和党の候補で現職のトランプ大統領を破って当選した。そして，2021年1月に第46代アメリカ合衆国大統領に就任した。

問7　(1)〜(3)　地図中の①は長野県，②は群馬県，③は栃木県，④は山梨県，⑤は埼玉県，⑥は茨城県，⑦は東京都，⑧は神奈川県，⑨は千葉県である。表中のア〜エのうち，「…」となっている都県が2つあるウは，海に面していない内陸県ではゼロになる海面漁獲量とわかる。ここから，A，C，Dは，海に面している茨城県・東京都・神奈川県・千葉県のいずれかということになる。また，都道府県の人口が7万人や9万人ということは考えられないので，イが人口と判断でき，人口が最も多いAに東京都があてはまる。内陸県で，表中で東京都についで人口が多いBが埼玉県で，全国で人口が東京都についで多い神奈川県が表中にないこともわかる。さらに，石油・石炭製品の出荷額は，原料の輸入や製品の輸出に便利な沿岸部の都県のほうが多いと推測できるので，内陸県であるＢとＥの順位が低いアが石油・石炭製品の出荷額で，残ったエがキャベツの生産量ということになる。キャベツの生産量が表中で最も多いＥには，県西部の嬬恋村などでキャベツの抑制栽培を行い，高原野菜として出荷している群馬県があてはまる。群馬県のキャベツの生産量は，愛知県についで全国で２番目に多い。石油・石炭製品の出荷額が飛びぬけて多いＣは，石油化学工業がさかんな京葉工業地域をかかえる千葉県である。残ったＤは茨城県で，2019年の海面漁獲量が北海道についで全国で２番目に多かった。

問８　ア　【グラフⅠ】より，食料品と原料品は，1970年よりも2018年の割合のほうが低い。　イ　【グラフⅠ】,【グラフⅡ】より，2018年の貿易では，輸出・輸入ともに機械類が最も大きな割合をしめているので，正しい。　ウ　【グラフⅡ】より，1970年に比べ，2018年は自動車の輸入額の割合が７％から15％に増えている。　エ　鉄鋼の輸出額は，1970年が，7.0(兆円)×0.15＝1.05兆円，2018年が，81.5(兆円)×0.04＝3.26兆円で，2018年のほうが大きい。

問９　関税は貿易品にかけられる税で，自国の産業を保護し，税収を得るといった目的などから，一般的には輸入品にかけられる。

問10　愛知県は，世界的な自動車メーカーの本社やその工場がある豊田市を中心として，輸送用機械の生産がさかんに行われている。輸送用機械の生産額だけでなく，工業における製造品出荷額等も，愛知県が全国第１位である。

問11　ア　中国の南部や東南アジアのベトナムなど，アジアには米を主食としている国・地域が日本以外にもある。　イ　北アメリカ大陸の南部に位置するメキシコでは，トウモロコシを原料とするトルティーヤが主食として食べられており，中南アメリカにはほかにもトウモロコシを主食としている地域がある。よって，正しい。　ウ　日本は多くの食料を外国からの輸入に頼っており，食料自給率は先進国の中で最も低い水準にある。　エ「フードロス」とは，売れ残りや食べ残し，賞味期限切れの食品など，本来食べられたはずの食品が廃棄されてしまうことである。

問12　物ができるまでには，実際に製品として完成させる人だけでなく，原材料を手に入れる人やそれを運ぶ人なども必要となる。鉛筆であれば，しんに使われる黒鉛を掘る人や木をばっさいする人，黒鉛や木を輸送する人，鉛筆工場で働く人などが関わることになる。また，たとえば合成ゴムでできたプラスチック消しゴムであれば，原料となる石油の採掘をする人，石油をタンカーなどで輸送する人，石油化学工場で原油の精製などにたずさわる人，合成ゴムの原料を製造する工場で働く人，消しゴム工場で働く人などが関わっている。消しゴムは紙のケースに入っていることが多いので，この場合は紙の製造に関わった人もふくまれることになる。

理　科　＜第２回試験＞（社会と合わせて60分）＜満点：75点＞

解　答

1　**問１**　(1)　ア　(2)　エ　(3)　イ　(4)　ウ　**問２**　(1)　(例)　地球(の方が，平均気温が高いと考える。その理由は,)地球の方が太陽に近いため(である。)　(2)　(例)　人間が生きていくためには，大気中の酸素濃度が適切である必要がある。表より，火星は地球に比べ，大気中の酸素濃度が小さく，人間が生きていくことが困難な環境であると考えられる。 [2] **問１** (1) ① 酸素 ② 二酸化炭素 (2) えら (3) なし **問２** (1) ア (2) ウ→ア→イ **問３** (1) 食物連さ (2) ア [3] **問１** 新月 **問２** イ **問３** ア **問４** ① イ ② エ ③ カ [4] **問１** 137ｇ **問２** (例) 溶液には溶けきれない塩化ナトリウム12ｇが残っている。 **問３** (例) 溶液には塩化ナトリウムが３ｇ固体としてあらわれている。 **問４** (例) 塩化ナトリウムの高濃度溶液を用意し，ビーカーを発泡スチロールなどで囲い，ゆっくりと温度を下げていく。 [5] **問１** Ｎ極 **問２** Ｘ **問３** (例) コイルに流れる電流を大きくする。 **問４** Ｎ極 **問５** (例) 電磁石はＮ極とＳ極を入れかえることができる。

解 説

[1] 小問集合

問１ (1) 一般に，大きさが５mm以下のマイクロプラスチックはとても細かいため回収が難しく，世界中の海へ広がっている。海の生物がえさとまちがえてマイクロプラスチックを食べてしまい，消化管がつまったり，有害物質とともに体内に蓄積したりするといった被害が確認されている。 (2) れき(礫)は砂よりも粒の大きい小石のことである。 (3) けんび鏡は，レンズを通した光で観察するため，強い直射日光を利用すると目を痛めてしまい危険である。直射日光の当たらない，適度に明るい場所で観察するとよい。 (4) 「ボイジャー」は，アメリカ航空宇宙局(NASA)が1977年に打ち上げた太陽系内外の惑星探査機で，１号，２号ともすでに太陽系を出ている。「さきがけ」は，ハレーすい星などを観測するため日本の宇宙科学研究所(現・宇宙航空研究開発機構(JAXA))が1985年に打ち上げた探査機で，すでに運用を停止した。JAXAが2007年に打ち上げた月周回衛星「かぐや」も，2009年に月へ制御落下している。「はやぶさ２」はJAXAが2014年に打ち上げた探査機で，小惑星リュウグウに人工クレーターを作り，飛び散った物質をカプセルに入れて持ち帰り，地球に投下した後，他の惑星に向かった。

問２ (1) 惑星の表面温度が高くなる条件は，太陽からの距離が近いこと，惑星表面の物質が太陽の光を反射する性質が弱いこと，温室効果ガスが多いことなどがあげられる。表の内容から，反射する性質についてはわからない。また，温室効果ガスである二酸化炭素の大気にしめる割合は火星の方が多いが，気圧がとても低いため大気がうすく，その効果は不明である。よって，地球の方が太陽に近いことから，平均気温が高いと結論づけることができる。 (2) 「根拠とした知識」を，ヒトが生きていくためにする呼吸には酸素が必要であるとした場合，表から，地球と比べて火星の大気にふくまれる酸素がとても少ないことに結びつけて説明するとよい。

[2] メダカについての問題

問１ (1) メダカなどの生物は，生きていくために必要なエネルギーを栄養分から取り出すために，酸素を取り入れて二酸化炭素を出している。 (2) メダカなどの魚類は，えらで水に溶けこんでいる酸素を体内に取り入れている。 (3) ほとんどの生物が，呼吸で体内に取り入れた酸素を使ってエネルギーを得ている。

問２ (1) メダカのメスは背びれに切れこみがなく，しりびれは三角形に近い形をしている。また，卵をうむため腹がふくれているようすが見られる。　(2)　卵ははじめ，養分となる油のつぶが見られるが，からだとなる部分(胚ばん)ができたあと，目ができて心臓が動きはじめるようになる。

問３　(1)　水の中の生物は，光合成を行なって養分をつくりだす生産者(植物プランクトンなど)からはじまり，それを食べる動物プランクトンや小型の魚，さらにそれを食べる鳥や大型の水中生物といった順に，食物連さでつながっている。　(2)　けんび鏡は，レンズを通して上下左右が逆に見えているので，視野の右上は実物の左下にあたる。したがって，ゾウリムシを真ん中で観察するには，プレパラートを右上へ動かせばよい。

3　月についての問題

問１　月の満ち欠けの周期は約30日である。新月からはじまって右側からだんだん太くなっていき，約15日後に満月となり，その後，右側から欠けて約15日後に再び新月にもどる。

問２　三日月は，太陽がしずむころに南西の空に見え，その後まもなく西の空へしずむ。

問３　月食は，地球のかげに月が入り，月の一部または全部が欠けて見える現象で，太陽，地球，月の順にならぶ満月の日に起こることがある。

問４　弓の弦は矢を引いていないときはまっすぐになっている。右半分が明るい半月が西にしずむとき，弓の弦を上にした形とにていることから，上弦の月と呼ばれる。

4　ものの溶け方についての問題

問１　問題文中のグラフより，60℃の水100ｇには塩化ナトリウムを37ｇまで溶かすことができるので，水と塩化ナトリウムをあわせた溶液の質量は，100＋37＝137(ｇ)となる。

問２　80℃の水100ｇに溶かすことができる塩化ナトリウムの質量は38ｇなので，加えた50ｇのうち，50－38＝12(ｇ)が溶け残る。

問３　100℃の水100ｇに溶かすことができる塩化ナトリウムの質量は39ｇ，30℃では36ｇであることから，その差の，39－36＝３(ｇ)が固体となって出てくるとわかる。

問４　塩化ナトリウムは温度が高いほど溶ける質量が大きいので，はじめに高い温度の水に塩化ナトリウムを溶けるだけ溶かして高濃度の水溶液を作る。これを冷やしていくと，溶けきれなくなった塩化ナトリウムが固体となって出てくる。そのさい，ビーカーを発泡スチロールで囲うなどして温度変化をゆっくりにすると，もとの結晶を中心にして固体がつき，形よく，大きな結晶にすることができる。

5　電磁石についての問題

問１　電流をＹの向きに流したとき，点Ｂに近づけた方位磁針のＳ極が点Ｂを指したことから，点ＢはＮ極，点ＡはＳ極であったとわかる。Ｘの向きに電流を流すと，電磁石の極は逆になるので，点ＡはＮ極となる。

問２　方位磁針のＮ極が点Ｂを指したので，点ＢはＳ極になっている。これは，問１のときと同じなので，電流はＸの向きに流れている。

問３　電磁石の磁力を強くする方法としては，流れる電流を大きくする，コイルの巻き数を増やすほかに，鉄心を太いものにかえるなどが考えられる。

問４　地球の南極は，方位磁針のＳ極を引きつけることから，地球を大きな磁石とみなしたときのＮ極であるとわかる。

問５　電磁石は永久磁石とちがい，電流を流しているあいだのみ磁石として使用できる。また，電流の向きを変えるとN極とS極を入れかえることができ，電流の大きさで磁力の強さを調節することもできる。

国語 ＜第２回試験＞（50分）＜満点：100点＞

解答

一 問１ ① せいけつ ② きょうそう ③ だんぜつ ④ ひんぷ ⑤ じょうじゅ ⑥～⑩ 下記を参照のこと。 問２ (1) ① ア ② ア (2) × (3) ア

二 問１ ア 問２ 人間存～ている 問３ A イ B ウ 問４ ウ 問５ 日本人の～ちている 問６ エ 問７ （例） 仏教について語るための知識が何もないため，しどろもどろになってしまうということ。 問８ ア 問９ （例） たとえば，新年の無事と平安を願う初詣という伝統行事では，仏教の寺院と神道の神社のどちらに参拝してもよい。このように自然宗教は，特定の創唱宗教にとらわれず，広い意味での宗教心を発動させるものである。 三 問１ A エ B ア 問２ ア 問３ ア 問４ イ 問５ ウ 問６ エ 問７ ウ 問８ （例） 三堂との戦いをきっかけにして，記録に残るような優れた選手へと成長すること。 問９ エ

●漢字の書き取り

一 問１ ⑥ 貨物 ⑦ 日照 ⑧ 許可 ⑨ 分布 ⑩ 降雨

解説

一 漢字の読みと書き取り，文の正誤

問１ ① 衛生的で，きれいな状態であること。 ② 競(きそ)い合うこと。 ③ 断ち切ること。 ④ 豊かさと貧しさ。 ⑤ 願いがかなうこと。 ⑥ 輸送される荷物。 ⑦ 日が照ること。 ⑧ 願いを聞き入れ，認めること。 ⑨ あちこちに広がること。 ⑩ 雨が降ること。

問２ (1) ① 「２グラムしか」という表現から，食塩が水に溶(と)ける量の変化が小さいと述べようとしていることが読み取れる。 ② 「大げさに」「根拠(こんきょ)のない」とあるので，「正しいとは限らない」ことがわかる。 (2) 「夏服」は，六月から九月の間に着るものである。四月の入学式には，「冬服」を着ていく。 (3) 「姫(ひめ)リンゴ」には，「ハナリンゴ」「アルプス乙女(おとめ)」「長崎(ながさき)リンゴ」などがふくまれる。一方，「ハナリンゴ」にふくまれるのは，「アルプス乙女」ではなく，「ミカイドウ」である。

二 出典は阿満利麿(あまとしまろ)の『日本人はなぜ無宗教なのか』による。日本人は，特定の「創唱宗教」を信仰(しんこう)しないため，「無宗教」であると言われがちだが，実際には，豊かな「宗教心」を持っていると，述べられている。

問１ 次の段落に書かれているように，「無宗教」とは，「特定の宗派の信者ではない」という意味である。

問２ 次の段落にある「葬儀(そうぎ)」の具体例のなかから，「宗教心のあらわれ」と同じ意味の「宗教心の発動」という言葉に着目する。そして，その言葉が指している「そうした人生についての諦観(ていかん)や

意味づけの試み」という記述から前にさかのぼっていくと，答えが見つかる。

問３　Ａ「宗教心は豊か」でも，「『特定の宗派』に限定される」という条件のもとでは抵抗をおぼえると述べられているので，前のことがらに，ある条件や例外などをつけ加えなければならない場合に用いる「ただ」があてはまる。　**Ｂ**「墓地の広告」の例をあげているので，具体的な例をあげるときに用いる「たとえば」がふさわしい。

問４「無神論者」という言葉が「無造作に使用されている」見本として，神崎宣武の本があげられている。宗教的行事である村祭りを取り仕切る神主が，「こともあろうに」，「無神論者」であると「自認している」ことに，筆者は驚いているのである。

問５　日本人の宗教心は，「特定の宗派」の枠におさまらない「『融通』と『曖昧さ』に満ち」たものであると述べられている。

問６「創唱宗教」は，「特定の人物が特定の教義を唱えてそれを信じる人たちがいる宗教」のことだとあるので，エの「いつ，だれが始めたかがはっきりしている」という記述は正しい。また，「創唱宗教」は「教祖と経典，それに教団の三者によって成り立っている宗教」だとも書かれているので，ウは誤り。一方，「自然宗教」は，「発生が自然的」で，「無意識」に先祖たちによって受け継がれてきたものだとあるので，アの「大自然を信仰対象とする」，イの「それを信じる人が言語化して」は不適切。

問７「立ち往生する」とは，行きづまって身動きがとれなくなることである。ここでは，「仏教とはどのような宗教か」と問われて「しどろもどろ」になることを表している。「しどろもどろ」になるのは，ガイドブックの注意書きに従って，自分は「仏教徒」であると答えたものの，実際には，仏教のことをよく知らないからである。

問８　直前に書かれているように，日本人の言う「無宗教」は，「『創唱宗教』の否定」ではなく，「自然宗教」を意味するものである。よって，アが合う。

問９「自然宗教」の具体例なので，「いつ，だれによって始められたかも分からない」行事で，なおかつ，「無意識に先祖たちによって受け継がれ，今に続いてきた」ものがふさわしい。よって，「お彼岸」「お地蔵さん」「クリスマス」のような，特定の創唱宗教と結びつくものや，「端午の節句」「七夕」のように，起源の明らかなものは，避けたほうが無難である。また，「登山」を選ぶと，「大自然を信仰対象とする宗教」ではないことを示す必要があり，手間がかかる。「七五三」「初詣」のように，特定の宗教に直接かかわらない日本古来の風習を選ぶとよい。

三　**出典はあさのあつこの『ラストラン　ランナー４』による。**目標を失っていた碧李(ミド)が，親友の信哉から，ライバルの三堂との対決を持ちかけられ，走りたいという意欲を取りもどす場面である。

問１　Ａ「波」のように手のひらを動かすようすは，「ひらひら」である。　**Ｂ**　反応をうかがうように相手を見るようすは，「ちらり」である。

問２　碧李の調子が上がっており，「近いうち」に「高校新ぐらいは～塗り替えちまうんじゃないか」と信じていると，信哉は言っている。

問３　信哉は，「笑うなよ」と鼻を鳴らしながら，軽い口調で言っているが，その「真っすぐ」な眼差しからは，真剣であることが伝わってくる。

問４「何のために走ってる」という信哉の真剣な問いに対して，碧李は自問自答しながら，答えを探そうとしている。遠くを見るのは，心のなかや思考に集中するしぐさである。

問５　三堂と「走りたい」という感情が突き上げてきて，その興奮によって，手が震えている。信哉に三堂と走ることについて聞かれるまで，碧李はそのことを走るモチベーションとして自覚してはいなかったので，自分のなかの眠っていた気持ちに気づかされたとするウが合う。

問６　雑音が大きく聞こえるという描写は，二人の沈黙を表すものである。ここでは，信哉が事情を一通り話し終えて，二人の話がひと段落したことを表している。

問７　「手の上で踊らされる」は，相手の作戦や策略にはまってしまい，相手の思うように行動してしまうことである。ここでは信哉が，坂田の思わく通り，三堂との対決を碧李に伝えたことを表している。

問８　「踏み台」にするとは，自分の目的のために相手を利用することである。ここでは，三堂とのレースを，碧李のために利用することを表している。また，ここでの「高く跳べる」は，碧李が陸上選手として成長し，さらに飛躍することである。

問９　目を見開くは，驚きを表すようすである。引き受けるはずがないと思っていた三堂との対決を，碧李が「やってみたい」と言ったことに，信哉は驚いているのである。

2022年度　文化学園大学杉並中学校

〔電　話〕　03(3392)6636
〔所在地〕　〒166－0004　東京都杉並区阿佐谷南３－48－16
〔交　通〕　JR中央線「阿佐ヶ谷駅」より徒歩８分
JR中央線・地下鉄丸ノ内線「荻窪駅」より徒歩８分

＊**【適性検査Ⅰ】**は国語ですので最後に掲載してあります。

【適性検査Ⅱ】〈適性検査型試験〉（45分）〈満点：100点〉

注　意

計時機能以外の時計の使用は認めません。

1　杉男さんと文子さんと先生が小学校で話をしています。会話文を読み、あとの問いに答えなさい。

文子：うーん…。

杉男：どうしたの？

文子：この前雑誌にのっていた、脳トレクイズがわからなくてモヤモヤしているの。

杉男：どんな問題なの？

文子：これよ。

問題：図１のように、１辺の長さが８cmの正方形の折り紙を３つに切り分け、これを図２のように長方形に組みかえます。組みかえた長方形のたてと横の長さは何cmになりますか。

図１

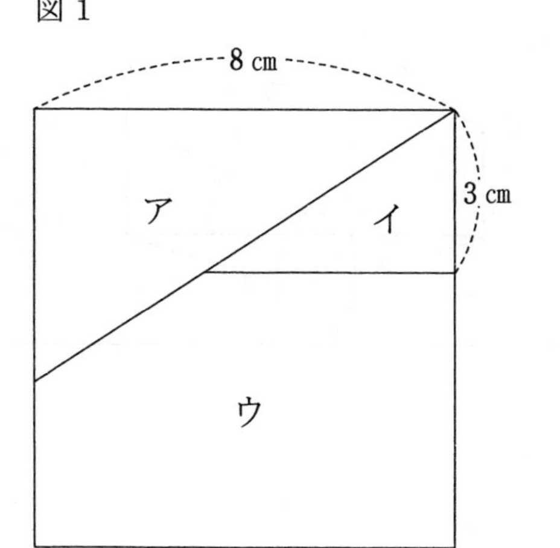

図２

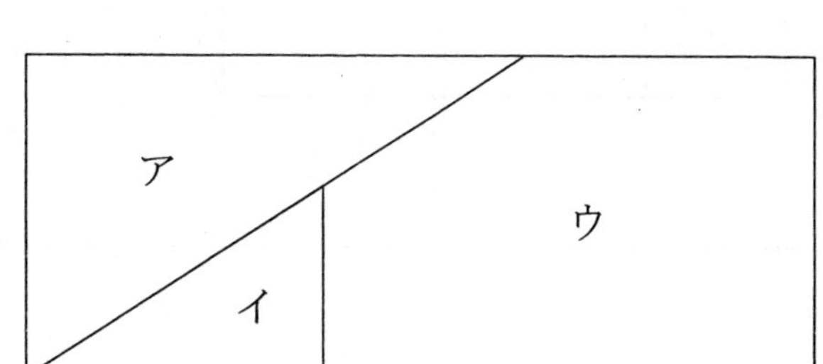

文子：形が変わると、どこがどこだかわからなくなるのよね。

先生：これは組みかえても面積は変わらない、というのがポイントね。

杉男：なるほど！

文子：先生、長さの問題なのに、面積がポイントなんですか？

先生：そうですよ。

杉男：そっか！図１の正方形の面積は［①］cm²で、図２の長方形ではたての長さが［②］cmだとわかるから、面積が図１と同じことを利用すれば横の長さは［③］cmだ！

先生：その通りです。

文子：面積がポイントだなんて気が付かなかったわ。

〔問題１〕会話文中の［①］～［③］を適切に埋めなさい。

先生：それではポイントがわかったところで、この問題を考えてみましょう。

問題：たての長さが６cm、横の長さが10cmの長方形があります。図３のように３つに切り分け、図４のようにたての長さが８cmの長方形に組みかえます。キとクは何cmになりますか。

図３

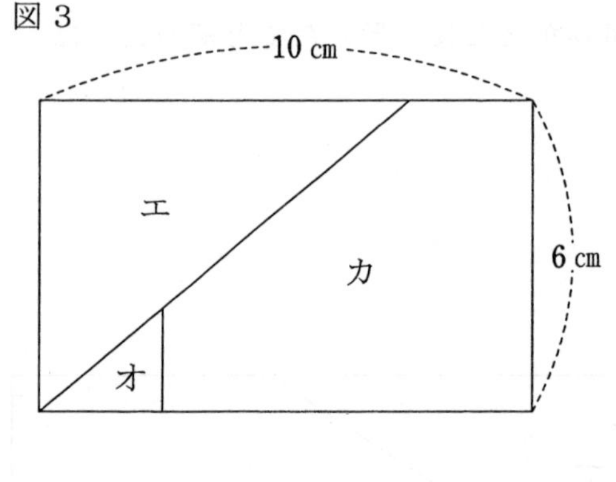

図４

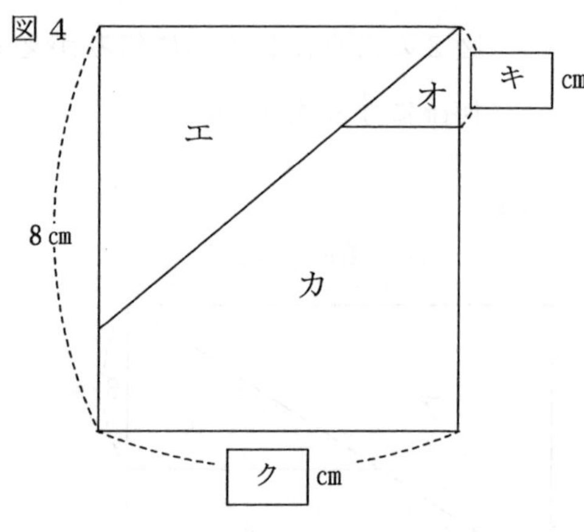

〔問題２〕問題の［キ］と［ク］を求めなさい。

先生：ここまでの問題は折り紙を切ってパズルのように考えましたが、今度は折り紙を折って考える問題がありますよ。

杉男：楽しそう！どんな問題ですか？

文子：きっと私は苦手だわ…。

先生：はじめは、実際に折り紙を使いながら、問題に取り組んでみましょうね。

文子：それなら頭の中だけで考えるより、折って確認ができるからできるかも！

先生：それでは、折り紙に図５のように折り目をつけ、4×4 個のマスをつくります。

図５

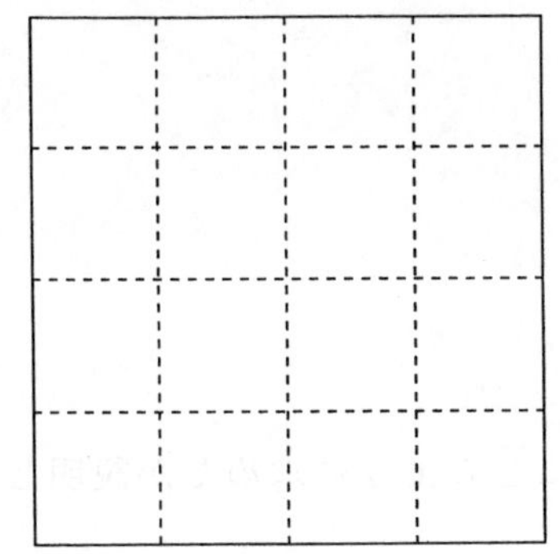

図６

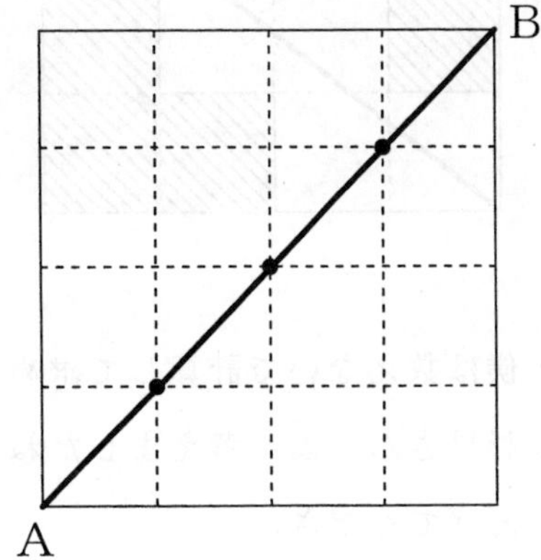

先生：図６のように、点Ａと点Ｂをむすぶ直線で切ると、マスの頂点を通ります。
直線で切られるマスは ④ 個で、切られないマスは ⑤ 個になりますね。
では、図７のように、4×4 個のマスの横１列を折り曲げ、図８のように、
4×3 個のマスをつくります。点Ａから点Ｂまでまっすぐに切ると直線で切られるマスは ⑥ 個で、切られないマスは ⑦ 個あります。

図７

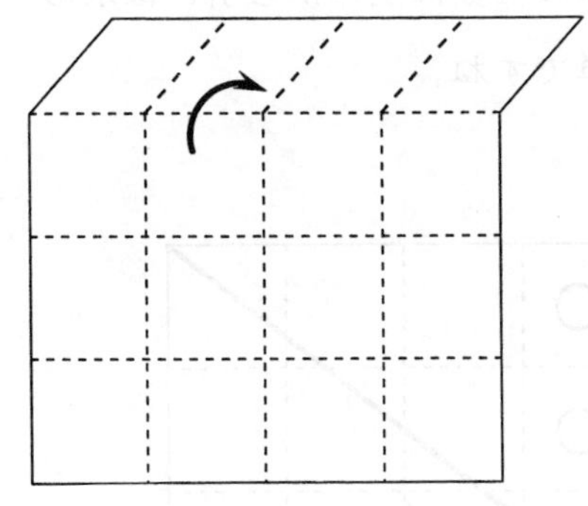

図８

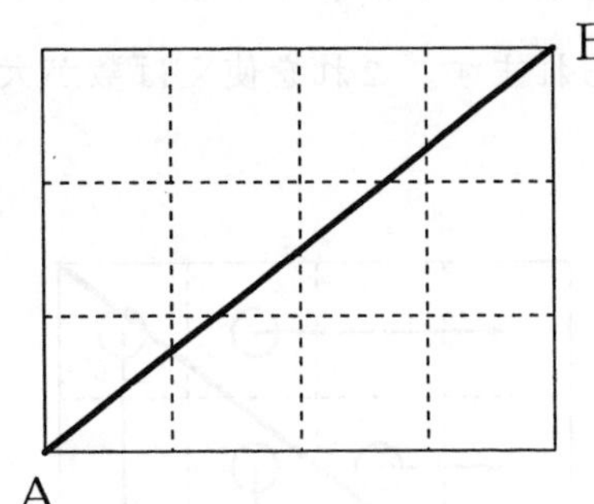

文子：これなら数えればいいからできると思う！

〔問題３〕会話文中の ④ ～ ⑦ を適切に埋めなさい。

先生：それでは正解を確認してみましょう。図９のように、色でぬり分けるとわかりやすいですね。

図９

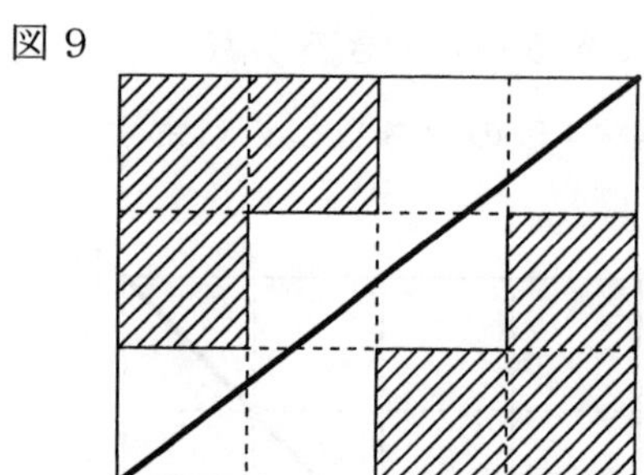

杉男：僕は数えないで計算して求めたよ。

先生：杉男さん、よく考えましたね。では、文子さんにどのように求めたか説明してあげてください。

杉男：えっ、説明？なんて言えばいいのかな…？

先生：他の人に説明できるようになると、これからもっと難しい問題にもチャレンジできるようになりますから、がんばってくださいね。では今回は私が説明しましょう。

たてと横のマスの数が違う時は、直線で切られるマス（○）を図１０〔A〕のように矢印の方向に動かして〔B〕のようにすると、そのマス（○）の個数は、

（たての数）　＋　（横の数）　―　1

となることがわかります。そして切られないマスの個数は全体から引けば求められます。これを使えば数が大きくなっても簡単ですね。

図１０

〔A〕

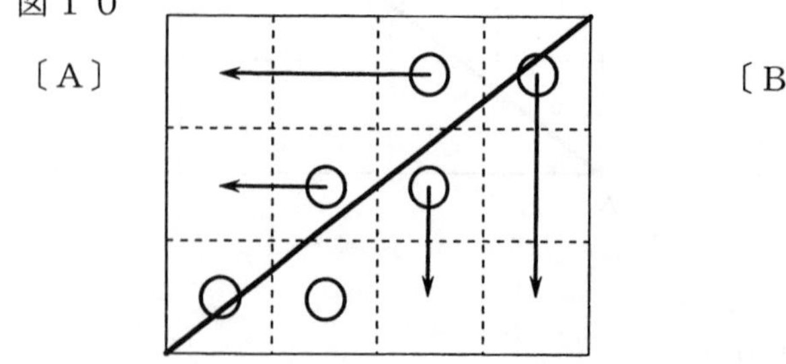

〔B〕

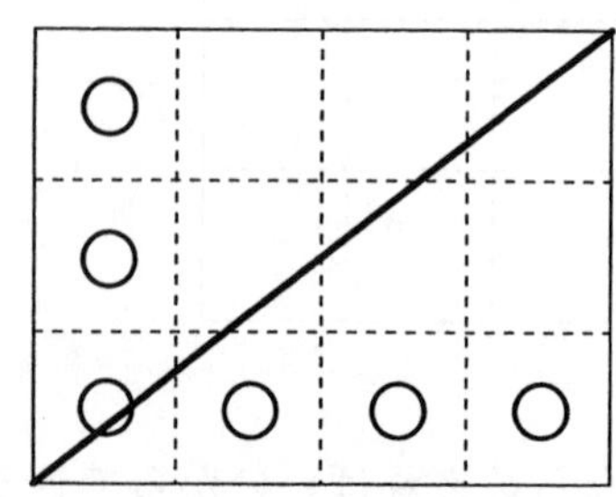

文子：いつでもこの式で求められるなんてすごい！！

〔問題４〕折り紙に折り目をつけ、64×64 個のマスをつくります。上段の横１列を折って、64×63 個のマスを使います。左下の頂点から右上の頂点まで直線で切ると、直線で切られるマスと切られないマスはそれぞれいくつですか。

先生：折り紙を使って、このような問題も考えられます。図のように、１辺が 12 ㎝の正方形の折り紙をたてに４等分して、直線ＰＤを引いたあと、色をぬりました。ぬられた部分の面積を求めましょう。

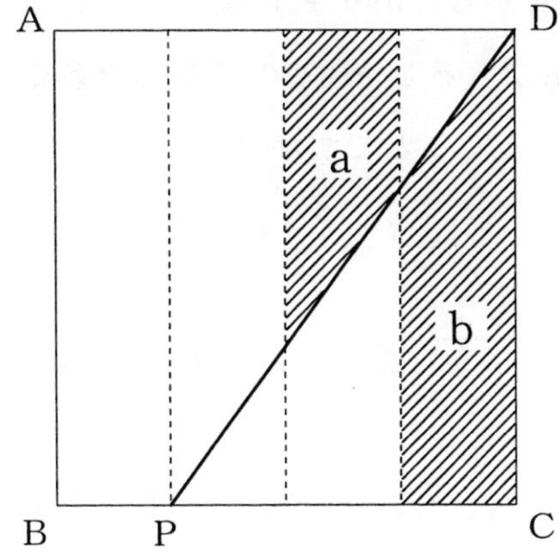

杉男：点線のたての折り目と直線ＰＤがどのくらいの長さで交わっているかわからないな…。

先生：それでは、このようにたての折り目と直線ＰＤが交わる点で横に３つに折るとどうですか？

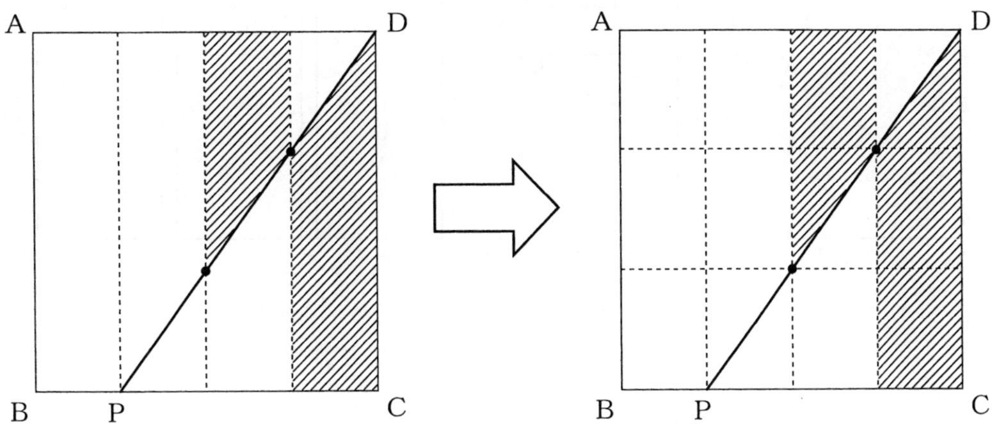

杉男：そっか！aはマス1個と三角形でマス1.5個分で、bはマス2個と三角形でマス2.5個分だから、色がぬられた部分は合わせてマス4個分で、全体の［⑧］になるから［⑨］㎠だ。

先生：正解です。

文子：あれ？もしかして、この横の折り目って横に3等分にする線になってる？

先生：そうですね。何もヒントがない状態で正確に3等分にすることは難しいですが、たて1列を除いた3×3個のマス目を利用すれば3等分にすることはできる、ということがこの折り目からわかりますね。

杉男：じゃあ、たてに3等分もできるし、最初の折り目を多くして応用すれば5等分、7等分の折り目も作れるってことですか？

先生：そうですね！

〔問題5〕会話文中の［⑧］と［⑨］を適切に埋めなさい。

〔問題6〕七夕で使う短冊(たんざく)は、次の図のように正方形の折り紙をたてに細長く切って作ることが多いですが、正確に3等分された短冊を作るにはどのように切ればいいですか。図と言葉を使って説明しなさい。

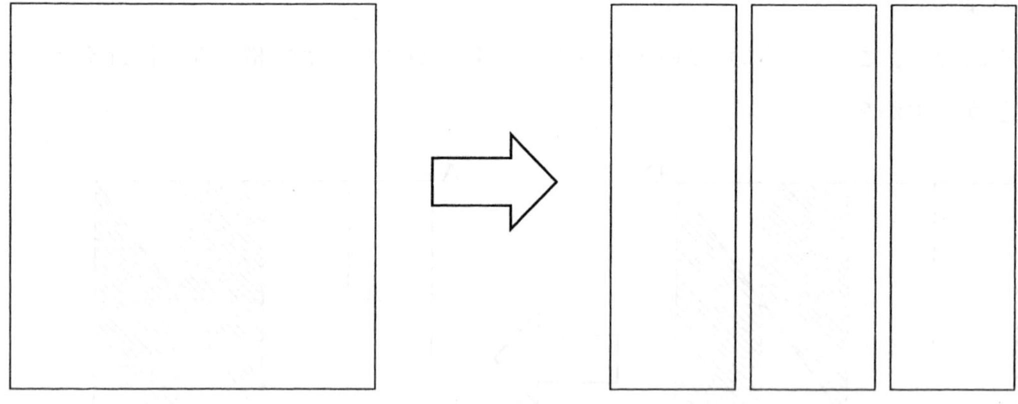

2 杉男さんと文子さんはテレビで見た内容について、話をしています。会話文を読み、あとの問いに答えなさい。

文子：この前テレビで面白いゲームをしていたよ。「4枚カード問題」という問題にチャレンジした人たちが、みんな答えを間違えていたんだ。

杉男：へぇー。どんな問題なのか教えてよ。

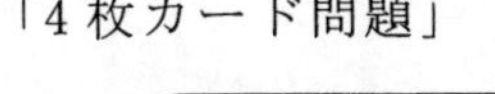
「4枚カード問題」

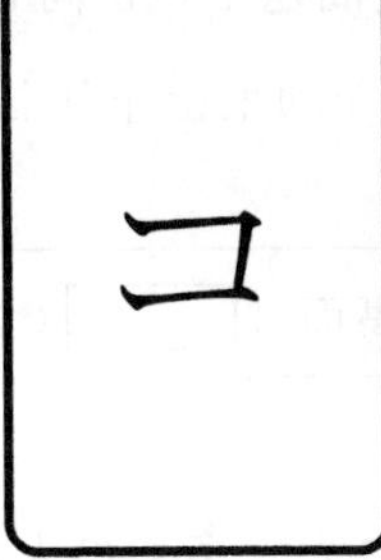

ここにある4枚のカードは、すべて片面にひらがなかカタカナ1文字が、もう片面には1ケタの数字が書かれている。これらのカードを何枚か裏返して、片面がひらがなならば、その裏面は偶数であるという約束が守られているかを確認したい。できるだけ少ない回数カードをめくって確認するには、どのカードを確認すればよいか。

杉男：簡単！「え」と書かれたカードと、「2」と書かれたカードを確認すればわかるよ。

文子：杉男さんもテレビに出ていた多くの人と同じ間違いをしているよ。

杉男：えっ！違うの？だって、片面がひらがなで、もう片面が偶数のカードを探しているんでしょ？

文子：なるほど、杉男さんは「約束」のとらえ方から間違えているみたいだね。上の問題では、片面がひらがな「ならば」、その裏面は偶数であるという約束を確認しているんだよ。

杉男：あ、そうか！見えている面がひらがなだったら、その裏は偶数が書かれていないと約束破りだけど、見えている面が偶数で、その裏面がカタカナでも約束破りにはならないということか。

文子：そういうこと。だから、「え」の他にもう１枚、確認しなければならないカードがあるのよね。

〔問題１〕２人の会話をふまえると、上記の「４枚カード問題」の正解は、どのカードを確認することになりますか。そして、確認したカードの裏面がそれぞれどうなっているとき、指定されている「約束」が守られていることになりますか。合わせて説明しなさい。

〔問題２〕４枚のカードは上の問題のままで、〔問題１〕と同じ正解となるように、波線の部分を以下のように変えて新たな約束を作りなさい。

片面が［　　　］ならば、その裏面は［　　　］である。

杉男：「４枚カード問題」、一見簡単に見えるけれど、多くの人が間違えてしまうのはなぜだろう。

文子：色々な原因が考えられるようだけれど、１つには確証バイアスというものがあるみたい。

杉男：確証バイアス？

文子：簡単に言えば、自分の考えが正しいことを確認するために、自分の考えによく当てはまるような情報だけを集めてしまい、自分の考えに反するような情報を無視してしまう、というものの見方やとらえ方のかたよりのことだよ。

杉男：なるほど。さっきの問題でいくと、「ひらがな」と「偶数」を探そうとして、どうしても「え」や「２」のカードに意識が向いてしまうから、多くの人が選択を間違えてしまうんだね。

文子：そういうこと。私たちがものを見たり考えたりするときには、このようにかたよりを生み出してしまうようなものがたくさんあるらしいの。それによって判断を間違えてしまうこともよくあるのよ。

〔問題３〕次に示すグラフと表は、杉男さんが選挙について調べ学習を行った際に集めた資料であり、これらの資料から杉男さんは結論を出しました。杉男さんの結論と資料を見て、杉男さんの「見方や考え方のかたより」を指摘しなさい。さらに、その「かたより」を防ぐためには、これらの表とグラフのほかに、どのような資料を探せばよいと考えられるか、説明しなさい。

（資料１）衆議院議員選挙の投票率（総務省の発表資料より作成）

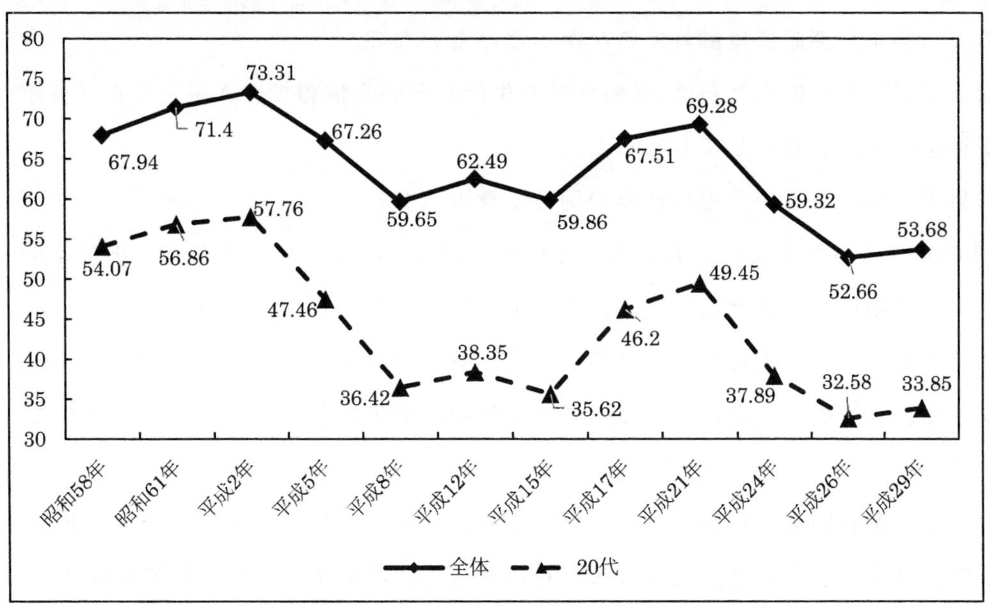

（資料２）20 代・30 代の人が何を見て投票に参加しようと思ったか（複数回答可）

テレビ広告	37.6%	ポスター	14.3%
新聞広告	22.1%	電車やバスなどの広告	11.1%
国や都道府県などの広報紙	12.6%	インターネット広告	11.3%

（杉男さんの結論）

全体の投票率が下がるのは、20 代の投票率が下がることが原因だ。そこで、テレビ広告をもっと増やせば、多くの 20 代の人が投票に参加しようと考えるようになり、全体の投票率も上がると考えられる。

杉男：他にも、私たちが判断を間違えるときには、どんなことが起こっているのだろう。

文子：「思い込み」というのも、私たちの判断を間違えさせていることがよくあるよね。

杉男：確かに。「○○だと思ってたー」ってセリフ、よく聞くよね。

文子：私の友達のＡ子さんは、海外での生活が長くて、中学校も「帰国生入試」というもので入学したらしいの。そうしたら周りの人たちが、「Ａ子さんは英語得意だよね」ってうらやましがったんだけど、実はＡ子さんは中国にいた時期が長くて、あまり英語には触れてこなかったみたいなの。

杉男：なるほど、周りの人たちは、「海外での生活」という情報で、Ａ子さんを「英語が得意な人」と判断してしまったんだね。

文子：杉男さんは、こういう思い込みの例って身近にある？

杉男：僕（ぼく）の友達のＢ助さんは、背が高くて体つきががっしりしているんだ。小学４年生のとき転校してきたんだけど、転校早々運動会の選手決めがあったんだ。そうしたらクラスのみんなが、Ｂ助さんをリレーの選手に推薦（すいせん）したんだよ。「Ｂ助さん、足速そうだもん」って。まだ体育の授業１回もやっていなかったのにさ。

文子：ちょっとかわいそうだね。でもクラスのみんなは、テレビやインターネットとかで、Ｂ助さんと似た見た目の人たちに対して、足が速いとか、運動が得意とかいうイメージを持っていたから、Ｂ助さんの足が速そうだと勝手に判断してしまったんだね。

杉男：Ａ子さんもＢ助さんも、見た目や経験の情報から決まった形にあてはめられてしまったようだね。「思い込み」はこんなふうに、ほんの一部の情報をもとに人をある形に無理やりあてはめてしまうんだね。

〔問題４〕２人が例としてあげた「思い込み」による他の人への判断のように、日常で「思い込み」によって他の人を判断してしまう例を１つあげ、その要因を説明しなさい。ただし、本文中の例とは異なる例をあげなさい。

3 杉男さんと文子さんが先生と話をしています。会話文を読み、あとの問いに答えなさい。

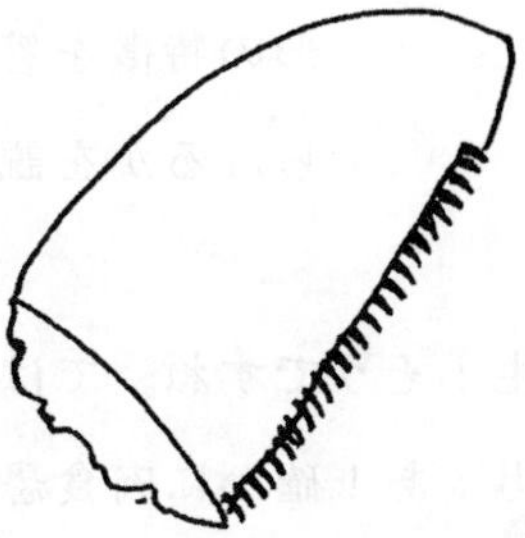

杉男：先生みてください。この前化石掘り体験でこれ（図１）を見つけたんです！

先生：恐竜の歯ですね。こんなにきれいなものはめずらしい。

杉男：はい。何の恐竜かはちゃんと調べてもらっていないのでわからないんですけど…。

図１

先生：それでも、この化石からは色々な事がわかりますよ。この恐竜はおそらく肉食の恐竜でしょう。

文子：どうしてわかるんですか？

先生：２人とも、このイラストを見てください。図２が肉食恐竜のＴレックスの歯で、図３が草食恐竜のプラテオサウルスの歯です。何か違いに気が付きませんか？

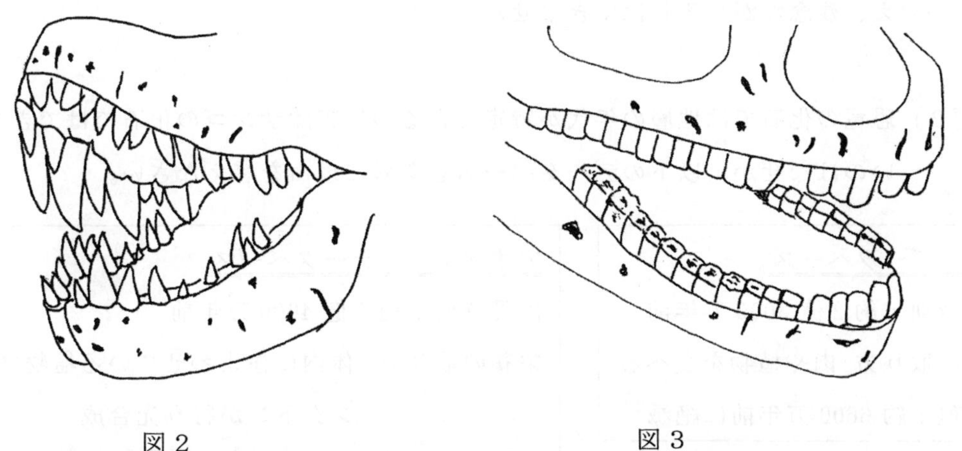

図２　　　　図３

杉男：うーん、歯の本数は…同じぐらいですよね。いや、草食恐竜の方が多いかな？

文子：あ、すき間かも。肉食恐竜の歯はすき間が多いけど、草食恐竜の方はすき間なく歯が生えています。

先生：うん、そうだね。でも、本数や歯の間かくといった情報は、１本しかない杉男さんの化石からは読み取れないよ。

杉男：１本の歯から読み取れること…。あ！形ですか？肉食恐竜の歯は［　①　］。

文子：それに比べて草食恐竜の歯は［　②　］。

〔問題１〕会話文の ① と ② に当てはまるように、肉食恐竜と草食恐竜の歯の形の特徴を答え、その特徴によってどのように肉や葉を食べていたと考えられるかを説明しなさい。

先生：そうですね。では、杉男さんの化石をもう一度見てみましょう。

杉男：あ！確かに肉食恐竜の歯の形ですね！

先生：はい。それに、歯のふちにのこぎりのようなギザギザがあるのが分かりますか？このギザギザが肉を引き裂くのに役立っていたと考えられているのですよ。それから、この化石からこの恐竜が肉食だということの他に、この化石があった地層がだいたい２億3000万年前から6600万年前のものだと特定できます。

文子：こんな小さな化石からそんなこともわかるんですね。そういえば先生、私はアオサンゴの化石を持っているのですが、この化石からも地層の年代が特定できるのですか？

先生：いいえ、残念ながらそれはできません。

〔問題２〕恐竜の化石では地層の年代が特定できるのにアオサンゴの化石ではできないのはなぜか。以下のデータベースを参考に理由を答えなさい。

恐竜　データベース

出現時期：約２億3000万年前
栄養の取り方：肉や植物を食べる
その他：約6600万年前に絶滅

アオサンゴ　データベース

出現時期：約５億4000万年前
栄養の取り方：体内に住まわせている植物プランクトンが行う光合成
その他：地球温暖化による海水温の上昇などのストレスで白くなり死んでしまう「白化」が問題となり、現在数が減ってしまっている。

杉男：あ！先生！ジャイアントパンダってササを食べるから、草食動物ですよね？

先生：杉男さん、いきなりどうしたんですか？

杉男：草食とか肉食とか聞いていたら思い出したことがあって…。僕、前にジャイアントパンダが子羊を食べたってニュースを見たことがあるのですが、草食動物が子羊を食べるなんてことあるんですか？

先生：では、ジャイアントパンダの歯も見てみましょうか。

〔問題３〕図４はジャイアントパンダの歯です。どのような食生活がジャイアントパンダの歯に適しているか、理由とともに答えなさい。

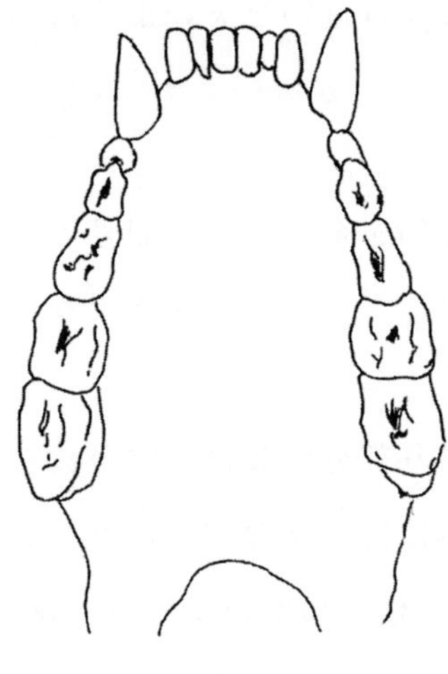

図４

～ 生物の進化について、３人はもっと詳しく話をすることにしました ～

先生：生物の進化の道筋をたどる時、化石が証拠となる場合ももちろん多いですが、骨格や身体の機能などといった特徴が証拠となる場合もたくさんあるんですよ。

文子：聞いたことがあります！鳥の羽って私たちの手と同じ骨格なんですよね。

先生：そう、イヌの前足も鳥の羽や私たちの手と同じ骨のつくりなんですよ。指の本数などの多少の違いはありますが。様々な動物たちの骨格を調べると、魚の胸びれも私たちの手やイヌの前足と同じ骨格だったのです。そんな証拠がたくさんあり、私たち脊椎(せきつい)動物は同じ祖先、しかも魚から進化したと言われているんです。

杉男：えっと、脊椎動物っていうのは何ですか？

先生：背骨がある動物のことです。身体のつくりや、産まれ方や呼吸の仕方といった生活の特徴で動物を分類する言い方があるんです。脊椎動物にはサケ・タラなどの魚類、カエル・イモリなどの両生類、ヤモリ・ヘビなどのハ虫類、ニワトリ・スズメなどの鳥類、ネコ・イヌ・ヒトなどの哺乳（ほにゅう）類がいます。

杉男：なんだかヒトがネコやイヌと同じ分類だなんて不思議な感じですね。

先生：そうですね。でも、ヒトもネコもイヌも卵ではなく、お母さんのおなかの中で育ってから産まれてきますし、産まれた後はしばらく母乳を飲んで育ちます。哺乳類以外の動物たちは、産まれてすぐに大人と同じ物を食べるでしょう？そう考えると、他の動物たちよりは近いと思いませんか？

杉男：本当だ！

〔問題４〕次の選択肢の中から哺乳類を全て選び、記号で答えなさい。

ａ．イルカ　　ｂ．ワニ　　ｃ．ダチョウ　　ｄ．ウシ

先生：また、ヒトと他の哺乳類は違う部分が多いですが、もともと同じ動物から進化したので、私たちの身体には様々な“なごり”が残っています。例えば、多くの哺乳類はみんな体毛に覆（おお）われていますが、我々ヒトはその体毛が薄くなってしまいました。手を見てみてください。細い毛が生えていますよね？これは産毛（うぶげ）と呼ばれていますが、もともと全身を体毛に覆われていた時のなごりだと言われています。

文子：こんな細い毛になっても、ちゃんと「哺乳類の特徴」が残っているのって面白いですね！

先生：そうですね。今ははたらきを失って“なごり”のみになっているものを「痕跡（こんせき）器官」といいます。この痕跡器官で進化の道筋をたどることができます。まだまだあるんですよ？

文子：どんなのがあるんですか！？

先生：例えば、鳥肌です。鳥肌は立毛筋(りつもうきん)が収縮することで立つのですが、図５のように立毛筋が収縮していない時には寝た状態になっている体毛は、図６のように立毛筋が収縮するとピンと立ちます。しかし、私たちヒトの産毛は細くて柔らかすぎて、立毛筋が収縮しても立ちませんから、本来のはたらきを失ってしまっているのです。

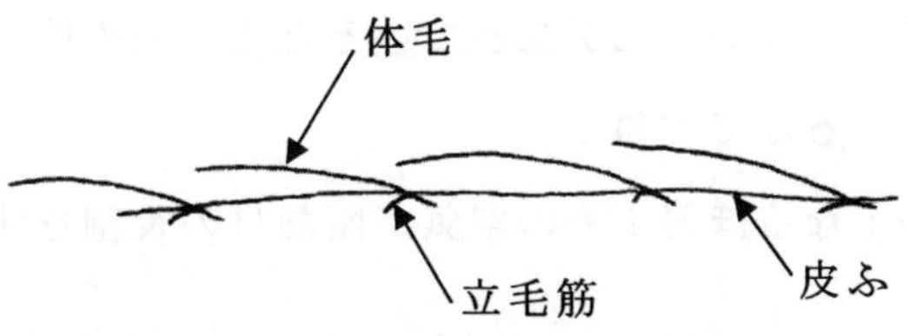

図５　立毛筋が収縮していないとき

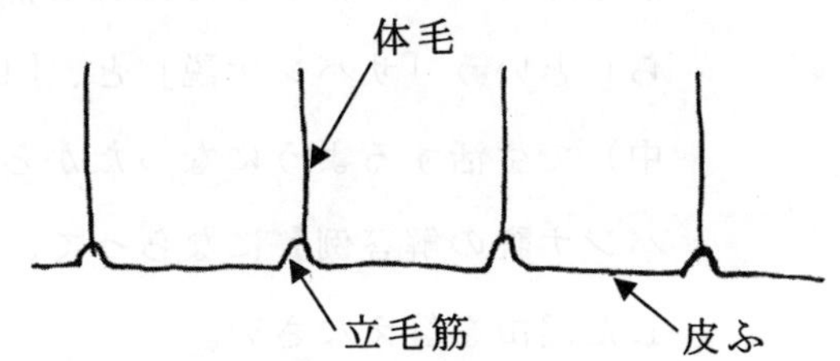

図６　立毛筋が収縮しているとき

文子：他の哺乳類は、何のために毛を立たせているんですか？

先生：威嚇(いかく)のために相手に自分を大きく見せたいときと…。ここで問題です。私たちヒトではどんな時に鳥肌が立つでしょうか？

文子：えっと、寒い時です。

先生：そうですね。寒い時に鳥肌が立つのは、ヒトがサルのように全身を体毛でおおわれていた時のなごりなんです。サルのように体毛のある哺乳類は立毛筋が縮むことで寒さをやわらげることができるんです。この寒さをやわらげる原理はダウンジャケットと同じです。

杉男：ダウンジャケットですか？確かにすごくあったかいけど…。あれ？そういえばダウンジャケットってなんであんなに軽くて暖かいんだろう…。

先生：では第二問です。ダウンジャケットの中身は何でしょう？

文子：羽、ですよね。着ていると時々中から羽が出てきます。

先生：そう、ダウンとは水鳥の羽毛のことで、ジャケットの中身は羽毛で作った綿なんです。この綿がたくさん空気を含んでいて空気が「断熱材」としてはたらきます。そのため、外からの冷気を防ぎ、体熱を逃がさないので、ダウンジャケットは軽くて暖かいんです。さて、鳥肌の話に戻りましょうか。なぜ体毛が立つと寒さに耐えられるかわかりましたか？ヒントは空気ですよ。

文子：えっと…。毛が寝ている時と立っている時と空気…？

杉男：そうか！毛が立っていると毛と毛の間にすき間ができるから、そこに空気が入るんですね！

文子：なるほど！その空気が断熱材の役割をするから暖かいんですね。

〔問題５〕ヒトが体毛を無くした理由には様々な説があります。「ヒトの祖先が樹上生活をやめてサバンナと呼ばれる熱帯地域の草原で生活するようになったから」という「サバンナ説」と、「ヒトの祖先が樹上生活をやめて、水域（水中）で生活するようになったから」という「アクア説」です。以下の【サバンナ説の解答例】にならって、「アクア説」の観点からヒトが体毛を無くした理由を答えなさい。

【サバンナ説の解答例】

木陰(こかげ)のないサバンナでエサを求めて動き回るようになったため、体温が上昇しすぎるのを防ぎたかったから。

【適性検査Ⅲ】〈適性検査型試験〉(45分)〈満点：100点〉

注　意

計時機能以外の時計の使用は認めません。

1 杉男さんと先生が話をしています。会話文を読み、あとの問いに答えなさい。

杉男：夏休み、家族で旅行したときにお父さんが前を走る車を指さして「あのナンバープレートにある 4 つの数字、たしたりかけたり四則演算で 10 にするには、どんな式にすればよいと思う？」と問題を出してくれて、家族みんなで盛り上がりました！

先生：車酔(よ)いしませんでした？

それは“テンパズル”や“メイクテン”と呼ばれる車中のゲームとして有名な遊びですが、必ず 10 になるとは限らないから瞬時(しゅんじ)に解ける問題か、解けない問題か判断するのが難しいんですよ。ちなみにその時の数字、覚えていますか？

杉男：いくつか挑戦(ちょうせん)したけど・・・、その中の一つは『3679』でした。

先生：ん～、・・・・・・『6＋7－9÷3』＝10 ですね。答えは複数ある場合もあるんですよ。『(7×9－3)÷6』これも 10 になります。テンパズルのルールは加減乗除と、計算の順序を変えるためのカッコを使うだけだから小学生でも解けて楽しいですね。

杉男：先生、すごい！2 つ目の式は思い浮(う)かばなかったです。

何か問題を出してください！

〔問題 1〕4 つの数字『1258』を＋，－，×，÷，(　) のいずれかの記号を用いて 10 になるように式を 1 つつくりなさい。ただし、同じ記号を複数回用いても、用いない記号があってもよいとし、4 つの数字の順序は変えてもよいものとします。

〔問題 2〕4 つの数字『2579』を＋，－，×，÷，(　) のいずれかの記号を用いて 10 になるように式を 2 つつくりなさい。ただし、同じ記号を複数回用いても、用いない記号があってもよいとし、4 つの数字の順序は変えてもよいものとします。また『1×2＋3＋5』と『2×1＋5＋3』のように、順番を入れ替(か)えただけのものは 2 つとみなしません。

杉男：どうして先生はそんなに早く答えを出せたのですか？

先生：そうですね、やはり計算力が一番だと思います。
中でも先ほどの『3679』のように4つの数字がすべて異なり、『0』を含(ふく)まない場合は必ず10になることを知っていたので早かったと言えます。10にならないかもと思いながら考えるのとは、格段にスピードが違(ちが)いますからね。

杉男：『0』を含まず、4つの数字がすべて異なれば必ず10になるんですね!?知らなかったなぁ。では、『0』を含む場合はどうですか？

先生：『0』がいくつあるかで変わってきます。また、車のナンバーは「0123」のように先頭に0をつけることは禁止されているから、その場合は「123」のように3つの数字で表されます。もちろん3つの数字でもテンパズルはできて『268』の場合、『2×8−6』＝10のように成立する場合もあります。下の表がそのまとめです。

数字の個数	『0』の個数	例	総数	テンパズルで10になる個数
1個	0	1, 2, …, 9	9 個	0 個
2個	0	11, 12, …, 99	81 個	11 個
	1	10, 20, …, 90	9 個	0 個
3個	0	111, 112, …, 999	729 個	(★1) 310 個
	1	101, 102, …, 990	162 個	22 個
	2	100, 200, …, 900	9 個	0 個
4個	0	1111, 1112, …, 9999	6561 個	6189 個
	1	1011, 1012, …, 9990	2187 個	1419 個
	2	1001, 1002, …, 9900	243 個	(★2) 33 個
	3	1000, 2000, …, 9000	9 個	0 個

杉男：車のナンバーで10になる確率ってこんなに高いんですね!?

〔問題3〕★1に該当(がいとう)する3つの数字を1つ答えなさい。
★2に該当する4つの数字を1つ答えなさい。

〔問題4〕4桁(けた)の数でテンパズルを行った場合、10になる割合（%）を求めなさい。
また、車のナンバーでテンパズルを行った場合、10になる割合（%）を小数第2位を四捨五入して小数第1位まで求めなさい。

先生：車のナンバープレートは上のように【地名】【分類番号】【ひらがな】【一連指定番号】の4種類で決まります。ちなみに“封印（ふういん）”がないのが前、あるのが後ろと車の前後を表しています。【地名】は使用の本拠（ほんきょ）（住所地や車庫など）を管轄（かんかつ）する運輸支局で登録を行い、管轄地域によって地名が割り当てられます。2006年の時点では、ご当地ナンバーを含めて117の地名がありました。以下はその一例です。

都道府県	プレートの地名
北海道	札幌、函館、旭川、室蘭、釧路、帯広、北見
埼玉県	大宮、所沢、熊谷、春日部、川口、川越、越谷
東京都	品川、練馬、足立、八王子、多摩、世田谷、杉並
山梨県	山梨、富士山
静岡県	静岡、浜松、沼津、伊豆、富士山
大阪府	大阪、なにわ、和泉、堺
山口県	山口、下関
鹿児島	鹿児島、奄美
沖縄県	沖縄

杉男：ご当地ナンバーって、以前話題になっていましたね。

先生：そうですね、富士山ナンバーやここ杉並ナンバーもその一つです。【分類番号】は、以前は1桁や2桁でしたが、今は車両数が増えて新規発行される番号はすべて3桁表記となっていて、次のような決まりがあります。

車種	例	分類番号
普通貨物車	大型トラック・ダンプカー	1, 10～19, 100～199
普通乗合車	バス	2, 20～29, 200～299
普通乗用車		3, 30～39, 300～399
小型貨物車・軽貨物車	小型トラック	4, 40～49, 400～499 6, 60～69, 600～699
小型乗用車・軽乗用車		5, 50～59, 500～599 7, 70～79, 700～799
特殊用途自動車	パトカー・消防車・救急車	8, 80～89, 800～899
大型特殊自動車	クレーン車・フォークリフト	9, 90～99, 900～999
大型特殊自動車の建築機械	ブルドーザー・ロードローラー	0, 00～09, 000～099

また、【ひらがな】には次のような決まりがあります。

種別	用途	記号（ひらがな・アルファベット）
普通車	自家用	さすせそたちつてとなにぬねのはひふほまみむめもやゆらりるろ
	貸渡(レンタカー用)	れわ
	事業用	あいうえかきくけこを
	駐留軍人軍属私有車両	ＥＨＫＭＴＹよ
軽自動車	自家用	あいうえかきくけこさすせそたちつてとなにぬねのはひふほまみむめもやゆよらるろを
	貸渡(レンタカー用)	わ
	事業用	りれ
	駐留軍人軍属私有車両	ＡＢ

杉男：あれ？ひらがなの「お」「し」「へ」「ん」がありませんね。

先生：よく気が付きましたね。「し」は死、「へ」は屁（おなら）を連想させるため、「ん」は発音しにくいため使いません。「お」は・・・

杉男：もしかして、［　①　］だからですか？

先生：その通り、よくわかりましたね。後ろを走る車の運転者の気持ちになったからわかったのかな？それともひらがなを発音して気付いたのかな？

先生：【一連指定番号】は『1』から『9999』までナンバープレートの登録・変更(へんこう)の申請(しんせい)順に割り当てられます。また希望ナンバー制度が導入され、一連指定番号に好きなナンバーを付ける事もできるようになりました。『0』から始まるものは認められていないため「0123」を希望すると先頭が「・」で表され「・123」、4つの数字があるときのみ2つ目と3つ目の間に「－」が入ります。

〔問題５〕［　　①　　］に当てはまる「お」を使わない理由は２つあります。そのうちの１つを答えなさい。

〔問題６〕先生と杉男さんの会話文を参考に、北海道で軽自動車（軽乗用車）をレンタルした際のナンバープレートの例を１つ答えなさい。

杉男：先生、最後にもう１つテンパズルの出題をお願いします！

先生：よし、ではとっておきの難しい問題を出します。ヒントとしては、『1199』の答え『(1＋1÷9)×9』＝10のように、途中(とちゅう)に分数が出てくることもあります。

〔問題７〕4つの数字『9999』を＋，－，×，÷，(　)のいずれかの記号を用いて10になるように式を１つつくりなさい。ただし、同じ記号を複数回用いても、用いない記号があってもよいとします。

〔問題８〕4つの数字『3478』を＋，－，×，÷，(　)のいずれかの記号を用いて10になるように式を１つつくりなさい。ただし、同じ記号を複数回用いても、用いない記号があってもよいとし、4つの数字の順序は変えてもよいものとします。

2 杉男さんと文子さんは空の様子に関して話をしています。会話文を読み、あとの問いに答えなさい。

図 1

文子：杉男さん。昨日の帰り道にすごい写真（図１）を撮（と）ったよ。見て！

杉男：空に光のすじが伸びていて幻想的（げんそうてき）だね。

文子：杉男さんは理科が得意だけど、なんでこんな現象が起こるのか分かる？

杉男：この写真は夕方の西の空を撮ったのかな？

文子：いいえ、夕方の東の空だよ。東の方から光が差し込んでいるように見えたの。

杉男：そうなんだ。西の空なら太陽からの光が雲のすき間から出て、それが光の線として見える「薄明光線（はくめいこうせん）」って現象だと思うけど、西ではないなら、なんでこんな現象が起こるのだろう。ちょっと待ってね。調べてみる！

〔問題１〕地球の夕方において、太陽は西と東のどちらにしずむか答えなさい。また、その理由を以下の文章と図２を参考にして説明しなさい。

図２のように、地球は太陽の周りをまわっています。これを地球の公転といいます。さらに、地球は自身もその場でまわっています。これを地球の自転といいます。なお、地球の自転は地球の北極点と地球の南極点を結んだ軸を中心にまわっています。

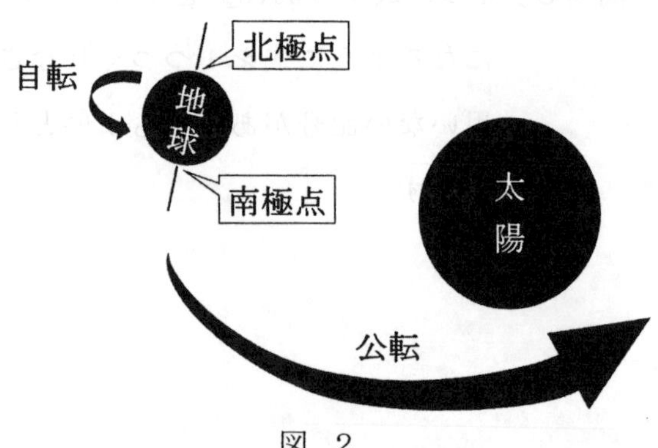

図 2

～ 杉男さんはインターネットで調べました ～

杉男：文子さん、これは「反薄明光線」って現象らしいよ。

文子：何それ？

杉男：では、光の道すじが見える原理から説明するね。まず、光の性質として、「光は高速でまっすぐ進む」ということは良いよね？そして、「光は空気中のちりや水蒸気に当たると乱反射する」ということも良いかな？

文子：らんはんしゃ？

杉男：そう。光が鏡などに当たってはね返ることを反射っていうんだ。そして、光がちりなどに当たって色々な方向に反射することを乱反射っていうんだ。舞台の照明みたいに強い光は、光の道すじが見えるときがあるよね。あれはまさに、光が空気中のちりとかに当たって乱反射した結果、僕(ぼく)たちのいる方向にも反射してきた光が届くから見えるんだ。

〔問題２〕会話文中の下線部に関連した以下の文章の空欄に当てはまる数値を①は小数第２位まで、②は整数で答えなさい。

光が進む速さは非常に速く、１秒間で約 300,000km 進みます。一般には１秒間で地球を７周半する速さと言われています。これは、約 384,000km 離れている地球と月の間を約［ ① ］秒で、約［ ② ］km 離れている地球と太陽の間を約 498.7 秒で移動できる速さです。

杉男：光の２つの性質から、空気中で光はまっすぐ進み、進んだ先で次々と乱反射を繰り返すことで、光って見える線がまっすぐ伸びているように見えるんだ。

文子：そうなんだ。

杉男：次に反薄明光線の原理を説明するね。まず、「反薄明光線」って太陽側から出た光の線が、太陽とは反対側に向かって集まっていく（収束していく）ように見えるものなんだって。

文子：昨日見たのもそうだった。でも、なんで太陽と反対側に光が収束するのかな。

杉男：説明するね。まずは遠近法って知ってる？

文子：絵を描くときに近くにあるものは大きく、遠くにあるものは小さく描いたりするものだよね？

杉男：そうだよ。まさに今回の原理は遠近法みたいなものなんだ。僕たちは近いものは大きく、遠いものは小さく見えるからね。

文子：どういうこと？

杉男：つまり、「反薄明光線」では僕たちには太陽から離れるにしたがって光が収束していっているように見えているけれど、実際は光はまっすぐ進むから、光の道すじもまっすぐ伸びているんだ（図３）。

でも、遠くにいくにしたがってあらゆるものが小さく見える、つまり光の道すじとその間隔（かんかく）も本当は一定なんだけど、遠くになればなるほどその間隔が小さく見えるから、収束しているように見えるんだって（図４）。

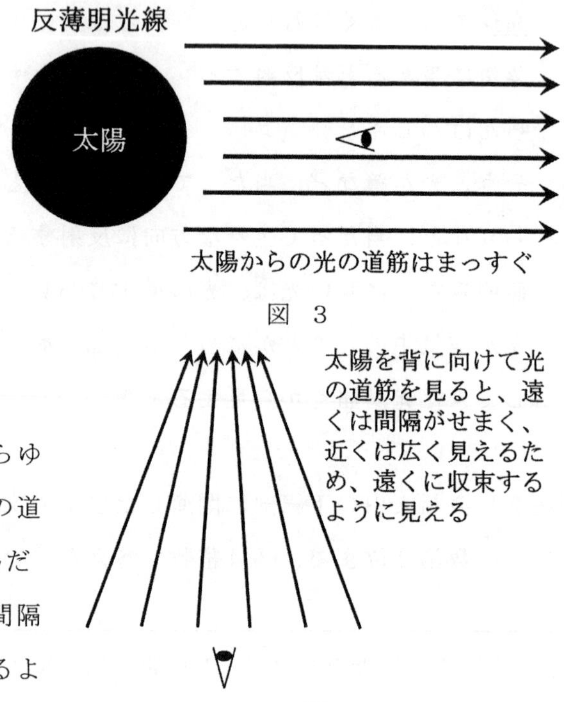
反薄明光線
太陽
太陽からの光の道筋はまっすぐ
太陽を背に向けて光の道筋を見ると、遠くは間隔がせまく、近くは広く見えるため、遠くに収束するように見える

図　3

図　4

文子：なるほど！実際には光はまっすぐ進んでいるだけだけど、私たちには遠くに行くにしたがって収束しているように見えているってことなんだね。だから、昨日は東の空から光が差し込んでいるように見えたんだ。勉強になりました！

～ 二人が話しているところに先生がやってきました ～

先生：二人とも、面白い話をしているね。

文子：先生！昨日私が帰りに「反薄明光線」って現象を見たのですが、その原理を杉男さんに教えてもらっていました。

先生：なるほど。「反薄明光線」は光の性質が大きく関係している現象なんだよね。

文子：はい、杉男さんに説明してもらいました。

先生：では、せっかく光の性質に関して興味を持ってくれているみたいだから、他にも教えてあげよう。まず、光はまっすぐ進むという性質があるのは知っているよね？でも、光も折れ曲がることがあるんだよ。「屈折（くっせつ）」という現象なんだけど、実は空気とガラスや、空気と水など、異なるもの同士の境目では光が曲がることがあるんだ。以前に行った実験の結果（表１）があるから見てみましょう。

杉男：はい。

先生：例えば空気とガラスの境目では、その境目に垂直な線（図５中の点線）と光の道すじとの間の角度ａ°（入射角）と境目に垂直な線と屈折した光の道すじの間の角ｂ°（屈折角（くっせつかく））の関係は、表１に示したようになっているんだ。

【実験１】

図５に示すように空気中からガラスにレーザーポインタで光を当て、入射角と屈折角を計測し、表１に記録をまとめました。

表 1

入射角ａ[°]	屈折角ｂ[°]
0	0
10	6.8
20	13.6
30	20.0
40	26.1
50	31.7
60	36.4
70	40.1
80	42.5

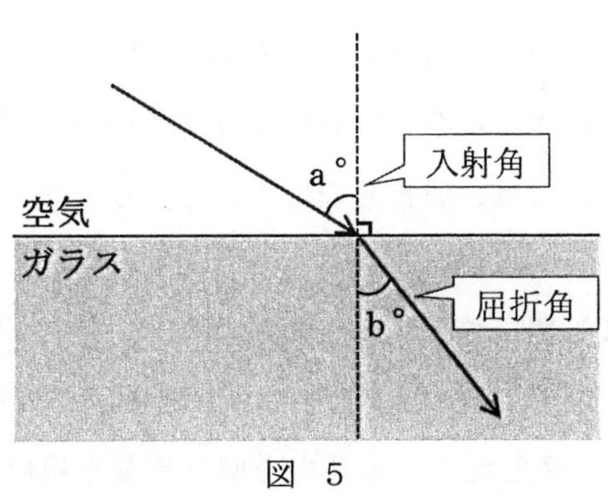

図 5

〔問題３〕実験１の結果、空気とガラスの境目において屈折が生じました。このとき、入射角ａ[°]と屈折角ｂ[°]の関係でわかることを２つ説明しなさい。

先生：ちなみに、屈折が身近で感じられるのはお風呂です。お風呂で湯船につかっているとき、水中にある自分の手が長く見えたり、短く見えたりしたことは無いですか？

杉男：あります。あまり気にしていなかったですが、言われてみると理由が気になります。

先生：これも屈折なんです。私たちがものを見ることができるというのは、私たちの目に光が入ってきているということです。例えば私は今、文子さんや杉男さんを見ることができていますが、それは太陽から出てきた光や教室の照明から出てきた光が文子さんや杉男さんに当たって反射し、私の目に届くから私はあなたたちを見ることができています。

杉男：なるほど。

先生：では、水中の手はどうかというと、照明の光が手に当たって反射して手から水中を通って水と空気の境目に到達(とうたつ)する。その境目で屈折が起こった後、空気中を通って私たちの目に光が届いているんだ。

杉男：つまり、光は「手で反射→空気と水の境目で屈折→私たちの目」の順に届いているんですね。

先生：そうです。ちなみに、水から空気に光が入射する場合、図6のように入射角と屈折角では、屈折角の方が大きくなります。

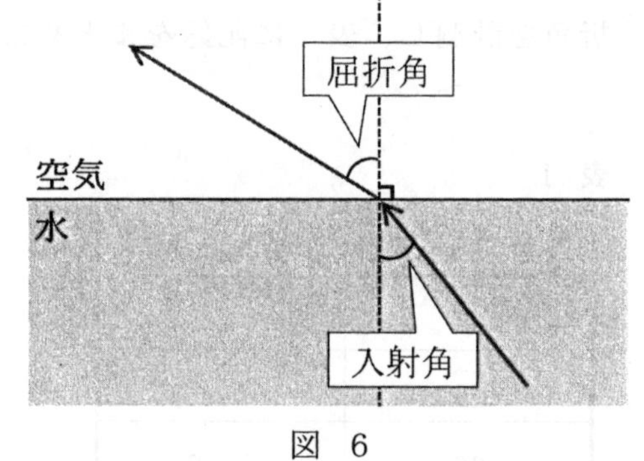

図 6

〔問題4〕図7のように空のお椀(わん)にコインを入れ、点Xから見ると、コインは見えませんでした。しかし、お椀に水を入れていくと、コインが見えるようになりました。この理由を図と言葉を用いて説明しなさい。

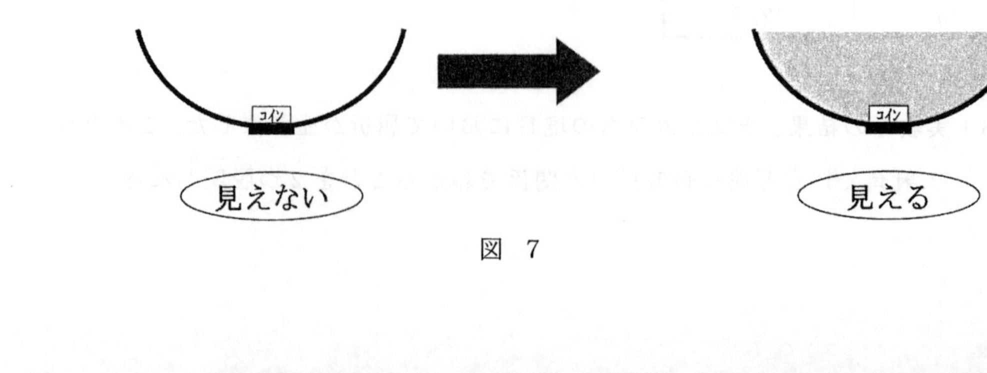

点X　コイン　見えない

点X　コイン　見える

図 7

先生：ついでに反射の話も少ししようかな。反射が一番わかりやすいのは鏡です。

文子：鏡は光を反射しますよね。

杉男：光を反射するから、僕たちは自身を鏡を通じてみることができるんですよね。

先生：その通りです。では鏡を使った反射について実験し、入射角と空気と鏡の境目に垂直な線（図８中の点線）と反射した光の道すじの間の角度 c [°]（反射角）の関係をまとめたものがあるので、見てみましょう。

【実験２】

図８に示すように鏡にレーザーポインタで光を当て、入射角と反射角を計測し、表２に記録をまとめました。

表 2

入射角 a [°]	反射角 c [°]
0	0
10	10
20	20
30	30
40	40
50	50
60	60
70	70
80	80

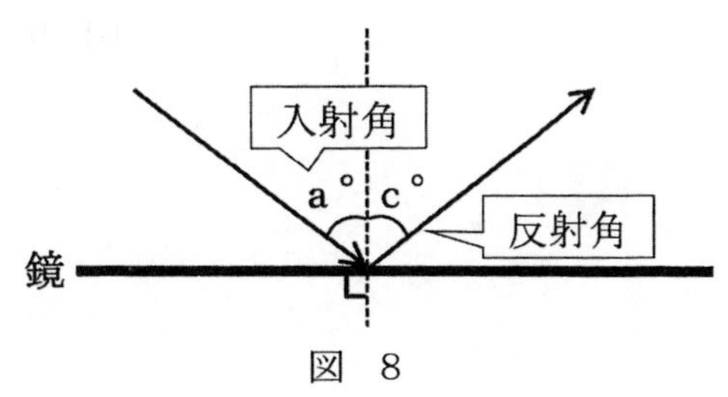

図 8

文子：なんだか今日は色々勉強になりました。先生、ありがとうございました。
では、私たちは帰ります。

先生：おつかれさまでした。さようなら。

文子：今日の帰りも「反薄明光線」が見られると良いなぁ。

〔問題５〕線Ｘ上の点Ｓから図９のように角度ｄ°でレーザーポインタの光を照射し、線Ｙ上を移動できる鏡で反射させて点Ｓから8cm離れた点Ｇに光を当てました。鏡に光が当たった場所を点Ｒとし、図のように距離Ｌ[cm]をとったとき、角度ｄ°、点Ｒにおける光の反射角[°]、距離Ｌ[cm]を答えなさい。また、これらの求め方を説明しなさい。

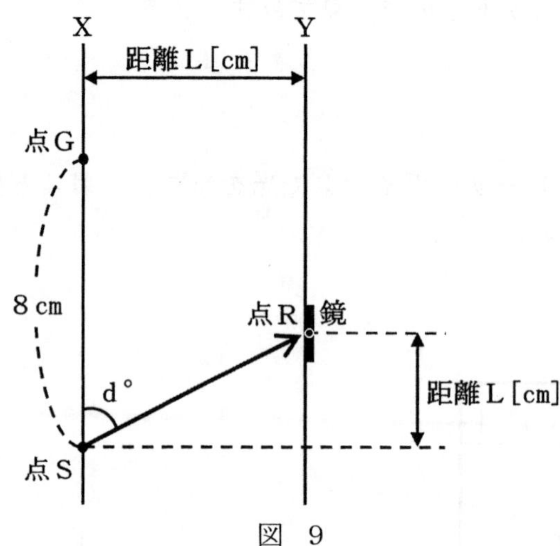

図　9

〔問題三〕【文章B】の中の［Y］に当てはまる言葉として適切なものを次のア〜エから一つ選び、記号で答えなさい。

ア　リーダーに立候補　　イ　国家が話し合いを　　ウ　国境の敷居を低く　　エ　南極の生活を体験

〔問題四〕あなたは「世界中を南極に」するためにどのような行動ができますか。【文章A】、【文章B】をふまえて、三百五十字以上四百字以内で書きなさい。

そのくらいのことは、やろうと思えばできるのではありませんか。

さらにいえば、政治家や外交官だけでなく、国際関係を研究する学者や国際問題を取材する報道記者なども、どんどん南極に行くべきです。

こういう人たちがみんな、自国の「国益」にこだわらず、地球全体のことを考えてくれるようになれば、つまり、「愛国心」ではなく、「愛地球心」をもってくれれば、地球の危機も救われるに違いありません。

この「愛国心ではなく、愛地球心を」という言葉は、各国の指導者だけでなく、すべての人々に持ってもらいたい心構えです。国民が自国の「国益」にばかりこだわる国だったら、指導者もその方向に進まざるを得なくなるからです。

むしろ、国家のリーダーほど自国の「国益」にこだわりがちなものですから、その扇動(せんどう)※に乗らないように、国民のほうがブレーキをかけるくらいが健全なのかもしれません。

リーダーが「国益」を強調して国民を扇動し、戦争を起こして、その災難はすべて国民が被(こうむ)る、というのがこれまでの歴史だったからです。

(柴田(しばた)　鉄治(てつじ)『国境なき大陸　南極』より)

〈注〉扇動…多くの人を特定の方向へ導くように働きかけること

[問題一]【文章A】の中の――線部「福祉のためにお金を使うことは、自分たちのためにもなる」とありますが、それはなぜだと渋沢は考えていますか。五十字以内で説明しなさい。

[問題二]【文章A】の中の[X]に当てはまる言葉と同じような意味の言葉を【文章A】の中から二十字以内でぬき出して書きなさい。

だといささか自信を深めたわけです。

日本列島の周辺には、領土問題だけでも日韓の間の竹島をはじめ、日本と中国の間の尖閣諸島や、ロシアとの間の北方領土問題などがあります。

それぞれ事情は違いますが、いずれも二つの国の間に突き刺さったトゲのような問題であり、簡単には解決しないやっかいな課題であることは確かです。

そのほか、世界中を見渡せば、どこかの国とどこかの国との間の紛争の種は、それこそ掃いて捨てるほどあることでしょう。どれも解決が容易ではない難問ばかりでしょうが、南極条約の知恵を借り、［ Y ］すれば解決できる紛争も少なくはないだろうと思います。

いますぐ国家をなくすことはできなくても、［ Y ］することならできます。EU（ヨーロッパ連合）は、その一つの実践例として、未来に明るい希望を抱かせてくれるものだといえましょう。

ユーロという通貨の統合までできており、EUには将来、本当に国境がなくなる日が来るかもしれません。「世界中が南極になる日」も、もしかすると、そんなに遠くないのかもしれませんね。

「世界中を南極にしよう」という提言を、いまただちに有効な目標にするには、各国のリーダーがみな自国の「国益」にこだわらず、地球全体のことを考えてくれるようになることです。それには、いま各国の持ち回りで開いている主要国首脳会議（サミット）なども、一度、南極で開いたらいいのではないでしょうか。

南極には不思議な力があります。

私自身も体験したように、南極に来ると、国境のない世界が特別のものではなく、自然と地球全体のことを考えるようになります。自国の「国益」のことばかり考えるのは、恥ずかしいことと思うようになるから不思議です。

そのことを考えると、各国の首脳だけでなく、世界中の政治家はみな、一度は南極を訪ねたらいいと思います。

いや、政治家だけでなく、世界中の国の外交官を目指す人は、南極で必ず研修を受けるように義務づけるというのはどうでしょう。

【文章Ｂ】

きみたちの家に世界地図があったら、ちょっと見てください。

日本と韓国の間に、竹島という小さな岩だらけの島があります。韓国名は独島といいます。日本も韓国も「自分の国の領土だ」と主張している島です。

この島をめぐって、二〇〇六年五月に、日韓両国が緊迫した空気になったことがありました。国益と国益がぶつかり合う「国益の衝突」のもっとも分かりやすいケースが領土問題です。

また、国際紛争のなかで領土問題ほど解決の難しい課題もありません。両国の国民感情が噴き出してくるからです。

「世界中を南極にしよう」という夢をふくらませて南極から帰ったばかりだった私は、この騒ぎを見てがまんできなくなり、朝日新聞の「私の視点」欄に「竹島問題、解決に南極条約の知恵を」と題する一文を投稿しました。

言いたかったのは、次のようなことでした。

南極条約の知恵を借りて、両国とも領土権をすてることなく、三〇年くらいの期限をつけて領土権を一時的に保留の状態にし、その間に共同での利用を進めて、事実上の共有化を実現します。

かつて、領土権を主張して国旗を奪い合ったイギリスとアルゼンチンとの紛争もいまはなく、南極が事実上、人類の共有財産になったように、と。

そして、小さな岩だらけの島をめぐって対立するより、国境の敷居を低くして両国が協力し合うことこそ、真の未来志向だと主張したのです。

この投稿に対して、保守的で愛国心の強い人々、いわゆる右翼の人たちから抗議があるかなと心配していました。というのは、朝日新聞のある記者が書いた「竹島を日韓友好のしるしとして韓国に譲ったらどうか」という記事に対して、右翼の人たちから激しい抗議が殺到したことを知っていたからです。

ところが、私の投稿記事に対してはまったく抗議がなかっただけでなく、多くの読者から「賛成だ」「同感だ」という前向きな反響をいただきました。ホッとすると同時に、「世界中を南極にしよう」という私の夢も、単なる夢物語ではなく、現実的な側面もあるの

「教育というのは、公共のものである。三菱に任せたら、三菱のためのかたよった教育になってしまう。それでは役目を果たせない。東京府で運営できないなら、国にお願いすればよい」

渋沢の正論が通って、払い下げはなくなりました。

その後も幾度となく存亡の危機にたたされた商法講習所ですが、そのたびに渋沢が国に補助金を出させたり、寄付を集めたりして、何とか延命させました。名前も何度も変わっています。渋沢はこの学校の大学への昇格をめざして運動しており、それが実現したのは大正九年(西暦一九二〇年)でした。一橋大学の名になったのは、昭和二四年(西暦一九四九年)のことです。

なお、経営が厳しいとき、渋沢の資産であれば、買い取って私立の学校にすることもできたでしょう。でも、渋沢はそうせず、地道に国に働きかけ、仲間に頭を下げて寄付を求めました。

それはやはり、「　X　」という考えがあったからです。みんなでお金を出して、商業学校を存続させることに意味があるのです。これも合本主義※といえるでしょう。

(小前　亮『渋沢栄一伝　日本の未来を変えた男』より)

〈注〉実業家…事業を考えて、みずから経営する人

インフラ…道路、鉄道などの交通や学校、病院などの施設をふくめた社会基盤のこと

仁…思いやり

寺子屋…小学校の母体となった、学問の初歩を学ぶための教育機関

簿記…経営に関わるお金の整理や記録をすること

会頭…会の中心となる人。会長

私塾…民間の学校

三菱…海運事業で発展した三菱会社のこと

合本主義…公益を追求する考え方

は、東京都健康長寿医療センターという病院兼研究所となっています。

商人にも学問が必要だ、と、渋沢は常々、主張していました。

江戸時代の商人は、幼い頃から住みこみで働いて、実地教育を受けるのが一般的でした。裕福な商人の子弟は、※寺子屋などで学べますが、そういう例はほんの一部です。

明治時代になると、教育の重要性が認識され、学校が整備されていきます。商業の教育は遅れていましたが、明治の中頃からだんだんと学校が増えていきました。渋沢は多くの商業学校を援助し、式典に出席しては学生をはげましました。

ただ、渋沢は当初は、商業を学校で教えることについて、積極的ではなかったといいます。商人に必要な学問は『論語』などの教養であって、それはみずから学んで身につけるものです。さらに、商売のやり方は、学校で学ぶより、実戦できたえたほうが早い。多くの商人はそう考えていました。

しかし、渋沢は、明治八年(西暦一八七五年)に設立された商法講習所(現在の一橋大学)にかかわることで、商業教育も必要だ、商業学校が必要だと考えるようになりました。

商法講習所の設立を企画したのは、薩摩出身の森有礼、後に初代文部大臣となって、教育制度の整備に力を尽くした人です。商法講習所は、おもに英語や※簿記を教え、外国との貿易にたずさわる人材を育てる学校です。森は政府に資金を出すよう求めましたが、拒否されたので、資金集めに走り回ることになりました。そのとき、東京会議所の※会頭であった渋沢のもとを訪れたのです。渋沢の協力もあって、商法講習所は森の※私塾として開設されましたが、その経営は厳しいものでした。二転三転した末に、商法講習所は東京府の運営に変わります。

これで安心と思ったのも束の間、予算を減らされ、存続の危機に。そこへ、※三菱の岩崎弥太郎が声をかけてきました。商法講習所をもてあましているなら、三菱で引き受けるから、払い下げてくれ、というのです。当時、三菱はすでに自前の商業学校を持っており、それを大きくしようと考えていました。

東京府では、渡りに船だという賛成の声がありましたが、渋沢は猛反対します。

事業から引退した後、社会福祉にエネルギーを注ぐ実業家※は少なくありません。それもまた尊敬すべきことですが、渋沢は実業家人生の初期から、福祉事業にたずさわっていました。

養育院は、明治五年(西暦(せいれき)一八七二年)に設立された福祉施設(しせつ)です。東京で生活に困っている人、病人、孤児(こじ)、老人、障害者などを保護するためにつくられました。

渋沢が養育院にかかわるのは、明治七年(西暦一八七四年)からです。きっかけは渋沢が東京会議所の仕事を引き受けたことでした。江戸(えど)時代、江戸の町人は、災害など困ったときのために町のお金を積み立てていました。この基金は東京市に引き継(つ)がれ、それを管理する東京会議所がつくられました。基金の多くは東京のインフラ※整備に使われましたが、一部が養育院事業にまわされました。それで、渋沢は養育院と出会ったのです。

やがて東京会議所は解散し、養育院は東京府の事業になりますが、渋沢は院長として養育院を支えつづけます。仕事が忙(いそが)しいときでも時間をつくり、月に一、二回は養育院を訪(おとず)れていました。とくに身よりのない子どもたちを気づかい、はげましていたといいます。

この時代、税金を福祉に使うことには、批判もありました。

「どうして貧乏人(びんぼうにん)を救わないといけないのだ」

そう言って、養育院の廃止(はいし)を訴(うった)える声があって、養育院は何度か危機に立たされました。しかし、渋沢は高らかに反対論を唱えます。

「弱者を救うことは社会の義務であります。政治は『論語』にいうところの仁※の精神でおこなわれねばなりません」

困った人が次々と命を落とし、道路に死体が転がる街と、みなが力を合わせて弱者を救う街、どちらが住みやすいか、経済が発展するか。答えは明らかです。福祉のためにお金を使うことは、自分たちのためにもなる、と渋沢は主張しました。

また、毎年の援助(えんじょ)に頼(たよ)ってはいられないと、慈善(じぜん)事業をおこなう団体の資産を銀行であずかり、高めの利息や配当金を払(はら)って、活動費用にあてる仕組みをつくりました。第一国立銀行は、こうした団体の資産管理を積極的に引き受けています。

その後、養育院は、老人や子ども、病人などを対象にして、専門の施設に分かれながら発展していきます。現在、板橋にあった本院

二〇二二年度　文化学園大学杉並中学校

【適性検査Ⅰ】〈適性検査型試験〉（四五分）〈満点：一〇〇点〉

注意　計時機能以外の時計の使用は認めません。

次の【文章A】は「日本資本主義の父」とよばれた渋沢栄一に関する文章で、【文章B】は地球上で唯一国境の無い大陸である南極に関する文章です。それぞれの文章を読み、あとの問いに答えなさい。なお、※の付いている言葉には、本文のあとに〈注〉があります。

【文章A】

渋沢は公益を非常に重視していました。公共の利益、社会全体の利益のことです。公益となる事業には積極的に取り組みましたし、教育や福祉には惜しみなくお金を使いました。関東大震災のときには、八〇歳を超えていながら、被災者の救済や復興のために走り回りました。

「日本人は宗教心にとぼしいせいか、寄付に消極的である。お金持ちは寄付しなければならないという文化がない」

よくそう言われますが、渋沢は例外です。積極的にお金も時間も使って、公益のために尽くしました。

自分が成功したのは社会のおかげである。そう考えて社会に恩返しすれば、すなわち弱者の救済や公共のための事業に進んで尽くせば、社会はますます健全になる。そうなれば、自分の財産もどんどん増えていくのだ。

渋沢はそのように考えていました。渋沢がかかわった社会・公共事業の団体は、約六〇〇にものぼるといいます。この項では、そのうちのいくつかを紹介しながら、渋沢の社会貢献を見ていきます。

2022年度 文化学園大学杉並中学校 ▶解　答

※　編集上の都合により，適性検査型試験の解説は省略させていただきました。

適性検査Ⅰ　<適性検査型試験>（45分）<満点：100点>

解　答

問１　（例）　公共のための事業に尽くすことで社会が健全になり，その結果自分の成功にもつながると考えているから。　**問２**　教育というのは，公共のものである。　**問３**　ウ　**問４**　（例）　下記を参照のこと。

問４（例）

　文章Ａでは、公共のための事業に尽くせば社会は健全になり、自分の成功にもつながるという渋沢栄一の考えが紹介され、文章Ｂでは、領土問題も世界を国境のない南極のように考え、国益優先をやめて協力し合えば、地球全体の危機も救われると述べられている。

　「世界中を南極に」するために私ができることは、周囲の人との行動を通じておたがいの理解を深め、意見がちがうときには話し合って解決するよう努めることだと思う。自分の意見をおし通すと周囲から孤立してしまうが、人間はみな社会の一員で、一人では生きられない。異文化の人たちを理解し、協力し合うのはより難しいはずなので、まずは身近な人たちと協調することを心がけたい。

　先日、私は近所の人とゴミ拾い運動に参加した。町のイメージアップをめざすもよおしだったが、自分の家の周りもきれいになって気持ちよかった。社会のための行動が自分の利益にもなると実感したできごとだった。

適性検査Ⅱ　<適性検査型試験>（45分）<満点：100点>

解　答

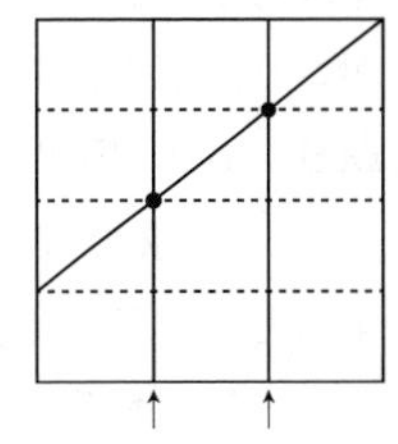

1　**問題１**　①　64　②　5　③　12.8　**問題２**　キ　2　ク　7.5　**問題３**　④　4　⑤　12　⑥　6　⑦　6　**問題４**　切られるマス…126個　切られないマス…3906個　**問題５**　⑧　$\frac{1}{3}$　⑨　48　**問題６**　（例）　まず，折り紙を長方形になるように半分に折り，さらに同じ方向に半分に折って広げると，横に４等分するように折り目（点線）がつけられ

る。下横１列を除いた(３×３)個のマスだけを使い，左下から右上に向かって線を引き，折り目と交わった２か所の点をとる。その点を通り，４等分した折り目に垂直になるようにたてに折った線で切れば，上の図のように３等分できる。　**2** **問題１**　(例)「え」のカードと「７」のカードを確認すればよい。「え」のカードの裏が偶数になっていて，「７」のカードの裏がカタカナになっていれば，約束は守られていることになる。　**問題２**　(例)　(片面が)奇数(ならば，その裏面は)カタカナ(である。)　**問題３**　**かたより**…(例)　他の世代の人の投票率がわからないので，20代の人の投票率だけを上げても，全体の投票率が上がるかはわからない。(資料２には30代の人もふくまれてしまっているので，20代の人がテレビ広告をどのくらい見ているのかを知ることができない。)　**対策**…(例)　他の世代の人の投票率がわかる資料を準備する。(資料２をより世代を細かくして，20代の人が影響を受けたものをわかるようにする。)　**問題４**　(例)　マスコミが報道した情報だけをうのみにしてしまい，政治に対する誤った認識があること。　**3** **問題１**　(例)　①　とがっています／**食べ方**…とがった歯を肉に突き刺して食べていた。　②　平たく四角い歯をしています／**食べ方**…四角い歯で植物の繊維をすりつぶして食べていた。　**問題２**　(例)　アオサンゴは約５億4000万年前から現在まで存在しているので，生物の種類だけでは年代を特定することはできないから。　**問題３**　(例)　肉を突き刺すためのとがった歯も，植物をすりつぶすための四角い歯も持っているため，肉も植物も食べる雑食の食生活が適している。　**問題４**　a，d　**問題５**　(例)　水中で泳ぐようになったため，水の抵抗を小さくする必要があったから。

適性検査Ⅲ　＜適性検査型試験＞（45分）＜満点：100点＞

解答

1 **問題１**　(例)　１＋５＋８÷２　**問題２**　(例)　７÷(５＋２)＋９／２×７＋５－９　**問題３**　**★１**　(例)　999　**★２**　(例)　1090　**問題４**　**４桁の数**…84.9%　**車のナンバー**…79.8%　**問題５**　(例)「あ」と視覚的に判別がつきにくいため。(「を」と発音が同じため。)　**問題６**　(例)　右の図　**問題７**　(例)　(９×９＋９)÷９　**問題８**　(例)　(３－７÷４)×８　**2** **問題１**　**沈む方角**…西　**理由**…(例)　地球は，地球の北極点から見て反時計回りに自転しているので，昼から夜になるとき，必ず西側に太陽が見えるため。　**問題２**　①　1.28　②　149610000　**問題３**　(例)　入射角が大きくなるにつれて屈折角も大きくなっていく。／入射角の変化具合に比べて屈折角の変化具合は小さい。　**問題４**　(例)　水を入れる前は，コインで反射した光はお椀のふちにさえぎられて点Xに届かなかったが，水を入れることで光の屈折が起こり，右の図のように光が点Xに届くようになったため。　**問題５**　**d°**…45度　**点Rにおける光の反射角**…45度　**距離L**…4cm　**求め方**…(例)　点Rから線Xに垂直な線を引いて考える。すると，線Xと垂直な線の交点と点S，点Rを結んだ三角形は，直角二等辺三角形となる。よって，角度dは45度となり，鏡への入射角も45度となる。入射角と反

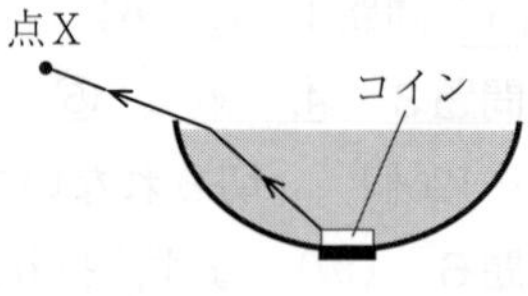

函館 700
わ　15－78

点X
コイン

射角は等しくなるので，反射角も45度となる。このとき，距離Ｌは点Ｓと点Ｇ間の距離８cmの半分になっているから，距離Ｌは４cmとなる。

Dr.福井の
入試に勝つ！ 脳とからだのウルトラ科学

睡眠時間や休み時間も勉強!?

みんなは寝不足になっていないかな？　もしそうなら大変だ。睡眠時間が少ないと，体にも悪いし，脳にも悪い。なぜなら，眠っている間に，脳は海馬（かいば）という部分に記憶をくっつけているんだから。つまり，自分が眠っている間も頭は勉強しているわけだ。それに，成長ホルモン（体内に出される背をのばす薬みたいなもの）も眠っている間に出されている。昔から言われている「寝る子は育つ」は，医学的にも正しいことなんだ。

寝不足だと，勉強の成果も上がらないし，体も大きくなりにくく，いいことがない。だから，睡眠時間はちゃんと確保するように心がけよう。ただし，だからといって寝すぎるのもダメ。アメリカの学者タウブによると，10時間以上も眠ると，逆に能力や集中力がダウンしたという研究報告があるんだ。

睡眠時間と同じくらい大切なのが，休み時間だ。適度に休憩するのが勉強をはかどらせるコツといえる。何時間もぶっ続けで勉強するよりも，50分勉強して10分休むことをくり返すようにしたほうがよい。休み時間は，散歩や体操などをして体を動かそう。かたまった体をほぐして，つかれた脳を休ませるためだ。マンガを読んだりテレビを見たりするのは，頭を休めたことにならないから要注意！

頭の疲れに関連して，勉強の順序にもふれておこう。算数の応用問題や理科の計算問題，国語の読解問題などを勉強するときには，脳のおもに前頭葉という部分を使う。それに対して，国語の知識問題（漢字や語句など）や社会などの勉強では，おもに海馬（かいば）という部分を使う。したがって，それらを交互に勉強すると，１日中勉強しても疲れにくい。

Dr.福井（福井一成（ふくいかずしげ））…医学博士。開成中・高から東大・文Ⅱに入学後，再受験して翌年東大・理Ⅲに合格。同大医学部卒。さまざまな勉強法や脳科学に関する著書多数。

Memo

Memo

出題ベスト10シリーズ

①国語読解ベスト10

②漢字合格の2790題

③計算合格の820題

④図形問題ベスト10

■過去の入試問題から出題例の多い問題を選んで編集・構成。受験関係者の間でも好評です！

有名中学入試問題集

●男子校編

●女子校編

■中学入試の全容をさぐる!!
■首都圏の中学を中心に、全国有名中学の最新入試問題を収録!!

※表紙は昨年度のものです。

算数の過去問25年分

■筑波大学附属駒場
■麻布
■開成

○名門３校に絶対合格したいという気持ちに応えるため過去問実績No.1の声の教育社が出した答えです。

都立中高一貫校 適性検査問題集

■都立一貫校と同じ検査形式で学べる！

●自己採点のしにくい作文には「採点ガイド」を掲載。
●保護者向けのページも充実。
●私立中学の適性検査型・思考力試験対策にもおすすめ！

当社発行物の無断使用は固くお断りいたします。御使用の前はまずご相談ください。

当社発行物には500点余の首都圏中・高過去問をはじめ、６点の学校案内、そのほかいくつかの情報誌などがございます。その多くが年度版で、限られたスタッフが来るべき受験シーズン前に余裕を持って受験生へ届けられるよう、日夜作業にあたり出版を重ねております。

その中で、最近、多くの印刷物やネット上において当社発行物からの無断使用が見受けられ、一部で係争化しているところもございます。事例といたしましては、当社の新刊発行を待ち、それを流用して毎年ネット上に新改訂として掲載していたＡ社、当社過去問から三百箇所をはぎ合わせ「自社制作につき無断転載禁止」とし、集客材としてホームページに掲載していたＢ社、当社版誌面を無断スキャンし、記述式解答は一部殆ど丸取りして動画を制作していた家庭教師グループＣ社、当社発行物の表紙を差し替え、内容を複製し配布していた塾のＤ社などほか数社がございます。

当社発行物の全部もしくは一部を無断使用することは固くお断りいたします。

当社コンテンツの中にはリーズナブルな設定でご提供している事例もたくさんございますので、ご利用されたい方はまずは、お気軽にご相談くださいますようお願いします。同時に、当社発行物を無断で使用している媒体などにつきましての情報もお寄せいただければ幸いです(呈薄謝)。

株式会社 声の教育社

スーパー過去問の 解説執筆・解答作成スタッフ（在宅）募集！ ※募集要項の詳細は、10月に弊社ホームページ上に掲載します。

2025年度用
中学スーパー過去問

■編集人 声の教育社・編集部
■発行所 株式会社 声の教育社
〒162-0814 東京都新宿区新小川町8-15
☎03-5261-5061㈹ FAX03-5261-5062
https://www.koenokyoikusha.co.jp

※本書の内容についての一切の責任は当社にあります。内容・解説・解答 その他は当社ホームページよりお問い合わせ下さい。

東京都／神奈川県／千葉県／埼玉県／茨城県／栃木県ほか

2025年度用
声の教育社版

中学受験案内

■全校を見開き2ページでワイドに紹介！

■中学〜高校までの授業内容をはじめ部活や行事など、6年間の学校生活を凝縮！

■偏差値・併願校から学費・卒業後の進路まで、知っておきたい情報が満載！

私立・国公立353校掲載

Ⅰ 首都圏（東京・神奈川・千葉・埼玉・その他）の私立・国公立中学校の受験情報を掲載。

合格情報
近年の倍率推移・偏差値による合格分布予想グラフ・入試ホット情報ほか

学校情報
授業、施設、特色、ICT機器の活用、併設大学への内部進学状況と併設高校からの主な大学進学実績ほか

入試ガイド
募集人員、試験科目、試験日、願書受付期間、合格発表日、学費ほか

Ⅱ 資　料

(1)私立・国公立中学の合格基準一覧表（四谷大塚、首都圏模試、サピックス）
(2)主要中学早わかりマップ
(3)各校の制服カラー写真
(4)奨学金・特待生制度，帰国生受け入れ校，部活動一覧

Ⅲ 大学進学資料

(1)併設高校の主要大学合格状況一覧
(2)併設・系列大学への内部進学状況と条件

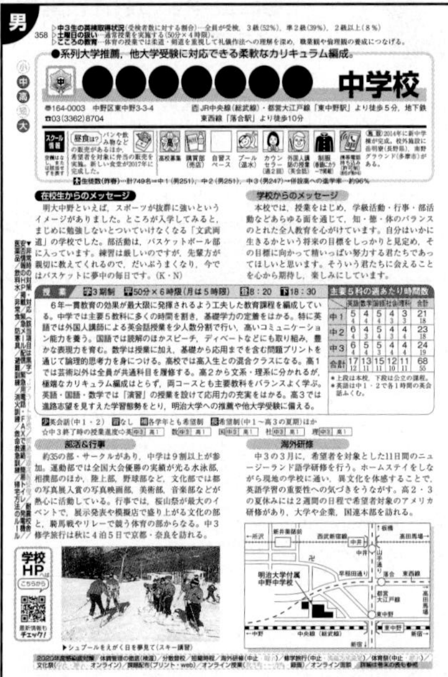

志望校・併願校をこの1冊で選ぶ！決める!!

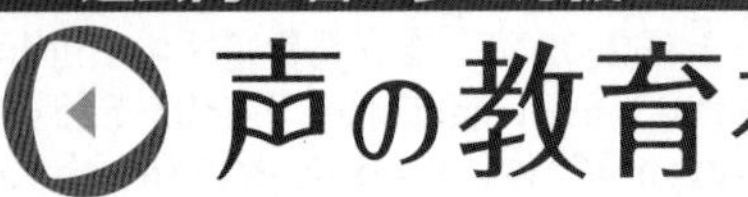

過去問で君の夢を応援します
声の教育社

〒162-0814　東京都新宿区新小川町8-15
TEL.03-5261-5061　FAX.03-5261-5062
https://www.koenokyoikusha.co.jp

カコを追いかけ
ミライをつかめ

「今の説明、もう一回」を何度でも

web過去問

ストリーミング配信による入試問題の解説動画

もっと古いカコモンないの?

カコ過去問

「さらにカコの」過去問をHPに掲載(DL)

声の教育社

詳しくはこちらから

よくある解答用紙のご質問

01

実物のサイズにできない

拡大率にしたがってコピーすると，「解答欄」が実物大になります。配点などを含むため，用紙は実物よりも大きくなることがあります。

02

A3用紙に収まらない

拡大率164％以上の解答用紙は実物のサイズ（「出題傾向＆対策」をご覧ください）が大きいために，Ａ３に収まらない場合があります。

03

拡大率が書かれていない

複数ページにわたる解答用紙は，いずれかのページに拡大率を記載しています。どこにも表記がない場合は，正確な拡大率が不明です。

04

１ページに２つある

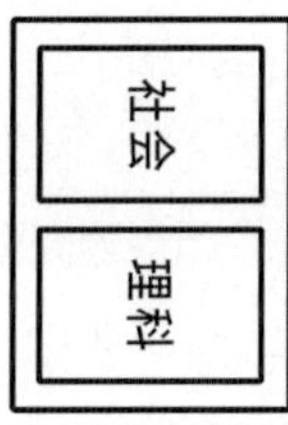

１ページに２つ解答用紙が掲載されている場合は，正確な拡大率が不明です。ほかの試験回の同じ教科をご参考になさってください。

文化学園大学杉並中学校

【別冊】入試問題解答用紙編

禁無断転載

解答用紙は本体からていねいに抜きとり、別冊としてご使用ください。

※　実際の解答欄の大きさで練習するには、指定の倍率で拡大コピーしてください。なお、ページの上下に小社作成の見出しや配点を記載しているため、コピー後の用紙サイズが実物の解答用紙と異なる場合があります。

●入試結果表

年度	回	項目	国語	算数	社会	理科	２科合計	４科合計	２科合格	４科合格
2024	第１回	配点(満点)	100	100			200		最高点	
		合格者平均点	66.5	55.9			122.4		141	
		受験者平均点	54.6	38.9			93.5		最低点	
		キミの得点							120	
	第２回	配点(満点)	100	100	75	75	200	350	最高点	最高点
		合格者平均点	66.0	78.4	51.3	48.3	144.4	244.0	187	289
		受験者平均点	60.1	66.4	46.9	45.4	126.5	218.8	最低点	最低点
		キミの得点							118	202
	回	項目	適性Ⅰ	適性Ⅱ	適性Ⅲ		２科合計	３科合計	２科合格	３科合格
	適性検査型	配点(満点)	100	100	100		200	300	最高点	最高点
		合格者平均点	60.8	39.7	43.4		100.5	143.9	130	195
		受験者平均点	55.4	35.6	38.5		91.0	129.5	最低点	最低点
		キミの得点							95	140

年度	回	項目	国語	算数	社会	理科	２科合計	４科合計	２科合格	４科合格
2023	第１回	配点(満点)	100	100			200		最高点	
		合格者平均点	72.8	66.7			139.5		186	
		受験者平均点	63.1	56.9			120.0		最低点	
		キミの得点							120	
	第２回	配点(満点)	100	100	75	75	200	350	最高点	最高点
		合格者平均点	68.2	70.8	53.5	52.8	139.0	245.3	165	316
		受験者平均点	61.0	63.0	49.5	50.4	124.0	223.9	最低点	最低点
		キミの得点							110	191
	回	項目	適性Ⅰ	適性Ⅱ	適性Ⅲ		２科合計	３科合計	２科合格	３科合格
	適性検査型	配点(満点)	100	100	100		200	300	最高点	最高点
		合格者平均点	57.8	57.1	52.4		114.9	167.3	154	207
		受験者平均点	55.4	55.2	50.3		110.6	160.9	最低点	最低点
		キミの得点							92	142

年度	回	項目	国語	算数	社会	理科	２科合計	４科合計	２科合格	４科合格
2022	第１回	配点(満点)	100	100			200		最高点	
		合格者平均点	67.9	62.3			130.2		188	
		受験者平均点	56.9	48.2			105.1		最低点	
		キミの得点							100	
	第２回	配点(満点)	100	100	75	75	200	350	最高点	最高点
		合格者平均点	64.9	75.0	47.3	49.7	139.9	236.9	160	297
		受験者平均点	56.9	59.9	42.0	46.2	116.8	205.0	最低点	最低点
		キミの得点							116	194
	回	項目	適性Ⅰ	適性Ⅱ	適性Ⅲ		２科合計	３科合計	２科合格	３科合格
	適性検査型	配点(満点)	100	100	100		200	300	最高点	最高点
		合格者平均点	49.5	61.4	46.4		110.9	157.3	158	229
		受験者平均点	44.3	57.6	42.7		101.9	144.6	最低点	最低点
		キミの得点							90	140

※　表中のデータは学校公表のものです。ただし、２～４科合計は各教科の平均点を合計したものなので、目安としてご覧ください。

声の教育社

２０２４年度　文化学園大学杉並中学校

算数解答用紙　第１回

番号		氏名		評点	/100

5

(1)	答え＿＿＿＿ cm
(2)	答え＿＿＿＿ cm
(3)	答え＿＿ 分 ＿＿ 秒後

（注）この解答用紙は実物を縮小してあります。Ｂ５→Ａ３（163%）に拡大コピーすると、ほぼ実物大の解答欄になります。

1

(1)		(2)		(3)	
(4)		(5)		(6)	
(7)		(8)		(9)	
(10)					

2

(1)	最初に間違えている行の番号	正しい答え
(2)	最初に間違えている行の番号	正しい答え　　m
(3)	最初に間違えている行の番号	正しい答え　　円

3

(1)	点	(2)		(3)	通り
(4)	%	(5)	円		

4

(1)	度	(2)	cm^2	(3)	cm^3

〔算　数〕100点（学校配点）

1　各３点×10　2～5　各５点×14＜2は各々完答＞

２０２４年度　文化学園大学杉並中学校

国語解答用紙　第一回

番号		氏名		評点	/100

一

問一 ①　②　③　④　⑤　⑥　⑦　⑧　⑨　⑩

問二 （1）①　②　（2）　（3）

二

問一　問二　問三　問四

問五　問六

問七

問八 20 40 60

問九

三

問一 〜

問二　問三　問四

問五 ⑤　⑥　⑦　問六

問七 20 40 50

問八

（注）この解答用紙は実物を縮小してあります。Ｂ５→Ａ３（163%）に拡大コピーすると、ほぼ実物大の解答欄になります。

〔国　語〕100点（学校配点）

一　問１　各２点×10　問２　各３点×４　二　問１〜問３　各３点×３　問４　４点　問５　２点　問６，問７　各３点×２　問８　６点　問９　８点　三　問１　４点　問２　３点　問３，問４　各４点×２　問５　各２点×３　問６　３点　問７　６点　問８　３点

2024年度　文化学園大学杉並中学校

算数解答用紙　第2回

番号		氏名		評点	/100

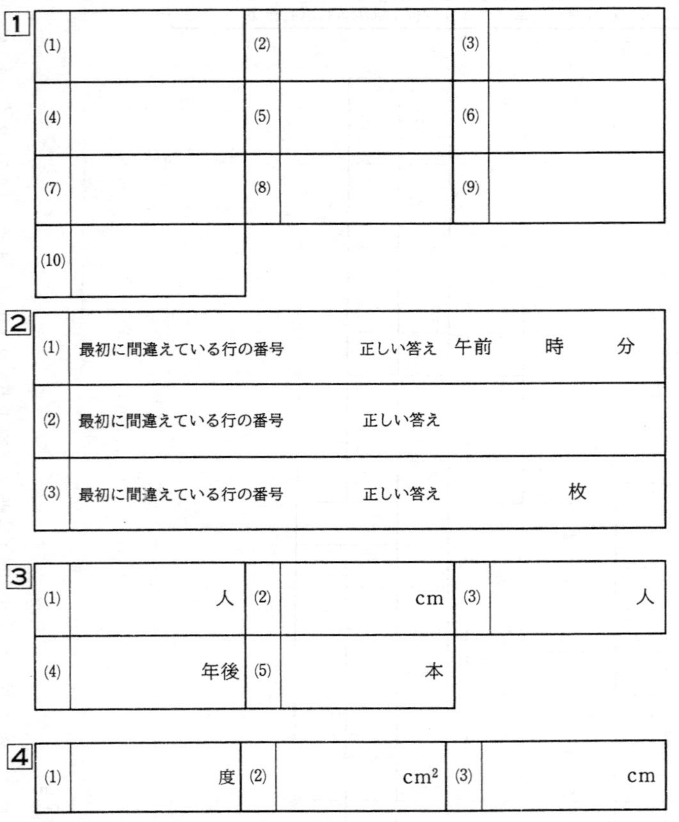

1

(1)		(2)		(3)	
(4)		(5)		(6)	
(7)		(8)		(9)	
(10)					

2

(1)	最初に間違えている行の番号	正しい答え　午前　　時　　分
(2)	最初に間違えている行の番号	正しい答え
(3)	最初に間違えている行の番号	正しい答え　　枚

3

(1)	人	(2)	cm	(3)	人
(4)	年後	(5)	本		

4

(1)	度	(2)	cm^2	(3)	cm

5

(1)	答え　分速　　m
(2)	答え　　m
(3)	答え　　分　　秒後

（注）この解答用紙は実物を縮小してあります。B５→A３(163%)に拡大コピーすると、ほぼ実物大の解答欄になります。

〔算　数〕100点(学校配点)

1　各３点×10　2～5　各５点×14＜2は各々完答＞

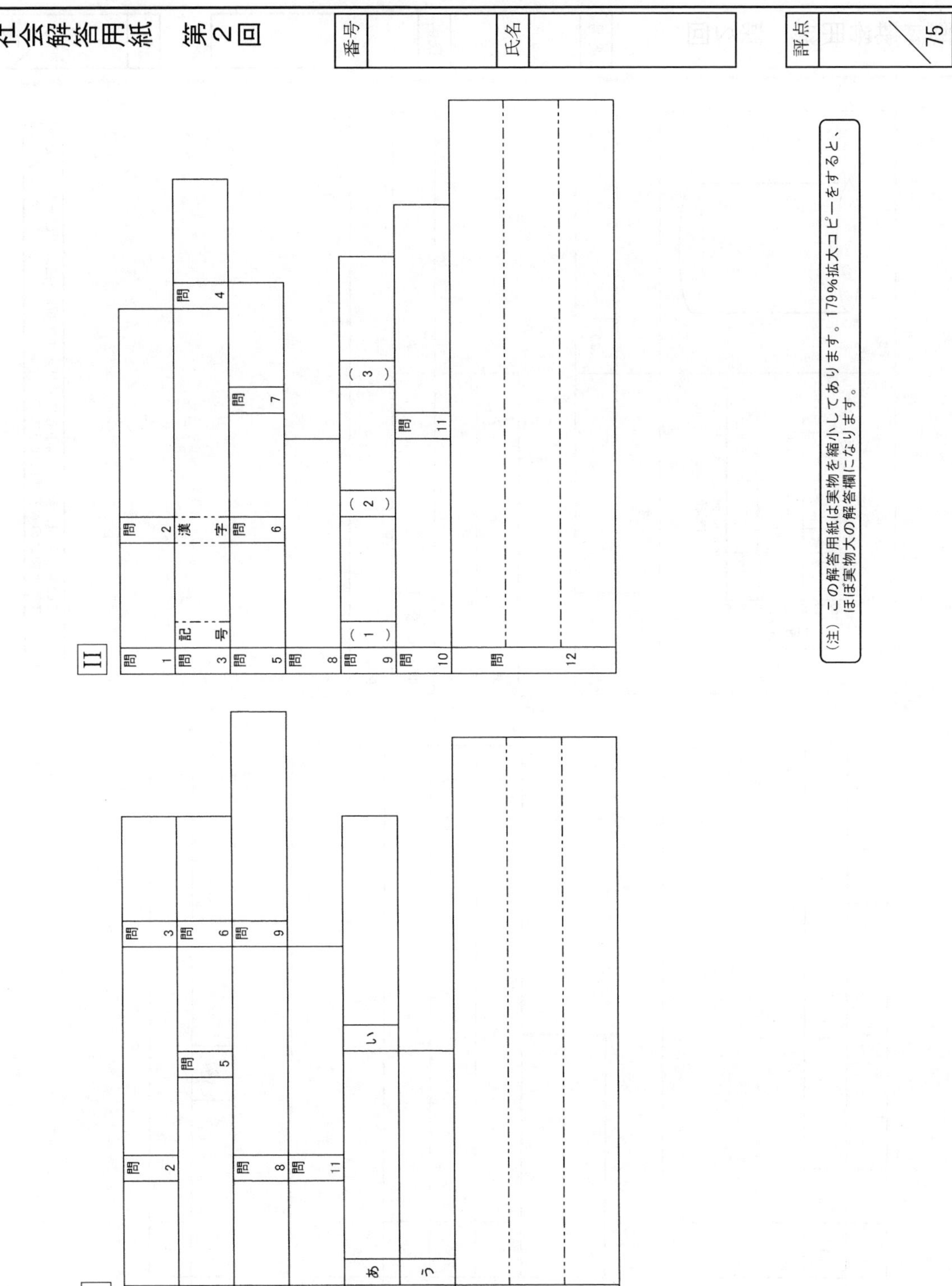

２０２４年度
文化学園大学杉並中学校
社会解答用紙　第２回
番号
氏名
評点
/75
(注) この解答用紙は実物を縮小してあります。179%拡大コピーをすると、ほぼ実物大の解答欄になります。

〔社　会〕75点(学校配点)

I　問１　２点　問２　３点　問３　２点　問４　３点　問５～問７　各２点×３　問８，問９　各３点×２　問10　２点　問11，問12　各３点×４　問13　４点　II　問１　２点　問２，問３　各３点×２<問３は完答>　問４～問７　各２点×４　問８　３点　問９　各２点×３　問10，問11　各３点×２　問12　４点

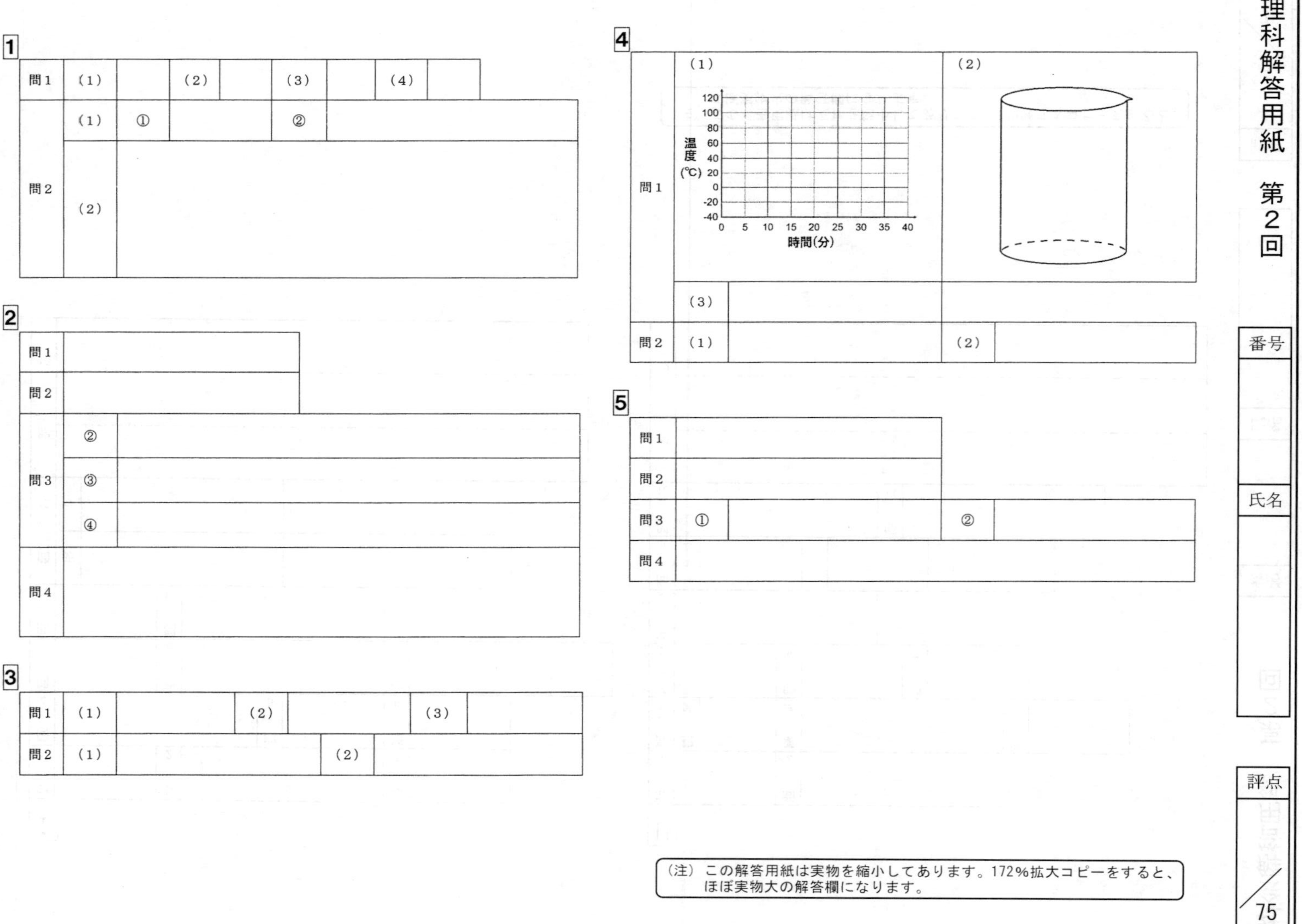

〔理　科〕75点(学校配点)

1 問1　各2点×4　問2　(1)　①　2点　②　1点　(2)　4点　2 問1，問2　各2点×2　問3　②，③　各2点×2　④　3点　問4　4点　3～5　各3点×15

2024年度 文化学園大学杉並中学校

国語解答用紙 第一回

番号 | 氏名 | 評点 /100

一

問一 ① えた ② ③ ④ ⑤ ⑥ ⑦ ⑧ ⑨ ⑩

問二 (1) ① ② (2) (3)

二

問一 20 40 こと

問二 A B C 問三 問四

問五 問六 問七 〜

問八 20 40 50

問九

三

問一 問二

問三

問四 20 30

問五 問六 問七

問八 問九 問十

(注) この解答用紙は実物を縮小してあります。B5→A3(163%)に拡大コピーすると、ほぼ実物大の解答欄になります。

〔国　語〕100点(学校配点)

一 問1　各2点×10　問2　各3点×4　二 問1　3点　問2　各1点×3　問3　4点　問4〜問7　各3点×4　問8　5点　問9　8点　三 問1　3点　問2　4点　問3　3点　問4　4点　問5〜問7　各3点×3　問8　2点　問9, 問10　各4点×2

２０２４年度　文化学園大学杉並中学校　適性検査型

適性検査Ⅱ解答用紙

番号　　氏名　　評点　／100

（注）この解答用紙は実物を縮小してあります。208％拡大コピーをすると、ほぼ実物大の解答欄になります。

1

問題1　時間　分　秒　考え方や式

問題2

問題3

問題4　回　考え方や式

問題5

2

問題1　1つ目　2つ目

問題2　選んだ国

問題3

問題4　選んだ方法

3

問題1

問題2

問題3

問題4

〔適性検査Ⅱ〕100点(学校配点)

1　問題1　答え…3点，考え方や式…4点　問題2　5点　問題3　6点　問題4　答え…4点，考え方や式…6点　問題5　12点　2　問題1　各4点×2　問題2　8点　問題3　6点　問題4　8点　3　問題1　7点　問題2　5点　問題3　10点　問題4　8点

２０２４年度　文化学園大学杉並中学校　適性検査型

適性検査Ⅲ解答用紙

番号		氏名	

評点	/100

（注）この解答用紙は実物を縮小してあります。213%拡大コピーをすると、ほぼ実物大の解答欄になります。

2

問題1	(1)	A　B　C　D
	(2)	
問題2	要因	
	説明	
問題3	方向	
	説明	
問題4	工夫1	
	工夫2	
問題5	A	B
問題6	現象	
	説明	

1

問題1		
問題2		
問題3		
問題4	(1)	イ　ウ
	(2)	アルファベット
		過程
問題5	オ	カ
問題6		

1	2	3	4	5	6	7	8	9	10
11	12	13	14	15	16	17	18	19	20
21	22	23	24	25	26	27	28	29	30
31	32	33	34	35	36	37	38	39	40
41	42	43	44	45	46	47	48	49	50
51	52	53	54	55	56	57	58	59	60
61	62	63	64	65	66	67	68	69	70
71	72	73	74	75	76	77	78	79	80
81	82	83	84	85	86	87	88	89	90
91	92	93	94	95	96	97	98	99	100

〔適性検査Ⅲ〕100点(学校配点)

1　問題1　4点　問題2，問題3　各6点×2　問題4　(1)　各4点×2　(2)　アルファベット…4点，過程…6点　問題5　各4点×2　問題6　8点　2　問題1　(1)　4点<完答>　(2)　6点　問題2　要因…4点，説明…6点　問題3　方向…4点，説明…6点　問題4　各4点×2　問題5　各3点×2　問題6　6点

２０２４年度　文化学園大学杉並中学校　適性検査型

適性検査Ⅰ解答用紙

番号　　氏名　　評点　／100

問一

問二

問三

問四

350

300

400

（注）この解答用紙は実物を縮小してあります。182％拡大コピーをすると、ほぼ実物大の解答欄になります。

〔適性検査Ⅰ〕100点(学校配点)

問1　5点　問2　10点　問3　15点　問4　70点

2023年度　文化学園大学杉並中学校

算数解答用紙　第1回

番号	
氏名	

評点
/100

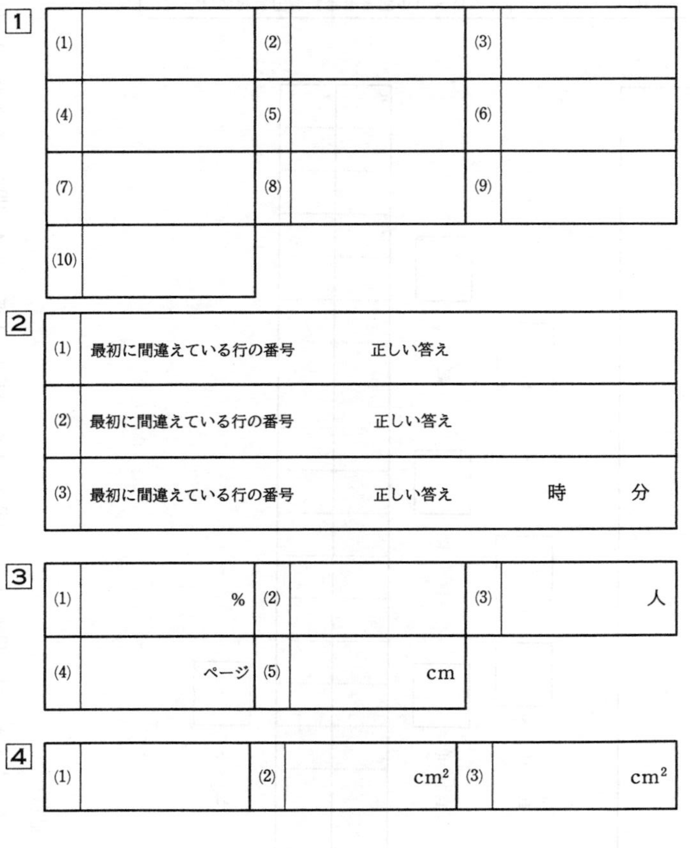

1

(1)		(2)		(3)	
(4)		(5)		(6)	
(7)		(8)		(9)	
(10)					

2

(1)	最初に間違えている行の番号　　正しい答え
(2)	最初に間違えている行の番号　　正しい答え
(3)	最初に間違えている行の番号　　正しい答え　　時　　分

3

(1)	%	(2)		(3)	人
(4)	ページ	(5)	cm		

4

(1)		(2)	cm^2	(3)	cm^2

5

(1)	答え　時速　　km
(2)	答え　　km
(3)	答え　　分　　秒後

（注）この解答用紙は実物を縮小してあります。Ｂ５→Ａ３（163%）に拡大コピーすると、ほぼ実物大の解答欄になります。

〔算　数〕100点（学校配点）

1　各３点×10　2～5　各５点×14<2は各々完答>

二〇二三年度　文化学園大学杉並中学校

国語解答用紙　第一回

番号　氏名　評点 ／100

一 問一 ①　②　③　④　⑤
⑥　⑦　⑧ す　⑨　⑩
問二 (1) ①　②　(2)　(3)

二 問一
問二 20 40
問三　問四　問五 〜 から。
問六　問七　問八　問九
問十

三 問一　問二 A　B　問三
問四　問五　問六　問七
問八 20 40
問九　問十

(注) この解答用紙は実物を縮小してあります。B5→A3(163%)に拡大コピーすると、ほぼ実物大の解答欄になります。

〔国　語〕100点(学校配点)

一 各2点×10　問2　各3点×4　二 問1　3点　問2　4点　問3　3点　問4, 問5　各2点×2　問6〜問8　各3点×3　問9　4点　問10　8点　三 問1　3点　問2　各1点×2　問3, 問4　各3点×2　問5, 問6　各4点×2　問7　3点　問8　4点　問9　3点　問10　4点

２０２３年度　文化学園大学杉並中学校

算数解答用紙　第２回

番号		氏名		評点	/100

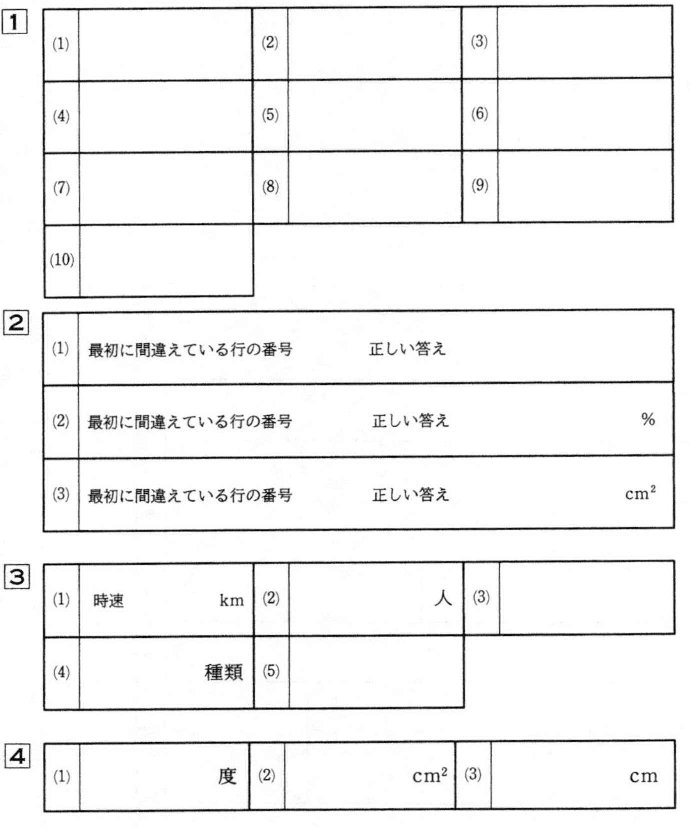

1

(1)		(2)		(3)	
(4)		(5)		(6)	
(7)		(8)		(9)	
(10)					

2

(1)	最初に間違えている行の番号	正しい答え
(2)	最初に間違えている行の番号	正しい答え　　%
(3)	最初に間違えている行の番号	正しい答え　　cm²

3

(1)	時速　　km	(2)	人	(3)	
(4)	種類	(5)			

4

(1)	度	(2)	cm²	(3)	cm

5

(1)	答え　　m³
(2)	答え　　m³
(3)	答え　　分　　秒

（注）この解答用紙は実物を縮小してあります。Ｂ５→Ａ３（163%）に拡大コピーすると、ほぼ実物大の解答欄になります。

〔算　数〕100点(学校配点)

1　各３点×10　2～5　各５点×14<2は各々完答>

2023年度　文化学園大学杉並中学校

社会解答用紙　第2回

番号		氏名		評点	/75

（注）この解答用紙は実物を縮小してあります。182%拡大コピーをすると、ほぼ実物大の解答欄になります。

〔社　会〕75点(学校配点)

Ⅰ　問1　2点　問2　3点　問3　2点　問4　3点　問5～問7　各2点×3　問8, 問9　各3点×2　問10　(1)　2点　(2)　3点　問11　各3点×3　問12　4点　Ⅱ　問1　2点　問2　3点　問3　2点　問4　3点<完答>　問5, 問6　各2点×2　問7　3点　問8, 問9　各2点×4　問10, 問11　各3点×2　問12　4点

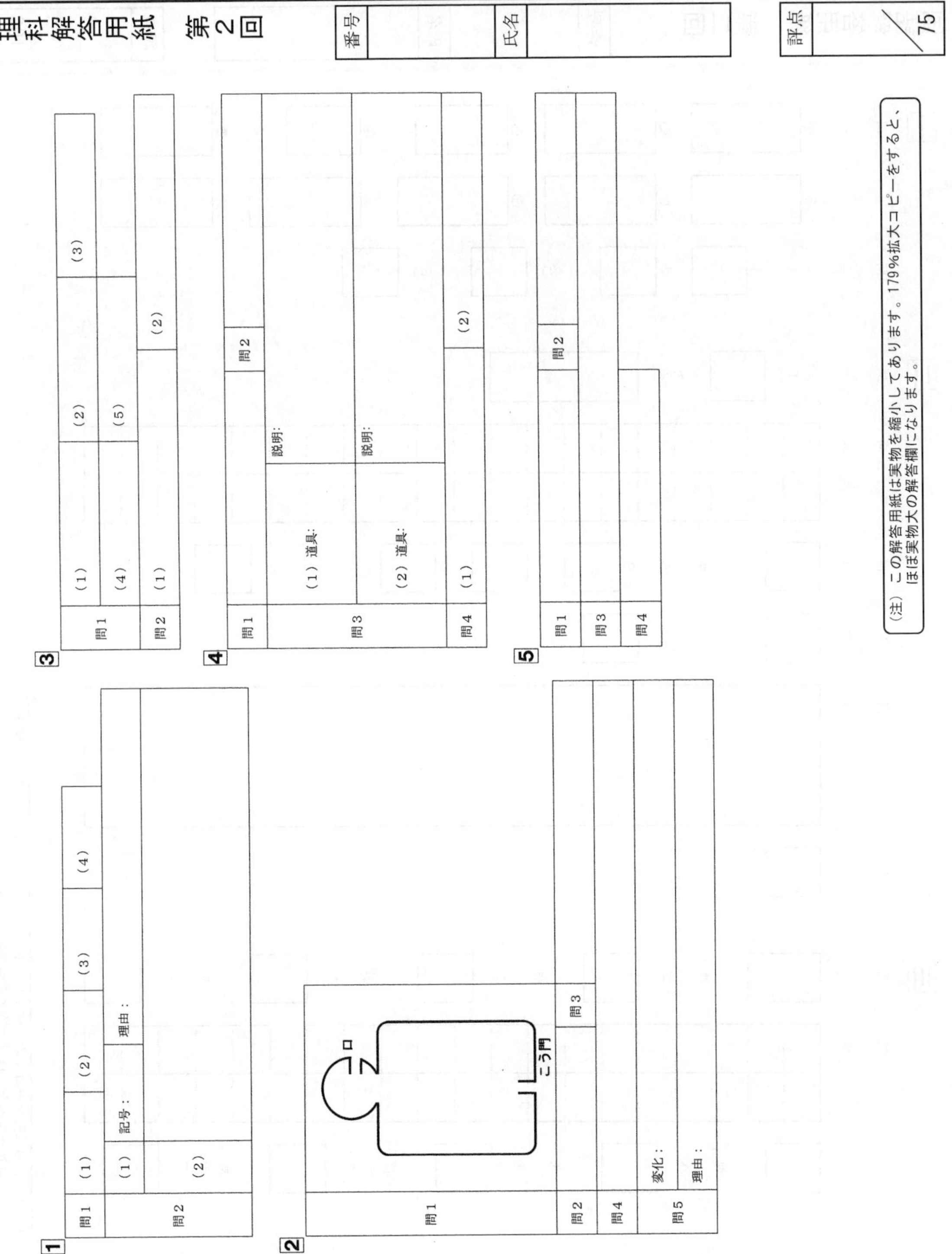

〔理　科〕75点(学校配点)

1 問1　各2点×4　問2　(1)　3点　(2)　4点　2 問1　4点　問2　2点　問3　3点<完答>　問4，問5　各2点×3　3 問1　各2点×5　問2　(1)　2点　(2)　3点　4 問1，問2　各2点×2　問3　道具…各1点×2，説明…各2点×2　問4　(1)　3点　(2)　2点　5 問1　3点　問2～問4　各4点×3

二〇二三年度　文化学園大学杉並中学校

国語解答用紙　第二回

番号　氏名　評点 ／100

一 問一 ① ② ③ じ ④ いる ⑤ ⑥ ⑦ ⑧ ⑨ ⑩

問二 （1）① ② （2） （3）

二 問一 （1） （2）

問二 20 40

問三　問四 B C D　問五

問六　問七

問八

問九

三 問一　問二　問三　問四　問五

問六 20 40

問七　問八　問九　問十　問十一

（注）この解答用紙は実物を縮小してあります。B5→A3（163%）に拡大コピーすると、ほぼ実物大の解答欄になります。

〔国　語〕100点（学校配点）

一 問1　各2点×10　問2　各3点×4　二 問1　各3点×2＜(2)は完答＞　問2　4点　問3，問4　各1点×4　問5〜問7　各3点×3　問8　9点　問9　4点　三 問1　2点　問2　3点　問3　2点　問4〜問6　各3点×3　問7　4点　問8　2点　問9，問10　各3点×2　問11　4点

２０２３年度　文化学園大学杉並中学校　適性検査型

適性検査Ⅱ解答用紙

番号		氏名		評点	/100

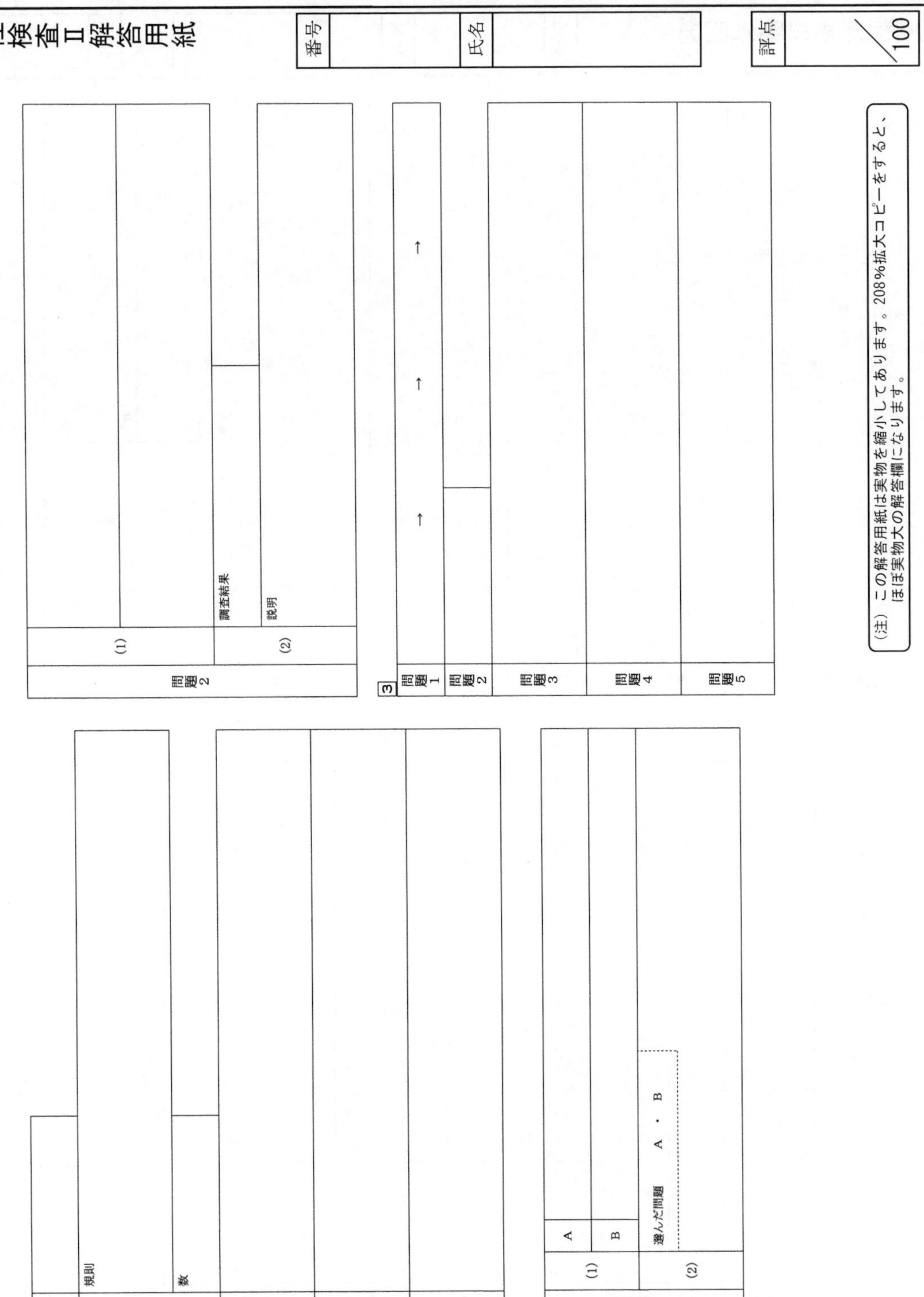

（注）この解答用紙は実物を縮小してあります。208％拡大コピーをすると、ほぼ実物大の解答欄になります。

〔適性検査Ⅱ〕100点(学校配点)

1　問題１　５点　問題２　規則…５点，数…３点　問題３〜問題５　各９点×３　2　問題１　(1)　各５点×２　(2)　４点　問題２　(1)　各４点×２　(2)　８点<完答>　3　問題１　４点<完答>　問題２　３点　問題３　６点　問題４　９点<完答>　問題５　８点

2023年度　文化学園大学杉並中学校　適性検査型

適性検査Ⅲ解答用紙

番号		氏名		評点	/100

1

問題1	
問題2	
問題3	②　　③
問題4	
問題5	
問題6	
問題7	

2

問題1	（　　　）は（　　　）で発生した熱を、熱放射によって皮ふに伝える。		
問題2	規則性		
	途中式	答え　分　秒	
問題3	(1)	%	
	(2)①		(2)②
問題4	風向き		
	理由		
問題5	(1)	金	
		鉄	
	(2)	1つ目	工夫　理由
		2つ目	工夫　理由

（注）この解答用紙は実物を縮小してあります。208%拡大コピーをすると、ほぼ実物大の解答欄になります。

〔適性検査Ⅲ〕100点(学校配点)

1 問題1～問題3　各5点×4　問題4，問題5　各7点×2　問題6　各4点×2　問題7　8点　2 問題1　4点　問題2　規則性…4点，途中式…3点，答え…3点　問題3　各3点×3　問題4　風向き…3点，理由…4点　問題5　(1)　各4点×2　(2)　各3点×4

二〇二三年度　文化学園大学杉並中学校　適性検査型

適性検査Ⅰ解答用紙

番号　　氏名　　評点　／100

問題一

問題二

問題三

問題四

300

350

400

（注）この解答用紙は実物を縮小してあります。175%拡大コピーをすると、ほぼ実物大の解答欄になります。

〔適性検査Ⅰ〕100点(学校配点)

問題1　5点　問題2　10点　問題3　15点　問題4　70点

2022年度 文化学園大学杉並中学校

算数解答用紙 第1回

番号		氏名		評点	/100

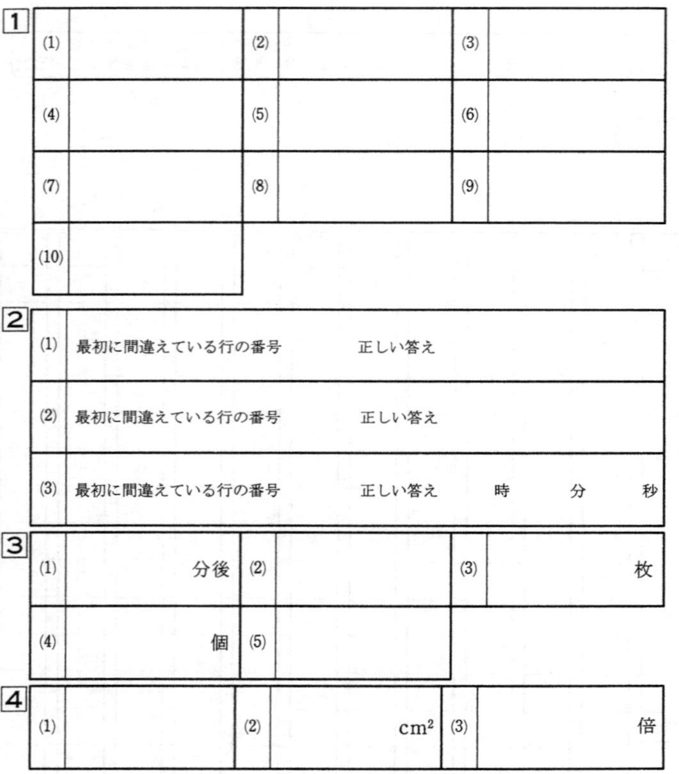

1

(1)		(2)		(3)	
(4)		(5)		(6)	
(7)		(8)		(9)	
(10)					

2

(1)	最初に間違えている行の番号　　正しい答え
(2)	最初に間違えている行の番号　　正しい答え
(3)	最初に間違えている行の番号　　正しい答え　　時　　分　　秒

3

(1)	分後	(2)		(3)	枚
(4)	個	(5)			

4

(1)		(2)	cm^2	(3)	倍

5

(1) 答え ＿＿＿＿ cm^3

(2) 答え ＿＿＿＿

(3) 答え ＿＿ 分 ＿＿ 秒

（注）この解答用紙は実物を縮小してあります。Ｂ５→Ａ３（163%）に拡大コピーすると、ほぼ実物大の解答欄になります。

〔算　数〕100点（学校配点）

1 各３点×10　2～5 各５点×14<2は各々完答，3の(2)は完答>

二〇二二年度　文化学園大学杉並中学校

国語解答用紙　第一回

番号　氏名　評点 /100

一 問一 ① ② ③ ④ ⑤ ⑥ ⑦ ⑧ ⑨ ⑩
問二 （1）① ② （2） （3）

二 問一 問二
問三 ア イ ウ エ　問四
問五 A B　問六
問七 20 40
問八
問九

三 問一
問二 20 40 45 様子
問三 問四 問五 問六
問七 問八 問九 問十

（注）この解答用紙は実物を縮小してあります。B5→A3（163%）に拡大コピーすると、ほぼ実物大の解答欄になります。

〔国　語〕100点(学校配点)

一 問1　各2点×10　問2　各3点×4　二 問1, 問2　各3点×2　問3　各1点×4　問4　3点　問5　各2点×2　問6　3点　問7　4点　問8　3点　問9　8点　三 問1　2点　問2　4点　問3　3点　問4　4点　問5　3点　問6　4点　問7　2点　問8, 問9　各4点×2　問10　3点

２０２２年度　文化学園大学杉並中学校

算数解答用紙　第２回

番号		氏名		評点	/100

1

(1)		(2)		(3)	
(4)		(5)		(6)	
(7)		(8)		(9)	
(10)					

2

(1)	最初に間違えている行の番号	正しい答え
(2)	最初に間違えている行の番号	正しい答え　　分　　秒
(3)	最初に間違えている行の番号	正しい答え　　円

3

(1)	L	(2)	cm	(3)	回
(4)		(5)			

4

(1)		(2)	cm^2	(3)	cm^3

5

(1)

答え　分速　　　m

(2)

答え　　　m

(3)

答え　　8時　　分

（注）この解答用紙は実物を縮小してあります。Ｂ５→Ａ３（163%）に拡大コピーすると、ほぼ実物大の解答欄になります。

〔算　数〕100点（学校配点）

1　各３点×10　2～5　各５点×14<2は各々完答>

２０２２年度　文化学園大学杉並中学校

社会解答用紙　第２回

番号		氏名		評点	/75

Ⅰ

問1 / 問2 / 問3 / 問4 / 問5 / 問6 / 問7 / 問8 / 問9 / 問10 / 問11 / 問12 あ い う / 問13

Ⅱ

問1 / 問2 / 問3 記号 漢字 / 問4 / 問5 / 問6 / 問7 （1）（2）（3） / 問8 / 問9 / 問10 / 問11 / 問12

（注）この解答用紙は実物を縮小してあります。182％拡大コピーをすると、ほぼ実物大の解答欄になります。

〔社　会〕75点(学校配点)

Ⅰ 問１　２点　問２　３点　問３　２点　問４　３点　問５～問７　各２点×３　問８，問９　各３点×２　問10　２点　問11，問12　各３点×４　問13　４点　Ⅱ 問１　２点　問２，問３　各３点×２<問３は完答>　問４，問５　各２点×２　問６　３点　問７，問８　各２点×４　問９，問10　各３点×２　問11　２点　問12　４点

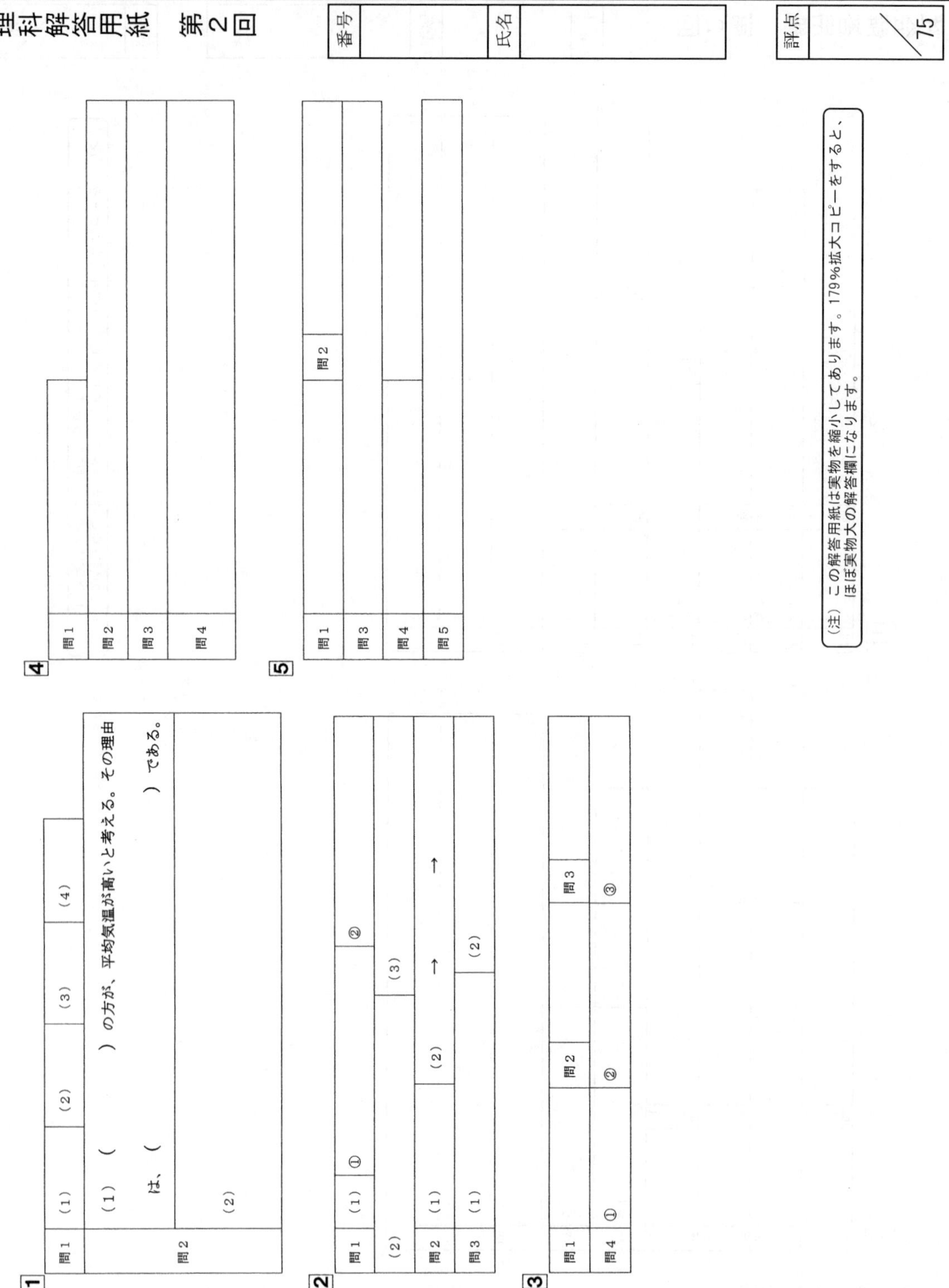
2022年度　文化学園大学杉並中学校

理科解答用紙　第2回

番号　　氏名　　評点　/75

1
問1 (1) (2) (3) (4)
問2 (1) (　　)の方が、平均気温が高いと考える。その理由は、(　　)である。
(2)

2
問1 (1) ① ② (2) (3)
問2 (1) (2) →　→
問3 (1) (2)

3
問1 問2 問3
問4 ① ② ③

4
問1
問2
問3
問4

5
問1 問2
問3
問4
問5

(注) この解答用紙は実物を縮小してあります。179%拡大コピーをすると、ほぼ実物大の解答欄になります。

〔理　科〕75点(学校配点)

1 問1　各2点×4　問2　(1)　3点　(2)　4点　2 問1　各2点×4<(3)は完答>　問2　(1)　1点　(2)　2点<完答>　問3　各2点×2　3 問1～問3　各3点×3　問4　各2点×3　4 問1　3点　問2～問4　各4点×3　5 各3点×5

二〇二二年度　文化学園大学杉並中学校

国語解答用紙　第二回

番号　氏名　評点 /100

一　問一　①　②　③　④　⑤　⑥　⑦　⑧　⑨　⑩

問二　(1)　①　②　(2)　(3)

二　問一　問二　〜　問三　A　B

問四　問五　〜　問六

問七　20　40

問八

問九

三　問一　A　B　問二　問三　問四

問五　問六　問七

問八　20　40

問九

(注)　この解答用紙は実物を縮小してあります。B５→A３(163%)に拡大コピーすると、ほぼ実物大の解答欄になります。

〔国　語〕100点(学校配点)

一　問１　各２点×10　問２　各３点×４　二　問１，問２　各３点×２　問３　各２点×２　問４〜問６　各３点×３　問７，問８　各４点×２　問９　８点　三　問１　各２点×２　問２，問３　各３点×２　問４，問５　各４点×２　問６，問７　各３点×２　問８　５点　問９　４点

２０２２年度　文化学園大学杉並中学校　適性検査型

適性検査Ⅱ解答用紙

番号		氏名		評点	/100

2

問題1	
問題2	片面が　　ならば、その裏面は　　である。
問題3	かたより
	対策
問題4	

3

問題1	①		食べ方
	②		食べ方
問題2			
問題3			
問題4			
問題5			

（注）この解答用紙は実物を縮小してあります。208％拡大コピーをすると、ほぼ実物大の解答欄になります。

1

問題1	①		②		③	
問題2	キ		ク			
問題3	④		⑤		⑥	
	⑦					
問題4	切られるマス		切られないマス			
問題5	⑧		⑨			
問題6						

〔適性検査Ⅱ〕100点(学校配点)

1　問題1，問題2　各3点×5　問題3，問題4　各2点×6　問題5　各3点×2　問題6　7点　2　各6点×5　3　問題1　特徴…各2点×2，食べ方…各3点×2　問題2，問題3　各5点×2　問題4　4点<完答>　問題5　6点

2022年度　文化学園大学杉並中学校　適性検査型

適性検査Ⅲ解答用紙

番号　　氏名　　評点 /100

1

問題1	
問題2	
問題3	★1　　★2
問題4	4桁の数　　車のナンバー
問題5	
問題6	車のナンバープレート
問題7	
問題8	

2

問題1	沈む方角　　理由
問題2	①　　②
問題3	
問題4	
問題5	d°　　点Rにおける光の反射角　　距離L　　求め方

（注）この解答用紙は実物を縮小してあります。204％拡大コピーをすると、ほぼ実物大の解答欄になります。

〔適性検査Ⅲ〕100点(学校配点)

1 各5点×10<問題2は完答>　2 問題1　答え…3点，理由…4点　問題2，問題3　各4点×4　問題4　6点　問題5　答え…各4点×3，求め方…9点

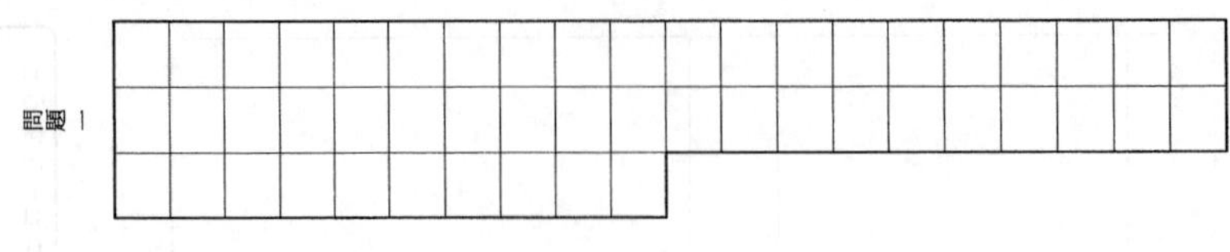

二〇二二年度　文化学園大学杉並中学校　適性検査型

適性検査Ⅰ解答用紙

番号 | 氏名 | 評点 /100

問題一

問題二

問題三

問題四

（注）この解答用紙は実物を縮小してあります。182％拡大コピーをすると、ほぼ実物大の解答欄になります。

〔適性検査Ⅰ〕100点(学校配点)

問題1　15点　問題2　10点　問題3　5点　問題4　70点

大人に聞く前に解決できる!!

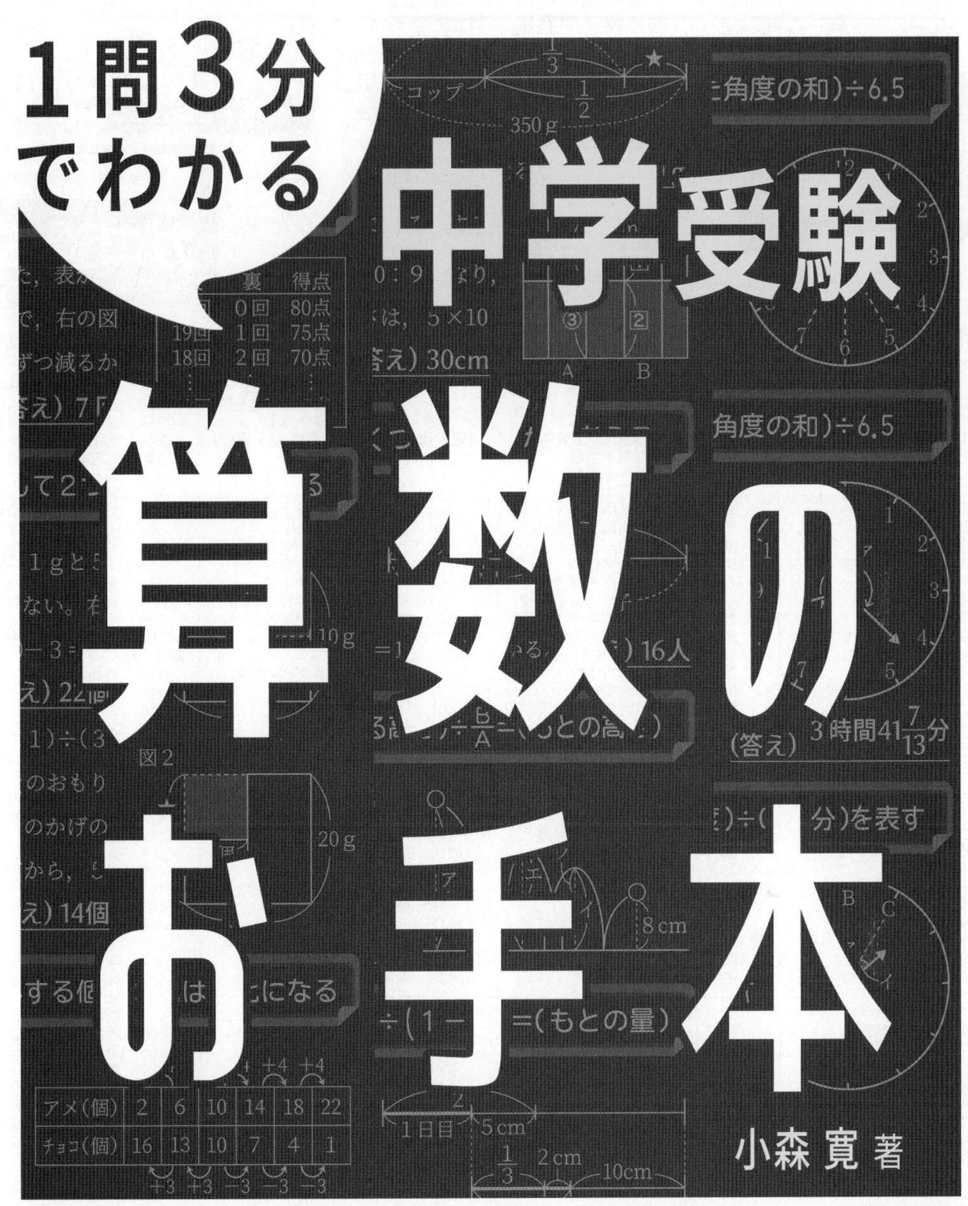

計算と文章題400問の解法・公式集

声の教育社

基本から応用まで全受験生対応!!

定価1980円（税込）

中学スーパー過去問　抜群の解説・解答!!　声の教育社版

合格必需品

定価2,200円～2,970円（税込）

都立中高一貫校
適性検査問題集

定価1,320円（税込）

首都圏版
中学受験案内

定価2,310円（税込）

「今の説明、もう一回」を何度でも
web過去問
ストリーミング配信による入試問題の解説動画

もっと古いカコモンないの？
中学 **カコ過去問**
「さらにカコの」過去問をHPに掲載（DL）

①優秀な解説・解答スタッフが執筆!!　②くわしい出題傾向分析と対策　③解答用紙が別冊、自己採点ができる!!

●東京都
ア 23 青山学院中等部
2 麻布中学校
73 足立学園中学校
51 跡見学園中学校
54 郁文館中学校
65 穎明館中学校
113 江戸川女子中学校
8 桜蔭中学校
98 桜美林中学校
76 鷗友学園女子中学校
45 大妻中学校
122 大妻多摩中学校
131 大妻中野中学校
12 お茶の水女子大附属中学校
カ 19 海城中学校
3 開成中学校
150 開智日本橋学園中学校
94 かえつ有明中学校
38 学習院中等科
20 学習院女子中等科
61 吉祥女子中学校
149 共栄学園中学校
48 暁星中学校
44 共立女子中学校
130 共立女子第二中学校
5 慶應義塾中等部
55 京華中学校
56 京華女子中学校
77 恵泉女学園中学校
71 光塩女子学院中等科
136 工学院大附属中学校
34 攻玉社中学校
91 麴町学園女子中学校
69 佼成学園中学校
97 佼成学園女子中学校
31 香蘭女学校中等科
70 国学院大久我山中学校
118 国士舘中学校
121 駒込中学校
99 駒沢学園女子中学校
4 駒場東邦中学校
サ 135 桜丘中学校
126 サレジアン国際学園中学校
79 サレジアン国際学園世田谷中学校
139 実践学園中学校
24 実践女子学園中学校
35 品川女子学院中等部
27 芝中学校
87 芝浦工業大附属中学校
95 芝国際中学校
103 渋谷教育学園渋谷中学校
40 十文字中学校
86 淑徳中学校
93 淑徳巣鴨中学校
124 順天中学校
30 頌栄女子学院中学校
117 城西大附属城西中学校
85 城北中学校
25 昭和女子大附属昭和中学校
7 女子学院中学校
90 女子聖学院中学校
127 女子美術大付属中学校
49 白百合学園中学校
41 巣鴨中学校
89 聖学院中学校
60 成蹊中学校
21 成城中学校
75 成城学園中学校
132 青稜中学校
82 世田谷学園中学校
タ 105 高輪中学校
83 玉川学園（中）
106 玉川聖学院中等部
64 多摩大附属聖ケ丘中学校
134 多摩大目黒中学校
120 中央大附属中学校
108 千代田国際中学校
11 筑波大附属中学校
1 筑波大附属駒場中学校
88 帝京中学校
151 帝京大学中学校
78 田園調布学園中等部
14 東京学芸大世田谷中学校
13 東京学芸大竹早中学校
50 東京家政学院中学校
115 東京家政大附属女子中学校
26 東京女学館中学校
100 東京成徳大中学校
160 東京大学附属中等教育学校
112 東京電機大中学校
119 東京都市大等々力中学校
80 東京都市大付属中学校
145 東京農業大第一高校中等部
59 桐朋中学校
109 桐朋女子中学校
28 東洋英和女学院中学部
58 東洋大京北中学校
33 トキワ松学園中学校
110 豊島岡女子学園中学校
53 獨協中学校
153 ドルトン東京学園中等部
ナ 128 中村中学校
133 日本工業大駒場中学校
129 日本学園中学校
92 日本大第一中学校
68 日本大第二中学校
84 日本大第三中学校
52 日本大豊山中学校
116 日本大豊山女子中学校
ハ 147 八王子学園八王子中学校
144 広尾学園中学校
152 広尾学園小石川中学校
74 富士見中学校
63 藤村女子中学校
9 雙葉中学校
32 普連土学園中学校
146 文化学園大杉並中学校
57 文京学院大女子中学校
101 文教大付属中学校
62 法政大中学校
148 宝仙学園中学校理数インター
42 本郷中学校
マ 114 三田国際学園中学校
143 明星学園中学校
46 三輪田学園中学校
16 武蔵中学校
96 武蔵野大学中学校
104 明治学院中学校
72 明治大付属中野中学校
123 明治大付属八王子中学校
43 明治大付属明治中学校
66 明星中学校（府中）
125 目黒学院中学校
22 目白研心中学校
ヤ 140 八雲学園中学校
102 安田学園中学校
29 山脇学園中学校
ラ 37 立教池袋中学校
67 立教女学院中学校
36 立正大付属立正中学校
ワ 17 早稲田中学校
18 早稲田実業学校中等部
81 早稲田大高等学院中学部
47 和洋九段女子中学校

【東京都立・区立6年制中高一貫校】
161 九段中等教育学校
162 白鷗高校附属中学校
163 両国高校附属中学校
164 小石川中等教育学校
165 桜修館中等教育学校
166 武蔵高校附属中学校
167 立川国際中等教育学校
168 大泉高校附属中学校
169 三鷹中等教育学校
170 富士高校附属中学校
171 南多摩中等教育学校

●神奈川県
320 青山学院横浜英和中学校
304 浅野中学校
301 栄光学園中学校
332 神奈川学園中学校
343 県立相模原・平塚中等教育学校
316 神奈川大附属中学校
328 鎌倉学園中学校
322 鎌倉女学院中学校
331 カリタス女子中学校
344 市立川崎高校附属中学校
314 関東学院中学校
339 公文国際学園中等部
321 慶應義塾湘南藤沢中等部
6 慶應義塾普通部
311 サレジオ学院中学校
325 自修館中等教育学校
315 湘南学園中学校
336 湘南白百合学園中学校
327 逗子開成中学校
303 聖光学院中学校
323 聖セシリア女子中学校
337 清泉女学院中学校
310 洗足学園中学校
341 中央大附属横浜中学校
335 鶴見大附属中学校
302 桐蔭学園中等教育学校
318 東海大付属相模高校中等部
317 桐光学園中学校
330 藤嶺学園藤沢中学校
306 日本女子大附属中学校
309 日本大中学校（日吉）
340 日本大藤沢中学校
10 フェリス女学院中学校
308 法政大第二中学校
347 聖園女学院中学校
312 森村学園中等部
313 山手学院中学校
342 横須賀学院中学校
307 横浜共立学園中学校
305 横浜国立大横浜・鎌倉中学校
326 横浜女学院中学校
345 市立南中学校
346 市立横浜サイエンスフロンティア中学校
324 横浜翠陵中学校
333 横浜創英中学校
319 横浜富士見丘学園中学校
329 横浜雙葉中学校

●千葉県
352 市川中学校
361 光英VERITAS中学校
355 国府台女子学院中学部
360 芝浦工業大柏中学校
354 渋谷教育学園幕張中学校
369 秀明八千代中学校
365 昭和学院中学校
362 昭和学院秀英中学校
363 西武台千葉中学校
359 専修大松戸中学校
364 千葉県立千葉・東葛飾中学校
368 千葉市立稲毛国際中等教育学校
356 千葉日本大第一中学校
357 東海大付属浦安高校中等部
351 東邦大付属東邦中学校
358 麗澤中学校
353 和洋国府台女子中学校

●埼玉県
413 浦和明の星女子中学校
418 浦和実業学園中学校
415 大妻嵐山中学校
416 大宮開成中学校
406 開智中学校
425 開智未来中学校
414 春日部共栄中学校
428 川口市立高校附属中学校
424 埼玉県立伊奈学園中学校
412 埼玉栄中学校
419 さいたま市立浦和中学校
427 さいたま市立大宮国際中等教育学校
401 埼玉大附属中学校
407 埼玉平成中学校
404 栄東中学校（A・東大Ⅰ）
426 栄東中学校（B・東大Ⅱ）
417 淑徳与野中学校
402 城西川越中学校
422 昌平中学校
411 城北埼玉中学校
403 西武学園文理中学校
405 聖望学園中学校
421 東京農業大第三高校附属中学校
410 獨協埼玉中学校
409 星野学園中学校
420 本庄東高校附属中学校
408 立教新座中学校

●茨城県
452 茨城中学校
458 茨城キリスト教学園中学校
459 茨城県立中等教育学校・中学校
451 江戸川学園取手中学校
455 常総学院中学校
454 土浦日本大中等教育学校
456 水戸英宏中学校
453 茗溪学園中学校

●栃木県
503 国学院大栃木中学校
504 作新学院中等部
501 佐野日本大中等教育学校
502 白鷗大足利中学校

●兵庫・鹿児島県
601 灘中学校
602 ラ・サール中学校

●算数の過去問25年分
701 筑波大附属駒場中学校
702 麻布中学校
703 開成中学校

声の教育社　〒162-0814 東京都新宿区新小川町8-15
https://www.koenokyoikusha.co.jp
TEL 03（5261）5061(代)　FAX 03（5261）5062